U0887518

新曲綫 New Curves | 用心雕刻每一本......

http://site.douban.com/110283/
http://weibo.com/nccpub

用心字里行间　雕刻名著经典

会 计 学

——数字意味着什么

（第8版）

［美］戴维·马歇尔　韦恩·麦克马纳斯　丹尼尔·维勒　著
沈洁　刘祖基　译

人民邮电出版社
北　京

图书在版编目（CIP）数据

会计学：数字意味着什么：第 8 版 /（美）马歇尔，（美）麦克马纳斯，（美）维勒 著；沈洁，刘祖基 译．
--北京：人民邮电出版社，2013.3（2022.8 重印）

高等学校教材

ISBN 978-7-115-30459-9

I. ①会… II. ①马… ②麦… ③维… ④沈… ⑤刘… III. ①会计学－高等学校－教材 IV. ① F230

中国版本图书馆 CIP 数据核字（2012）第 307825 号

David H. Marshall, Wayne W. McManus, Daniel F. Viele

Accounting: What the Numbers Mean, 8th Edition

ISBN 978-0-07-337941-8

会计学——数字意味着什么（第 8 版）

◆ 著　　　[美] 戴维·马歇尔　韦恩·麦克马纳斯　丹尼尔·维勒

译　　　沈　洁　刘祖基

策　　划　刘　力　陆　瑜

责任编辑　徐向娟

装帧设计　陶建胜

◆ 人民邮电出版社出版发行　北京市丰台区成寿寺路 11 号

邮编　100164　电子邮件　315@ptpress.com.cn

网址　http://www.ptpress.com.cn

电话（编辑部）010-84931398　（市场部）010-84937152

廊坊市都印印刷有限公司印刷

新华书店经销

◆ 开本：710×1000　1/16

印张：29.75

字数：569 千字　2013 年 3 月第 1 版　2022 年 8 月第 9 次印刷

著作权合同登记号　图字：01-2008-2648

定价：68.00 元

本书如有印装质量问题，请与本社联系　电话：（010）84937152

内容提要

由马歇尔、麦克马纳斯和维勒编写的这部《会计学——数字意味着什么》（第 8 版），20 多年来一直是美国会计学概论课程的市场领导者品牌教科书。与很多会计书不同，它着眼于财务报表的解读和更好的应用，而不是详尽的“会计百科全书”。它帮助学习者理解财报中数字的意义、数字之间的关系，利用财报进行评估、计划、控制和决策。作者在写作本书时利用真实的英特尔公司财报解释重要、难懂的会计概念。

全书共 16 章，包括财务会计和管理会计——财报数据的基本解释、薄记过程和会计事项分析、流动资产的会计处理及列示、所有者权益的会计处理及列示、利润表和现金流量表、公司治理、报表附注、财报分析、本—量—利之间的关系、成本分析等。

本书适合于 MBA、EMBA 的学生、企业管理者、投资者等阅读。

作者简介

David H. Marshall

戴维·马歇尔是米利肯大学（Millikin University）的会计学名誉教授。米利肯大学是位于伊利诺斯州迪凯特市的一所规模不大且相对独立的大学，马歇尔教授在这所大学里任教达25年之久，教授会计、金融、计算机信息系统及商业政策等课程，被公认为是一名优秀教师。本书的初稿完成于1986年，用做非商科专业学生的教材。在补充了案例之后，本书又被用于商科专业核心课程的会计原则和管理会计。同时，课程中还设置了1个学分的会计实验课，向有意选择会计专业的学生讲授会计流程的运行机制。在从事教学工作之前，马歇尔曾先后在公共会计和工业部门工作，并获得了西北大学的MBA学位。学术活动之外，马歇尔教授的爱好还包括社区服务、木工制作、航海及旅游。

Wayne W. McManus

韦恩·麦克马纳斯居住在英属西印度开曼群岛中的大开曼岛。他任职于私营部门，是巴克莱私营银行和信托（开曼）有限公司的客户会计经理，为净值较高的客户提供理财服务。他长期担任开曼群岛国际学院（International College of the Cayman Islands）会计学和法学（兼职）教授，有超过15年的教学经验，目前还利用晚上和周末的时间在财务教育学院讲授开曼岛注册会计师评审课程。麦克马纳斯先后获得了伊利诺斯州立大学会计学硕士学位、堪萨斯大学MBA学位、北伊利诺斯大学法学学位以及密苏里－堪萨斯城市大学税法硕士学位。他目前还担任Kimane化妆品公司（位于加勒比海地区）以及Endeavour Mining Captial公司（加拿大TSX创业板上市，简称EDV）的董事；同时，他还是投资管理和研究协会开曼群岛分会以及当地职业团体的积极成员。麦克马纳斯教授是一名音响发烧友，爱好旅游、高尔夫和潜水。

Daniel F. Viele

丹尼尔·维勒是韦伯斯特大学（Webster University）的会计学教授、工商学系主任及工商和技术学院网络教学总监，他教授的课程包括财务会计、管理会计、成本会计以及信息系统，他开发了大量的网络研究生课程，并通过韦伯斯特大学的“WorldClassRoom”网站进行讲授。鉴于他在网络教学方面的带头作用，韦伯斯特大学授予他“校长荣誉奖”。维勒教授的学生和同事一致称赞他对教学以及对技术创新应用的投入，2002年，学校授予他该校的最高奖项——教学优秀奖Kemper奖。在1998年加入韦伯斯特大学以前，维勒在硅谷一家最大的、为图形设计和印刷业提供信息技术产品和服务的公司担任系统顾问，之前他还在马歇尔教授所在的米利肯大学任教达10年之久。维勒教授获得了科罗拉多州立大学的会计学硕士学位，并读完了明尼苏达大学信息系统教学开发学院以及印第安纳大学高级信息系统教学开发学院的课程。维勒是美国注册会计师协会、美国会计协会以及管理会计师学会会员，并担任管理会计师学会桑加蒙分会的主席以及全国董事会成员。维勒教授爱好各类体育运动、旅游以及阅读。

给读者的话

很高兴《会计学——数字意味着什么》（第 8 版）即将出版。我们对本版的内容和编辑质量有信心。我们相信，教师和学习者通过努力必能理解公司和其他实体财报的基本信息。

会计学已成为一门商业语言。财务报表来源于会计过程，当所有者、投资者、雇员、债权人、监管者等在努力达到组织目标或评估组织目标的达成情况时，在规划、控制和决策活动中会用到财务报表。有效参与这些活动需要精通这门语言，努力学习本书的内容有助于你成为一名精明的会计信息使用者。

《会计学——数字意味着什么》会带领读者搞清楚：会计信息是什么，如何挖掘它、应用它，以及会计信息意味着什么。我们阅读财务报表是要获悉财报传达的信息（和未传达的信息），因此，本书可以从使用者的角度提高学习者的决策和问题解决能力，而达到编制财务报表的水平并不是我们的目标。总之，我们编写的这些内容是要帮助那些希望学习"数字意味着什么"的读者，而不关注会计过程的数学技能。

在现代经济中，会计问题很可能已经触及大多数职业生涯。学习兴趣不在会计学的学生，其兴趣很可能在商业的其他领域或非商业领域，如工程、行为科学、公共管理以及法律预科课程等，他们会从本书使用的方法中受益。想要获得工商管理硕士学位的读者，其他行政和管理专业的研究生，以及没有获得商学学位的本科生，在使用本书的过程中均会获益匪浅。

学习"数字意味着什么"并不轻松。你必须拿起笔、用上计算器，想问题、问问题，和你的同学讨论复杂的问题。经过努力学习后，你会有一种满足感，并能理解"数字到底意味着什么"。

祝愿读者们都能成功地使用信息！

戴维・马歇尔

韦恩・麦克马纳斯

丹尼尔・维勒

致 谢

对教科书进行编写和修订的工作不仅仅是靠作者完成的，审阅者所给予的认真反馈也是教材内容发展过程中密不可分的一部分，因此我们要对《会计学——数字意味着什么》一书前几版的所有审阅人员，以及这里所列出的最近一版的审阅人员表示感谢：你们在明确本书继续发展的优点和有待改进的缺陷方面所给予的帮助，对我们而言是非常宝贵的。下列人员所提出的意见和建设性的批评，为我们第 8 版的编写提供了很大的帮助，在此我们表示感谢：

Janet Adeyiga, *Hampton University*
Gary Adna Ames, *Brigham Young University–Idaho*
Sharon Agee, *Rollins College*
Vernon Allen, *Central Florida Community College*
Susan Anderson, *North Carolina A & T State University*
Florence Atiase, *University of Texas–Austin*
Benjamin Bae, *Virginia Commonwealth University*
Linda T. Bartlett, *Bessemer State Technical College*
Jean Beaulieu, *Westminster College*
David Bilker, *Temple University*
Scott Butler, *Dominican University of California*
Marci L. Butterfield, *University of Utah*
Sandra Byrd, *Southwest Missouri State University*
John Callister, *Cornell University*
Elizabeth D. Capener, *Dominican University of CA*
Kay Carnes, *Gonzaga University*
Thomas J. Casey, *DeVry University*
Royce E. Chaffin, *University of West Georgia*
James Crockett, *University of Southern Mississippi*
Alan B. Czyzewski, *Indiana State University*
Thomas D'Arrigo, *Manhattan College*
Patricia Davis, *Keystone College*
Francis Dong, *DeVry University*
Robert Dunn, *Columbus State University*
Marthanne Edwards, *Colorado State University*

Craig Ehlert, *Montana State University–Bozeman*
John A. Elfrink, *Central Missouri State University*
Robert C. Elmore, *Tennessee Tech University*
Leslie Fletcher, *Georgia Southern University*
Randy Frye, *Saint Francis University*
Harry E Gallatin, *Indiana State University*
Terrie Gehman, *Elizabethtown College*
Daniel Gibbons, *Waubonsee Community College*
Louis Gingerella, *Rensselaer at Hartford*
Kyle L. Grazier, *University of Michigan*
Alice M. Handlang, *Southern Christian University*
Betty S. Harper, *Middle Tennessee State University*
Elaine Henry, *Rutgers University*
Fred Hughes, *Faulkner University*
Lori Jacobson, *North Idaho College*
Linda L. Kadlecek, *Central Arizona College*
Charles Kile, *Middle Tennessee State University*
Nancy Kelly, *Middlesex Community College*
Ronald W. Kilgore, *University of Tennessee*
Bert Luken, *Wilmington College–Cincinnati*
Anna Lusher, *West Liberty State College*
Suneel Maheshwari, *Marshall University*
Melanie Middlemist, *Colorado State University*
Murat Neset Tanju, *Univ. of Alabama at Birmingham*
Eugene D. O'Donnell, *Harcum College*
William A. O'Toole, *Defi ance College*
Robert Patterson, *Penn State–Erie*
Robert M. Peevy, *Tarleton State University*
Craig Pence, *Highland Community College*
David H. Peters, *Southeastern University*
Ronald Picker, *St. Mary of the Woods College*
Martha Pointer, *East Tennessee State University*
James Pofal, *University of Wisconsin Oshkosh*
Shirley Powell, *Arkansas State University–Beebe*
Barbara Powers-Ingram, *Wytheville Community College*
John Rush, *Illinois College*
Robert W. Rutledge, *Texas State University*
Robert E. Rosacker, *The University of South Dakota*
Paul Schwin, *Tiffin University*
Raymond Shaffer, *Youngstown State University*
Erin Sims, *DeVry University*
Forest E. Stegelin, *University of Georgia*

Mark Steadman, *East Tennessee State University*
Charles Smith, *Iowa Western Community College*
John Suroviak, *Pacific University*
Linda Tarrago, *Hillsborough Community College*
Catherine Traynor, *Northern Illinois University*
David Verduzco, *University of Texas at Austin*
Joseph Vesci, *Immaculata University*
Kortney White, *Arkansas State Univ.–State University*
Dennis Wooten, *Erie Community College–North*

虽然本书的范围和材料组成方式是我们自己确定的，但实际上真正全新的想法很少——我们对会计和财务管理的很多观点和想法，都受到过去使用的很多教科书的作者的影响；同时，多年来各位学生和同事也为我们明确本书所阐述的内容和教学方法提供了帮助。本书前六版的很多读者——无论是教师还是学生——都提出了积极有益的看法和建设性意见。我们对所有这些帮助均深表谢意。

特别要感谢凤凰城大学的 Kenneth Goranson、Robert Key 先生及其同事在我们为教材中的某些关键问题设计一流的 Excel 模板过程中所提供的意见和帮助。我们将以这些文件为基础，不断改进。我们还要特别感谢莱德福德大学的 Hellen Roybark 女士对教材原稿认真、仔细的检查。

戴维·马歇尔　韦恩·麦克马纳斯　丹尼尔·维勒

目　录

第 *1* 章

会计的今与昔

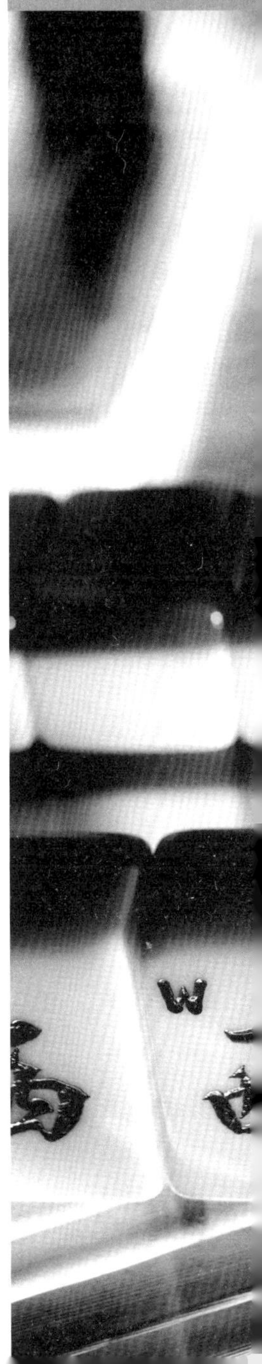

早在 21 世纪的第一个十年，两大上市公司申请破产，给成千上万的股东造成了数十亿美元的损失。2001 年，安然公司（Enron）宣布破产；几个月后，世通公司（WorldCom）也宣布破产。在每个破产案件中，导致公司股票价值急剧下降的因素很多，但最重要的因素是，投资者对公司的财务报告以及对向股东和包括证券交易委员会在内的监管机构披露的其他信息丧失信心。

安然公司和世通公司的垮台，以及其他广为人知的公司财务报告的乱象，导致了会计行业自身、美国国会以及其他监管机构对这类报告的严格审查。一些会计惯例被指责普遍涉及复杂的交易行为。

造成这个问题的另一个因素是，虽然现行会计法规并未明令禁止很多受质疑的会计处理，但一些高管却极力避免采用清晰明了的会计处理。可以肯定的是，根据 2002 年的《萨班斯—奥克斯利法案》（Sarbanes-Oxley Act of 2002，简称 SOX 法案）以及在上市公司会计监督委员会（Public Company Accounting Oversight Board，简称 PCAOB，该机构是 SOX 法案指定的监管审计事宜并进一步保障公众利益的监督机构）的监管之下，现如今，众多上市公司所面临的财务报告要求规范的审查变得越来越严格。这种不断加强的监管力度，至少在一定程度上提高了财务报告过程的透明度和财务报表的可理解性。虽然本书将对当前会计人员所面临的一些争议较大的技术问题进行简要阐述，但对那些问题公司的财务形象进行修饰的企图，远远超过了下面所阐述的会计基本范畴。

本书旨在介绍丰富的会计基础知识，使非会计人员能看懂在我们的社会中运行的各个组织的财务报表，并理解财务信息如何应用于管理层的计划、控制和决策过程。本书基本上以营利性组织为背景，但其中的大部分内容同样适用于非营利性的社会服务组织及政府组织。

会计有时被称为“商业语言”，在我们的社会中从事经济活动的人（其实是每个人），都至少应懂得这门语言，从而能够对所从事的经济活动进行决策，做出有根据的判断。

会计是什么

广义地说，**会计**（accounting）是为了进行决策和做出有根据的判断而对一个组织的经济信息进行确定、衡量和传递的过程。[会计人员经常使用“**主体**”（entity）而不是“组织”这个词，因为前者的含义更广泛。]

对会计的定义可以用下图来表示：

会计是这样一个过程：

确定
衡量 } 会计主体的相关经济信息 → 进行决策和做出有根据的判断
传递

那么，由谁来进行这些决策和判断呢？会计信息的使用者包括该会计主体或组织的管理者、所有者（他们不常参与管理过程）、潜在投资者和债权人、公司员工，以及与法规和税务事项有关的各个联邦、州和地方政府机构。表 1-1 列出了会计信息的一些使用者及这些会计信息的用途。请思考一下，这些使用者根据会计主体所传递的经济信息，还可以进行哪些决策或判断（每一类使用者至少再列出一项）。

各种类型的组织都必须提供会计信息。提到会计，大家最先想到的可能是企业，但实际上，非营利性的社会服务组织、政府部门、教育机构、社会团体、政治团体及其他团体，都需要对它们的经济活动进行会计处理。

我们常常认为会计是别人的事情，而不是自己去获取信息以支持决策和判断的过程。相对而言，真正的会计人员其实并不多，但几乎所有的人都要用到会计信息。本书的主要目的就是帮助大家成为会计信息的有效使用者，而不是让你去做一名会计人员；但这些面向使用者的内容，同样可以为那些选择会计专业的学生提供一个坚实的基础。

如果没有因为阅读这样那样的财务报表而变得毫无头绪，你其实是很幸运的。在你接受正式的商业课程或者刚开始工作时，你肯定要阅读财务数据。成为一个有

表 1-1　会计信息的使用者及会计信息的用途

使用者	做出的决策或判断
管理者	在履行计划、领导和控制职能时，管理者会做出很多决策和判断。例如，在考虑扩大一条生产线时，所进行的计划过程要对成本和收益进行确定和衡量；领导过程要对所选择的战略进行传达；控制过程则要对扩大生产线期间和完成之后的结果进行确定、衡量和传递。
投资者	在考虑是否对一家公司的普通股进行投资时，**投资者**（investor）用会计信息来帮助其评价投资的金额、时间和未来现金收益的不确定性。
债权人	在决定收到款项之前向客户发多少货时，**债权人**（creditor）要评估收款的可能性和延迟（或拒绝）付款的风险。
公司员工	在考虑退休计划时，员工会评估公司提供长期工作机会和有吸引力的退休金计划的能力。
证券和交易委员会（SEC）	在审核公司对 SEC 法规的遵守情况时，分析师要判断该公司向投资者发布的财务报表是否充分披露了所有要求的信息。

效的信息使用者，这意味着要知道怎样把这些数据作为信息来使用。

下一节将介绍会计的主要实务领域，并帮助你了解每一类专业会计人员所从事的工作类型。下面的“商业实务”专栏将介绍会计的主要职业机会。

财务会计

财务会计（financial accounting）通常是以编制和报告会计主体的财务报表为最终结果的过程。财务报表说明了一个会计主体在某一时点的财务状况、在某时期的经营结果、同一时期的**现金流量**（cash flow）活动，以及其他有关该主体财务资源、义务、所有者权益和经营的信息，下文将对此进行更详细的阐述。

财务会计主要是对外的。财务报表针对的是那些并不了解会计主体日常财务和经营活动的人。财务会计主要涉及会计主体经营情况的历史结果。财务报表反映的是过去发生过什么；虽然我们希望能够根据过去的活动及其结果预测将来的情况，但财务报表并不像神奇的水晶球那样可以明确地反映未来的情况。很多公司的年报会专门强调财务会计信息的历史性，了解这一点对报表使用者是非常重要的。比如说，在本书附录中提供的英特尔公司 2006 年年报上就有这样一条注释：“过去的业绩不

商 业 实 务

会计的职业机会

由于会计是一种专门职业，所以大多数会计职位都要求就职者有会计专业的本科学历。各公司都鼓励从事会计工作的人员尽快取得专业证书。工作努力且头脑灵活的人在其职业生涯中可以取得很高的专业级别。会计人员主要受雇于公共会计事务所、工商企业、政府和非营利组织。

公共会计

公共会计人员所从事的工作，因其受雇于地方性、区域性或国际性注册会计师事务所而有很大的差别。小型的本地事务所主要从事簿记、会计、所得税申报及满足个人和小企业的财务计划需求等工作。这些事务所需要的是有足够能力提供各种服务的“通才”。稍大一些的区域性事务所往往提供多种专业服务，但主要从事审计、公司所得税申报及管理咨询服务。这些事务所除了录用合格的大学毕业生之外，常常雇佣有经验的财务或行业专家，以满足特殊客户的需求。

大型的国际性注册会计师事务所也从事审计、税务和咨询服务，它们主要的客户是大型的国内或国际公司。目前的“四大”会计师事务所是普华永道（Price-waterhouse Coopers）、德勤（Deloitte Touche Tohmatsu）、安永（Ernst & Young）和毕马威（KPMG International）。曾为“第五大”的安达信事务所于 2002 年因被控在对安然公司的业务中有非法活动、判断失误并负有责任而倒闭。从总收入、审计客户公司的数量及办事处、合伙人和员工数量等方面衡量，这些事务所占据了市场的绝大部分份额。这些国际性事务所通常招聘的都是十分优秀的大学毕业生和非常有经验的注册会计师，并鼓励其员工发展专业技能。（要了解有关公共会计职业机会的详细信息，可访问“四大”会计师事务所的网站：www.pricewaterhouse.com，www.deloitte.com，www.ey.com 及 www.kpmg.com）

工商业会计

由于各种规模的制造业和商业企业数量巨大，因此，受雇于企业的会计人员也比公共会计多。除了使用公共会计事务所的服务之外，这些工商企业还会像雇佣财务会计人员那样，也雇佣成本和管理会计人员。很多在工商业的会计人员从学校一毕业就在这个行业工作；而另一些人则一开始在公共会计界从事审计工作，有了几年经验之后再转到工商业。

政府和非营利组织会计

在政府或经济体的非营利部门从事会计职业的人数正在不断增加。据统计，在美国有成千上万的州和地方政府会计报告主体，几乎关系着每个人的生活。同样，会计专业人员还受雇于专科院校或大学、医院及诸如美国红十字会（American Red Cross）、联合之路（United Way）和绿色和平组织（Greenpeace）这样的健康和福利志愿组织。

能为将来的结果提供保证。”因此，报表使用者必须对一家公司的未来前景做出自己的判断。

人们通过**簿记**（bookkeeping）过程对会计主体各项活动的结果进行记录，这些过程是财务会计过程的一部分。手工、机械和计算机方法的运用，使簿记过程完全系统化。虽然这些过程对财务会计过程有支持作用，但它们仅是整个财务会计过程的一部分。

财务会计工作由专业会计人员来做，这些专业人员通常具有会计专业本科学历。受雇于一家会计主体的财务会计人员在编制财务报表所必需的很多会计活动中，运用自己的专业知识、分析技巧和判断能力。一家公司的总会计师被称为**财务总监**（controller）。财务总监通常要同时负责该企业的财务会计职能和管理会计职能（见下文）；有时，这个职务也被称为“主管会计”（Comptroller，旧式说法）。

在美国，要获得**注册会计师**（CPA）职称，必须通过一项为期两天、共分四个部分的综合考试。美国在每年 5 月和 11 月会举行全国统一的 CPA 考试，但这项考试由各州具体分管。[1] 有些州要求报考者在考试之前具有会计工作经验。46 个州在颁布的法规中提高了 CPA 报考者的教育要求，报考资格从原来的 120 个大学学时或本科学历提高到至少 150 个大学学时。[2] 全国性的 CPA 专业组织——美国注册会计师协会（American Institute of Certified Public Accountants，AICPA），也对以上这些州的做法表示支持，规定想成为其会员的 CPA 必需达到 150 个学时的要求。成为 CPA 和加入 AICPA 的教育要求越来越严格，这反映出对会计专业人员教育程度和专业能力的要求日益提高。执业 CPA 可在各种类型的组织中工作，但是，对企业财务报表发表审计意见的 CPA 必须得到其服务所在州颁发的执照，这一点下文也将提及。

管理会计/成本会计

管理会计（managerial accounting）的主要内容是运用经济和财务信息对会计主体的各项活动进行计划和控制，并为管理层的决策过程提供支持。**成本会计**（cost accounting）是管理会计的一个分支，其主要任务是产品、工序或服务成本的确定和

1　自 2004 年以来，CPA 考生已被获准安排自己的考试日期。由于现在的考试方式是机考，因此，他们可能每次考试就做其中的一部分。过去那种“纸和笔”的 CPA 考试已经成为历史了。

2　至本书出版时，只有科罗拉多、特拉华、新罕布什尔和佛蒙特四个州不要求 150 个大学学时。可在 www.aicpa.org/states/uaa/150chart.htm 查看各州生效日期。

归集。管理会计和成本会计主要面向组织内部，跟对外的财务会计正好相反。很多在财务会计过程中使用或由其产生的数据，同样可用于管理和成本会计，但这些数据的用途更多地面向未来，例如预算的编制。第 12 章将对财务会计和管理会计之间的相似点和不同点进行详细讨论，其主要内容列示于表 12-1。

管理会计人员和成本会计人员通常是具有会计专业本科学历的专业会计人士，他们在工作中常常需要与企业的生产、营销和财务部门密切协调。在美国，如果管理会计人员或成本会计人员通过了一项内容广泛、共分四个部分的考试，就可以获得**注册管理会计师**（CMA）和 / 或**财务管理认证**（CFM）资格（两种资格考试的第 1、3 和 4 部分相同）。两种考试都是在计算机上进行的，且答案只有一个。

审计——公共会计

很多企业让独立的第三方来审核其财务报表。大多数情况下，证券法律规定，如果一家公司的股票或债券由投资者持有并公开交易，就须进行审计。**审计**（auditing）服务由**公共会计**（public accounting）事务所和个人注册会计师提供，这项服务是会计职业的一个重要组成部分。

审计结果是独立的**审计师报告**（independent auditor's report），该报告一般由 4 段相对简短的段落构成。[1] 第一段指出经过审计的财务报表名称，并说明公司管理层对财务报表负责，而审计师的责任只是对财务报表发表审计意见；第二段说明审计活动的实施依据是"美国上市公司会计监督委员会的标准"，并简要阐述这些标准的要求以及审计工作会涉及哪些内容［实际上，审计师应按照**一般公认审计准则**（generally accepted auditing standards）的要求实施审计］；第三段包含审计师的审计意见，其通常指出所审计的报表"在所有重要方面公允表达了"公司的财务状况，以及公司在指定期间内的经营成果和现金流量"遵循了（美国）公认会计原则"。这是一项无保留或者"干净"的意见。有时，审计师会因为报表未公允列示、与**公认会计原则**（generally accepted accounting principles）背离、审计师无法执行一定的审计程序或者怀疑公司的持续经营能力（即作为一个有效经济主体的能力）而出具有保留的审计意见。无保留意见并不等于公司现行财务状况或未来前景一定良好。读者在研究

1 在这里，只对前三段进行简要的阐述，第 10 章将对此做进一步探讨。第 4 段阐述的是审计师对公司的财务报告内部控制的有效性发表意见，这也会在第 10 章进行详细讨论。

了由公司的财务报表、报表附注及管理层的详尽讨论和分析等内容组成的**年报**（annual report）之后，必须对公司的现行财务状况、未来前景和其他方面的情况做出自己的判断。

从事公共会计工作的审计师，通常是至少持有会计专业本科学历的专业会计人员。审计师可能在公共会计事务所工作（一些事务所有几千名合伙人和专业人员），也可以是一名独立执业人员。大多数审计师会取得 CPA 职称。在美国，签署审计意见的事务所合伙人或个人执业者必须持有其执业所在州的 CPA 执照。要取得执照，注册会计师必须满足该州对于品格、教育和经验等方面所做出的规定。

具体的独立审计报告可参见附录中英特尔公司 2006 年年报。

内部审计

生产场所或经营活动涉及大量财务交易的企业，大多会聘用专业会计人员进行**内部审计**（internal auditing）。在很多情况下，内部审计师履行的职能跟外部审计人员或公共会计师相似，但范围可能较小些。例如，内部审计人员可能负责审核某一厂家的财务报表或分析某个会计主体经营活动的效率。内部审计师的专业资格跟其他专业会计人员类似。除了拥有 CPA 或 CMA 资格外，内部审计师还可以通过考试成为一名注册内部审计师（Certified Internal Auditor，CIA）。

政府和非营利组织会计

市、州和联邦的各级政府部门、专科院校或大学、医院、健康和福利志愿组织等非营利组织，也需要跟其他会计主体一样的会计职能。宗教组织、工会、商业协会、艺术表演团体、政党团体、图书馆、博物馆、乡村俱乐部及其他很多非营利组织，会雇佣与工商业会计或公共会计人员具有相似教育程度的会计人员。

所得税会计

由于联邦、州、市和涉外所得税法规的复杂程度越来越高，对精通税务各个方面的专业会计人员的需求随之产生。税务从业者常常要具备对个人、合伙企业、公司、信托和地产企业的税收或国际税收法规等方面的专门知识；这些会计人员受雇于公司、公共会计事务所、政府部门和其他单位。很多税务会计人员有本科学历，并且是注册会计师，一些人还是律师。

会计是如何发展的

会计是随着财务报表使用者对财务信息的需求而发展起来的，报表使用者依据这些财务信息来支持表 1-1 所列举的以及在工作中还会遇到的其他的决策和判断。虽然财务报表上的数字体现了一种精确性，但确定报告数字的过程涉及大量的判断和估计。没有任何一部所谓的“会计准则法典”可以不加选择地遵循。尽管确实存在被广泛公认的会计原则，不同的会计人员对于同一交易或事件的会计处理却可能得出不同的结论，而这些结论常常都具有合法性。下文对会计原则发展历史的简要回顾，可能会使这种混乱的情况更容易理解。

早期的历史

有证据表明，人类在文明早期就开始对经济事件保存记录。其实，这一点并不奇怪。公元前 3000 年，美索不达米亚人用土坯记录税务单据，从那时起，会计就开始不断地满足用户的信息需求。1494 年，方济各会（Franciscan）教士、数学教授卢卡・帕乔里（Luca Pacioli），出版了目前所知的第一本对一种复杂的复式记账系统进行介绍的教科书。帕乔里的“威尼斯法”体系是为了满足当时意大利商业贸易的需要而发展起来的，而现代的簿记体系（将在第 4 章中讨论）直接从这一体系演变而来。

由于要为替代个人手工业者的企业提供资金，工业革命对大量资本产生了需求。在这种需求下形成了公司这种组织形式，这种形式的特征是，所有人或投资者不直接参与经营，而是把资金交给管理者，授权他们经营。由此，投资者要求公司的管理者提供反映公司财务状况和经营结果的报告。在 19 世纪中期的英格兰，独立（外部）审计这一职能增加了财务报告的可信度。随着 19 世纪晚期英国资本投资于不断发展的美国经济，英国的会计师和会计方法来到了美国。但是，没有哪一个团体被合法地授权制定财务报告准则，这就使得报告财务状况和经营结果的方法纷繁不一，造成了混乱，在有些情况下甚至还导致完全的欺诈行为。

美国的会计职业

20 世纪早期，美国的会计职业开始形成专业组织，并努力制定认证法规、标准审计程序及其他专业要素。但是，直到 1932~1934 年，美国会计师协会（现在的美国注册会计师协会的前身）才和纽约证券交易所就五大会计原则达成了一致。这是第一次正式的会计准则制定行为。当时的会计、财务报告和审计中存在的缺陷推动了这次活动，这些缺陷跟 1929 年的股市崩溃不无关系。

1933 年的证券法和 1934 年的证券交易法适用于在州与州之间的证券买卖。这些法律对准则制定过程有重要的影响，因为它们授权**证券和交易委员会**（SEC）制定证券在 SEC 登记的公司都应当遵守的会计原则。现在，SEC 仍然拥有这项权力，但这些年来，它把准则制定权下放给了其他机构。在 1939~1959 年间，美国会计师协会的会计程序委员会发布了 51 项关于会计原则的会计研究公告。但是，这项工作缺乏一个整体的财务报告概念框架：每一项公告都只是针对相对较窄范围内的一个特定问题，而报告相似业务结果的方法仍然有好多种。

1959 年，会计原则委员会（Accounting Principles Board，APB）替代会计程序委员会而成为制定准则的主体。作为美国注册会计师协会的一个下属机构，APB 虽然拥有资金，并受命进行比其前任更多的研究，但它早期的工作却加剧了原有的矛盾。APB 发布了 39 项针对严重会计问题的意见，但仍未能制定出会计的基本框架。

目前财务会计准则的制定

1973 年，由于国会和其他方面对由美国注册会计师协会的一个下属机构进行会计准则制定过程提出批评，一个更加独立的机构——**财务会计基金会**（Financial Accounting Foundation）成立了。基金会设立了**财务会计准则委员会**（FASB），作为会计职业界制定准则的权威机构。FASB 开展的一个项目叫做“财务会计和报告概念框架”，并于 2007 年 9 月发布了 7 个“财务会计概念公告”。

在构建概念框架项目的同时，FASB 还发布了 159 项财务会计准则公告（Statements of Financial Accounting Standards），和前任一样，在公告中制定了对特定问题进行会计处理和报告的准则。对于相似交易结果的会计处理和报告方法，仍然存在多种选择。在财务报告的很多方面，会计师仍然必须运用判断能力，在同样可接受的各种方法中进行权衡。本书接下来的几章将对其中的很多会计选择及这些选择对财务报表的影响进行阐述。例如，第 5 章将介绍存货成本流转的先进先出假设和后进先出假设、加权平均假设相比较的影响；同样，第 6 章将介绍长期资产的直线折旧法和加速折旧法之间的差异。虽然大家现在对这些问题可能还不太理解，但我们应当清楚的是，存货和折旧的这些不同会计方法均被 FASB 所批准，选择哪种方法会对公司报告的利润有重大的影响。

FASB 制定准则的工作并不是在真空中进行的，它在制定准则时遵循了一种开放式的规范程序。FASB 经常邀请相关的个人和组织对正在考虑的某项准则提出意见和看法。除 AICPA 和 SEC 外，经常向 FASB 提供建议的职业会计和财务机构还包括：美国会计协会、管理会计师协会、财务经理协会及投资管理和研究协会。

会计和审计准则的制定过程由于安然的倒闭和 2001 年及 2002 年初其他公司出现的会计和报告问题而备受抨击。2002 年 7 月，美国总统乔治·布什签署了 1933 年以来对会计界影响最大的法案——2002 年萨班斯—奥克斯利法案（Sarbanes-Oxley Act of 2002）。实际上，该法案创建了一个由五人组成的**上市公司会计监管委员会**（PCAOB），PCAOB 有权制定和实施针对上市公司的审计、证明、质量控制和职业道德（包括独立性）准则；还有权监督对上市公司进行审计的公共会计事务所的审计活动，并对违反委员会规定、证券法律及专业审计准则的行为进行制裁。SOX 法案对财务报告的影响是深远的，本书将在第 10 章深入探讨一些细节，其中涉及公司治理和信息披露问题。

以上讨论的目的是想说明财务会计和报告实务并非制定一套制度并盲目遵循。实际上，财务报告实务是随着社会需求的变化而不断变化的，而且仍处于演进之中。近几年，金融工具和商业交易变得越来越复杂，并且常被各种规模的企业应用。因此，美国财务会计准则委员会已很难制定相应的标准，以充分及时解决新出现的会计问题。此外，最近新出台的 FASB 标准在应用与公允价值计量相关的方针时似乎更像是一个准则而不是判断。当读到和 FASB 新标准有关的任何批判性评论时，你无须担心，相反，你应该把眼界放得更远。因为我们学习本书的目的是掌握足够的财务会计和报告的基础知识，从而不会对财务数据惧怕或困惑。

其他类型的会计准则

由于管理会计 / 成本会计主要面向内部，因此内部使用者应当知道其公司所采用的会计方法。正因为如此，会计职业界并不把管理者使用的内部报告准则的制定作为一项重要议题。各家公司通常有权对内部报告事务进行自我规范，但对政府发包工程成本进行的会计核算例外。多年来，为了对政府合同承包商应当遵循的程序进行规范，各政府机构发布了很多条例。在 1970~1980 年期间，**成本会计准则委员会**（CASB）作为一个政府部门，负责制定政府合同所适用的准则。国会于 1981 年解散了 CASB，但其准则仍然有效。1988 年，国会重新设立了 CASB，把它作为联邦采购政策办公室管辖下的一个独立机构，并授权它为价值 50 万美元以上的政府合同制定成本会计准则。从 1955 年开始，CASB 的准则也适用于获取大量联邦研究经费的大专院校。

在审计 / 公共会计领域，审计准则由审计准则委员会制定，它是 AICPA 的一个技术委员会，SEC 也参与了这个过程。这些年来发布了很多审计准则和程序，其中最重要的准则之一，是要求审计师对财务报表被审计的客户保持独立性。但是，审计师的判断在审计过程中仍然非常重要。正因如此，对会计职业界持批评意见的人经常对注册会计师事务所在审计过程中的独立性提出质疑（参见“商业实务——审

商　业　实　务

审计师独立性

注册会计师的传统工作是提供满足客户广泛需求的审计、税务和咨询服务。近年来，咨询业务迅速扩展，尤其是“四大”国际性会计事务所。咨询服务通常包括的内容有：财务咨询服务、保证（即风险管理）服务及信息系统的设计和安装服务。一家注册会计师事务所同时向其审计客户提供此类服务的现象屡见不鲜。

在包括证券和交易委员会（SEC）在内的一些观察家看来，审计事务所参与信息和会计系统的开发可能会出现利益冲突，这种利益冲突可能表现为审计师不愿意对客户的系统结果提出质疑，而该审计客户财务报表上列示的金额正是从这些系统中取得的。很多公司客户的咨询费常常高于审计费，这也可能进一步影响独立性的存在。

在安然事件出现前几年，SEC 和 AICPA 曾讨论过审计师的咨询业务对审计独立性的影响。为有助于实现实质和形式上的独立性，一些审计事务所将咨询业务和审计业务分开，成为单独的主体。但是，安达信事务所从安然公司赚取的咨询费远远超过其收取的审计费，而且这种现象在很多审计事务所中非常普遍。这一事实的曝光，使得所有的审计事务所都面临将其咨询业务剥离的巨大压力。在撰写本文时，SEC 和国会均尚未颁布行政法规或通过立法做出规定；但很清楚的一点是，审计独立性问题已成为关注焦点，在这方面很可能将出现重大变化。

计师独立性”)。在这里，有必要重申一点，无保留审计意见并不是宣告审计主体现有财务状况或未来前景完全没有问题的健康证明。财务报表的阅读者在研究了包括财务报表和解释性附注在内的公司年报后，要对公司的现有财务状况、未来前景及其他情况自行做出判断。

1984 年，**政府会计准则委员会**（GASB）成立，其任务是制定州政府和地方政府机构财务会计和报告的指导原则。GASB 在财务会计基金会的资助下运行，财务会计基金会也是 FASB 的创立机构。GASB 致力于统一美国各州和市级会计主体的会计实务，以使投资者更好地对州债券和城市债券发行者的财务数据进行比较。如果某项同时发生于公共部门和私营部门的业务没有 GASB 准则，那么政府机构将以 FASB 的准则为指导。到 2007 年 9 月，GASB 已经颁布了 49 项准则和三项概念公告。

《美国国内收入法》及相关条例与州和地方各项税法规定了确定企业所得税义务应遵循的法则。虽然这项法律及其他条例都相当具体和复杂，但它们提供了可以遵循的法律准则。在所得税事务方面，会计师会运用他们的判断力和专业知识对业务进行专门设计，以尽可能减少企业的所得税；此外，会计师还会编制或帮助客户编制所得税申报表——对于那些所得税申报表受税务机关审核或质疑的客户，会计师还可能会作为它们的代表处理相应事宜。

国际会计准则

各国的会计准则根据每个国家特殊的用户需求和文化特征而演变，因此，虽然全球市场不断发展，但一个国家的会计准则仍可能与另一个国家的准则存在巨大的差异。1973 年，澳大利亚、加拿大、法国、德国、日本、墨西哥、荷兰、英国、爱尔兰和美国的会计团体成立了国际会计准则委员会（International Accounting Standard Committee，IASC），以推动会计和财务报告准则在全球范围内的认可和遵循。2001 年，IASC 解散，由重组成立的国际会计准则理事会（International Accounting Standard Board，IASB）承担其所有的职责。IASB 是总部位于伦敦的一个民间组织（在某种程度上类似于 FASB 和 GASB）。虽然现在 IASB 得到了 100 多个国家的支持，但是制定统一准则的目标几乎是不可能实现的：最大的困难是各国在保护国内市场时有各自的利益，而成员国的利益常会和处于全球财务网络中各主体的利益有很大的差异。例如，世界各国在其资本市场的复杂程度、披露财务信息的需求及准则制定过程中的政府监督职能等方面都不尽相同。但是，这些国家化的问题并不是 IASB

表 1–2
各会计机构网址

各会计机构网址
美国注册会计师协会：http：//www.aicpa.org
财务会计准则委员会：http：//www.fasb.org
政府会计准则委员会：http：//www.gasb.org
内部审计师协会：http：//www.theiia.org
管理会计师协会：http：//www.imanet.org
国际会计准则委员会：http：//www.iasc.org.uk
证券和交易委员会：http：//www.sec.gov

面临的惟一障碍，原因很简单：IASB 是一个民间机构，因此它所发布的条文没有法律效力。人们只能希望各国会计职业团体尽最大的努力推动国际准则的认可。到 2007 年 9 月，IASB 及其前身共颁布了 41 项国际会计准则，其中很多进展是近几年才取得的。

目前，IASB 正在努力寻求方法，为根据其成员国不同的会计准则编制的财务报表提供可比性，这项工作常常被称为“调和工程”，它既包括消除当今世界很多地区仍然存在的不良会计方法，又包括对 IASB 自己的准则范围内可接受的方法数量进行限制。建立一套所有国家都遵循的国际会计准则还有很长的路要走，甚至根本不可能完全实现。因此，对本国准则的掌握是很重要的，这样才能对根据另一国准则编制的财务报表有正确理解。

表 1-2 列出了各个会计机构的网址。欢迎访问这些网址，查询这些机构的更多信息。

职业道德和会计职业界

任何职业都有这样一个共同特征，就是从事这项职业的人承认职业道德的重要性——这对于会计职业尤为重要，因为会计师的工作在很大程度上是提供信息，以帮助会计信息使用者做出信息充分的判断和决策。

美国注册会计师协会（AICPA）和管理会计师协会（IMA）都颁布了职业道德规范。2006 年最新修订的《职业道德规范》被 AICPA 的成员采用。该组织的制度规定，其成员应当遵守这项规范或者受 AICPA 纪律规章的约束。IMA 的《管理会计师职业道德准则》虽然没有前者的执行机制，但它同样要求管理会计师在向他们所服务的组织、他们的职业界、公众及自身履行义务时，要保持最高的职业道德标准。

商业实务

职业道德

近年来人们对职业道德的关注程度不断上升——“利益相关者”（stakeholder）一词的出现就说明了这一点。这个词是指企业从事经营活动涉及的众多利益相关方——所有者、管理者、雇员、顾客、供应商、社区甚至竞争对手。另外，职业道德和公司的社会责任问题正在结合成一个备受关注的领域，这一点也说明了对职业道德关注程度的提高。

职业道德引起了国际社会的关注，并且正在吸引更多的政治关注。1994年，*考克斯圆桌组织*（Caux Round Table，简称CRT，一个由来自北美、欧洲和日本的一百多名商界领导组成的非正式组织）发布了该组织的《商业原则》，试图表达对负有道德和社会责任的公司行为的世界性准则。另一个有影响力的组织——*社会责任商业组织*（Business for Social Reponsibility，BSR）——是一个总部设在美国的全球公司组织，该组织试图通过对道德价值以及对人、社区和环境的尊重来寻求商业上的持续成功。要了解更多信息，可访问www.cauxroundtable.org或者www.bsr.org。

1977年的*外国贿赂行为法案*（Foreign Corrupt Practices Act of 1977）及*《联邦宣判指南》*（Federal Sentencing Guidelines）在1991年就企业对其雇员刑事犯罪应负责任的增加条款，使得管理者更加注重职业道德行为。1987年，一个针对公司财务报告行为中暴露的缺陷而成立的民间委员会向SEC提出建议，上市公司应当在其年报中披露公司如何正确履行实现一系列既定内部控制目标的责任，这些内部控制目标跟保护资产、交易授权及报告等相关（参见第5章的“商业实务”对内部控制的讨论）。虽然SEC并没有要求公司这样做，但很多公司承认自己有这项责任。这一披露常常与公司的职业道德规范体系有关。企业的诚信和职业道德价值观与其内部控制系统的有效性有直接的关系，这一点是会计界公认的。

最近的研究表明，完善的职业道德和社会项目可以吸引顾客、提高雇员的士气、提高生产效率及加强组织内部的信任关系，从而提高公司的获利能力。事实上，重视道德水平的组织常常会建立一定的结构和程序（如道德规范），以促进正确的行为。道德准则的形式多种多样，可以是概括的价值宣言和信条，也可以是对全球道德原则的具体讨论。强生公司的《我们的信条》，可能是最常被引用的公司职业道德宣言，对此它当之无愧（要了解该公司的全面信息，可访问www.jnj.com/who_is_jnj/cr_usa.html或者www.jnj.com）。

访问www.thecro.com网站，可以看到由其评选的“100家最佳企业公民”（100 Best Corporate Citizens）名单。顺便要说的是，英特尔公司在2007年的名单上列第5位，前十名还包括耐克、摩托罗拉、IBM、星巴克咖啡以及通用磨坊食品公司。

更多的指导信息可以查询*社会投资论坛*（The Social Investment Forum），该论坛可提供有关社会责任投资的信息、联系方式和资源（请访问www.socialinvest.org）。

了解和改善自己的价值体系，提高对自己所从事工作的职业道德意识，这一点从来都不会为时过早。如果有人要求你在雇主的职业道德规范上签上自己的名字，你不应该感到惊讶。

通过下面的网址可以查询有关职业道德的其他网址：

http：//www.ethics.ubc.ca/resources/business

http：//www.ethicsandbusiness.org/links

在道德规范中，诚信和客观是职业会计师职业道德行为的两大要素：**诚信**（integrity）意味着在跟他人打交道和交流时保持诚实和正直；**客观**（objectivity）意味着公正，不受利益冲突的影响。我们不可能依靠一位缺乏诚信和/或客观的会计师来提供完整和相关的信息，并利用这些信息做出信息充分的判断和决策。

职业道德行为的其他要素包括独立性、胜任能力及承担尽可能满足雇主、客户和公众利益的义务。**独立性**（independence）跟客观性相联系，对于审计师尤为重要。审计师必须保持形式和实质上的独立。具备胜任能力意味着其知识和职业技能足以完成所分配的工作。同时，会计师应当认识到，其工作性质要求其了解自己所承担的义务，即为那些使用他们所提供信息的人服务。

近年，出现了一些广受公众关注的事件，指控会计师缺乏诚实、公正和/或胜任能力，违反了职业道德；虽然其中的一些指控得到了证实，但是不能因此而指责所有的会计人员。会计职业界用这些少数事件再次表明，公众和职业界期望会计师表现出很高的职业道德标准；从这一点上说，会计人员跟其他人员并没有实质上的不同。

概念框架

不同的会计准则已经存在了很多年，但直到 20 世纪 70 年代中期，FASB 才开始着手确立财务会计概念的结构或框架。新的财务报表使用者可以通过对这些概念的总体了解而受益，因为这些概念提供了理解财务会计报告的基础。到 2007 年 9 月，由 FASB 发布的《财务会计概念公告》有：

公告号	题目	发布日期
1.	企业进行财务报告的目的	1978 年 11 月
2.	会计信息的定性特征（由第 6 号公告做出修订）	1980 年 5 月
3.	企业财务报告要素（由第 6 号公告替代）	1980 年 12 月
4.	非企业组织进行财务报告的目的	1980 年 12 月
5.	企业财务报告中的确认和计量	1984 年 12 月
6.	财务报告的要素	1985 年 12 月
7.	在会计衡量指标中使用现金流量信息和现值	2000 年 2 月

这些公告反映了 FASB 所做的大量工作及该项目进展之不易。该项目在开始时就存在一定的争议，因为有人担心对会计的基本概念进行定义的做法会不可避免地对目前的公认会计原则产生重大影响，并且很可能会引起财务报告实务的重大变化。反对者认为，这种做法只能使阅读财务报表的人产生疑惑（或者说比以前更加疑惑）。最糟的情况是，这种做法会使以现行财务报告实务为基础的金融市场和契约性义务陷入混乱。FASB 意识到了这种担心，并对概念公告做出了如下声明：[1]

> 财务会计概念公告并不是制定准则来规定具体事项的会计程序或披露要求，这是由本委员会发布的财务会计准则公告来规定的。财务会计概念公告阐述的是作为财务会计准则和实务基础的概念和关系，这些概念和关系在正常情况下应作为评估现有准则和实务的基础。
>
> 目标的制定和基本概念的确立，并不会直接解决会计和报告中的问题；但是，目标会给出方向，而概念则是解决问题的工具。
>
> 本委员会自身很可能是这一系列公告所提供的指导原则的最直接受益者，这些公告向本委员会提供了判断各种方案优劣的普遍依据和基本逻辑，因而对本委员会制定会计和报告准则具有指导作用。

概念公告第1号之“纲要”——企业进行财务报告的目的

为了更完整地学习财务会计，应对《概念公告第 1 号》中所包含的“纲要”有

1 Preface, *FASB Statement of Financial Accounting Concepts No. 6* (Stamford, CT, 1985). Copyright © the Financial Accounting Standards Board, High Ridge Park, Stamford, CT 06905, U.S.A. Excerpted with permission. Copies of the complete document are available from the FASB.

大致的了解。表 1-3 对“纲要”内容进行了列示。

下面对“纲要”内容做一个简要的介绍。财务报告（financial reporting）针对的是具体的公司或主体，而不是整个行业或经济体，其目的主要是满足那些除此之外无其他方式取得公司记录的会计信息外部使用者的需求。投资者、债权人和财务顾问是会计信息的主要使用者。财务报告旨在通过提供理性投资和信贷决策及其他判断的相关信息来满足使用者的需求。会计信息的使用者在经营和进行财务报告的过程中应当表现出合理的理性程度。但是，每一位使用者阅读财务报表（financial statements）时，都会带有自己的判断和主观偏好，并且必须愿意对自己的决策承担责任。

大多数使用者是从外部来看企业的。公司管理层可以为了自身的需要而规定他们想得到的信息。为了内部计划、控制和决策而进行的报告，不必受财务报告规定的约束，因此，概念公告并不针对会计信息的各项内部（即管理上）的用途。

财务会计是历史的记录者，它并不面向将来。虽然将来的情况不可知，但它很可能受到过去情况的影响。由于会计信息为评价过去业绩提供了一个很好的基础，因此这些信息可能有助于对企业的未来前景进行评估。但是，财务报告并非企业相关信息的惟一来源。例如，一位可能被公司雇佣的人想知道有关员工变动率的信息，但这一信息在财务报告中不会披露。财务会计报告的信息主要与能以货币计量的过去交易或事件有关。

财务会计信息的产生和使用是有成本的，因此，会计信息使用者获得的收益应当超过提供这些信息的成本。

财务报告的很多目的都跟收益和现金流量信息的列示相关。无论是投资者还是债权人，都很注重判断公司的赢利能力及他们能否收回他们的款项。财务报告的使用者或许会问：“2008 年 12 月 31 日公司的盈利是多少”，或者“公司这一年度经营活动的净现金流量是多少”。使用者们知道，公司必须从其他地方收到现金后才能向其债权人支付本金和利息，或者向其投资者发放股利。财务报告的一个主要目的是及时提供关于公司盈利和现金流量的相关信息。

财务报告包括报表附注和其他披露信息。

权责发生制会计（accrual accounting，又称为“应计制会计”，以后的章节将有更加详细的解释）是指在经济活动或事件发生时而不是收付现金时就该经济活动或事件对企业的影响进行会计处理。因此，你所供职的公司会在你工作的月份报告你的工资成本，即使工资要到下个月才发给你。盈利信息按照权责发生制而不是现金

表 1–3　概念公告第 1 号之“纲要”——企业进行财务报告的目的 *

- 财务报告本身并不是一个目的，而是旨在提供对经营和经济决策有用的信息。
- 财务报告的目的并非一成不变——它们会受到进行财务报告时的经济、法律、政治和社会环境的影响。
- 财务报告的目的还受到财务报告所能提供的信息种类的特征和局限性的影响。

  信息针对具体企业而非整个行业或经济体而言。

  信息常常来自大致而非精确的计量。

  信息在很大程度上反映出已经发生的交易和事件的财务影响。

  信息仅仅是企业制定决策所需的资源之一。

  信息的提供和使用是有成本的。
- 本公告旨在针对企业所进行的通用外部财务报告而言。

  财务报告的目的主要是满足外部使用者的需要，这些外部使用者对他们所需的信息缺乏进行规定的权力，而必须依赖公司管理层公布给他们的信息。

  财务报告目的是指向众多使用者关心企业产生有利现金流量能力这一共同利益上，但为了区分各使用者的重点，用投资和信贷决策来表述。这些目的往往是广义的，而非狭义的。

  这些目的适用于财务报告，而不局限于财务报表。
- 财务报告的目的表述如下：

  财务报告应当提供对现有和潜在的投资者（股东）、债权人（贷款人）及其他使用者进行理性投资、信贷和其他类似决策有用的信息，对那些能够合理地了解经营和经济活动并愿意在合理的努力程度下研究信息的人来说，这些信息应当是易于理解的。

  财务报告所提供的信息应针对现有和潜在的投资者、债权人及其他使用者，帮助他们评估预期现金流入的金额、时间及不确定性，这些预期现金流入产生由于股利、利息及从证券或贷款的出售、赎回或到期中获得的收益。由于投资者和债权人的现金流量跟企业的现金流量相联系，因此，财务报告所提供的信息应当有助于投资者、债权人及其他人对相关企业的预期净现金流量的金额、时间及不确定性做出评估。

  财务报告应当提供跟一个企业的经济资源、这些资源的所有权（该企业把资源转移到其他企业的义务及所有者权益）以及使资源和对这些资源的所有权发生改变的交易、事件和情况的影响有关的信息。
- 投资者和债权人在此是泛指，不仅包括那些现在或预期对某个企业的资源拥有所有权的人，还包括他们的顾问或代理人。
- 虽然投资和信贷决策反映出投资者和债权人对企业未来业绩的期望，但这些期望一般说来至少部分地依赖于对企业过去业绩的评价。
- 编制财务报告的着重点是与利润及其组成内容相关的信息。
- 权责发生制下有关企业盈利的信息通常比仅限于现金收付实现制的财务结果的信息更能反映企业目前和持续产生有利现金流量的能力。
- 财务报告应当提供企业在一段时期内的财务情况及企业管理层如何履行对所有者所负的财产管理职责的有关信息。

表 1–3（续）

• 财务会计并非旨在对企业的价值直接进行计量，但其提供的信息应当对那些希望对企业价值进行估计的人有所帮助。 • 投资者、债权人及其他人会以各种方式，运用报告收益和财务报表要素的有关信息对现金流量的前景进行评估。例如，他们可能要评价管理层的业绩、估计盈利能力、预测未来收益、评估风险，或者确认、改变或否定原先的预测或估计。虽然财务报告应当提供对他们有所帮助的基本信息，但他们应自行进行评价、估计、预测、评估、确认、改变或否定。 • 与投资者、债权人及其他外部人员相比，管理层知道更多有关企业及其事务的信息，因此他们经常可以通过明确某些事件及情况并解释它们对企业财务上的影响来提高财务信息的有用性。
* FASB 提醒你，这些要点最好在公告全文中进行理解。

资料来源："Highlights," *FASB Statement of Financial Accounting Concepts No. 1* (Stamford, CT, 1978). Copyright © the Financial Accounting Standards Board, High Ridge Park, Stamford, CT 06905, U.S.A. Excerpted with permission. Copies of the complete document are available from the FASB.

收付实现制进行报告，因为在权责发生制下可以对过去的业绩进行更加准确的计量。在计量一家企业应计会计收益的过程中，可能需对一些与全年经营结果相关的成本进行估计。例如，2008 年相应的产品保证成本可能要到 2011 年才能最终确定——显然，在 2008 年报告一个大致正确的金额的行为，优于直到 2011 年确切金额知道之后再进行记录的做法。

除了提供关于收益和现金流量的信息，财务报告应当提供有助于使用者评估公司财务状况强弱程度的信息。信息使用者或许会问："公司拥有哪些经济资源？公司的欠款是多少？哪些因素会使这些金额随着时间而改变？"财务会计并不直接计量公司的价值，虽然它有助于人们对公司价值的评估。公司的财务报表上的数字，不会仅仅因为其存货市价的变化而改变。

财务会计准则仍然处于变革之中；每一项准则的颁布都会对会计程序进行调整，以反映企业界的新发展及财务报告的现行观点和理论。很多时候，FASB 发现自己很难跟上其准则所针对的经济活动的不断变化，下面的例子就说明了这一点：2006 年 9 月，FASB 发布了第 158 号准则，标题为"雇主对既定福利养老金和其他退休后计划的会计处理——对 FASB 第 87 号、88 号、106 号和 132(R) 号准则的修订"。但可喜的是，这些工作正逐渐使财务报告实务取得进步。

我们在会计的学习过程中应当明了一点：会计的具体实务并不是静态的，会计学科与其他行业相比还较为年轻，处于不断变动之中。也许概念框架最重要的收获就在于，让你感觉到这个行业现在有了一份把财务报告带向未来的蓝图。

非营利组织进行财务报告的目的

本章一开始就说道，本书内容虽然主要以营利组织为背景，但也适用于非营利性的社会服务组织和政府组织。FASB 的概念公告第 4 号——非营利组织进行财务报告的目的在其“纲要”部分中写道：“根据本委员会的研究，我们相信，由政府提供资金的各会计主体（如医院、大学或公用事业），其对外通用财务报告的目的应当与企业或其他从事类似活动的非营利组织相似。”[1] 第 6 号公告确认了第 2 号公告所描述的质量特征既适用于企业，又适用于非营利组织，从而对第 2 号公告进行了补充。

非营利组织进行财务报告的目的，主要是为资源提供者（如向政府机构缴纳税款及向慈善组织捐赠的人）而不是投资者提供信息。财务报告提供的信息跟该组织在一段时期内的经济资源、义务、净资产及业绩有关。因此，虽然非营利组织具有区别于营利组织的独有特征，但这两种组织财务报告目的的信息特征是相似的。

我们有必要记住上述目的的主旨，因为下面的章节将会遇到具体的会计和财务报表问题，而这些问题跟现实情况是相关的。

本书的内容安排

本书分成两大部分。第一部分是财务会计（第2~11章），专门讲述财务会计的内容；剩下的内容（第 12~16 章），将对管理会计进行深入讨论。

作为财务会计部分的开篇，第 2 章介绍了财务报表及这些报表之间相互联系的模型，并对关键会计概念和原则进行了简要的归纳。这是一个总括性章节；接下来的章节会对本章涉及的大部分内容进行详细阐述。本章还包括四个“商业实务”，从中你可以体会到，这些内容是对商业实务的简单说明，使文中所讨论的观点更加易

1 FASB, *Statement of Financial Accounting Concepts No. 4* (Stamford, CT, 1980). Copyright © the Financial Accounting Standards Board, High Ridge Park, Stamford, CT 06905, U.S.A. Excerpted with permission. Copies of the complete document are available from the FASB.

于理解。

第 3 章介绍了报表使用者对财务报表所做的一些基本解释。虽然后面的章节对财务报表要素做了更加完整的解释，但理解本章所阐述的基本关系可以对后面讨论的各种会计方法的影响有更好的理解。第 11 章更加全面地介绍了财务报表分析，因此有一些教师喜欢把第 11 章跟第 3 章的内容结合起来讲述。

第 4 章阐述了会计的簿记过程，并介绍了一个强大的交易分析模型——运用这个模型，财务报表的使用者可以理解报表中任何一项交易的影响及根据这些报表做出的很多判断。我们并不要求你在本章中学习簿记过程。

第 5~9 章对各个具体的财务报表要素进行了阐述。第 5 章介绍了短期（即流动）资产（包括现金、应收账款和应收票据、存货及预付款项）的会计处理方法；第 6 章介绍了长期资产（包括土地、建筑物和设备及各种无形资产和自然资源）的会计处理方法；第 7 章讨论了跟流动负债和长期负债相关的会计问题，包括应付账款和应付票据、应付债券及递延所得税；第 8 章介绍了所有者权益的各组成部分，包括普通股、优先股、留存利润和库藏股；第 9 章对利润表和现金流量表进行了综合性的阐述。

第 10 章介绍了财务报表的附注。第 11 章是财务会计部分的最后一章，对财务报表分析进行了详细讨论。财务会计部分的各章节多次引用了附录中英特尔公司 2006 年的年报。你应当以这些财务报表和附注及其他公司的财务报告为参照，更加深入地了解本书中所讨论的问题在实际中的应用。

在第 11 章之后，我们把重点转向管理会计的内容。第 12 章对管理会计和成本会计进行了总括性介绍，把管理会计跟财务会计进行了对比，介绍了管理会计的重要术语，并通过介绍包括计算公司在数量和销售金额上的保本点在内的各种本—量—利分析的应用，对成本性态进行了说明；第 13 章介绍了目前企业中使用的主要成本会计系统，并重点阐述了大部分公司所进行的成本归集和分配活动；第 14 章举例说明了一家典型公司的经营预算所涵盖的各个部分，包括销售预测、生产和采购预算和现金预算，并介绍了从计划角度出发对标准成本的制定和使用；第 15 章主要讲述从控制角度出发进行的成本分析，重点讨论了业绩报告的一系列方法，并介绍了对原材料、直接人工及制造费用的差异分析；第 16 章是管理会计部分的最后一章，对短期和长期决策进行了概述，包括对支持资本预算决策的回收期法、净现值法和内部收益率法的说明。

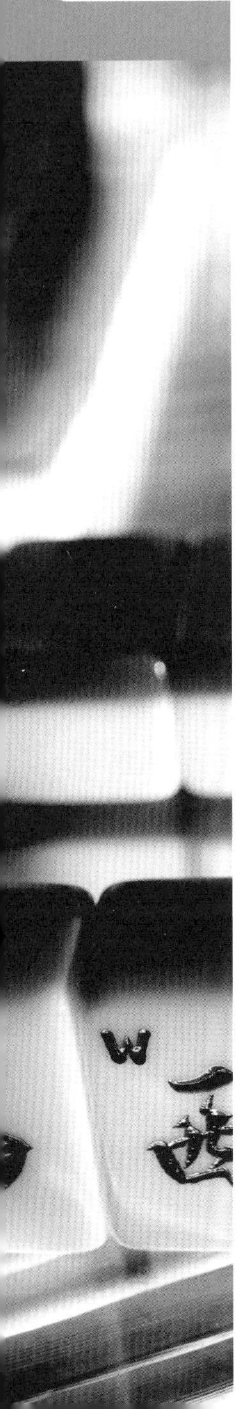

第2章

财务报表及会计概念与原则

财务报表是财务会计流程的产物，可为那些需要对企业做出判断和制定决策的个体传递企业的经济信息。虽然四大主要财务报表都有其专门的目的，但它们之间仍然是相互关联的，而且都必须有利于揭示报告主体完整的财务状况。

如果不了解整个财务会计流程相关的概念和原则，财务报表的使用者就不能对财务报表数据做出有意义的解释；此外，使用者还必须意识到，这些概念和原则是广义的，它们可以对合理的报告实务进行指导，但并不是一套固定的准则。

财务报表

从交易到财务报表

会计主体的财务报表是会计主体与其他组织和个人之间从**交易**（transactions）开始的会计流程的最终产物。交易是会计主体之间的经济交换活动，例如，销售和采购、借款人借入资金及归还贷款人资金等。从交易到财务报表的流程可以描述如下：

交易 → [进行排序、分类并列报（簿记）的过程
选择可以反映某种交易（会计）作用的方法] → 财务报表

会计账户（accounts）对各项交易进行概括，而财务报表又是对会计账户的进一步概括。在这个意义上，交易事项可以视为编制财务报

表的“一砖一瓦”。通过对财务报表的形式、内容及相互之间联系的学习，我们可以对第 4 章及以后章节中阐述的财务报表结果的形成过程——簿记和交易分析——有更深入的理解。

目前公认的会计原则和审计准则要求会计主体的财务报表必须列示其报告期间内的下列内容：

期末财务状况
当期收益
当期现金流量
当期所有者的投资情况和收益分配情况

满足上述要求的财务报表分别为：

资产负债表（或财务状况表）
利润表（或收益表、损益表、经营成果表）
现金流量表
所有者权益变动表（或股本变动表和 / 或留存利润变动表）

除了财务报表上所列示的信息，公司年报中可能还包括一些附注或对会计政策的解释说明，还有许多财务报表项目及其金额的详细信息。附注旨在通过披露公司及其审计师认为必要和适当的相关补充信息，为财务报表阅读者提供帮助。例如英特尔公司 2006 年财务报表的附注便列示在企业年报中的“合并财务报表附注”部分（见附录）。本文的目的之一便是让你更好地阅读、解释和理解财务报表附注；第 10 章将对财务报表附注进行更详尽的介绍。

财务报表举例

Main Street Store 公司于 2008 年 9 月创建并开始经营（参见“商业实务——企业组织形式”），该公司从经销商和制造商那里购买衣物和装饰品，再在租借的商场内出售这些商品。表 2-1 至表 2-4 列示了 Main Street Store 公司 2009 年 8 月 31 日及 2009 会计年度（参见“商业实务——会计年度”）的财务报表。

当你阅读财务报表时，很可能会对特定账户的性质及账户金额如何计算产生许多疑问。现在，请你重点掌握一些正确的、不可或缺的解释和定义，尤其是了解每

商 业 实 务

企业组织形式

企业组织形式主要有三种：独有制、合伙制及股份制。

独有企业（proprietorship，也有译为“独资企业”——译者注）是由个人运作的一种企业形式，也是开展经营活动的最简单的方式。除了可能需要获得当地许可证之外，在开展业务之前一般没有什么正式的必备条件。除了开业比较容易外，独有形式对大多数人而言还有一个优势，就是所有者自己就是老板；独有形式主要的缺点是，所有者对企业负担的责任不仅以企业的资产为限。例如，当企业经营出现失败，如果在将企业所有可用资产偿还企业债务后仍有负债，企业的债权人便可对所有者的个人资产有要求权；此外，独有形式的另一个缺点是，个人独资者在企业继续发展时往往很难筹集到所需的资金。但由于开业的简单方便，每年都会出现数量众多的独有企业。

合伙企业（partnership）是由几名出资者共同创建的企业形式。虽然仍具有独有企业无限责任的特点，但由于有几名合伙人，因此企业的筹资能力得以加强。合伙经营活动所取得的收益由各个合伙人分别纳税；而合伙企业本身并不是纳税主体。会计师、律师及其他专业人员常常以合伙制经营他们的企业。在最近几年内，众多的大型专业合伙企业，包括“四大”会计师事务所在内，都采用了**有限责任合伙**（limited liability partnership，LLP）方式来经营，从而使个体合伙人避免了承担无限责任。

大多数大型企业和众多新创企业则更多地采用股份制组织形式。公司的所有者被称为**股东**（stockholders），他们向公司投入资金，并取得**股票**（stock），作为对公司所有权的证明。股东的债务责任以其投入的资产为限；债权人不能要求以股东的私人财产来弥补其损失。股份公司常常可通过向很多人出售股票而筹集到大量资金。单一个体持有一家股份公司的全部股票，这也是可能的。如果股东希望改变所有权比例，也可以通过向其他投资者出售或是向其他股东购买股票来实现。在美国，**股份公司**（corporation）成立时需要具备公司章程和规章制度，还需要在50个州中的一个州注册登记。创建一个股份公司的成本，通常要比创建独有或合伙企业的成本高。股份公司一个主要的缺点是：股份公司是纳税实体，因此，分配给股东的收益必须首先作为公司的利润进行纳税，然后作为股东的个人收益须再次纳税。

目前在美国被大多数州批准的一种企业组织形式是**有限责任公司**（limited liability company）。虽然这种类型的组织形式并没有表现出股份制的某些特点，但是从会计和法律角度看它们属于股份公司。银行和主要债权人在发放信贷时，往往要求小股份公司的股东提供个人担保，可见对小公司而言，有限责任股份公司这种组织形式的理论意义或许比实际意义更大。

商　业　实　务

会计年度

企业的**会计年度**（fiscal year）是指企业向所有者、政府和其他部门出具财务报告的年度期间。许多企业用日历年度作为其会计年度，但也可以选择采用另外的 12 个月期间作为会计年度。有些企业为了方便编制财务报表，将报告期间的结束点选择在企业存货水平相对较低的时点，或是企业业务活动相对较少的时点。

许多企业会结合其经营业务活动周期来选择会计年度。例如，食品零售业的经营周期为一周，因而这些企业往往选择 52 周作为其会计年度（每 5 到 6 年有一个 53 周的会计年度，这样它们在每年年末时将能够维持比较接近的水平）。英特尔公司就采用了这种策略——你在附录中可以看到，英特尔公司的会计年度结束于每年 12 月的最后一个星期六（下一个为期 53 周的会计年度将于 2011 年 12 月 31 日结束）。

从内部报告角度，许多企业采用的是与日历月份不同的会计期间（如每年 13 个期间，每个期间为四周）。企业希望每一个期间都能有同样的运作天数，这样在对不同年度相同期间的业绩进行比较时，就不必考虑各个期间不同经营天数的差异。

种财务报表的性质。你对特定账户的疑问将在以后的章节中得到解答，那时我们将会对各种报表及其组成部分详细阐述。

解释和定义

资产负债表　**资产负债表**（balance sheet）是一张列示企业在某一时点的资产、负债和所有者权益状况的报表。资产负债表就好比企业财务状况的"快照"，凝固在某一特定的时点上。由于资产负债表概括地反映了企业的资源（资产）、责任（负债）及所有者要求权（所有者权益），因此有时它也被称为**财务状况表**（statement of financial position）。表 2-1 中列示的是 2009 年 8 月 31 日 Main Street Store 公司第一个经营年度末的资产负债表。

我们可以在这张资产负债表中看到并行排列的两大组成部分：（1）资产，（2）负债和所有者权益。通过观察，我们发现这两部分最后的总金额是相等的（都是 $320 000）——这一等式有时被称为**会计恒等式**（accounting equation）或**资产负债**

表 2–1 资产负债表

Main Street Store 公司 资产负债表 2009 年 8 月 31 日			
资 产		**负债和所有者权益**	
流动资产：		流动负债：	
现金	$ 34 000	短期负债	$ 35 000
应收账款	80 000	应付账款	12 000
商品存货	170 000	其他应付款	20 000
流动资产总额	$284 000	流动负债总额	$ 67 000
厂房和设备：		长期负债	50 000
设备	40 000	负债总额	$117 000
减：累计折旧	(4 000)	所有者权益	203 000
资产总额	$320 000	负债和所有者权益总额	$320 000

表等式（balance sheet equation）；这两个金额之间相等或平衡的关系，就是资产负债表又被称为“平衡表”的由来。

资产 = 负债 + 所有者权益

$320 000 = $117 000 + $203 000

我们接下来介绍一些相关和必要的定义和解释。

“**资产**（assets）是指过去的交易或事项所形成的、由特定主体拥有或控制的未来经济利益。”[1] 简言之，资产代表了一个企业拥有的一定数量的资源。资产一般是有形的，是看得见摸得着的（如现金、商品存货和设备），或是能够获得它们存在的证据（如顾客收到商品时给出的确认并同意按期支付款项的承诺——应收账款）。

“**负债**（liabilities）是将来可能要放弃的经济利益，它是特定会计主体由于已经发生的交易或事项，将来要向其他会计主体转让资产或提供劳务的现有义务。”[2] 简言

1 FASB, *Statement of Financial Accounting Concepts No. 6*, “Elements of Financial Statements” (Stamford, CT, 1985), para. 25. Copyright © by the Financial Accounting Standards Board, High Ridge Park, Stamford, CT 06905, U.S.A. Quoted with permission. Copies of the complete document are available from the FASB.

2 Ibid., para. 35.

之，负债是对其他主体负有的义务。例如，上例中应付账款的产生，是由于供应商将商品出售给了 Main Street Store 公司，因而将在以后特定时点收到 Main Street Store 公司支付的商品价款。换句话说，供应商在商品价款支付前对这些商品仍然拥有“所有权”，他们将商品赊销后，便成为该企业的债权人。

所有者权益（owners' equity）是指企业所有者对企业资产减去负债后的余额的所有权。[对汽车或房屋的所有者而言，所有者权益是指其对汽车或房屋的市场价值扣减其贷款或抵押后的余额拥有的**权益**（equity）。] 所有者权益有时也被称为净资产（net assets），这一点可以通过对基本会计恒等式进行重新调整来说明：

资产 – 负债 = 所有者权益

净资产　= 所有者权益

所有者权益有时也用**净值**（net worth）来表示，但是净值这个词常常令人产生误解，误认为企业净资产的当前价值就相当于资产负债表上所列示的所有者权益。除了少数特定情况外，按照公认会计原则编制的财务报表，并不旨在反映企业资产的当前市场价值。

我们将对 Main Street Store 公司所列示的每一个资产和负债项目给出简要的解释。以后的章节会对每个账户（财务报表中每一个项目）进行详细的探讨。目前，你需要对每一个账户有一个大概的了解，并了解资产和负债是如何进行分类的。

现金（cash）是指由 Main Street Store 公司支配使用的、留存在企业或存放在银行的现金。如果企业为获取利息而进行临时的现金投资，由于这些资金并不像现金那样可随时使用，因此这些有价证券可能会作为一个单独的资产项目而被列示。

应收账款（accounts receivable）是指那些赊购商品，并允诺在特定期限内或者当 Main Street Store 公司开出发票时支付价款的客户应当支付的款项。

商品存货（merchandise inventory）是指 Main Street Store 公司已经购买但尚未出售的商品成本。

设备（equipment）是指 Main Street Store 公司在其经营所租商场内购买并安装的展示柜、展示架及其他商店设备；由于 Main Street Store 公司对该商场并不拥有所有权，因此商场本身不能作为公司的一项资产。

累计折旧（accumulated depreciation）是指在经营过程中已经被耗用的一部分企业设备成本的估计金额。目前企业设备成本的 1/10（$4 000/$40 000）已经进行了折旧。根据这个关系，由于我们看到的是该企业第一年年末的资产负债表，因此可以推断企业设备的有效使用年限为10年。**折旧**（depreciation）在会计中是指将企业中一项资产的成本在其有效使用年限内进行分摊的过程，而不是指根据一项资产的实际寿命或使用情况而确认的该资产价值的经济损失。

应付账款（accounts payable）是指企业因赊购商品存货而需要在特定时期内向供应商支付的款项。

其他**应计负债**（accrued liabilities）是指企业对各种债权人所欠付的款项，其中包括到2009年8月31日资产负债表日为止，Main Street Store公司由于员工为公司提供服务而需要向员工支付的工资金额。

短期负债（short-term debt）是指企业借入的（可能从银行借入）、需要在自资产负债表日起一年内偿还的债务。

长期负债（long-term debt）是指企业向银行或其他机构借入的、不需要在自资产负债表日起一年内偿还的债务。

表2-1中以单一金额列示的所有者权益，本章所有者权益变动表部分将对此做详细解释。

此外，我们注意到在表2-1中，有些资产和负债项目被划分为“流动项目”，其中**流动资产**（current assets）是指现金和那些很可能在一年内变现或是使企业受益的资产，而**流动负债**（current liabilities）是指那些很可能需要在自资产负债表日起一年内用现金偿付的债务。在本例中，Main Street Store公司的应收账款预计将会在一年之内从客户那里得以回收，而商品存货也预计将在自资产负债表日起一年内得以出售。这种时间性划分是非常重要的，可以用来评价企业偿还到期债务的能力，有关这方面的内容，我们将在以后予以阐述。

总之，资产负债表是用以列示企业的资产、负债和所有者权益情况的。虽然我们可以在任何时日编制资产负债表，但通常在会计报告期结束日才进行编制（如月末或年末）。某一会计期期末的资产负债表也就是下一会计期期初的资产负债表。对此我们可以通过下述时间线加以说明：

8/31/08	2009会计年度	8/31/09
资产负债表		资产负债表
A= L+ OE		A= L+ OE

在上述时间线中，2009 会计年度是指企业开展经济活动的 12 个月。

利润表　**利润表**（income statement），或**收益表**（statement of earnings）、**损益表**（profit and loss statement）、**经营情况表**（statement of operations）的主要作用是回答“企业在所分析的期间内是否获得了**净利**（profit）”。要回答这一问题，首先需要列出企业在经营活动中取得的**收入**（revenues），从中扣减为取得这些收入企业在经营过程中所发生的成本和**费用**（expenses）。此外，利润表上还会列示企业取得的**利得**（gains）或**损失**（losses）。这些利得或损失是由企业的非经营性活动产生的，而不是由企业日常创造收入和发生费用的经营活动所产生。利润表反映的是一定期间的经营结果，这一点不同于反映某一时点财务状况的资产负债表。由此可见，利润表更像一部电影而不是一张快照。它描绘了一段时期内所发生的各种活动的结果。

Main Street Store 公司 2009 会计年度（截至 8 月 31 日）的利润表列示在表 2-2 中。可以看到，该表从**净销售额**（net sales，即收入）开始，扣减了各项费用，以得到**净利润**（net income）总额，以及发行在外普通股每股净收益。其中净利润是当期所取得的收益；如果成本和费用超过净销售额，则为净损失。我们将在第 9 章中对列示和计算发行在外普通股每股净收益和净损失的原因进行解释。

这里我们将对利润表中各个项目做简要说明，以后章节再对这些解释加以扩展。你现在的主要任务是：弄清每个项目是如何影响最终净利润的。

净销售额反映了企业向客户销售商品的总金额减去那些原已入账但后来由于种种原因（规格有误、家人不喜欢等等）而被顾客退还的商品销售额。销售额常常又被称为销售收入（sales revenue）或收入（revenue）。收入一般是通过向顾客出售商品或提供服务而获得的。

销售成本（cost of goods sold）反映了用于销售而从存货中转出并送交顾客的那部分商品的总成本。由于销售成本的重要性，及希望单独反映毛利金额，往往把销售成本作为单独的费用项目加以列示。该项目也常被称为销货成本（cost of sales）。

毛利（gross profit）是净销售额与销售成本之间的差额，反映了卖方在可能获取净利润之前所能“承受”的企业其他经营费用的最大金额。毛利有时也被称为毛益（gross margin），由于它对阅读利润表的管理层和非管理层人员都非常重要，因此往往作为一个单独项目列示。我们将在以后章节中探讨这一金额的用途。

销售和管理费用（selling，general，and administrative expenses）反映了企业的经营费用。有些利润表并不会像表 2-2 那样将这些费用合并在一起，而是将这些费用按

表 2-2
利润表

Main Street Store 公司 利润表 2009 会计年度（截至 8 月 31 日）	
净销售收入	\$1 200 000
销售成本	850 000
毛利	\$ 350 000
销售和管理费用	311 000
经营利润	\$ 39 000
利息费用	9 000
税前利润	\$ 30 000
所得税	12 000
净利润	\$ 18 00
发行在外普通股每股净收益	\$ 1.80

照不同的经营费用分别列示，例如工资费用、广告费用、折旧费用等。

经营利润（income from operations）是企业的业务活动最重要的衡量指标之一。把经营利润（或经营收益）与企业的可用资产相联系，可以对企业的管理业绩进行有效的衡量。我们将在第 3 章中对这一方法进行详细介绍。

利息费用（interest expense）反映了企业借入资金的成本。该项目在利润表中单独列示是因为它是由企业的融资方式决定的，而不是资产使用方式决定的。

所得税（income taxes）列示在利润表其他项目之后，是因为所得税是由企业税前利润决定的。

发行在外普通股每股净收益（net income per share of common stock outstanding）作为一个单独项目列示在利润表的最底端，是因为该项目对评价普通股每股市场价值非常重要。这一衡量指标又常常被称为“每股收益”或 EPS，将在第 9 章详细阐述。

回顾上文所述，利润表综合反映了企业主体在一定期间的利润（或损失）创造活动。那些影响利润表的因素同样也将影响资产负债表。例如，发生的交易一方面增加了利润表的销售收入项目，另一方面也会增加资产负债表上的现金资产项目。同样，在下一年年初才支付的本年最后一周的员工工资，将作为本年的费用从利润表中扣减，同时也将作为负债项目列示在年末资产负债表中。这样，利润表便把年初和年末的资产负债表连接了起来。在下面的章节我们将通过所有者权益变动表来解释为什么会形成这样一种连接。前文所述的时间线可扩展如下：

8/31/08	2009 会计年度	8/31/09
资产负债表	本年的利润表	资产负债表
	收入 – 费用	
A= L + OE	净利润	A= L + OE

所有者权益变动表　**所有者权益变动表**（statement of changes in owners' equity），或**股本变动表**（statement of changes in capital stock）、**留存利润变动表**（statement of changes in retained earnings），同利润表一样，也是针对一定期间编制的。该表列示了所有者权益的详细信息，并解释了本年所有者权益各部分的变动情况。

表 2-3 列示了 Main Street Store 公司 2009 会计年度（截至 8 月 31 日）的所有者权益变动情况。请注意，这是 Main Street Store 公司第一年的经营结果，所以年初余额为零。在以下几年的报表中，年初数等于上一年的年末数。

我们可以看到，表 2-3 中的所有者权益有两大组成部分——**投入资本**（paid-in capital）和**留存利润**（retained earnings）。这里只做简单解释，在第 8 章中我们将做更详尽的介绍。

投入资本反映了所有者（在本例中为股东）对企业的投资总额。如果发行给股东的股票具有**面值**（par value，参见"商业实务——面值"），通常会影响到投入资本的两类账户：普通股和资本公积。

普通股（common stock）反映了企业按照公司章程核准发行的股票数量、已经向股东发行的股票数量，及目前股东所持有的股票数量。如果普通股有面值或者设定价值，则财务报表中普通股账户的金额总是等于面值或设定价值乘以所发行股票的数量；如果普通股既没有面值，也没有设定价值，那么财务报表中的普通股金额将是所有者的投资总额。

资本公积（additional paid-in capital）是所有者投入的全部资本与普通股面值或设定价值之间的差额（如果向所有者发行的是没有设定价值的无面值股票，则不会有资本公积账户，因为所有者缴入或投入的资本总额将全部反映在普通股账户中）。

留存利润是所有者权益的第二大类，它反映了企业留存下来供将来使用的累计净利润。**股利**（dividends）是对所有者进行的收益分配，它将减少留存利润。如果留

表 2-3
所有者权益变动表

Main Street Store 公司 所有者权益变动表 2009 会计年度（截至 8 月 31 日）	
投入资本：	
期初余额	$ -0-
普通股，面值 $10，核准股份为 50 000 股，已发行在外 10 000 股	100 000
资本公积	90 000
2004 年 8 月 31 日余额	$190 000
留存利润：	
期初余额	$ -0-
本年净利润	18 000
减：每股 $0.50 现金股利	(5 000)
2004 年 8 月 31 日余额	$ 13 000
所有者权益总额	$203 000

存利润的余额为负数，即累计损失和股利超过了累计净利润，则此部分所有者权益将被称为累计亏损（accumulated deficit）或简单地称为亏损（deficit）。

此外应注意，表 2-3 中留存利润所增加的本年净利润 $18 000 即为表 2-2 中所报告的净利润。所有者权益变动表的留存利润部分是连接资产负债表和利润表的桥梁。因此前文所述的时间线将被进一步扩展如下：

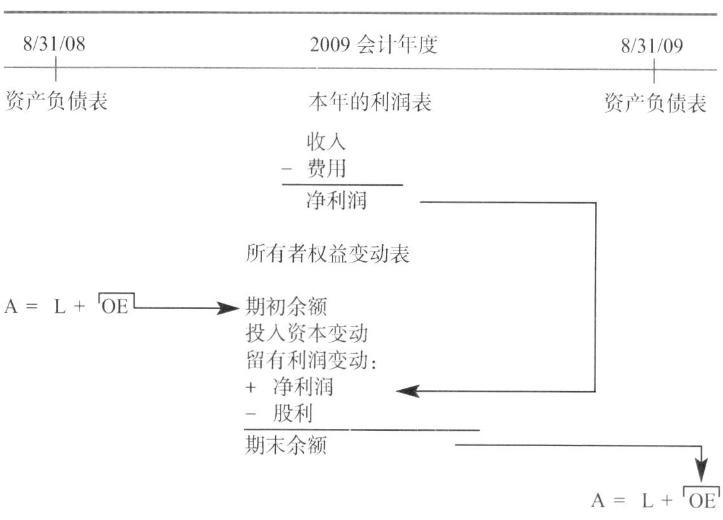

商　业　实　务

面值

面值（par value）是一个过去遗留的概念，对现有实务已经失去了意义。普通股面值是在股份公司组建时确定的一个主观价值。面值与每股股票的公允市价之间没有任何关系（企业不以低于面值的价格发行股票的情况除外）。许多公司以名义价值作为面值来发行股票，例如 $1。英特尔公司的做法更为极端，以 $0.001 的面值来发行股票（参见附录）。由于投资者对面值的意义感到困惑，因此现在美国大多数州允许公司发行无面值股票，事实上英特尔公司采取这种做法的目的就在于此。有些州的法律允许企业对其无面值股票给出一个设定价值，在这种情况下，设定价值与面值所发挥的作用是相同的。

你会发现，表 2-3 中列示的所有者权益与表 2-1 资产负债表中列示的所有者权益金额是相同的。大多数资产负债表的所有者权益部分都包括普通股、资本公积及留存利润账户，而这些组成部分的变动情况在单独的报表中进行反映，财务报表的使用者由此能更清楚地了解究竟是什么原因导致了资产负债表上的这些重要项目发生变动。

现金流量表 **现金流量表**（statement of cash flows）的作用是明确企业在本年度现金的来源和运用情况，这可以通过列示其他资产负债项目的变动来实现。由于资产、负债和所有者权益之间存在的等式关系，除现金以外的每一资产项目及每一负债和所有者权益项目的变动总额，将等于现金的变动额。在第 9 章中我们将对现金流量表做详细的解释，而现在的主要任务是弄清引起现金变动的三大主要业务类型，并了解现金流量表与表 2-1 所示的资产负债表项目之间的关系。

Main Street Store 公司 2009 会计年度（截至 8 月 31 日）的现金流量表列示在表 2-4 中。请注意，现金流量表同利润表和所有者权益变动表一样，都反映一定期间的情况。此外，还应注意三类活动：经营活动、投资活动和筹资活动。

现金流量表中首先列示的是以净利润为起点的经营活动产生的现金流量，由此可见，净利润也直接联系利润表（见表 2-2）和现金流量表的项目。接下来要考虑的是调整项目（即那些会影响净利润但不影响现金变动的项目）。

折旧费用（depreciation expense）将加回到净利润中，因为，虽然在确定净利润时折旧要作为费用项目加以扣除，但折旧费用并不需要动用现金。请记住，会计中

表 2-4
现金流量表

Main Street Store 公司 现金流量表 2009 会计年度（截至 8 月 31 日）	
经营活动产生的现金流量：	
净利润	$ 18 000
加（减）不影响现金的项目：	
折旧费用	4 000
应收账款增加额	(80 000)
商品存货增加额	(170 000)
流动负债增加额	67 000
经营活动产生的净现金流量	$ (161 000)
投资活动产生的现金流量：	
购买设备支付现金	$(40 000)
筹资活动产生的现金流量：	
举借长期借款取得的现金	$ 50 000
发行普通股取得的现金	190 000
支付普通股现金股利	(5 000)
筹资活动产生的净现金流量	$ 235 000
本年现金净增加额	$ 34 000

的折旧是资产的成本在其预计使用年限中进行分摊的过程。

应收账款的增加额要被扣减，因为这一数额所反映的销售收入已经包含在净利润中，但是尚未收到相应的现金。

商品存货的增加额也要被扣减，因为存货的增加需要支付相应的现金。

流动负债的增加额则要被补加回来，因为虽然已经在当前会计期内获得了产品和服务，但是并没有支付相应的现金。

投资活动产生的现金流量反映了用于购买长期资产的现金。在资产负债表（表2-1）中可以看到设备的增加额，这反映了企业在 2009 年 8 月 31 日所拥有的设备成本。由于 2009 年是企业的第一个经营年度，因此本年设备采购需使用 $40 000 现金。

筹资活动产生的现金流量包括举借长期借款、发行普通股及支付普通股现金股利的相应金额。可在资产负债表（表 2-1）和所有者权益变动表（表 2-3）中找出每一项筹资金额所对应的项目。例如，发行普通股所取得的 $190 000 现金收入，列示在所有者权益变动表（表 2-3）的本年度投入资本增加部分。

企业本年的现金净增加额 $34 000 就等于 2009 年 8 月 31 日企业资产负债表上的现金余额（请核对这两个金额）。之所以出现这种情况，是因为该企业是从 2008 年 9 月份开始经营的，因而现金的期初余额为零。

现金流量表使时间线模型进一步扩展和修正如下：

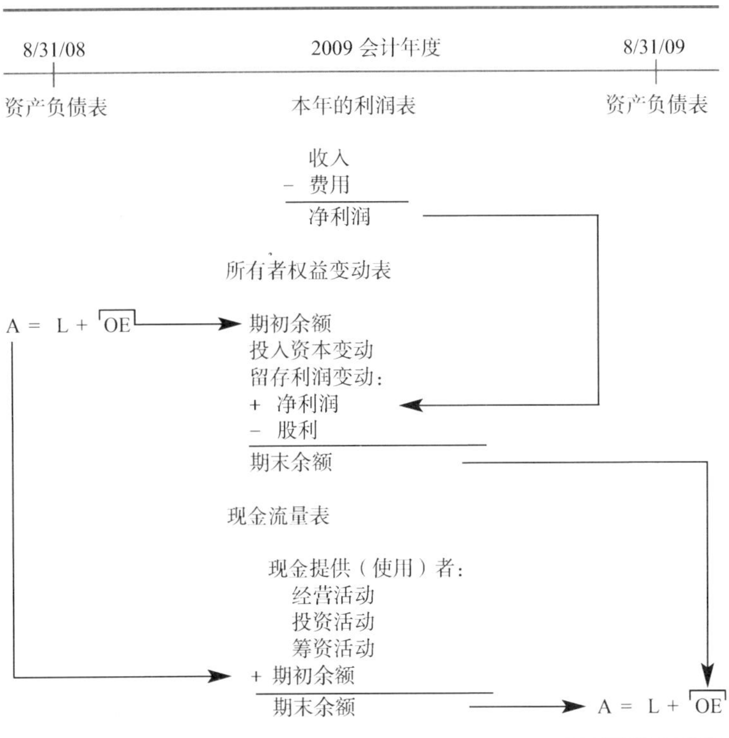

以后年度的比较财务报表

前文列示的是 Main Street Store 公司 2009 年 8 月 31 日，及于该日截止的 2009 会计年度的财务报表。由于 2009 年是企业的第一个经营年度，因而还没有比较财务报表；但是，在以后年度内，应该列示企业本年度和上一年度的比较财务报表，以便财务报表的使用者能更好地发现企业财务状况和经营结果的变动情况。有些公司会列示以前两个年度的财务报表，多数公司还会在资产负债表和利润表中选择某些项目至少列示 5 年的数据，有时甚至是 25 年的数据，以作为补充信息在年报中向投资者披露。附录部分英特尔公司的 5 年财务概览，就对公司在 10 年中所取得的巨大发展做出了说明。

对财务报表之间关系的举例说明

在下面的表 2-5 中，我们将以 Main Street Store 公司的财务报表为例，对刚刚谈及的财务报表之间的关系进行说明。注意在表 2-5 中，由于企业从 2008 年 9 月才开始经营，因而 2008 年 8 月 31 日的资产负债表中并没有任何数据。此外，在阅读这张表时，还应当特别注意，本年产生的净利润会增加本年的留存利润，可见，净利润是本年留存利润变动的原因之一。

在以后的章节中，资产负债表和利润表之间的关系将用下面的关系图来表示：

资产负债表		利润表
资产 = 负债 + 所有者权益	←	净利润 = 收入 − 费用

从利润表的净利润到资产负债表的所有者权益之间的箭头，表明净利润将会影响到作为所有者权益组成部分的留存利润项目。

以下的例子也可以说明各主要财务报表之间的关系。以 Main Street Store 公司 2009 年 8 月 31 日的资产负债表等式 A = L + OE 中的资产和负债数据为例，2009 年 8 月 31 日的所有者权益可计算如下：

$$A = L + OE$$
$$\$320\ 000 = \$117\ 000 + OE$$
$$\$203\ 000 = OE$$

你一定还记得，所有者权益又称净资产。上述计算非常清楚地表明了所有者权益是企业资产与负债的差额。

现在假定，在 2010 年度（截至 8 月 31 日）企业总资产增加了 \$10 000，总负债减少了 \$3 000，那么年末的所有者权益为多少？解决这一问题有两种方法，第一种方法集中考虑资产负债表等式中各个因素的变动金额：

$$A = L + OE$$
$$\text{变动金额：} +10\ 000 = -3\ 000 + ?$$

表 2–5　财务报表之间的关系

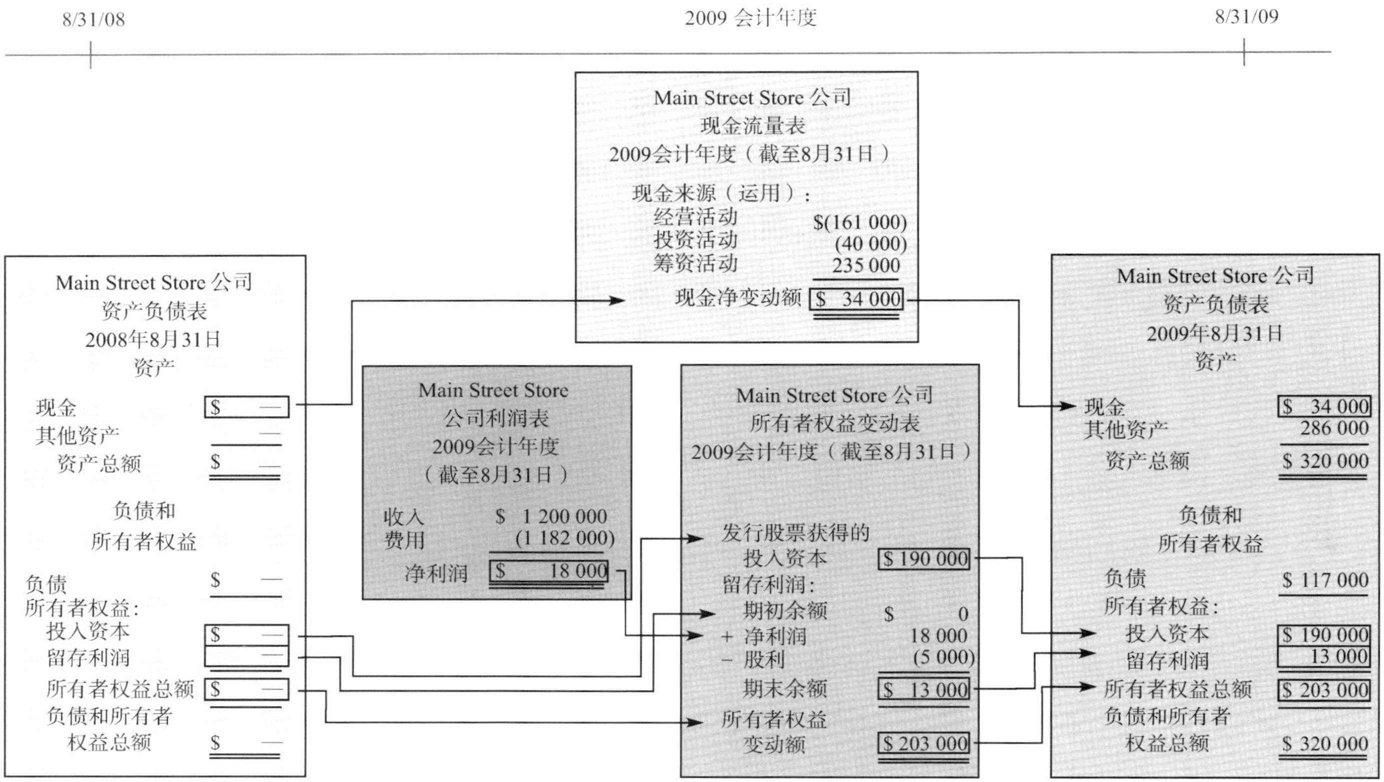

显然，要使等式保持平衡，所有者权益必须增加 \$13 000——而所有者权益期初余额为 \$203 000，因此其期末余额必定是 \$216 000。

解决这一问题的第二种方法，是计算年末资产和负债的金额，这样便能得到年末的所有者权益金额：

	A	=	L	+	OE
期初余额：	\$320 000	=	\$117 000	+	203 000
变动金额：	+10 000	=	−3 000	+	?
期末余额：	\$330 000	=	114 000	+	?

期末所有者权益即净资产为 \$330 000 – \$114 000 = \$216 000。由于年末所有者权益为 \$216 000，因此 2009 年 8 月 31 日至 2010 年 8 月 31 日所有者权益增加了 \$13 000。

假设在 2010 年 8 月 31 日截止的会计年度内所有者追加投资 \$8 000，并宣布发放 \$6 000 的股利，那么在 2010 年 8 月 31 日截止的会计年度内企业取得的净利润是多少？我们应该记得，净利润是影响作为所有者权益组成部分的留存利润的一项主要因素，此外还有哪些因素会影响留存利润呢？——股利。由于所有者权益在本年由 \$203 000 增加到 \$216 000，而引起这一项目变动的因素包括净利润、股利和所有者追加的投资，因此净利润可以计算如下：

所有者权益期初余额	\$203 000
由所有者追加投资引起投入资本的增加	8 000
净利润	?
股利	−6 000
所有者权益期末余额	\$216 000

通过计算可以求得未知数据，即净利润等于 \$11 000。

确定净利润的另一种方法是从本年所有者权益的变动金额着手，具体过程如下：

由所有者追加投资引起投入资本的增加	\$ 8 000
净利润	?
股利	−6 000
本年所有者权益的变动金额	\$13 000

通过计算，同样可以求得未知数据，即净利润等于 \$11 000。

总之，我们要记住如下要点：

- 资产负债表反映的是某一时点的资产、负债和所有者权益的金额。
- 资产负债表中的等式关系必须始终保持。
- 利润表反映的是一定期间内取得的净利润。
- 作为所有者权益组成部分的留存利润在一定期间内由于企业当期净利润（或损失）及股利的影响而发生变动。

会计概念和原则

为了理解根据财务报表所能做出的各种决策和判断，我们有必要知悉在财务会计和报告中被广泛公认的大量财务会计概念和原则。在这里，概念和原则这两种说法可以互换；有一些与财务会计相关的观点在第 1 章中已经做过介绍，而其他一些概念则与公认会计原则相关。在这里我们再次强调，这些概念和原则更多的是经过很长一段时间的实践而被广泛认可的会计实务，而不像自然科学中那些严格的规则和基本定律。

这些概念和原则与前文所述从交易到财务报表数据流的基本模型相关，如下图所示：

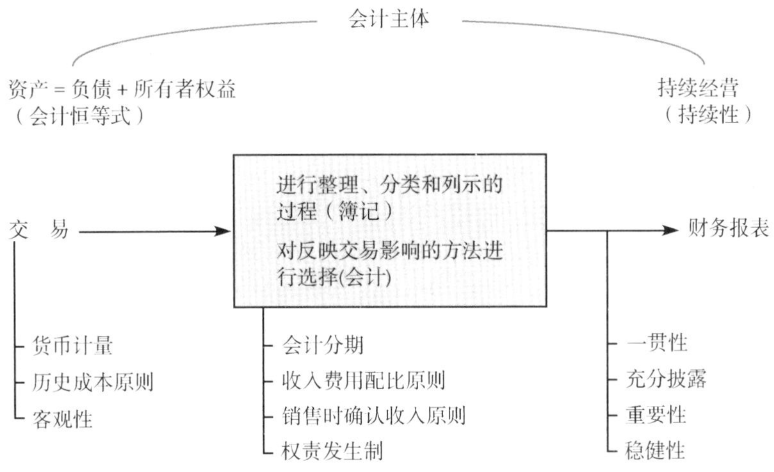

与整个会计模型相关的概念/原则

本章前文所述的基本会计等式是整个财务会计流程的关键，因为这一等式要求在每一笔交易被登记入账后该等式仍能保持平衡，我们将在第 4 章中介绍记录各项交易，并使该等式保持平衡的方法。

会计主体（accounting entity）是指编制财务会计报表的实体。该实体可以是独有、合伙或股份制企业，甚至可以是集团公司（参见“商业实务——母公司和子公司”）。会计主体是由会计人员确定的，虽然各主体之间相互关联（如个人及其所拥有的企业），但会计过程只是针对确定的会计主体进行的。

持续经营概念（going concern concept）是假定企业将在未来期间内进行持续经营，而不会清算破产。由于资产负债表各个资产项目所反映的并不是这些资产的清算价值，因此持续经营假设是非常必要的。

与交易相关的概念/原则

所有的交易都以货币（如在美国以美元）作为计量单位。对货币（如美元）购

商 业 实 务

母公司和子公司

一般而言，一家新公司在拓展业务时通常会设立另外一个独立的公司来推行其计划。在这种情况下，原公司拥有这家新公司的全部股票，并成为这家“**子公司**”（subsidiary）的“母公司”。一家母公司可以有几家子公司，这些子公司也可以成为其他子公司的母公司。为了形成母子公司关系，母公司并不需要持有另外一家公司 100% 的股份。如果一家公司拥有另一家公司超过一半的股份，由于多数股权已经拥有足够的控制权，因此我们便可以认定母子公司关系产生了。那些对子公司没有完全控股的其他股东，被称为少数股东。

大多数情况下，由母公司发布的财务报表会包括子公司的资产、负债、所有者权益、收入和费用及损益数据。这种综合反映了母公司和一个或多个子公司的财务状况、经营成果及现金流量状况的财务报表，被称为合并财务报表。

某家公司是另一家公司子公司的情况，一般来说对公众是透明的。例如，菲多利（Frito-Lay）公司、桂格（Quaker Oats）公司及纯品康纳（Tropicana Products）公司都是百事可乐公司的子公司，但这种关系通常与公司产品的用户无关。

买力的变化并不进行相应的账务调整，在对业务进行计量时也不反映定性的经济因素。

历史成本原则（cost principle）是指企业以其发生时的原始成本对交易进行记录。例如，企业购买一块土地时，该块土地当时评估价格为 $10 000，但因为企业支付的价款为 $8 600，因此该购买业务反映在会计分录上并最终进入到财务报表中的土地金额仍为 $8 600。如果企业继续持有该土地，并使用了 15 年，这时即使土地的市场价值已经升值到 $80 000，资产负债表中也仍然以 $8 600 的原始成本进行列示。

客观性（objectivity）是指会计人员应确保对特定的会计交易在任何情况下都以同样的方式记录。货币计量及历史成本原则的应用，使客观性原则更容易实现。但是，正如前文所强调的，对有些交易需要进行专业判断，而这将会导致不同会计方法的采用。我们将在以后章节中对此加以介绍。

与簿记程序和会计流程相关的概念/原则

会计期间（accounting period），即用于报告经营结果和财务状况变动情况的期间。下面介绍一些与会计期间有关的概念和原则。财务状况一般在会计期期末进行报告（资产负债表期初数据可能也会包括在财务报表中）。对大多数企业而言，会计期间的长度为一年。

如果要使企业的经营成果正确地反映当期的经济活动，则有必要使用收入与费用的配比原则。**配比原则**（matching concept）并不是指在某个期间内企业的收入和费用是相等的。收入的获取不得不付出代价（企业经营中不会收到免费的“生日大礼”），而费用则是为获取相应收入而发生的。为了公允列示企业一定时期内的经营成果，需要把为取得收入而发生的所有费用从赚取的收入中减去，这样得到的才是比较准确的当期净利润或净损失。虽然这看起来似乎是一种常识，但是正如我们所看到的，在特定时期内费用的确认方法有很多。收入和费用的配比原则是非常重要的，在接下来的会计实务章节中，还将多次提到这一原则。

销售时确认收入的原则（revenue is recognized at the time of sale），是指产品的所有权从卖方转移给买方后，或是与交易有关的服务被提供后，如何确认收入的原则——其中的关键是法定所有权的转移，而并非买方向卖方进行的现金支付。

权责发生制会计（accrual accounting）采用的是应计制概念，是指在产品销售时确认收入，并在费用发生当期确认相关的费用——即使现金的收取和支付在另一时点或另一会计期间进行。这样，企业的众多业务活动将由两大类交易组成：一类是确认收入和费用，另一类是收取和支付现金。由于企业之间（及企业与个人之间）的大多数交易都既包括在某一时间的购买或销售业务，又包括在另一时间的现金收付业务，因此权责发生制使配比原则得以更好地实现。

权责发生制会计的结果常常必须与现金流量表的数据结合起来看，这样才能更好地了解企业过去的业绩。“商业实务——现金流量和权责发生制会计”对此进行了说明。

财务报表的使用者在对一个企业的财务状况和经营结果进行判断和决策时，往往会依赖这些与会计期间有关的概念和原则。

与财务报表相关的概念/原则

如果要利用企业连续几年的财务报表数据得到比较有意义的趋势分析结果，一贯性原则（consistency）是非常重要的。在这一原则下，对特定类型的交易企业不应随意从一种公认的会计方法转变为另一种公认的会计方法，除非企业在财务报表或附注中详细披露了发生的变更及这种变更对财务报表的影响。

充分披露原则（full disclosure）是指财务报表和附注或解释项目中应当包括那些能够防止有合理判断能力的报表使用者对报表产生误解的所有必要信息。这是一个比较苛刻的要求，证券交易委员会曾花数年时间尽力明确这一要求。充分披露原则也是附注与解释作为财务报表的一个不可或缺部分的原因之一。

重要性原则（materiality）是指财务报表并不要求列示数字的绝对准确。这主要是因为会计过程存在大量的估计，因此列示在财务报表中的数据可能只是比较接近的数字，但这些数字不应是可能产生误导的“错误”数据。公开上市公司列示的财务报表，通常采用千、十万、甚至百万作为计量单位，这种约数不仅不会影响财务报表所列示信息内容的质量，还会更利于对财务报表的阅读。与重要性相关的管理概念是成本效益原则：正如任何经理都不会支付 $500 来获取价值 $300 的信息一样，增加会计估计准确性所增加的效益，常常会低于为获得此准确性而产生的成本。

会计中的稳健性（conservatism）原则是指在进行判断和做出估计时，应尽量选择低估收益和低估资产价值的方法，而不是选用那些高估收益和高估资产价值的方法。会计人员应尽量避免“天上会掉馅饼”的妄想，不应对当期收益做过于乐观的估计；相反，他们应该对有疑问的地方采取更加现实和谨慎的态度。

商　业　实　务

现金流量和权责发生制会计

虽然人们从概念上倾向于以权责发生制作为衡量收益的方法，但很多财务分析师在对某家公司的未来收益情况进行预期时，也会仔细分析这家公司过去的现金流量数据。现金流量的可信赖度很高，因为它是真实的——从经济角度看，它已经发生——管理层很少为实现短期结果或者让投资者对当期公司的获利能力产生困惑而对该指标进行主观操纵。（所有的会计衡量指标，包括现金流量和净利润，都具有历史性。但是，要提前报告收入或者推迟报告费用，有很多方法可供使用——至少是暂时可使用。第 5~9 章将对其中的一些方法进行讨论。）

安然公司为我们说明现金流量和应计会计收益之间的差异提供了又一个更为生动的实例。该公司在垮台前连续 6 个季度报告的净利润为 18.08 亿美元，而在此期间的经营活动现金流量总额为 34.42 亿美元，具体数据如下：

2000 年和 2001 年各季度（单位：百万）*

	2001 年第二季度	2001 年第一季度	2000 年第四季度	2000 年第三季度	2000 年第二季度	2000 年第一季度
净利润	$404	$425	$ 182	$170	$289	$338
经营活动现金流量	–873	–464	4 652	674	–90	–457

虽然这种不稳定（甚至古怪）的现金流量趋势并不能直接说明安然公司的财务问题，但它至少反映出公司存在着某些不正常。财务欺诈在事前总是不容易被发现，但很难想像，这种向公众投资者公开的基本财务信息居然会逃脱如此众多的财务分析师的注意。

从这些例子中，你应当学到些什么呢？在目前阶段，你要知道的是，对财务报表（资产负债表、利润表和现金流量表）传递的所有信息给予应有的关注，会使决策者有所受益。根据权责发生制得到的会计数据，应当与现金流量数据一起考虑；每一组数据都会告诉你公司过去的信息——至于哪些信息与你即将做出的决策最为相关，需要由你自己来决定。

* 这些数据由 Motley Fool 论坛的一篇为“Lessons from the Enron Debacle”的文章提供，可在 www.fool.com 上搜索此文。如果此前你从未登录过该网站，则需注册为会员方可登录，该服务是免费的。

财务报表的局限性

会计报表只是报告了定量的经济数据，并没有揭示出那些定性经济变量。例如，由于难以对管理层及员工的士气进行客观计量，它们对企业的价值并没有包括在资产负债表中。企业的这些定性因素常常关系到报表使用者决策和判断的形成，但它们却未能在财务报表中被披露。会计过程并不会因为公司的人力资源和信息资源是其最宝贵的资产而记录此类数据。很多价值很高的网络公司和高科技公司几乎没有什么固定资产或存货——有时候，它们试图提供的“产品”可能只是一种未经研究、设计和测试的服务形式。事实上，对此类公司有一种较为流行的说法，即它们“每天都会有新鲜出炉的资产”；虽然对此类无形资产价值的评估已有相当可靠的方法，如专业评估实务统一准则（Uniform Standards of Professional Appraisal Practice，USPAP）所认可的方法，但会计界尚未对试图对此类无形资产进行计量的做法予以认同。

前面我们已经强调过，历史成本原则要求资产以其原始成本入账。资产负债表并不揭示资产目前的市场价值和重置成本。虽然有些资产采用成本与市价孰低法列示，或是对资产的市场价值进行附加说明，但资产的价值并没有增加以反映其当前的价值。例如，一家企业的商标权虽然实际上没有什么成本，但是企业通过不断成功地满足顾客的要求，其商标的价值早已得到不断的增值。然而，通常商标却被排除在资产负债表的资产项目外。

会计中有很多地方都用到了估计，而且当我们做出估计时，惟一可以确知的是：我们做出的估计很有可能与“真实”数据不符，我们只是希望所做的估计能够与事实更为接近（重要性原则）。事实也常常如此。例如，确认折旧费用时，既需要估计折旧资产的有效使用寿命，又要估计资产处置时的可能残值，这样，原始成本减去残值后的余额，便是需要在资产使用期内计提并确认为费用的折旧额；同样，由于养老金费用、保修成本及其他众多的费用和收入项目都与企业本年的经济活动有关，因此也需要通过估计确定这些项目反映在本年度利润表中的金额，而这些估计也会影响到资产负债表账户。因此，即使资产负债表平衡到每一分钱，也不能认为估计就是准确的。会计人员应尽量做出更为准确的估计，但是估计终究只是估计。

一贯性原则要求企业对特定项目的处理不应随意从一种公认的会计方法转换为另一种公认的会计方法。但同一行业的两个企业很有可能采用不同的会计方法，这就意味着这两家企业的会计报表不具有可比性，或是在比较时需要了解这两家企业由于采用不同的会计方法而造成的影响。

财务报表不会为反映通货膨胀所产生的影响而做出调整，这与历史成本计价原则相关。50 年前购买的土地，即使其目前的市场价值由于通货膨胀已经有了巨大的增长，也仍需要以原始成本进行列示。同样，很多企业利润表的两大主要组成要素——折旧费用和销售成本——也是以原始成本而非重置成本列示的。当通货膨胀率比较低的时候，这种影响还不明显；但当通货膨胀率上涨到两位数的时候，财务报表的有效性将受到严重的影响。1980 年，财务会计准则委员会（FASB）开始要求那些大型公开上市公司将通货膨胀调整数据作为补充信息披露在财务报表附注中。1986 年，FASB 不再要求列示这一信息，但鼓励各企业补充披露通货膨胀的影响和特定价格的变动——如果通货膨胀率在将来有显著的增长，这一信息将更为重要，但对这一点仍有很大的争议。

最后要说明的是，财务报表并不反映**机会成本**（opportunity cost）。机会成本是一个经济学概念，指的是由于丧失了某种获取收益的机会而遭受的损失。例如，如果个人或组织为避免银行日常的服务费用而持有一个无息支票账户，但超过所需金额 300 美元，那么与这 300 美元相关的机会成本，便是用这笔钱进行其他投资所能获得的收益。虽然财务会计并不正式确认机会成本，但财务经理在对企业资源的使用进行规划时，应当清楚这一概念。

公司年报

年报是公司向股东公布的、包括本年度公司的财务报表及外部审计师对财务报表出具的审计报告在内的文件。年报可以非常简单，只包括财务报表及公司总经理或董事会主席的公告信；也可以很生动，甚至被做成一本 100 页的漂亮小册子，里面除了列示企业财务结果之外，还对公司产品、服务及人员状况进行介绍。

除了上文所述的财务报表及将在第 10 章详细介绍的报表附注（或注释、财务回顾）外，年报中通常还包括其他的财务数据，如本年度的一些重要项目，包括净收入、每股稀释收益、平均股东权益报酬率等指标，往往会在年报的封面或是在第 1 页列示。英特尔公司在其 2006 年年报的“管理层讨论和分析”部分就对各种财务结果进行了概述（参见附录的柱状图）。大多数公司的年报中还会包括对某些财务项目至少过去 5 年的历史数据概要，这一数据概要通常列示在年报靠近最后的部分。我们将在以后章节中进一步介绍英特尔公司年报的各个方面。

第3章

财务报表数据的基本解释

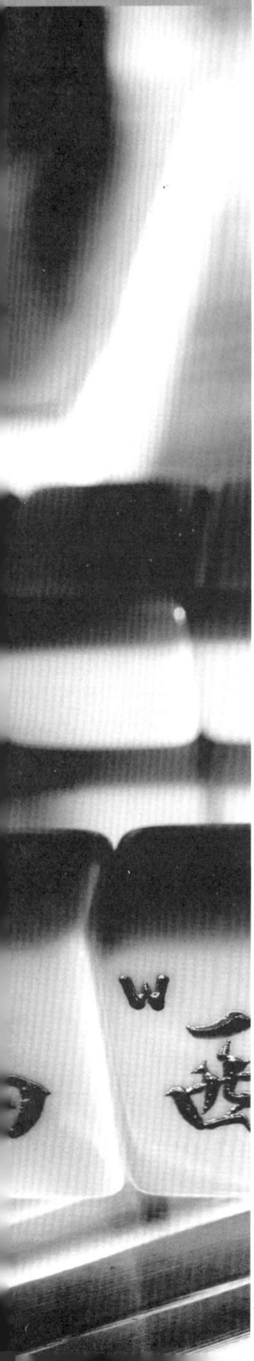

第 2 章概括地介绍了财务会计过程最终生成的财务报表，接下来我们将介绍财务报表使用者为了支持其决策和判断而对财务报表做出的一些解释。理解会计信息的用途将使产生这些信息的过程更有意义。无论是现有股东还是潜在的股东都会关注一点，即评价管理人员对企业所有者提供资源的管理状况。例如，对企业获利能力的判断将影响股东的投资决策；企业偿还贷款和偿付商品和服务款项的能力，也将影响债权人的决策。而要对上述获利能力和偿债能力做出评价，便需要解释财务报表中所列数据之间的关系。大部分有关这些数据关系的内容会在以后的章节中阐述，现在对这些关系进行介绍，是为了说明管理层如何对公司的财务目标加以量化，以使你开始对数字的含义有所了解。此外，在后面的章节对各种会计方法进行阐述时，这些概念还能帮助你更好地理解这些会计方法对财务报表的影响。

本章将介绍一些财务报表分析的概念。第 11 章财务报表分析将全面解释如何利用财务报表数据来分析财务状况及经营结果。在学习过第 5 章到第 10 章即财务会计的基础知识后，你将能更好地理解第 11 章的内容。

财务比率和趋势分析

由于许多企业财务报表列示的金额很大，而企业规模之间又存在很大的差异，因此，比率分析成为评价企业各种财务特征最为合理的方法。学生们往往对财务管理中常用的比率分析方法感到敬畏，有时甚至一想到比率计算就害怕——其实大可不必！比率仅仅是两个数字之间的比值关系；几乎每一个财务比率从名称上就已经说明了数字之间的关系及这一比率如何计算。因此在学习本章的过程中，应该着重理解为什么某一比率十分重要，并体会这一比率的含义。采用这种做法，可以使你轻松理解财务比率指标。

在大多数情况下，单一的比率并不能全面地描述所研究公司的状况。只有对特定比率在一定时期内的趋势进行分析，才能得到更有意义的信息。当然，为了使趋势分析变得有意义，财务报表和比率组成的一贯性是非常关键的。

许多工商业协会会根据协会会员提交的财务报告得出的汇总数据，出版行业平均财务比率。因此当我们评价某个企业在行业中的相对位置时，可以将企业的财务比率同可比行业比率进行比较。但是，由于该公司采用的财务会计方法可能不同于同行业其他企业采用的会计方法，因此将单个企业与同行业进行简单比较也不一定有意义。**趋势分析**（trend analysis）的结果更有意义，因为即使财务会计方法有选择性，但由于每一趋势具有内部的一贯性，因而可以得到更有意义的趋势比较结果。

我们将在本章稍后部分介绍趋势分析，现在可以用一个简单的例子来说明这一过程：假定某学生上学期的平均成绩在 4 分学分制中达到 3.5 分，这一分数可能有一定意义，但并不能充分说明该生的学习状况；但是，假如你了解到该生四个学期前的平均成绩为 1.9 个学分，三个学期前为 2.7 个学分，两个学期前为 3 个学分，那么该生不断增长的学分表明，其学习越来越努力和有效；而当你得知该生所在班级所有学生四个学期内的平均学分为 2.9 分时，你就会更加确信上面的结论——虽然此时你可能对这个学生的学习情况仍然不十分了解，但是相对一个学期的分数而言，比较趋势数据使你做出了更为可靠的判断。

投资报酬率

假设你面临两个投资项目，两个投资项目的期限均为一年，并具有同等的风险。在该年年末，你将收回初始投资，投资 A 项目取得的收益为 $75，投资 B 项目取得的收益为 $90，那么你会选择哪一项进行投资呢？答案似乎非常明显，反而让你觉得这一问题可能还有其他含义，所以你作答有些犹豫——这确实是明智的反应。但为什么这个问题可能带有陷阱呢？在对 A、B 两个项目进行选择前，你应该考虑下面的问题再回答——“我需要对每一可选择项目投资多少？”如果所投资金额是一样的，比如说 $1 000，那么你当然会选择投资项目 B，因为对同样的投资金额而言，项目 B 较项目 A 的投资收益显然更高一些；如果投资项目 B 所需投资金额高于项目 A，这时为了选择一个获利能力更高的投资方案，你就需要计算每一投资项目的**报酬率**（rate of return）。

报酬率是投资报酬额（上例中为 \$75 或 \$90 的收益）与投资金额之比。例如，当两项投资方案的投资金额均为 \$1 000 时：

投资项目 A：

$$报酬率 = \frac{投资报酬额}{投资总额} = \frac{\$75}{\$1\ 000} = 7.5\%$$

投资项目 B：

$$报酬率 = \frac{投资报酬额}{投资总额} = \frac{\$90}{\$1\ 000} = 9\%$$

投资项目 B 的报酬率高于项目 A，这也证实了你凭直觉做出的对投资项目 B 的选择是正确的。

实例中投资项目的期限是一年，所以除特别指明外，上述报酬率的计算基于该年度内的投资金额和投资回报。

上述报酬率的计算方法是从利息的计算方法发展而来的。许多年以前你可能就已经知道利息的计算方法了：

$$利息 = 本金 \times 利率 \times 期限$$

利息（interest）是指投资或借款取得的报酬或发生的费用。

本金（principal）是指投资或借入的款项。

利率是指以一定百分比列示的年**利息率**（interest rate）。

期限是指投入或借入资金的时间段，以年来表示。

如果期限为一年，那么以上等式中该项目可简化为 1/1 或 1，从而在等式中消去。可见，报酬率的计算便是经过调整的年利率计算方法。

如果上例中假定项目 A 的投资金额为 \$500，项目 B 的投资金额为 \$600，那么根据计算得出的报酬率，你将会选择哪项投资呢？具体计算如下：

投资项目 A：

$$报酬率 = \frac{投资报酬额}{投资总额} = \frac{\$75}{\$500} = 15\%$$

投资项目 B：

$$\text{报酬率} = \frac{\text{投资报酬额}}{\text{投资总额}} = \frac{\$90}{\$600} = 15\%$$

在其他条件相同的情况下（事实上，教科书中的实例很少例外的情况），由于这两个投资项目的报酬率都是 15%，因此选择哪个投资项目对你而言都无所谓。

一个投资项目中的报酬率与风险性是紧密相联的。**风险**（risk）关系到某一项活动最后可能出现结果的范围——可能出现的结果范围越宽，风险就越高。在银行储蓄的风险要小于对某公司股票进行投资的风险，因为投资者将来从银行储蓄账户中收回其本金和利息更有保证，而股票的市场价值即使在较短的期间内也可能有较大的波动；因此，投资者对股票投资往往预期获得较储蓄更高的投资报酬率，以作为承担额外风险的补偿。但股票投资较高的风险，意味着其真实报酬率可能会大大低于（甚至为负数）或者远远高于储蓄投资的利息收益。产品或商品的市场价格同股票价格一样，反映了风险和收益的基本关系。因此，当某一项投资相对其他投资有更高的报酬率时，说明该项投资也将承担更高的风险。

报酬率是一个广为接受的衡量获利能力的指标。由于该指标是一个比率，因而可以衡量不同投资项目的获利水平，并评估风险和收益之间的关系。银行对存款利息的公告揭示了存款人可能获得的利息率或报酬率水平。所有的投资者在评价某项投资的获利水平时，都需要计算投资报酬率。

投资报酬率（return on investment，ROI）是对利用财务报表数据计算的报酬率指标的通常叫法，这一比率有时也称为资产报酬率。投资报酬额和投资金额有多种定义方法。现在，我们用净利润作为投资报酬额，用投资年度内平均资产总额作为投资金额。某一年度的年末资产负债表上的资产总额只反映某一时点（即资产负债表日）的数据，因此用它并不合适。由于净利润是在整个会计年度内取得的，因此它应该与本年资产的使用相关。对平均资产总额的估计，通常是将年初（去年年末数据）和年末的资产总额加总平均得到。第 2 章曾提到，利润表是连接年初和年末资产负债表的桥梁。如果资产的季节性波动很大（重要性概念），而且月末和季末的资产负债表数据比较容易得到，那么我们可以更为精确地计算平均资产总额。

一家公司的 ROI 对大多数投资者而言是很重要的，因为该指标反映了企业管理层在本年度可用资产上能够获取的报酬率。依据 ROI 指标，投资者可以对企业管理的质量及企业获利能力进行判断并制定决策。许多财务报表分析人员，包括作者在内，都认为ROI是衡量企业获利能力的一个最有意义的指标。仅仅知道净利润是不够的；为了正确判断企业的获利能力，需要将净利润与取得净利润所耗费的资产联系起来进行分析。

表3-1中列示了一家虚拟公司——Cruisers公司——的资产负债表和利润表摘要。利用这些数据，计算该公司ROI指标的过程如下：

来自公司资产负债表的数据：

2008年9月30日资产总额	$364 720
2009年9月30日资产总额	$402 654
来自截至2009年9月30日的会计年度利润表的数据：	
净利润	$ 34 910

$$投资报酬率=\frac{净利润}{平均资产总额}$$

$$=\frac{\$34\ 910}{(\$364\ 720+\$402\ 654)/2}=9.1\%$$

表3-1 Cruisers公司的资产负债表和利润表摘要

CRUISERS公司 比较资产负债表摘要 2009年和2008年9月30日			CRUISERS公司 利润表摘要 2009年9月30日结束的会计年度	
	2009年	2008年		
流动资产：				
现金和有价证券	$ 22 286	$ 16 996	净销售额	$611 873
应收账款	42 317	39 620	销售成本	428 354
存货	53 716	48 201	毛利	$183 519
流动资产总额	$118 319	$104 817	经营费用	122 183
其他资产	284 335	259 903	经营利润	$ 61 336
资产总额	$402 654	$364 720	利息费用	6 400
流动负债	$ 57 424	$ 51 400	税前利润	$ 54 936
其他负债	80 000	83 000	所得税	20 026
负债总额	$137 424	$134 400	净利润	$ 34 910
所有者权益	265 230	230 320	每股收益	$ 1.21
负债和所有者权益总额	$402 654	$364 720		

有些财务分析人员计算 ROI 时更倾向于采用经营利润（或息税前利润）及平均经营资产总额，他们认为将利息费用、所得税及非经营资产排除在外，能更好地衡量企业的经营成果。通过上述修正，ROI 公式变为：

$$投资报酬率=\frac{经营利润}{平均经营资产总额}$$

其他分析人员在计算 ROI 时也会进行类似的调整。由于 ROI 的趋势分析比单纯一年的 ROI 数据对决策制定更有意义，因此对这一指标定义的一贯性比定义本身更重要；但是，理解 ROI 的定义仍然是非常必要的。

ROI计算的扩展——杜邦模型

20 世纪 30 年代后期，杜邦公司（E.I. DuPont de Nemours & Co.）的财务分析人员在 ROI 基本计算公式的基础上进行扩展，得到了杜邦模型（Dupont model）；他们认为，在评价企业整体获利能力时，企业销售获利能力和利用资产产生销售收入的能力都是重要的因素。对杜邦模型的最大的改动之一，便是将销售收入引入 ROI 计算之中：

$$投资报酬率=\frac{净利润}{销售收入}\times\frac{销售收入}{平均资产总额}$$

第一项，净利润与销售收入之比是**利润率**（margin）；第二项，销售收入与平均资产总额之比是**资产周转率**（asset turnover），或简单称为**周转率**（turnover）。当然，从数学运算上销售收入可以相互抵消，但由于其重要性，这两个项目被引入上述 ROI 计算模型中。利润率强调了企业如果要营利，那么每一美元销售收入中必须有一部分要为最终的净利润做贡献。周转率与企业创造收入过程中资产的使用效率相关。

另外一个验算可以说明周转率的重要性。我们许多人一周工作 40 个小时，即 5 个工作日，每天 8 小时。设想一家工厂是按照 5 个工作日、每天一班安排生产的，问题便产生了：这个工厂的运作时间为多少？你可能会回答为 33% 或三分之一，因为 8 小时只占一天时间的三分之一，但是周六和周日又如何计算呢？实际上，一周之内可以安排 21 个工作班次（每天 3 班 ×7 天），因此如果这家工厂每周只有 5 个班次，其运作时间只占 5/21，还不足 25%！ 75% 以上的时间是空闲的！这时你可以想象，无论工厂是否生产，大笔的资源占用费（房地产税费、公用事业费、保险费）都会发生，这也说明了为什么许多工厂每天安排两个班次、三个班次，甚至七天全部安排生产，而不是另外创建一个工厂——因为这样可以使它们在不增加公司经营费用的前提下提高产量，进而提高销售额。虽然多班次生产会增加成本（例如，为工人提供晚班津贴及把产品运送到距离顾客更近的各个地点所额外发生的运输费用），从而增加公司的经营费用，并减少净利润及利润率水平，但是，如果周转率提高的速度快于利润率降低的速度，这种多班次生产的公司的整体 ROI 水平将得以增长，而实际情况往往如此。

下面介绍了根据表 3-1 中 Cruisers 公司的财务报表数据、运用杜邦模型来计算 ROI 指标的过程：

来自公司资产负债表的数据：	
2008 年 9 月 30 日资产总额	\$364 720
2009 年 9 月 30 日资产总额	\$402 654
来自截至 2009 年 9 月 30 日的会计年度的利润表的数据：	
净销售额	\$611 873
净利润	\$34 910

$$
\begin{aligned}
\text{投资报酬率} &= \text{利润率} \times \text{周转率}\\
&= \frac{\text{净利润}}{\text{销售收入}} \times \frac{\text{销售收入}}{\text{平均资产总额}}\\
&= \frac{\$34\ 910}{\$611\ 873} \times \frac{\$611\ 873}{(\$364\ 720 + \$402\ 654)/2}\\
&= 5.7\% \times 1.6\\
&= 9.1\%
\end{aligned}
$$

杜邦模型的重要性在于，它有助于企业最高管理层考虑资产的使用，包括对资产的投资保持适度，跟从销售收入中获取利润一样，对企业的整体业绩也至关重要。

根据实际经验，对美国的大多数商业和制造业企业而言，按净利润计算的 ROI 平均为 8% 到 12%；按经营利润（息税前利润）计算的 ROI 平均为 10% 到 15%；按净利润计算的平均利润率为 5% 到 10%；按经营利润计算的平均利润率为 10% 到 15%；资产周转率平均为 1.0 到 1.5，但由于企业及其所在行业的经营特点，该比率有时会高达 3.0。这里所给出的范围很大，我们只是想说明，如果一家公司的 ROI 及其组成部分的值始终超出这一范围，那么这家公司应当属于特殊情况。

净资产报酬率

让我们回顾一下资产负债表等式：

$$资产 = 负债 + 所有者权益$$

投资报酬率是衡量净利润（有时可能会对利息、所得税或其他项目进行调整）和资产之间关系的财务指标。资产（可能会进行调整，扣除非经营性资产和其他项目）反映了企业为获取收益而投资的金额。正如会计恒等式所表明的，资产既可能是从债权人那里举债取得的（负债），也可能来自所有者的投入。因此所有者（和其他人）更感兴趣的是，能够将企业的利润以所有者权益的报酬率的形式表示出来——这一指标被称为**净资产报酬率**（return on equity，ROE），其计算方法如下：

$$净资产报酬率 = \frac{净利润}{平均所有者权益总额}$$

同计算 ROI 时采用平均资产总额的原因相同，净资产报酬率的计算也是采用净利润取得期间所有者权益总额的平均值；净利润是在一定期间内取得的，因此它应与同一期间的所有者权益相关。

下面列示了如何利用表 3-1 中 Cruisers 公司财务报表的数据来计算净资产报酬率：

来自企业资产负债表的数据：	
2008 年 9 月 30 日的所有者权益总额	\$230 320
2009 年 9 月 30 日的所有者权益总额	\$265 230
来自截至 2009 年 9 月 30 日的会计年度的利润表的数据：	
净利润	\$ 34 910

$$\begin{aligned}净资产报酬率 &= \frac{净利润}{平均所有者权益总额}\\ &= \frac{\$34\ 910}{(\$230\ 320 + \$265\ 230)/2}\\ &= \$34\ 910/\$247\ 775\\ &= 14.1\%\end{aligned}$$

根据实际经验，对美国的大多数商业企业和制造企业而言，ROE 指标的历史平均水平是 10% 到 15%；但自 1991 年起，随着美国战后最长时间的经济繁荣，ROE 水平在 20 世纪 90 年代出现了巨大的增长。2000 年第二季度，美国《商业周刊》“公司排行榜”[1] 前 900 家企业的平均 ROE 指标高达 16.7%。仅仅过了两年，在经历了美国资本市场的震荡之后，2002 年第二季度这些公司的平均 ROE 水平竟跌至 8.4%。[2] 然后在截至 2004 年 12 月 31 日末[3] 的 12 个月里，它回涨至 14.7%，并从此一直稳定下来。

需要记住的是，净资产报酬率是报酬率指标的一个特殊应用。由于 ROE 指标反映了收益与所有者投资（即所有者对企业资产拥有的权益）之间的关系，因此它对当前的股东和潜在的投资者都是非常重要的。有时为了使不同企业的 ROE 指标更具可比性，需要对净利润和所有者权益平均值进行调整，我们将在以后章节中涉及这部分内容。你现在应该理解，投资报酬率和净资产报酬率都是衡量企业获利能力的基本指标，且计算这些指标时所采用的数据均来自企业的财务报表。

营运资本及流动性的衡量指标

流动性（liquidity）指的是企业偿还现有负债的能力，该指标通过资产负债表所反映的流动资产和流动负债之间的关系来衡量。**营运资本**（working capital）是指企业流动资产超过其流动负债的余额。流动资产是指现金及其他能在一年内变现的资产（主要包括应收账款和商品存货）；流动负债是指需要在一年内偿还的债务，包括短期借款、应付账款及其他应付款（如应付工资、应付利息、应付租金等）。大多数财务状况健康的企业的营运资本为正数。即使企业在任一时点上都不可能使其库存现金等于其流动负债金额，但在企业需要偿还负债时，仍可以通过回收应收账款或销售商品存货并收回随之产生的应收账款来获取现金偿还债务。当然，在将存货转变为现金的过程中，企业还需购置商品作为存货，而供应商在到期收款时，也要按照之前约定的条款确保对款项的回收。

1　资料来源：Business Week，August 14，2000，page 87. 数据：*Standard & Poor's Compustat*，McGraw-Hill 公司的一个分部。

2　资料来源：Business Week，August 12，2002，page 83. 数据：*Standard & Poor's Compustat*，McGraw-Hill 公司的一个分部。

3　资料来源：BusinessWeek, February 28，2005，p. SB1. 数据：*Standard & Poor's Compustat*, McGraw-Hill 公司的一个分部。

对流动性的衡量主要有三种方式：

1. 营运资本 = 流动资产 – 流动负债

2. $流动比率 = \frac{流动资产}{流动负债}$

3. $速动比率 = \frac{现金（包括临时性的现金投资）+ 应收账款}{流动负债}$

企业营运资本的金额，除非能够与其他数值相联系，否则容易产生一定的误导，所以营运资本金额本身往往不如流动资产和流动负债的比率更有意义。因此，在判断一个企业目前的偿债能力时，**流动比率**（current ratio）的趋势分析是非常有用的。**速动比率**（quick ratio），有时也称酸性测试比率（acid-test ratio）；由于在计算时将商品存货排除在外，因此该指标在衡量企业的短期流动性方面更为稳健。这一比率反映了企业在最糟糕的情况（企业甚至不能通过销售存货来偿还其当前债务）下的偿债能力。

下面列示了如何利用表 3-1 中 Cruisers 公司 2009 年 9 月 30 日的财务报表数据计算流动性的各项指标：

$$\begin{aligned} 营运资本 &= 流动资产 - 流动负债 \\ &= \$118\ 319 - \$57\ 424 = \$60\ 895 \end{aligned}$$

$$流动比率 = \frac{流动资产}{流动负债} = \frac{\$118\ 319}{\$57\ 424} = 2.1$$

$$\begin{aligned} 速动比率 &= \frac{现金（包括临时性的现金投资）+ 应收账款}{流动负债} \\ &= \frac{\$22\ 286 + \$42\ 317}{\$57\ 424} \\ &= 1.1 \end{aligned}$$

一般而言，若流动比率为 2.0，速动比率为 1.0，则认为企业有足够的流动性。由上述数据可见，Cruisers 公司具有较高的流动性，偿付到期债务应该没有问题。

流动比率越高，企业的偿债能力越强；但是，过高的流动比率有时可能说明企业没有很好地利用资产。最近几年，许多大型的现代化管理公司，为提高资产的使用效率，将其流动比率降低到 1.0~1.5 的范围，甚至更低，并随之降低了速动比率。由于现金、应收账款和存货是创造收益最低的资产，因而公司尽可能缩减在这方面的投资。我们可以想一想，有哪种 ROI 是通过应收账款或存货获得的？即使有，也非常少。减少对营运资本项目的投资，可以将从中释放出的资金用于购置新的生产设备，或是增强对现有产品系列的营销力度。

但我们要知道，任何利用单一资产负债表数据得到的计算结果，都不如一定期间趋势分析的结果更有意义；另外很重要的一点是，我们还需要分析营运资本的组成，并理解流动资产和流动负债项目的同等变动对流动比率的影响。例如在下面的计算中，如果企业刚好在资产负债表日之前偿还了短期银行贷款，这时营运资本项目不会发生变动（因为流动资产和流动负债项目将以同样的金额减少），但是流动比率（和速动比率）将会发生变化：

	偿还贷款之前	偿还 $20 000 贷款之后
流动资产	$200 000	$180 000
流动负债	100 000	80 000
营运资本	$100 000	$100 000
流动比率	2.0	2.25

若企业在资产负债表日之后举借了一笔新款项，那么上述流动比率将高估企业在资产负债表日的流动性。可见，由于短期负债的举借和偿还时间完全在管理层控制之下，对流动性的衡量应保持一定的审慎态度。

企业潜在的债权人，如果预期将要同企业产生债权关系时，往往需要分析企业的流动性，以判断该企业将来的偿债能力（参见“商业实务——建立信贷关系”）。

在分析企业流动性（或非流动性）的原因时，现金流量表也是非常有用的。前面曾经说过，现金流量表通过揭示企业在某一期间（通常为一年）之内非现金项目余额的变动状况，反映了企业在该期间现金变动的原因。

趋势分析举例

下列图表列示了投资报酬率、净资产报酬率及营运资本和流动性指标的趋势分析；这些数据主要摘自附录中所刊登的英特尔公司 2006 年年报中的财务报表。

表 3-2 中的数据主要摘自英特尔公司 2006 年年报中的“5 年期财务数据概要”，以及前一年度年报中的资产负债表。图 3-1 至图 3-3 反映了表 3-2 中的数据。注意表中年份和图中年份的先后顺序是相反的。表格中最近的年份常常紧跟在项目名称之后；而图形中的时间数列则是从左到右的；不管怎样，我们都要注意和理解表格及

商业实务

建立信贷关系

企业之间的大多数交易，及企业和个人之间的很多交易，都是信贷交易；也就是说，企业是在购买者支付款项之前向其销售产品或提供服务的。在交付产品和提供服务之前，销售方通常希望购买方确认其款项在付款时间到来时能够偿付——这就需要确定买方的**信用风险**（credit risk）是否良好。

个人建立信贷关系，需要向潜在的债权人提供完整的信用申请报告，其中包括工作信息、工资、银行账户、负债状况及其他信贷关系（如借记式赊购账户）。大多数信用担保人希望被担保人的现有信用账户在按时还款方面有良好的记录，这也说明了为什么个人往往最难获取第一个信用账户；潜在的信用担保人还要检查申请人在居住或曾经居住过的城市信用机构对其的信用记录。

企业建立信贷关系的程序跟个人类似，此外，它们还可以提供财务报表及已经与其建立信贷关系的企业的名单。一个新组建的企业在开始经营的几个月内，往往需要提前支付款项，或是采用**款到发货**（cash on delivery，COD）方式，此后销售方才能给予它相对较低的赊销信用额度；一旦有了到期偿付债务的记录，信用限额将会提高。在企业经营一年或更长时间后，邓白氏公司（Dun & Bradstreet，美国的一家全国性信用机构，很多企业订购了其信息）的信用报告服务中可能会报告该企业的信用历史状况。即使建立了信贷关系，企业继续向其主要债权人提供财务报表资料仍然是很常见的情况。

图形中每一项的名称。

图 3-1 说明了从 2002 年到 2005 年，ROI 和 ROE 持续增长，然后在 2006 年显著下降，但仍然高于 2002 年的盈利水平。2001 年，在全球性的经济衰退中，英特尔出现了低于正常水平的业绩。总的来看，英特尔在 2006 年遭受了重大挫折，但在此期间的其他方面却表现相当不错。由于经营成本的降低以及该公司在成熟市场和新兴市场的持续优势，因此，英特尔的业绩于 2002 年转好并持续至 2005 年。对于盈利来说，虽然 2006 年是令人失望的一年，但英特尔的未来前景依然是光明的。

图 3-2 的曲线显示，从 2002 年到 2005 年，英特尔的周转率在这几年有了稳步增长，而在 2006 年却有所下降，但仍然高于其他年份。然而，这里需要指出的是，该期间 0.6~0.81 的周转率结果不是完全以绝对值计算的。利润率的增长趋势也令人鼓舞，尤其是从 2003 年到 2005 年达到的水平来看更是如此。有趣的是，图 3-1 中英特尔的

表 3-2 英特尔公司（获利能力*和流动性**指标，2002~2006 年）

	2006	2005	2004	2003	2002
利润率（净利润 / 净销售收入）……	14.3	22.3	22.0	18.7	11.6
周转率（净销售收入 / 平均资产总额）……	0.73	0.81	0.72	0.66	0.60
ROI（净利润 / 平均资产总额）……	10.4	18.0	15.8	12.3	7.0
ROE（净利润 / 平均股东权益总额）……	13.8	23.2	19.7	15.4	8.7
年末财务状况（百万）：					
流动资产……	$18 280	$21 194	$24 058	$22 882	$18 925
流动负债……	8 514	9 234	8 006	6 879	6 595
营运资本……	$ 9 766	$11 960	$16 052	$16 003	$12 330
流动比率……	2.1	2.3	3.0	3.3	2.9

* 获利能力指标的计算采用“5 年期财务数据概要”中列示的数据。

** 流动性指标的计算采用本年度和以前年度年报中资产负债表列示的数据。

资料来源：Intel Corporation, 2006 Annual Report, pp. 25, 49–50.

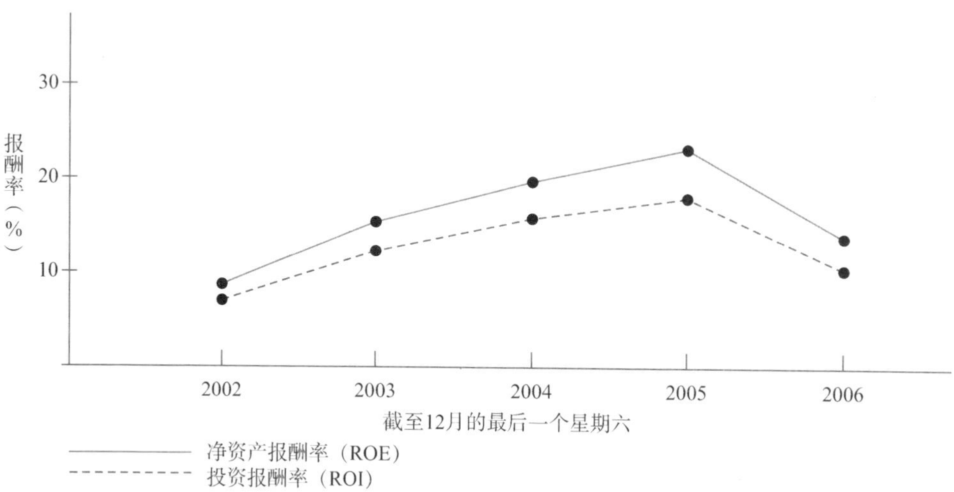

图 3-1 英特尔公司的投资报酬率和净资产报酬率（2002~2006 年）

ROI 和 ROE 曲线与图 3-2 的利润率和周转率曲线很相像。2006 年，利润率和周转率都有所下降，这导致了 ROI 的下降。同样，从 2002 年到 2005 年，利润率和周转率每年都有所增长，这也导致了 ROI 的增长。导致以上结果的因素很多。虽然英特尔

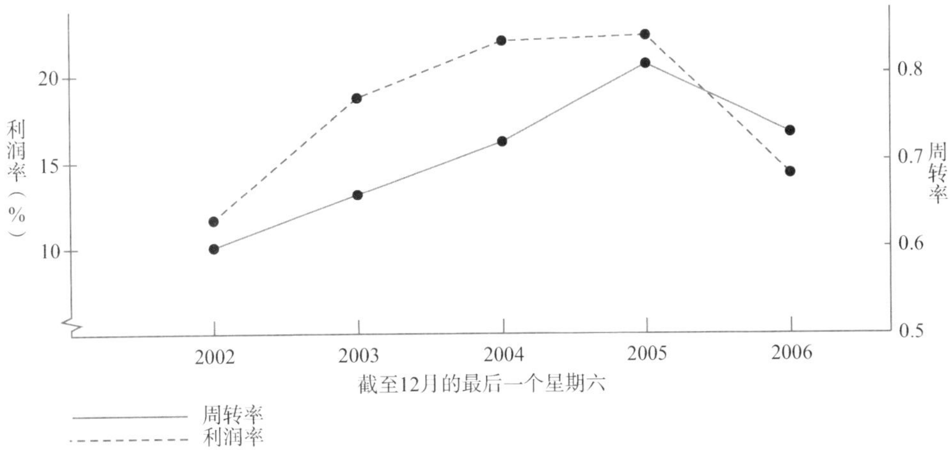

图 3-2 英特尔公司的利润率和周转率（2002~2006 年）

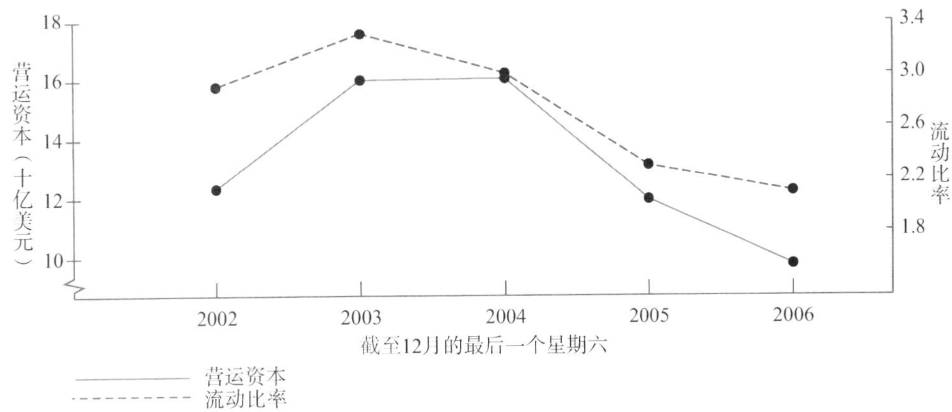

图 3-3 英特尔公司的营运资本和流动比率（2002~2006 年）

在微处理器市场的非正常高盈利能力不再被视为理所当然了，但其整体盈利能力的上升趋势还很明显。

虽然营运资本和流动比率似乎总体上是下降的，但是在此期间，英特尔公司的流动性总体趋势更难观察出来。图 3-3 中的流动比率曲线显示了其在 2003 年有一个飙升，而营运资本曲线在 2003 年和 2004 年间则比较平坦。这表明从 2003 年到 2004 年，虽然营运资本水平没有显著变化，但是流动资产和流动负债的构成却有所变化（与2003年相比，2004年英特尔公司拥有相对较高的流动负债，从而造成了流动比率的下降）。2005年和2006年，衡量流动性的这两个指标的迅速下降，通常被认为是出现财务危机的早期预警信号。然而，对于英特尔公司情况则有所不同，其已经积累了超过即时经营需要的大量营运资本。同时，我们也不能忽略绝对金额。2004年英特尔的营运资本高达160亿美元，大大超过了很多大型上市公司的资产总额。因此，营运资本的下降，尤其可能被解释为是为了更有效地使用公司资源而做出的商业决策。这是因为流动资产只能获得很低的ROI，在最大程度减少流动资产的同时确保公司的日常流动性需求得到满足，这才是明智的选择。用更多年份的数据来进行分析，会有助于我们更好地了解英特尔公司的营运资本和流动比率趋势。另外，在对公司的总体流动性状况进行评估时，还应当考虑速动比率的变化。

表3-3总结了《财富》杂志过去几年评选的“财富1000强企业”，并且将这些数据绘制在图3-4。《财富》将英特尔公司划分到半导体行业。需要注意的是，由于对计算结果的定义不同，因此对于平均股东权益报酬率，《财富》与英特尔公司年度报告和表3-2中报告的计算结果是不同的。图3-4所反映的是，自2002年以来，虽然英特尔公司的股东权益报酬率已经显著高于行业水平，但同时可以看出，英特尔公司的经营业绩可以反映整个行业的情况。

本章所有图形均采用算术垂直比例，这意味着纵轴各数值之间的距离是相等的。如果数据在某一时期内在水平方向上以稳定的比率上升，那么由这些数据形成的图形将越来越倾斜。因此，许多分析人员在描绘数据时，对那些在一段时期内变化显著的数据（如销售收入）倾向于在纵轴采用对数刻度——由于横轴仍为算术刻度，因此将这种图形称为**半对数坐标图形**（semilogarithmic graph）。横轴项目（如年份）之间的间隔是相等的。半对数坐标图形的优点在于，增长率保持不变的变量会显示

表3-3 《财富》的股东权益报酬率（2002~2006年）

英特尔公司和半导体行业					
	会计年度				
	2006年	2005年	2004年	2003年	2002年
英特尔公司	14.6	23.9	19.5	14.9	8.8
半导体行业	11.0	11.0	9.0	(2.0)	(4.0)

资料来源：*Fortune*, April 14, 2003, April 5, 2004, April 18, 2005, April 17, 2006, April 30, 2007.

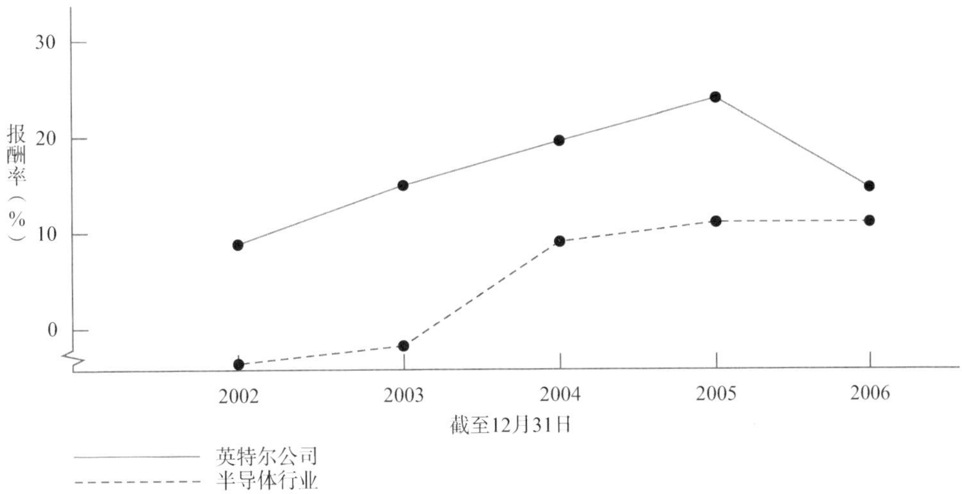

图 3-4 英特尔公司和半导体行业的股东权益报酬率（2002~2006 年）

成一条直线。在《华尔街日报》、《金融时报》和《商业周刊》等财经杂志上公布的数据，均大量采用了这种半对数坐标图形。

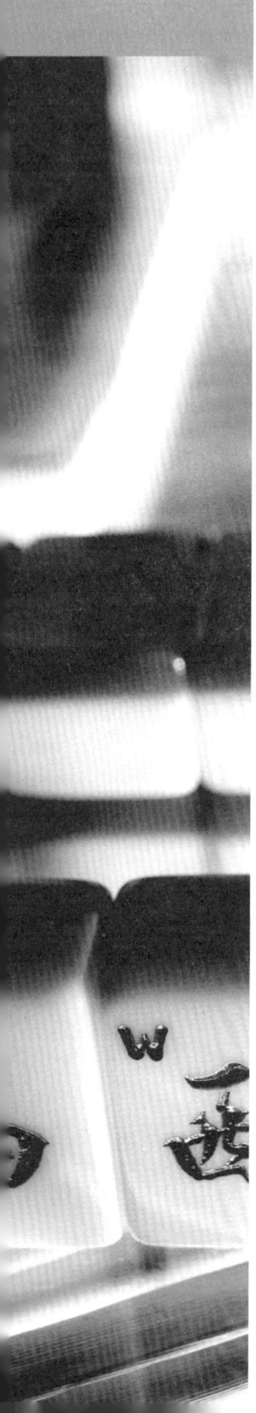

第 4 章

簿记过程的交易分析

为了明晰不同交易对财务报表的影响，理解财务报表中的数据，了解簿式记账的运作过程很有必要。本章的主要目的就是介绍簿式记账过程并引入交易事项对财务报表影响的分析方法。

簿记和会计流程

簿记和会计流程始于各项交易（transactions，会计主体之间的经济交换，在财务报表中记录并反映），最终结束于财务报表。在第 2 章中我们曾将这一过程列示如下：

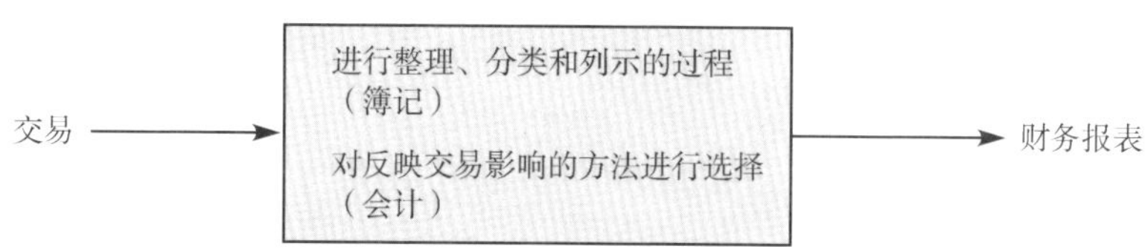

本章将对簿记过程做一个全面的介绍。学习这一过程的目的不是让你成为一名记账员，而是使你充分了解簿记这一过程，从而能够确定每一笔交易对财务报表的影响——这一能力对你利用财务报表做出有根据的判断和决策是非常重要的。记账人员（和会计人员）常常会用一些特定的术语来描述簿记过程，因此你也需要了解这些术语。簿记本身是一个机械的过程，然而，当你一旦掌握了簿记这门语言，就会知道这一过程其实是非常浅显易懂的。

资产负债表等式——一把机械性的钥匙

你已经知道，资产负债表等式反映的是企业资产和对这些资产的要求权之间的恒等关系：

资产 = 负债 + 所有者权益

为便于解释，我们假设某一家公司是没有负债的。如果这家公司在经营中获得了利润，那么等式会发生什么变化？当然，这时资产（可能是现金）将会增加，如果等式要保持平衡（而且必须平衡），显然所有者权益必须同样增加。可见利润增加了所有者权益，同时为了维持平衡关系，资产将会增加，或者负债将会减少。每一笔交易都会引起资产负债表等式某一部分的变化，但每笔交易之后等式仍保持平衡。

我们已经知道企业的净利润（收益）或亏损是利润表（表 2-2）中收入和费用项目之间的差额；而且，利润表得出的净利润也是所有者权益变动表（表 2-3）中留存利润产生变动的因素之一。所有者权益的另一个主要部分是所有者投入的资本，即表 2-3 中的投入资本项目。考虑到所有者权益的这些组成部分，我们可以将等式做如下修改：

资产 = 负债 + 所有者权益

资产 = 负债 + 投入资本 + 留存利润

资产 = 负债 + 投入资本 + 留存利润（期初余额）+ 收入 – 费用

为了说明会计恒等式的运用以及几类交易的影响，现在让我们来研究表 4-1 是如何反映下述交易事项的。注意表 4-1 已经按照一般的分类确定了一些资产和负债项目，每一项目为一列。

交易事项

1. 投资者组建一家公司，并投入资金 \$30。（本例采用了“投入资本”这一更广义的账户，而没有采用“普通股股本”以及“资本公积”账户。由于企业刚刚开始经营，留存利润账户没有期初余额。）
2. 购置设备成本为 \$25，以现金支付。
3. 企业向银行借入资金 \$15。

4. 购买存货的成本为 \$20，其中 \$10 以现金支付，另外 \$10 则为赊购。
5. 出售成本为 \$7 的设备，所得价款也为 \$7；其中已经收到现金 \$2，另外 \$5 将在以后收到。
6. 收到因销售设备产生的应收账款 \$5。

在表 4-1 中，我们对第（6）笔交易发生后的每一纵栏数值进行了加总，来检验所有资产栏的总额是否等于所有负债和所有者权益栏目的加总额。（当然希望它们最好相等！）

到此为止，该企业尚未产生任何收入和费用，在此情况下也很难产生利润，因此将会继续发生如下交易事项：

7. 企业出售商品存货，成本为 \$12，售价为 \$20；以**赊账**（on account）方式（即赊销方式）出售，客户将在以后支付货款。注意在表 4-1 中，这一交易反映在两个横行上；一行反映的是取得的收入 \$20，另一行反映的是发生的费用，即商品存货的成本 \$12。
8. 预提企业应支付给员工的工资 \$3——这说明该笔费用尽管没有真正支付，但已经登记入账。员工虽然还没有得到现金，但已经获取了这笔工资（费用已经发生）；而公司将在下一个会计期间向员工支付这笔工资。将该笔交易在当期记录入账，是为了使当期的收入和费用项目相互配比（配比概念），而净利润将反映这一期间业务活动的经济结果。

将表中每一纵栏的数据再次加总，使所有资产栏项目的总额等于所有负债和所有者权益栏目的加总额。如果会计期间在第（8）笔交易后结束，那么利润表中列示的净利润为 \$5，而资产负债表中所有者权益总额为 \$35。根据表 4-1 中第（8）笔交易发生后的数据得到的简化财务报表列示于表 4-2。

注意表 4-2 利润表中的净利润是如何通过所有者权益中的留存利润部分进入资产负债表中的。在表 4-1 的等式中，收入和费用项目作为所有者权益的一部分保持等式的平衡；但是，从财务报告的角度，收入和费用项目是列示在利润表中的。因此，为了保持资产负债表的平衡，需要将净利润反映在资产负债表中，而这可以通过留存利润项目得以实现。如果留存利润作为股利发放给股东，股利并不反映在利润表中，而是从留存利润项目中抵减。这是因为股利并不是一项费用（它不是在获取收益的过程中发生的），而只是作为企业对所有者的一种收益分配方式。

	资产				= 负债		+ 所有者权益			
交易	现金 +	应收账款 +	商品存货 +	设备	= 应付票据 +	应付账款 +	投入资本 +	留存利润 +	收入 −	费用
1.	+30						+30			
2.	−25			+25						
3.	+15				+15					
4.	−10		+20			+10				
5.	+2	+5		−7						
6.	+5	−5								
总计	17 +	0 +	20 +	18	= 15 +	10 +	30			
7. 收入		+20							+20	
7. 费用			−12							−12
8.						+3				−3
总计	17 +	20 +	8 +	18	= 15 +	13 +	30	+5	+20	−15

表 4–1　交易概要

表 4–2 根据表 4–1 中数据得到的财务报表

根据表 4–1 中交易（1）到（8）的数据得到的利润表		根据表 4–1 数据得到的留存利润变动表	
收入	$20	期初余额	$ 0
费用	(15)	净利润	5
		股利	(0)
净利润	$ 5	期末余额	$ 5

根据表 4–1 交易（8）发生后的数据得到的资产负债表

资产		**负债和所有者权益**	
现金	$17	应付票据	$15
应收账款	20	应付账款	13
商品存货	8	流动负债	$28
流动资产	$45	**所有者权益：**	
设备	18	投入资本	$30
		留存利润	5
		所有者权益总额	$35
资产总额	$63	负债和所有者权益总额	$63

刚刚学到的就是簿记过程的要点。对各项交易进行分析，就是要确定这项交易对资产、负债或是所有者权益中的哪个项目会产生影响以及如何产生影响，并将影响的金额记录入账、进行汇总，并编制财务报表。

簿记的术语和程序

大多数业务运作过程都有其复杂性，我们也常常需要查询过去的交易，为了便于记录的保存过程，簿记系统应运而生——该系统既可以采用手工，也可以采用计算机方式，但无论哪种方式，其基本特征是一样的。

各项交易首先记在**日记账**（journal，来自法语 jour 一词，是“每天”的意思）上。日记账是每天或者按时间先后顺序对交易进行的记录。接下来通过**过账**（post）把交易记录到**分类账**（ledger）上，分类账的作用如同表 4-1，但它不是将每一项资产、负债和所有者权益分类项目都作为一个纵栏列示，而是对每一个分类项目设置一个账户。在手工簿记系统中，每个账户都是整个账簿中单独的一页，因而整个账簿看起来更像一个活页簿。为了便于过账，账户将按照一定顺序进行排列，通常顺序为资产、负债、所有者权益、收入以及费用。**会计科目表**（chart of accounts）是分类账的一个索引，对每一账户都进行编号以便在记录中反复使用。

几百年来一直沿用的账户形式看起来像一个“T”字（下文中，请注意资产、负债和所有者权益项目名称下的 T 形格式）:T 字的一边记录增加额,另一边记录减少额。某一时点的**账户余额**（account balance）就是期初余额与增加额以及减少额之间的计算额，这便如同表 4-1：交易（6）和（8）之后的账户余额，便是交易之前的余额加上增加额、减去减少额后得到的结果。

为了使会计分录和**余额**（balance）更为明确（但会令初学者更加迷惑不解），将**T 形账户**（T-account）的左边称为借方，右边称为贷方。在簿记和会计流程中，**借**（debit）和**贷**（credit）仅仅分别指左边和右边，并无其他含义（参见“商业实务——

商　业　实　务

日常簿记语言

簿记和会计术语越来越多地出现在人们的语言中，尤其在商业范围内。“借”和“贷”就是其中之一。我们从一些简单的例子中可以清楚地看到这种左右方的概念。银行用借和贷表示个人支票账户的增加和减少。例如，获取的利息收入将会贷记你的账户，而发生的服务费用或是支票成本将会借记你的账户。从银行角度而言，你的账户对它而言是一项负债，即，银行对你账户中的金额有负债义务，你获取的利息将会增加银行的负债，因此利息被贷记在你的账户中；而服务费用将会减少你对银行的要求权，即减少银行对你的负债，因此为借记。可能是储蓄账户造成的影响，人们往往认为借记是不利的，而贷记则是有利的。在某些情况下这样理解是可以的，但它们并不能应用于会计之中。

“借”项在会计账户中的运用表现为借记。**借记**（charge）在会计中意味着对账户登记一个借方分录，这一术语也可延伸到以赊购方式取得商品或服务，即虽然现在取得了商品或服务，但将来才支付款项，这也常常称为借记账户；因为从卖方角度而言，资产（应收账款）的增加是交易的结果，而资产增加时将会产生一笔借方分录。使用信用卡进行的信用交易将会增加购买者的负债，所以信用交易又称为贷记交易（credit transaction）。

信用卡的一种替代方式是商家和银行发行的“借记卡”，这种叫法是从银行角度出发的，因为当购买者在一个电子销售终端使用借记卡时，买方的银行账户余额将在购买行为发生后立即减少，而卖方的银行账户余额将随之增加。可以想像，顾客肯定不愿意将信用卡转变为借记卡，因为他们出于某些原因（如他们可能在晚些时候才拥有现金）宁愿晚些时候再支付货款。

日常簿记语言”)。如果将一笔交易登记在某一账户的左边，便称其为借方分录；而某一账户的右边余额称为贷方余额。

簿记系统的优点在于设立了账户的借方和贷方分录以及账户余额，因此，如果借方和贷方分录的金额相等，资产负债表等式便会平衡。我们要掌握的关键是，资产类账户一般为借方余额：资产的增加应借记这一账户，而减少则应贷记这一账户。对负债和所有者权益账户而言，则刚好相反，如下所示：

资产		=	负债		+	所有者权益	
借方	贷方		借方	贷方		借方	贷方
增加额	减少额		减少额	增加额		减少额	增加额
+	−		−	+		−	+
正常余额				正常余额			正常余额

账户正常余额的借贷方系统与前文介绍的资产负债表的列示方式一致，这其实并非巧合。实际上，到目前为止资产负债表的列示采用的都是账户式——另一种列示方法为报告式，在此格式下，资产列示在负债和所有者权益的上方。

收入和费用账户与所有者权益账户采用的记账规则是相同的，由于收入的取得将增加所有者权益，因此收入账户一般为贷方余额，贷方记录增加；而由于费用的发生将减少所有者权益，因此费用账户一般为借方余额，借方记录其增加。利得和损失账户分别采用与收入和费用账户同样的方法记账。

资产、负债、所有者权益、收入以及费用账户的借贷方记账方式总结如下：

账户名称（账户编号）	
借方	贷方
正常余额：	正常余额：
资产	负债
费用	所有者权益
	收入
借方记录增加：	贷方记录增加：
资产	负债
费用	所有者权益
	收入
借方记录减少：	贷方记录减少：
负债	资产
所有者权益	费用
收入	

参见表 4-1 所列示的交易事项，在交易（1）中，所有者向企业投资了 $30，借记现金（现金增加），贷记投入资本，金额为 $30；在交易（2）中，购买设备支付 $25 现金，借记设备 $25，贷记现金 $25。如果你是一名记账人员，试说明其余的交易该如何记账。

在记录了第（8）笔交易事项后，现金账户的借方余额为 $17，应付票据的贷方余额为 $15，费用账户的借方余额为 $15（例题中只有一个费用类账户；而通常每种费用及收入类别都会设立单独的账户），在交易（8）之后，其余账户的余额会如何变化？

根据前文的定义，日记账是对企业交易事项的顺序记录。日记账也是对各项交易的最初记录，因此有时也被称为*原始分录账簿*。**日记账分录**（journal entry）格式是非常有用的，它能够方便地描述各项交易对所涉及账户的影响，在以后的章节中我们还会用到这种格式，因此有必要做一介绍。

日记账分录的一般格式为：

日期	借：账户名称…………………………	金额	
	贷：账户名称…………………………		金额

注意日记账分录有如下一些特点：

记录交易日期，以提供对交易事项的相互参照。

在我们的许多例子中，常常用交易参考号来代替日期，这样也可以相互参照。

借方账户的名称以及借记金额应该在贷方账户的名称和贷方金额的左边。要记住，借方意味着左边，而贷方意味着右边。

缩略符号借（Dr.）和贷（Cr.）分别是指借记和贷记，由于这种缩写被广泛采用和理解，而且为了节省书写时间经常会将这些标识符从日记账分录中省略。

日记账分录常常可能有不止一个借方账户及其金额，或不止一个贷方账户及其金额。对日记账分录的惟一要求就是：所有借方账户的金额总计应该等于所有贷方账户的金额总计。通常在每笔日记账分录之后都会有一个简要的解释，尤其是在这一**分录**（entry）不能一目了然时更应如此。

表 4-1 中交易（1）可编制如下的日记账分录：

(1)	借：现金	30	
	贷：投入资本		30
	记录所有者对企业的投资		

注意这里所介绍的日记账分录是普通日记账分录，而在多数簿记系统中，还会采用特种日记账，但记录的仍是原始分录，并按顺序进行；同时也涉及大量的账户，而且最终结果仍然是借方和贷方相等。如果你理解了上面介绍的普通日记账分录，就能比较容易地理解特种日记账分录。

交易事项产生了**原始凭证**（source documents），如从供应商那里取得的发票、顾客赊购凭证复印件、支票存根，或是某一期间内收银机打印出的收银条。这些原始的单据是簿记过程的原始材料，并对日记账分录提供证据支持。

下面的流程图进一步说明了我们前面所研究的簿记过程：

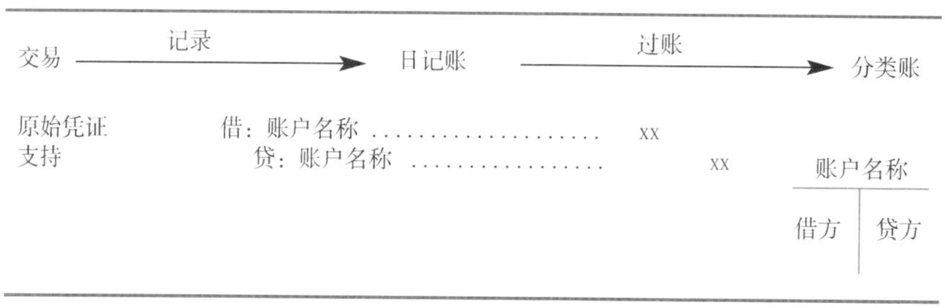

虽然信息系统技术已经使所有企业的会计功能实现自动化成为可能（参见“商业实务——电算化记账系统和数据保护”），但仍然有众多的小型企业继续采用手工记账方法。理解簿记过程中的基本术语并知道如何记录各项交易，将有助于你理解可能用到的会计软件。

理解各项交易对财务报表的影响

会计人员通常会利用 T 形账户和日记账分录来解释和理解各项交易对财务报表的影响，然而对非会计人员而言，这些模型的使用是比较困难的，因为他们还必须明白所涉及的账户是什么类型（资产、负债、所有者权益、收入或费用），在财务报表（资产负债表或利润表）的哪些地方能够找到这些账户，以及交易的借记和贷记将会如何影响这些账户。

除了采用 T 形账户和日记账分录模型外，第 2 章介绍的水平财务报表关系模型

商　业　实　务

电算化记账系统和数据保护

现在已经开发出大量的会计软件包，涉及的范围包括为个人和小企业的基本记账需求提供支持的简单系统（参见 quickbooks.com 或 peachtree.com），专为信息需求较为复杂的企业设计的全面会计系统（参见 sbt.com 或 solomon.com），以及大型跨国公司使用的综合的用户化企业资源计划系统（参见 sap.com 或 peoplesoft.com）。

对系统进行评价和选择应当注重使企业各职能部门（财务、生产、销售、人力资源、信息服务）的决策需求与软件功能和度量相吻合，需要重点考虑的因素包括初始投资额和运行成本、硬件和人员需求、对系统性能的期望、供应商可靠度和服务质量，以及在现有会计系统基础上实施新系统并进行培训的程序。很多公司采用一种称为“系统生命周期”（System Life Cycle，SLC）的结构化方法来确定它们的组织需要和系统需求——SLC 包括对系统进行计划、分析、设计、实施和使用的各个阶段。

电脑和会计期刊上常常会登载对会计系统软件产品的评析。供应商网站上会提供其产品信息，且通常包括可下载的演示软件；另外，还有一些计费的软件评估服务，如 sctsguides.com 或 2020software.com，可提供对不同系统的功能、成本和服务质量的评价。

任何一个电算化系统中，交易信息都应当只记录一次。对个人而言，这发生在填写支票时；对企业而言，这发生在向供应商下订单或收到客户订单时。这些过程往往是自动的，就比如用条形码扫描仪记录零售商店的销售和存货。通过企业系统的电子化连接，对交易的原始记录可以从销售商的系统传输到其供应商或客户使用的系统中。例如，当一张采购订单被录入采购系统时，供应商的系统可能会对这笔销售业务进行自动更新。

可以肯定的是，目前所进行的电子商务活动大多属于这种企业对企业（business-to-business，B-to-B）的交易方式，互联网经济大大降低了经营过程中的“数据获取”成本，这一点已得到广泛认同；但是，电子化时代经营中数据安全性的风险是相当大的，不能忽略。公司管理层必须学会确定公司信息资产的优先级别，并保护这些资产免受网络诈骗、病毒、计算机犯罪以及员工违反诚信行为的危害。各公司应当制定灾难预防和恢复计划，内容应包括权限防火墙、网络结构内的入侵侦测系统、系统使用的审核日志、即时的防病毒更新程序以及涵盖黑客侵略的保险条款等。在当前的经营环境中，会计信息系统的完整性必须认真保护，以保证交易数据可以用来生成相关和可靠的信息，支持管理人员的计划、控制和决策过程。

也是非常有用的——这一**水平模型**（horizontal model）列示如下：

资产负债表	利润表
资产 = 负债 + 所有者权益	←净利润 = 收入 − 费用

采用这一模型的关键是保持资产负债表的平衡。利润表中的净利润和资产负债表的所有者权益部分之间的箭头表明，净利润会影响到作为所有者权益组成的留存利润项目。因此，对一笔既影响资产负债表又影响利润表的交易而言，如果考虑到利润表对所有者权益的影响，资产负债表仍将保持平衡。在该模型中，账户名称放在相应的财务报表类别之下，在账户名称之下则列示交易对账户的影响金额，并标上正负号。例如，前文例中所有者对企业投资 \$30 的日记账分录，可利用水平模型列示如下：

资产负债表		利润表
资产 = 负债 + 所有者权益		←净利润 = 收入 − 费用
现金 +30	投入资本 +30	

为了更好地说明该模型的应用，假设企业广告支出为 \$12，则此交易对财务报表的影响如下：

资产负债表	利润表
资产 = 负债 + 所有者权益	←净利润 = 收入 − 费用
现金 −12	广告费用 −12

日记账分录为：

借：广告费用	12	
贷：现金		12

注意在水平模型中广告费用前面有负号标记，这是因为费用的发生将减少净利润，从而减少所有者权益。每一个财务报表等式中都会用到正号或者负号（A = L + OE，NI = R − E）。所以，费用前面的负号表明净利润将减少（费用更高），而不是费用更低。

有时一笔交易所影响的两个账户，可能都属于资产负债表或利润表账户。例如，假设企业收回以前客户欠付的 $40 的服务费收入，这笔交易的影响列示如下：

资产负债表	利润表
资产 = 负债 + 所有者权益	← 净利润 = 收入 − 费用
现金 +40 应收账款 −40	

日记账分录为：

	借	贷
借：现金	40	
贷：应收账款		40

有时一笔交易会影响两个以上的账户。例如，假设企业向顾客提供了价值 $60 的服务，在提供服务时取得了 $45 款项，而另外 $15 服务费将在以后取得，这笔交易的影响列示如下：

资产负债表	利润表
资产 = 负债 + 所有者权益	← 净利润 = 收入 − 费用
现金 +45 应收账款 +15	服务收入 +60

日记账分录为：

	借	贷
借：现金	45	
借：应收账款	15	
贷：服务收入		60

利润表中的收入和费用项目会分别增加和减少所有者权益项目的金额，因此，水平模型及其两个财务报表等式可以合并为下面的等式：

$$资产 = 负债 + 所有者权益 + 收入 - 费用$$

请注意，正如资产负债表等式（资产 = 负债 + 所有者权益）扩展之后可以包括利润表的结果（净利润 = 收入 – 费用），上面的模型也包括了五大主要账户类别。前面提到过，股利会使所有者权益部分的留存利润减少，但该模型中并未包括单独的“股利”项目，这是因为人们并不把股利当做一个单独的账户类别。另外，我们看到，水平模型中的等号处于资产和负债项目之间——你会发现在用水平模型记录交易时，可以通过在资产和负债之间加入一个等号而使资产负债表保持平衡。

现在，让我们花一些时间来熟悉水平模型（例如，解决表4-1中的问题），这样可以使你更容易理解本书后面以及现实社会中发生的交易对财务报表产生的影响。作为财务报表的使用者（相对于财务报表的编制者而言），你会发现水平模型运用起来很容易。通过练习，你能更好地理解一笔金额记录在资产负债表或利润表中对财务报表其他部分产生的影响。

会计调整

在每一会计期期末，记账人员为了在财务报表中反映权责发生制原则，通常需要对一些账户余额记录一笔**会计调整**（adjustment）。我们在第1章和第2章中曾经讨论过，**权责发生制**（accrual）原则在收入和费用发生时予以确认——无论因收入而获取的现金或因费用而支付的现金发生在收入和费用确认时点之前还是之后。虽然调整分录一般在会计期末（收集到所有必需的信息）之后才进行编制，但调整分录的登记入账日期应为会计期末。

调整分录使收入和费用项目列示在恰当的会计期间。例如，在2009会计年度通过销售产品或提供服务赚取的收入，可能要到2010会计年度才能收到顾客或客户的付款（大多数企业购买商品或服务后，会在收到商品或得到服务后的一周到一个月内付款）。此外，2009会计年度发生的一部分费用也有可能要到2010会计年度才实际支付。（例如公共事业费及员工的工资。）或者企业很有可能在2008会计年度就从顾客或客户那里收到了销售商品或提供服务而应该收取的现金，但是企业直到2009会计年度才出售了相应的产品或是提供了相应的服务（例如订阅费以及保险费就是提前收取的）。同样，企业也有可能在2008会计年度就支付了某笔款项，而与此相关的费用到2009会计年度才发生（例如保险费以及租金通常是预先支付的）。下面的时间线图表列示了这些业务活动：

2008 会计年度	12/31/08	2009 会计年度	12/31/09	2010 会计年度
收到现金		出售产品或提供服务赚取收入		收到现金
支付现金		发生费用		支付现金

有两种类型的调整分录：

1. 应计　还未收到或支付现金的交易，但是其影响额必须记录到账户上，从而实现收入和费用的配比，以及编制正确的财务报表。
2. 重分类　最初记录交易时，虽然是对交易的真实反映，但并没有把收入和费用分配到赚取这些收入以及发生这些费用的期间，因此应将相应的金额从一个账户调整到另一个账户。

对于第一种类型的调整分录，我们可以通过工资费用和应付工资的预提来说明。例如，虽然员工在 4 月份才取得 3 月份工作的工资，但所发生的工资费用应该包括在 3 月份的利润表中，并在 3 月 31 日的资产负债表中体现应付工资这项负债。为了更好地说明这项预提，假设员工 3 月份取得的工资为 \$60，并在 4 月份支付。利用水平模型，应计（accrued）工资的调整分录将对财务报表产生以下影响：

资产负债表	利润表
资产 = 负债 + 所有者权益	← 净利润 = 收入 – 费用
现金 +60	广告费用 –60

日记账分录为：

	借	贷
借：工资费用	60	
贷：应付工资		60

这样，3 月 31 日的资产负债表将会反映应付工资这项负债，而 3 月份的利润表将会包括所有 3 月份发生的工资费用。再次请你注意，在确认的费用 \$60 前面有一个负号，这是因为当费用增加时，净利润和所有者权益（留存利润）将会减少。资产负债表在该调整分录登记入账后仍将保持平衡，这是因为负债增加的 \$60 和所有者权益减少的 \$60 正好相互抵消。4 月份支付工资时，现金和应付工资账户都将减少。（工资费用账户由于在预提时已经反映入账了，因此不会受到这笔现金支付分录的影

响。）

类似的调整还有应计收入（例如，提供了服务但尚未取得款项，或是获取了利息收入但尚未收到）及其他费用项目，包括各种经营费用、利息费用及所得税费用

利用水平模型，应计已经取得但尚未收到的利息收入 \$50，对财务报表的影响列示如下：

资产负债表	利润表
资产 = 负债 + 所有者权益	←净利润 = 收入 – 费用
应收利息 +50	利息收入 +50

日记账分录为：

借：应收利息	50	
贷：利息收入		50

第二种类型的调整分录可以以对材料账户的调整为例。如果企业在2月购入成本为 \$100 的材料，当时记录为材料账户（资产）的增加（现金减少）。2月用掉的材料成本需从资产账户转移到材料费用账户中。假设2月用去的材料成本为 \$35，那么在水平模型中重分类调整如下：

资产负债表	利润表
资产 = 负债 + 所有者权益	←净利润 = 收入 – 费用
材料 –35	材料费用 –35

日记账分录为：

借：材料费用	35	
贷：材料		35

相反，如果2月购入的材料成本为 \$100，最初记录入账时将 \$100 记入了材料费用账户，而2月底时应将材料存货的余额（如果2月用去的材料成本为 \$35，该余额为 \$65）从2月材料费用账户中转出，并作为一项资产加以列示。对2月底尚存的材料存货 \$65 的重分类调整分录，用水平模型反映如下：

资产负债表	利润表
资产 = 负债 + 所有者权益	← 净利润 = 收入 – 费用
材料 +65	材料费用 +65

日记账分录为：

	借	贷
借：材料	65	
贷：材料费用		65

这究竟是怎么回事呢？原来，成本为 $100 的材料最初作为费用入账（费用栏目中负的 100 同资产栏目中负的 100 相互抵消），然而由于 2 月底我们仍有 $65 的材料存货，2 月实际发生的费用仅仅为 $35，所以通过费用栏目中一笔正的 $65，把材料费用调整为 $35。这样在资产栏目的材料账户同样增加 $65 后，该模型仍然保持平衡。

对预付保险费的调整（保险费往往在其实际发生年度之前支付）以及对预收收入（在服务提供前或是产品出售之前从顾客那里收到现金）的调整，同样也是重分类调整。

一般而言，任何一笔调整分录都会同时影响到资产负债表和利润表；也就是说，如果会计分录的一部分——借方或是贷方——影响的是资产负债表，那么另一部分将会影响利润表。调整分录的编制将使期末资产负债表以及当期的利润表更为准确，即更准确地列示资产和负债账户的余额，报告当期赚取的所有收入，并将当期发生的所有费用从这些收入中扣减而得到净利润；而正确运用配比原则计算出的 ROI、ROE 及流动性指标，也将更有效地衡量该企业的经营成果和财务状况。

将调整分录过入分类账后，账户的余额便确定了，这时我们通常会按照一定程序将这些账户的余额进行加总，以编制财务报表。例如，如果公司只有一个现金分类账，那么在资产负债表中只需将该账户的余额列示为现金。如果企业有几个不同的销售费用类账户（如广告费用、销售差旅费以及销售佣金等），我们便需要将这些账户加总在一起，以总计金额列示在利润表中的销售费用项目下。

上述整个过程称为**结账**（closing the books），通常至少需要几个工作日来完成这一工作。对一家大型上市公司而言，由于业务的复杂性以及需要公共会计师对其进行年审，因此，在会计年度末常常需要 4 到 10 周来完成结账工作（参见“商业实务——结账过程”）。

商 业 实 务

结账过程

从经营的角度看，结账过程可以使一家公司结束一个会计年度，并开始下一会计年度。当年末财务报表编制完成后，管理人员和财务分析人员就能够评估本公司的获利能力、流动性和其他指标，并与主要竞争对手、行业业绩指标及本公司过去的财务状况进行对比。

从记账的角度看，结账过程就是把所有利润表账户的年末余额（即，本年度的累计收入、费用、利得和损失）结转到作为所有者权益一部分的留存利润账户。此外，如果本年度宣告的股利都会累计在一个单独的“股利”账户中，该账户的余额也要结转到留存利润。

这个过程其实并不新鲜！我们对第 2 章的图表稍做修改，用下图来说明本年度利润表和年末资产负债表之间的连接方式：

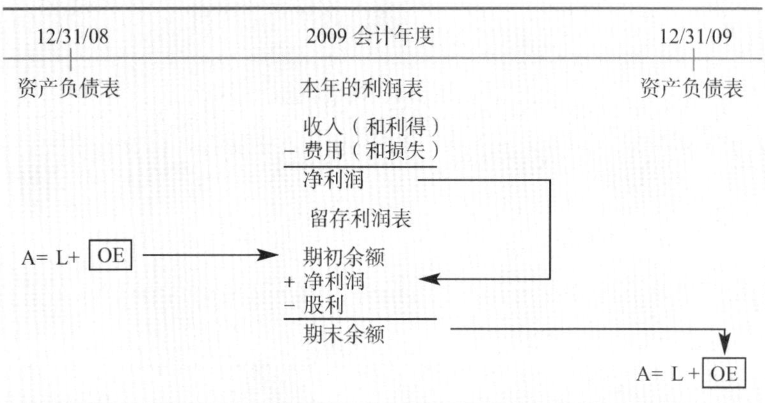

结账过程是如何完成的呢？从机械的角度，所有收入和利得账户在年末调整后贷方余额，必须通过借记相等金额而结零；反之，所有费用和损失账户及股利账户，在年末调整后的借方余额，必须通过贷记相等金额而结零。本年度赚取的净利润和宣告的股利之间的差额转入留存利润——就是这么简单：

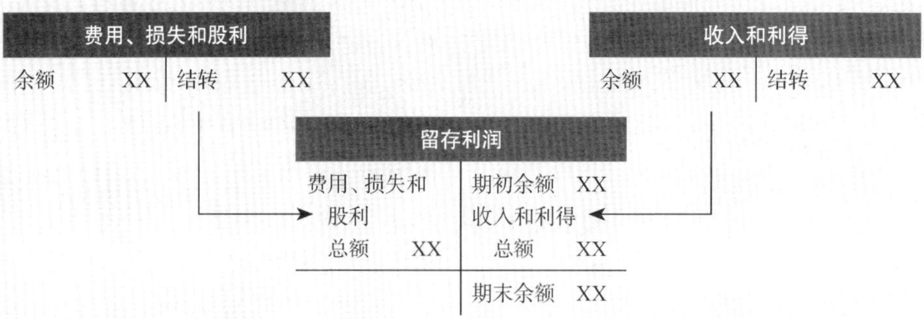

显然，簿记过程本身是程序化的，每一个会计期间都会有同样类型、同样顺序的业务活动发生——也正是其程序性和顺序化的特点，使该过程能实现机械化和电算化。很多年前就已经研发了机械化的记账数据系统，现在，大量的计算机程序可以通过输入交易数据，用最少的操作人员来完成记账过程，并编制财务报表。但是，为了确保以正确的方式把交易登记入账并进行必要的调整，以及确保计算机程序输出结果的正确性，会计知识和判断仍是非常必要的。

交易分析法

要理解各项交易对财务报表的影响，关键是具备分析交易的能力。**交易分析法**（transaction analysis methodology）涉及这样五个问题：

1. 现在发生了什么业务？
2. 哪些账户将受到影响？
3. 这些账户将受到怎样的影响？
4. 资产负债表是否仍然保持平衡？（借方是否等于贷方？）
5. 我的分析是否合理？

1. 现在发生了什么业务？ 为了进行交易分析，必须理解这项交易；也就是说，需要理解企业间发生的、需要进行会计记录的活动，以及这些活动所涉及的会计主体；这也就是大多数基础会计学教科书（包括本书在内）会大量阐述经营实务的原因。如果不理解要进行会计记录的基本业务活动，就无法真正理解这些交易将会对财务报表产生的影响。我们学习本课程的主要目标之一，便是学习并理解这些交易活动。

2. 哪些账户将受到影响？ 在回答“现在发生了什么业务”时，常常会提及特定账户的名称，因此也会随之回答第 2 个问题。回答这一问题也可以用排除法：首先，考虑该账户是资产、负债、所有者权益、收入还是费用类账户。通常从大的类别出发，较容易确定所涉及的具体账户。

3. 这些账户将受到怎样的影响？ 回答这一问题时，常常要用到增加或减少的概念。如果你采用日记账分录或是 T 形账户，也可以采用借或贷的概念。经过更多的会计实务后，会计人员将更习惯直接以借或贷来进行思考。注意在采用水平模型时，一般避免使用借或贷的概念。

4. 资产负债表是否仍然保持平衡? 如果采用水平模型，通过观察数学符号以及交易的金额，将更容易确定资产负债表等式是否仍然保持平衡。别忘了，在该模型中资产与负债之间有一个等号。另外，还可以写出日记账分录，编制 T 形账户，核定借方和贷方之间的平衡。现在你一定已经知道，如果资产负债表等式不平衡或是如果借方不等于贷方，那么你对交易的分析便是错误的！

5. 我的分析是否合理? 这是最为重要的问题。思考这一问题时，你需要站在一棵树的角度来看一片森林。你必须确定水平模型是否有效，或是从你的分析中得到的日记账分录是否会引起账户余额和财务报表的变化，这种变化是否与你对目前所发生业务的理解一致。如果你认为进行的分析并不合理，可以回到问题 1 重新开始。

表 4-3 列示了依据这五个问题进行交易分析的具体应用。通过对交易的分析，可以更好地理解财务报表中列示的数据，从而提高利用这些财务报表制定决策和形成判断的能力。

交易分析法及 T 形账户的算术运算知识，将同样有助于你理解账户中所记录的业务活动。例如，假设应收利息账户列示了一个月内如下业务活动：

应收利息			
期初余额	2 400	交易额	1 700
月末调整	1 300		
期末余额	2 000		

是什么交易贷记了该账户呢？资产类账户的贷方表明该账户余额的减少，因此这个问题可以重新表述为：“是什么交易引起了应收利息的减少？”答案是：从欠付企业利息的会计主体那里收取了现金。哪项月末调整将会借记该账户？这个问题可重新表述为：“是什么引起了应收利息的增加？”答案是：对当月赚取的利息收入的预提。

表 4–3　交易分析

情形介绍：

2009 年 9 月 1 日，Cruisers 公司向银行借入 $2 500 借款，并签署了一张应付票据，约定在 10 个月内偿还借款本金和利息。

要求：

a. 分析各项交易，并编制日记账分录，或利用水平模型来记录这一交易。

b. 描述贷款这一交易对企业营运资本的影响，计算 Cruisers 公司的流动比率。

解答：

a. 分析交易：

现在发生了什么业务？企业签署了一张银行票据，并从银行取得了现金。

哪些账户将受到影响？应付票据（一项负债）和现金（一项资产）。

这些账户将受到怎样的影响？应付票据将增加，现金也将增加。

资产负债表是否仍然保持平衡？利用水平模型，这一贷款交易对财务报表的影响如下：

资产负债表	利润表
资产 ＝ 负债 ＋ 所有者权益	← 净利润＝收入－费用
现金　应付票据 +1 700　+2 500	

的确，资产负债表仍将保持平衡；资产和负债同时增加了 $2 500，该笔交易的日记账分录为（其中借方等于贷方）：

2007 年 9 月 1 日	借：现金……	2 500	
	贷：应付票据……		2 500
	取得银行借款……		

我的分析是否合理？是的。因为在这一交易之后编制的资产负债表，将会反映现金和企业对银行负债的增加，但是与该借款相关的利息并不反映在该分录之中，因为在这一时点，Cruisers 公司没有发生任何利息费用，企业也不欠付任何利息；如果该借款需要立即偿还，Cruisers 公司不需要向银行支付任何利息。利息费用以及应付利息这项负债，将在借款期限内作为调整分录入账。

让我们看一看接下来将发生的事情，即每个月预提利息费用（费用和负债已发生，但负债尚未被偿付），以及最终对借款本金和应计利息的偿付。假定票据上注明的利息率为 12%（除特别指出外，利息率一般指的是年利率），则每个月的利息费用计算如下：

年息＝本金 × 年利率 × 期限（年限）

月息＝本金 × 年利率 × 期限 /12

$=\$2\ 500\times0.12\times1/12=\$25$

（续）

表 4-3（续）

Cruisers 公司每个月的财务报表中应该准确反映当月的利息费用，以及该月月末应付利息这一负债。为了实现这一准确性，在该票据 10 个月的期限内，每月月末应编制一笔调整分录。该调整分录对财务报表的影响如下：

资产负债表	利润表
资产 = 负债 + 所有者权益	←净利润 = 收入 – 费用
应付利息 +25	利息费用 –25

别忘了，费用前面的负号表明净利润的减少，而不是表明费用的减少。

记录这笔交易的月度调整分录为：

每月月末	借：利息费用	25	
	贷：应付利息		25
	预提每个月银行借款利息		

如前所述，如果将两个财务报表等式合并为一个等式，可以得到：

资产 = 负债 + 所有者权益 + 收入 – 费用

每一笔交易或调整分录之后，该等式仍将保持平衡。

10 个月后，企业偿还借款和利息时，将会对财务报表产生如下影响：

资产负债表	利润表
资产 = 负债 + 所有者权益	←净利润 = 收入 – 费用
现金 应付票据 –2 750 –2 500 应付利息 –250	

记录这笔交易的会计分录如下：

2010 年 6 月 30 日	借：应付票据	2 500	
	借：应付利息	250	
	贷：现金		2 750
	归还银行借款以应计利息		

请将交易分析的五个问题应用到每月利息费用或应付利息的预提和支付上，并思考每笔分录对财务报表的影响。这些交易对每月净利润的影响有多大？对这 10 个月净利润的影响又有多大？

运用水平模型，这笔交易以及调整分录对财务报表影响可以表示如下：

资产负债表	利润表
资产 = 负债 + 所有者权益	←净利润 = 收入 – 费用
交易：	
现金	
+1 700	
应收利息	
–1 700	
调整分录：	
应收利息	利息收入
+1 300	+1 300

记录这笔交易和调整的日记账分录为：

借：现金	1 700	
贷：应收利息		1 700
借：应收利息	1 300	
贷：利息收入		1 300

T 形账户是反映交易事项和调整分录对账户余额影响的一种直观方式，此外，由于 T 形账户所存在的数学运算关系（期初余额 +/- 交易及调整金额 = 期末余额），如果除某个金额外已知其他的金额，那么我们可通过计算得出未知的金额。

你应该花些时间学会交易分析法的使用，并理解水平模型、日记账及 T 形账户，因为以后章节经常会用这些内容来描述各类交易对财务报表的影响。虽然这些模型可以看做记账人员“工具箱”的一部分，但你学习这些内容并不是要成为记账人员——学习这些工具的目的是，使自己成为对财务报表了解更多的使用者。

第5章

流动资产的会计处理和列示

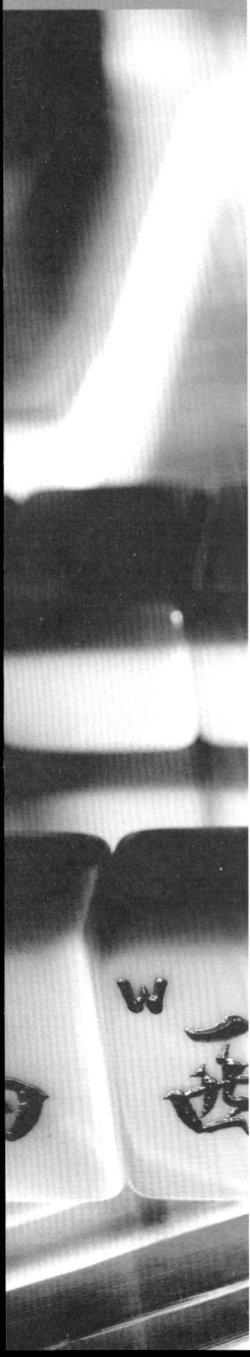

流动资产是指现金以及那些能在一年或一个**经营周期**（operating cycle）（两者间较长的）内转变为现金的资产。一个企业的经营周期是指将其对存货的投资重新转变成现金所用的平均时间，如下图所示：

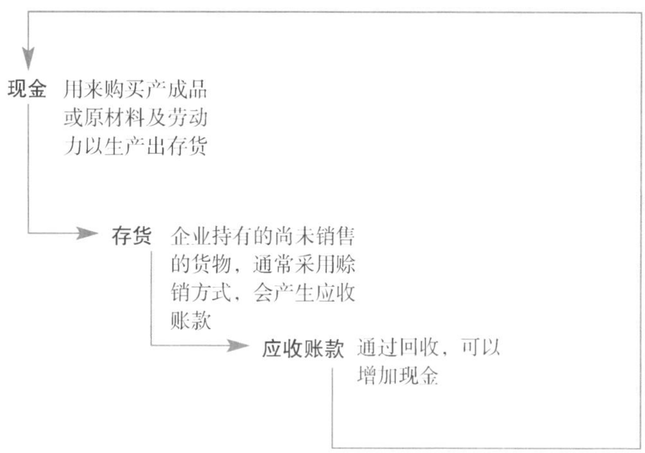

对大多数企业而言，正常的经营周期小于一年。在本章中，我们将探讨各种流动资产项目。随着对这些项目的更多理解，应该牢记的一点是：经营周期较短，所需的流动资产投资额也较低，这会使资产周转率上升，并进一步提高投资回报率（ROI）指标。很多企业通过尽快销售存货以及回收账款的方式，达到缩短经营周期并提高企业整体获利能力的目的。

在资产负债表中，我们经常看到的流动资产项目有：

现金和现金等价物

有价证券（或短期证券）

应收账款和应收票据

存货

预付费用或其他流动资产

递延所得税资产

请参见附录中英特尔公司的合并资产负债表。可以看到，英特尔公司在 2006 年 12 月 30 日的流动资产总额为 183 亿美元，占公司总资产的近 38%。在该公司流动资产组成项目中，最大的流动资产部分是现金和现金等价物、应收账款和短期投资。现在请你阅读其他公司年报中的资产负债表，并分析其流动资产的组成。思考一下，它们与英特尔公司资产负债表有没有较大的区别？本章的目的就是让你理解资产负债表上流动资产项目的列示。

第 5~9 章的内容均围绕财务报表展开，首先由第 5 章和第 6 章介绍资产负债表的资产部分，然后由第 7 章和第 8 章介绍权益部分，接着在第 9 章中介绍利润表和现金流量表。表 5-1 重点标出了本章详细阐述的资产负债表科目，并列出了受这些科目影响的利润表和现金流量表项目。

现金和现金等价物

大多数上市公司所报告的流动性最高的流动资产是现金和现金等价物项目。**现金**（cash）包括小额库存现金、**备用金**（petty cash）（参见“商业实务——备用金”）、未存入银行的收入（如货币、支票、汇款单和银行汇票）以及企业在其银行账户（即“活期存款”，如支票和储蓄账户）中随时可支取的资金。**现金等价物**（cash equivalents）是指在利率变化而造成的价格变动风险最小的情况下，随时可转换成现金的短期投资。

由于库存现金和支票账户很少会获得利息，因此几乎每个企业的管理人员都会制定一个现金管理体系，对企业目前经营活动中不使用的现金余额进行投资管理。广义而言，现金管理计划的目标是：在尽可能长的时期内使投资的现金获取最大的盈利。在美国，现金管理者通常希望现金投资的风险最小，因此常常会投资美国国家债券、联邦政府机构债券、银行存单、货币市场共同基金或**商业票据**（commercial

表 5-1 财务报表概览

资产负债表			
流动资产	**章**	**流动负债**	**章**
现金和现金等价物	5，9	短期负债	7
短期有价证券	5	长期负债中一年内到期的部分	7
应收账款	5，9	应付账款	7
应收票据	5	未实现收入或递延贷项	7
存货	5，9	工资税和其他代扣代缴项目	7
预付费用	5	其他应计负债	7
递延所得税资产	5	**非流动负债**	
非流动资产		长期负债	7
土地	6	递延收入所得税	7
建筑物和设备	6	其他长期负债	7
融资租赁资产	6	**所有者权益**	
无形资产	6	普通股	8
自然资源	6	优先股	8
其他非流动资产	6	资本公积	8
		留存利润	8
		库藏股	8
		累计其他综合收益（损失）	8

利润表		现金流量表	
销售额	5，9	**经营活动**	
销售成本	5，9	净利润	5，6，7，8，9
毛利（或毛益）	5，9	折旧费用	6，9
销售和管理费用	5，6，9	资产销售利得（损失）	6，9
经营利润	9	流动资产（增加）减少	5，9
资产销售利得（损失）	6，9	流动负债增加（减少）	5，9
利息收入	5，9	**投资活动**	
利息费用	7，9	不动产、厂房和设备销售所得	6，9
所得税	9	购买不动产、厂房和设备	6，9
非常项目	9	**筹资活动**	
净利润	5，6，7，8，9	长期借款得到的现金	7，9
每股收益	9	偿还长期借款	7，9
		发行普通股 / 优先股	8，9
本章的主要内容		购买库藏股	8，9
其他受影响的财务报表项目		支付股利	8，9

商　业　实　务

备用金

大多数企业出于安全和保留记录的目的，现金支付通常采用支票形式，但有时对于小额现金支付而言，开支票会比较麻烦，因此可以采用备用金形式。例如，应付的邮资、**货到付款**（collect on delivery，COD）形式的付款，或是急需办公用品的购买款，通常就是通过备用金支付的，以避免开支票造成的拖延以及由此产生的相关费用。

备用金是一种**预支账户**（imprest account），这说明备用金中现金的余额和作为报销凭证的收据（称为备用金凭证）加总起来应该等于最初投放使用的备用金总额。

每隔一段时间（通常在会计期期末），将会对备用金进行补充，使其达到最初数额。这时，通过备用金支付的费用将被确认在相应的账户中。

备用金的数额包括在企业资产负债表的现金数额内。

paper）（商业票据是由信誉很高的公司签发的类似借据的票据）。投资证券的期限一般为几个月，且到期日与现金管理经理所考虑的需要现金的时间一致。在英特尔公司的资产负债表中，现金和现金等价物被定义为“具有较低利率风险，在三个月或更短的期间内到期的高流动性债务类证券”（参见附录）。

除了企业现金管理系统，为了减少顾客偷盗和员工挪用物资的可能性，还需要制定相应的政策，这些政策是企业内部控制系统（internal control system）的一部分（参见“商业实务——内部控制系统”）——设计这一系统是为了更好地保护企业包括现金在内的所有资产。

对现金的控制手段：银行余额调节表

有很多交易会直接或间接地影响到现金的收入和支出。例如，在赊销商品的情况下，回收应收账款时会形成一笔现金收入；同样，如果赊购商品，那么支付应付账款时形成了一笔现金支出。事实上，企业几乎所有交易的决算最终都会涉及某种现金形式。

由于现金涉及的交易量较大，而且现金交换起来也较为方便，因此，为了提高现金的安全性，很有必要对其实施一些安全控制。最低限度而言，应该将每天收到的现金送存银行，每天支付的现金（除备用金支付外）要用预先编号的支票从银行

商 业 实 务

内部控制系统

广义地说，内部控制是为了合理保证下列目标得以实现而由企业董事会、管理人员和其他人员建立起来的一个系统：

1. 企业经营的有效性和效率，
2. 企业财务报告的可靠性，
3. 企业对现行法律和规章的遵守。

内部控制与企业的每一个组织层次都是相关的，而董事会和高层管理人员的风格则形成了控制环境。企业道德准则和社会责任活动中反映的职业道德观念，也是这一控制系统的组成部分。虽然内部控制系统通常在企业的会计系统中进行讨论，但其适用于企业的每一项活动，因此每个人都有必要了解内部控制的意义和重要性。

内部控制政策和程序有时也可以分为财务控制和管理控制。

财务控制（financial controls）与职责分开概念相关，包括为防止一项交易自始至终只有单独一人参与而进行的各种检查和平衡。例如，大多数企业要求由开具支票以外的人来签发支票，签发支票的人需要检查相应的付款凭据，并对非常项目提出质疑。另一项内部控制要求信用经理在授权勾销应收账款时，需得到企业另一位管理人员的同意；同样，银行出纳如果在记录交易时出现错误，也必须在得到主管人员同意后才可进行修改。

管理控制（administrative controls）通常包含在企业的政策和程序手册中，也可能在管理层对企业经营活动报告的复核中体现。例如，企业信用政策可能规定对某一客户应收账款的余额一般不能超过 $10 000，除非该客户至少在一年内有一个良好的付款记录。企业的内审人员可能会定期复核企业应收账款的明细资料，以确定企业是否遵循了这一政策。除了这样的限额（或合理性）测试之外，管理控制还要确保各项交易在进行前有恰当的交易授权。例如，在批准销售人员为新客户下销售订单之前，企业信息部门可能要对这家新客户的信用历史进行认真的评估。

企业内部控制系统之所以存在，并不是因为企业的高层管理人员认为企业的员工不诚实；内部控制为企业员工提供了一个可依循的框架，确保他们的工作与企业高层管理人员的要求相一致；至于内部控制系统能够防止员工出现不诚实行为，则是该系统带来的更大好处。

支付出去。这样一个简单的控制系统，可以使每笔现金业务都自动产生分别由企业和银行保存的双重记录。

企业为了确定在银行的可用现金额，应使现金分类账的余额与其在银行账户上的余额调节一致。通过银行**余额调节**（bank reconciliation）程序，你可以检查自己的支票账户，从而使银行对账单上的企业存款余额和企业分类账中的现金账户余额相等。这两项余额之间出现差异的原因主要有两种：时间性差异和记账错误。

出现时间性差异是因为企业记录了某几笔影响现金余额的交易，而银行当时并不知道，或是银行已经记录了某些交易但企业尚不知道。最常见的时间性差异包括以下项目：

> **在途存款**（deposits in transit），企业已经记入现金账户，但银行尚未将其记入企业在银行的账户余额中。从企业角度而言，由于在途存款企业已经收到，应该作为企业的库存现金。
>
> **未决支票**（outstanding checks），企业已经将其记作现金余额的贷方（减少），但这些支票尚未出示给银行付款。从企业角度而言，未决支票不应作为企业的现金余额，因为企业在签发支票时就已经决定支付该笔现金。
>
> **银行服务费**（bank service changes）将会冲减企业在银行的现金账户余额，而利息收入将会增加企业在银行的存款账户余额。由于银行服务费和利息收入会影响到企业的期末现金余额，因此，应该在发生和取得的期间内在企业账户中予以确认。
>
> **NSF（存款不足）支票**（not sufficient funds checks），是指由于在出票人的银行存款账户中没有足够的资金来支付该支票的金额而被银行“退票”的支票，而收到该支票的企业已将其作为现金收入并增加了现金账户的余额，因此，有必要对这些 NSF 支票建立一个应收账款账户来反映相应的金额。

银行和企业都有可能出现记账错误。如果在确认了时间性差异的影响后，企业现金账面余额仍然不等于银行存款余额，可以通过反复检验来发现是否存在错误。找错是一个比较乏味的过程，包括核实时间性差异的金额（例如，再次检查未决支票的组成和清单），核实企业现金分类账的借方和贷方及核实银行帐单的数据和金额。如果错误发生在企业对现金交易的记录，则需要编制相应的日记账分录来更正错误；如果是银行出现了错误，应当通知银行而不需调整现金账户余额。

编制银行余额调节表的方法有多种。通常在银行对账单的背面印有一种调节表格式。许多电算化记账系统中有专门的银行余额调节表模块，可以帮助编制银行余额调节表。如果银行对账单将支票按编号列示，那么调节表的编制将更为简单。表5-2列示了编制调节表的一种简单易行的方法。

即使在大量采用电子银行的今天，也仍然需要定期为支票账户编制银行余额调节表。虽然在很多电子银行系统中企业和银行会同时记录存款，但支票的决算仍然需要时间，银行也还会收取服务费，NSF支票和记账错误出现的概率也不会比使用旧系统时少。

短期有价证券

我们在对现金和现金等价物的讨论中强调过，可以通过现金管理计划提高企业的ROI指标，其中包括将超过每日经营需要的现金余额投放到短期有价证券（short-term marketable securities）上。对现金收入和支出的预测，是现金管理计划不可或缺的部分（我们将在第14章对预测和预算进行论述）。你应该还记得，现金等价物和短期投资也是英特尔公司流动资产的一部分。由于到期日在三个月之内的债务类证券被视为现金等价物，因此英特尔公司的“短期投资”项目仅指那些投资期限大于三个月但小于一年的债务类证券。记得在第2章中我们将流动资产定义为：*现金以及那些很可能在自资产负债表日起一年内变现或使企业受益的资产*。因此，到期日距资产负债表日一年以上的投资，被列示为“其他长期投资”。英特尔公司年报中对该公司所进行的各项债务类和权益类证券投资及其他财务安排提供了详细的注释和时间说明（参见附录）。虽然这些特定的投资安排非常复杂且超出了本书的范围，但其会计处理通常是比较浅显易懂的。

资产负债表计价

在资产负债表上那些持有到期型（held-to-maturity）的债务类证券通常以其成本列示，这是因为此类证券具有优质和期限短的特点，其成本与市场价值往往是相等的。企业可用于投资的富余资金，往往很快就需用来满足营运资本的偿债需求，所以多数企业主要投资此类证券。如果一个企业拥有的有价证券在距资产负债表日数月内并不一定能转变为现金，或者这些证券的市场价值剧烈波动（即普通股和优先

表 5-2 银行余额调节表举例

假设：

- Cruisers 公司 9 月 30 日现金账户的余额为 \$4 614.58。
- 银行对账单列示 9 月 30 日的企业存款余额为 \$5 233.21。
- 银行对账单中注明银行已经从中扣减了 \$42.76 的服务费，并在账户中贷记了按平均每日余额计算的利息收入 \$28.91。
- 从客户那里收到的 \$35.00 的存款不足支票已被退回，在银行对账单中已注明。
- 比较企业现金账户和银行对账单中的存款记录，发现 9 月 30 日 \$859.10 的存款在银行对账单中没有列示——这并不奇怪，因为这笔 9 月 30 日的存款存放在了银行夜间存款保管处。
- 比较企业已签发支票的记录和银行对账单中支票的记录，发现未决支票的金额为 \$1 526.58。

9 月 30 日的调节表：

银行记录		企业记录	
列示余额	\$5 233.21	列示余额	\$4 614.58
加：在途存款	859.10	加：利息收入	28.91
减：未决支票	(1 526.58)	减：服务费用	(42.76)
		NSF 存款不足支票	(35.00)
调整后余额	\$4 565.73	调整后余额	\$4 565.73

我们必须对企业现金总分类账的未调整余额（表中的“列示金额”）进行调整，使其达到调整后的金额。运用水平模型，这一调整对财务报表的影响可列示如下：

资产负债表	利润表
资产 = 负债 + 所有者权益	←净利润 = 收入 − 费用
应收账户 +35.00 现金 −48.85	利息收入 服务费用 +28.91 −42.76

反映这一调整的日记账分录为：

借：服务费	42.76	
借：应收账款	35.00	
贷：利息收入		28.91
贷：现金		48.85

此外，还可以对每一个调整项目编制一笔单独的调整分录。9 月 30 日应列示在资产负债表中的该银行账户的现金余额为 \$4 565.73。对于影响银行账户的调整项目，由于已经记录在企业账簿中，因此不再需要编制调整分录。

股等权益证券），那么其资产计价和相关的会计处理就会变得较为复杂。那些交易型（trading）或待售型（available-for sale）的有价证券一般以市场价值列示，并确认未实现损益。这是配比概念的一种应用，因为市场价值的变动应反映在发生变动的相应会计期间内。对银行和其他金融企业而言，以市场价值列示某些有价证券显得尤为重要。（英特尔和微软这样的公司是制造型企业中的特例——由于多年来产生的巨额收益和现金流量，它们能够在资产负债表上持有大量的高流动性投资，大多数制造企业不会有如此令人羡慕的财务状况。）

对有价证券的会计处理，可参见附录中英特尔公司待售型投资安排部分的相关内容。你可以看到，对投资成本、未实现收益、未实现损失及预计公允市价均有单独的栏目列示；此外还需注意，对于英特尔公司的各种债务类证券而言，由于其期限很短，因此对其成本只需进行很小的调整甚至不做调整；相反，对该公司“战略型权益有价证券”项目而言，其所列示的调整后成本为2.33亿美元，但其未实现收益却高达1.65亿美元。以前，当权益市场比现在更加活跃时，此类投资占英特尔公司总资产的很大一部分。例如1999年此类投资的预计公允市价为71.21亿美元。随着2000年和2001年权益市场的衰退，英特尔很明智地抛出了此类投资的大部分，转而持有风险较小的投资，如商业票据。

应计利息

为了使资产负债表和利润表能够正确地反映企业的期末财务状况和当期经营成果，应该计提短期有价证券获取的利息收入——与之相关的资产称为应收利息（interest receivable），相关的利润表账户为利息收入（interest income）。利息计提对财务报表的影响如下：

资产负债表	利润表
资产 = 负债 + 所有者权益	←净利润 = 收入 - 费用
+应收利息	+利息收入

计提利息的分录为：

	借方	贷方
借：应收利息……	XX	
贷：利息收入……		XX

应收利息账户和其他应收账户一起列示在资产负债表的流动资产部分。

应收账款

在英特尔公司 2006 年 12 月 30 日的资产负债表中，应收账款是最大的流动资产项目之一。因销售商品或提供服务而产生的应收账款通常以**可实现净值**（net realizable value）列示，可实现净值是指企业期望客户将来偿还款项时能够回收的金额。造成可实现净值不同于最初记录的应收账款原值的主要原因有两种：坏账和现金折扣。

坏账/不可回收账款

一旦企业允许客户以信用方式购买商品或服务，它便知道有些客户可能不会支付货款。即使企业已经很仔细地检查了潜在客户的信用等级以及该客户偿还其他供应商货款的记录，也不能够确保某个客户将来一定会偿付款项。尽管企业利用赊销方式将不可避免地产生坏账，但大多数企业都设置了相应的内部控制政策与程序，以将损失减少到最低程度，并确保尽各种可能回收应收账款。有些企业甚至知道自己可能会承受较高的坏账损失，但还是愿意接受高信贷风险的客户——这些企业往往通过非常高的利润率并要求客户支付接近或相当于所售商品成本的预付定金而达到尽可能高的 ROI。这些企业的销售量将高于提高信用标准情况下的销售量，这样即使出现相对较高的坏账损失，所有或大部分的产品成本也能得以回收，企业便能够从较高销售额所带来的利润中补偿坏账损失，并最终获利。

信用部门经理可以基于近期的账款回收情况并结合企业所处行业当前的经济状况，较为准确地估计企业可能发生的**坏账费用**（bad debts expense）或**不可回收账款费用**（uncollectible accounts expense）。许多企业在估计坏账时，只是简单地假设某一期间内所有赊销账款的可回收比例（销售额百分比法）；有些企业则进行详细地分析，根据年末应收账款的账龄来估计可能回收的净值（账龄分析法）。例如，企业可以采用下述账龄类别和估计回收百分比：0~30 天（98%），31~60 天（95%），61~120 天（85%），121~180 天（60%）。企业还可以制定内部控制管理政策，要求将过期六个月的应收账款立即转到收账代理公司。这一政策可能会提高收回这些账款的可能性，将企业的收账精力投入到其他的过期账款上去，从而减少应收账款的总体管理成本。坏账估计方法是否成功，最终取决于是否利用现有信息进行了认真的职业判断。

当确定了应收账款不可回收金额后，便需记录相应的**计价调整**（valuation adjustment），以减少资产的账面价值（carrying value），并确认坏账费用。这项调整对财务报表的影响如下：

资产负债表	利润表
资产 = 负债 + 所有者权益	←净利润 = 收入 − 费用
− 坏账准备	− 坏账费用

调整分录为：

借：坏账费用（或不可回收账款费用）……	XX	
贷：坏账准备（或不可回收账款准备）……		XX

在记账语言中，**不可回收账款准备**（allowance for uncollectible accounts）或**坏账准备**（allowance for bad debts）属于**资产备抵项**（contra asset），因为该项目在资产负债表中作为资产的减项进行列示。资产备抵账户的借贷原理与资产账户刚好相反，即资产备抵账户的增加记贷方，减少记借方，并且通常为贷方余额。坏账准备在资产负债表的流动资产部分列示如下（采用假定金额）：

应收账款……	\$10 000
减：坏账准备……	(500)
应收账款净值……	\$ 9 500

或者，可以采用更为常见的列示方法：

应收账款，减坏账准备 \$500……	\$ 9 500

坏账准备账户向财务报表使用者传递的信息是：企业全部应收账款中有一部分估计不能收回。但为什么不用估计坏账损失直接冲减应收账款呢？这主要是因为，根据这一方法企业还不能确定哪些客户将来不会支付款项，只是知道某些客户不会支付。在减少应收账款前，企业必须能够确定哪家客户的账款应当作为不可回收账款被冲销。在会计年度内，某些账款被确定为不可回收账款后，应当将这些账款用准备账户进行冲销。该分录对财务报表的影响如下：

资产负债表	利润表
资产 = 负债 + 所有者权益	←净利润 = 收入 − 费用
− 应收账款 + 坏账准备	

冲销分录为：

	借方	贷方
借：坏账准备	XX	
贷：应收账款		XX

注意，应收账款的**冲销**（write-off）对利润表没有任何影响，也不应该有影响，这是因为相关的费用在收入取得的年度已经被确认。该冲销分录只是将确认肯定无法回收的账款金额从应收账款中剔除出去。同时还应注意，由于该冲销分录对资产（应收账款）和资产备抵账户（坏账准备）的影响可相互抵消，因而该冲销分录对应收账款账户在资产负债表中的净值没有什么影响。假设上例中应收账款有 $100 被冲销，则资产负债表列示如下：

应收账款	$9 900
减：坏账准备	(400)
应收账款净值	$9 500

在取得销售收入的同一年度内计提相关的坏账准备，这是对配比原则的一种应用。坏账准备（或不可回收账款准备）账户属于**计价账户**（valuation account），其贷方余额将从应收账款借方余额中扣减，以得到应收账款净值，并列示在资产负债表的流动资产项目中。这样应收账款的列示金额就是其预计可回收金额（即可实现净值）。如果不计提相应的坏账准备，将导致应收账款和净利润的高估，从而使 ROI、ROE 和流动性指标被歪曲。坏账准备通常以括号说明的方式列示在应收账款项目中，这样财务报表的使用者就能对企业的信用管理和款项回收情况做出相应的判断。

现金折扣

为了鼓励客户及时付款，许多企业会为那些在销售日（通常指发票日期）之后一定时期内（通常为 10 天）付款的客户提供最高达 2% 的折扣优惠。大多数企业在**信用条款**（credit terms）中规定，如果客户没有在折扣期内付款，则必须在发票日

30天内全额付款。这种赊销付款条件可以缩略为2/10，n30，其中2/10指折扣条件，而n30指30天内支付发票的全额价款。举例说明：假设Cruisers公司赊销付款条件为2/10，n30。4月8日Cruisers公司销售给Mount Marina公司$5 000的商品，而Mount Marina可以选择在4月18日之前支付$4 900［5 000 –（2%×$5 000）］，或在5月8日之前支付$5 000。

同大多数公司一样，Mount Marina公司可能会利用这一**现金折扣**（cash discount），因为这代表了较高的报酬率（参见“商业实务——现金折扣”）。对卖方而言，折扣显然是一项成本，因为卖方将因此不能全额收回销售款项。对估计现金折扣的会计处理方法，与前面所讲的对估计坏账的会计处理相似。由于现金折扣实质上是销售额的减少，因此通常将现金折扣从利润表的销售收入中扣减以得到净销售额。在资产负债表的应收账款中，也需要扣减客户在折扣期内付款而可能获得的现金折扣金额。在销售收入获得的会计期间，现金折扣按照以往现金折扣情况估计确认。

应收票据

在某笔应收账款到期时，如果客户偿付该款项出现困难，则企业可能需将这笔应收账款转换为**应收票据**（note receivable）——这笔交易对财务报表的影响如下：

资产负债表	利润表
资产 = 负债 + 所有者权益	←净利润 = 收入 – 费用
– 应收账款 + 应收票据	

反映这一交易的会计分录为：

借：应收票据	XX	
贷：应收账款		XX

将一项资产转换为另一项资产，这笔分录有没有意义呢？

其实，应收票据与应收账款之间存在着很多区别。票据是一种正式凭证，上面记载着一些具体的条款，包括：到期日（付款时间）、借款方的协议或契约（例如在票据支付前，需要向贷款方提供财务报表或不得支付股利）、确认借款方为偿还借款所提供的担保或**抵押品**（collateral）、到期不支付票据款应受的处罚条款，另外还有

商　业　实　务

现金折扣

向及时付款行为提供的现金折扣，对卖方而言是一种成本，而对买方而言则是一种收益。现金折扣不仅鼓励及时付款，也是企业定价决策的因素之一，此外我们在评价竞争者的销售价格时也会考虑这一因素。

将现金折扣换算成年投资报酬率，可以更好地说明其重要性。假设某一商品的售价为 \$100，信用条款为 2/10，n30。如果在 10 天内支付发票价款，那么可以获得 \$2 的折扣，但是买方同时也失去了在余下的 20 天内使用 \$98 的权利，因为他也可以选择继续持有这笔钱 20 天，然后支付卖方 \$100。实际上，如果买方选择不在这 10 天折扣期内付款，即相当于向卖方“借入”\$98 继续使用 20 天，并且成本为 \$2，所以在 20 天投资报酬率为 \$2/\$98，略高于 2%；但一年中有 18 个这样的 20 天（360 天 /20 天），所以年投资报酬率将超过 36%！一般企业的主营业务很少能获得这样高的 ROI。因此从这个角度考虑，大多数企业都有一个严格的内部控制政策，尽量利用各种现金折扣。

信用评级机构和授信机构在评价一个企业的流动性和信用状况时，都会了解该企业是否一贯地利用现金折扣——如果不是这样，则要么说明该企业的管理人员不了解现金折扣的重要性，要么是该企业不能够以较低的利率借入款项来获得现金折扣带来的高报酬率，而其中的任何一种情况都预示着该企业可能存在潜在的信贷风险。

既然买方的收益是卖方的成本，为什么卖方还会以这样高的成本来提供现金折扣呢？主要是为了鼓励及时付款和保持竞争力。但是，现金折扣所代表的较高成本必须得到补偿企业才能获利。

较为重要的一点，即与该笔借款相关的利率规定。而对应收账款而言，虽然有些企业会对到期未支付的发票金额收取相应的利息或服务费，但这并不是企业之间的通常做法。因此，当某笔应收账款没有得到及时支付时，卖方往往会要求客户签发一张票据，从而能够获得过期账款应得的那部分利息。

零售企业经常会借助票据为那些最初信用期限超过 60 天或 90 天的销售业务提供便利，例如设备销售的分期付款计划。在这种情况下，即使卖方可能会向买方提供一定期限的无息融资，在销售时点增加的仍然是应收票据（而非应收账款）。

在其他情况下，企业也有可能借钱给另一企业并取得应收票据。例如，制造商可能会借钱给那些作为客户或潜在客户的分销商，以帮助其拓展业务。这种交易也是对资产的一种重新安排，其结果是现金减少了，应收票据增加了。

应计利息

如果在票据到期日支付利息（这是常见的做法），那么票据的持有者应该计提相应的利息收入，通常是按月计提。这是因为利息收入实际上已经取得，因而增加相应的收入和应收利息账户会使每月的财务报表更为准确。这种做法对财务报表的影响同短期有价证券投资的利息计提是一样的：

资产负债表	利润表
资产 = 负债 + 所有者权益	←净利润 = 收入 － 费用
+应收利息	+利息收入

相应的调整分录为：

借：应收利息	XX	
贷：利息收入		XX

该笔预提分录反映了当期已经获得的利息收入，并在流动资产项目中增加了已经赚取收入但尚未收到现金的金额。

从财务报告角度来看，应收利息通常和应收票据一同列示于资产负债表中。在自资产负债表日起一年内收回的金额归为流动资产。如果票据到期日超过一年，将作为非流动资产列示。

企业应当确认不可回收票据及相应的应收利息可能造成的损失，这一点与应收账款一样，其记账过程也相同；所不同的是：现金折扣并不适用于票据，因此票据没有相应的折扣准备。

存　货

对服务性企业而言，存货主要包括办公用具及其他价值相对较低的物品，这些物品往往供企业自己使用，而不向顾客出售。正如第4章所介绍的，虽然为了提高会计记录的准确性常需要编制调整分录，但总体而言，对材料的购买和使用的会计处理是一个比较简单的过程。

对商业和制造业而言，企业日常经营中的存货销售业务是经营收入主要的、稳定的来源。销售成本通常是为计算净利润而从收入中扣减的最大费用项目，而且对很多企业而言，存货往往也是其最大的流动资产项目。例如，卡特彼勒公司的存货占企业流动资产的近 28%，占总资产的 12%[1]；对沃尔玛公司而言，其存货占流动资产的 72%，占总资产的 22%[2]；而英特尔公司的存货只占到流动资产的 9%，总资产的 9%[3]。你认为哪些原因可能造成这些差别呢？显然，由于各自的产品、市场、客户及分销系统的不同，并非所有的企业（以及并非所有的行业）都有同样的存货需求；而且，有些企业在存货管理方面做得更好，能更快地实现存货的周转，从而提高 ROI。还有哪些原因会使企业之间的存货规模存在区别呢？

虽然存货管理方法多种多样，但对所有的企业而言，存货的会计处理本质上是相同的。仓库的箱柜和商店的货架会保存存货，直至产品被出售；同样，企业的存货账户会持有某项产品的成本，直至这项成本转入利润表中，以扣减（配比）销售收入。购入或自制产品的成本作为资产入账，直到销售出去（或是失去价值、丢失、被盗），此时该产品的成本将作为一项费用列示在利润表中。存货购买成本不仅包括支付给供应商的发票价格，还包括购买该产品发生的相关费用，如运输和搬运费用。购买时获得的现金折扣将从成本中扣减。利润表中列示存货费用的项目为销售成本（参见表 2-2）。购买和销售业务对财务报表的影响如下：

资产负债表	利润表
资产 = 负债 + 所有者权益	← 净利润 = 收入 − 费用
购买存货 +存货 +应付账款 确认售出产品的成本 −存货	−已售产品 的成本

分录如下：

借：存货	XX	
贷：应付账款（或现金）		XX
购买存货		
借：销售成本	XX	
贷：存货		XX
将销售商品成本转入利润表		

1 数据来自卡特彼勒公司 2006 会计年度（截至 12 月 31 日）的年度报告。

2 数据来自沃尔玛公司 2007 会计年度（截至 1 月 31 日）的年度报告。

3 数据来自英特尔公司 2006 会计年度（截至 12 月 30 日）的年度报告。

表 5-3
从存货到销售成本的成本流转过程

资产负债表		利润表	
存货（资产）		销售成本（费用）	
购买用于出售的商品增加存货（贷记应付账款或现金）	当商品售出时，成本自存货资产账户流向 →	销售成本费用账户	

确认销售成本是对资产负债表的存货（资产）项目到利润表的销售成本（费用）项目的成本流转（flow of costs）进行会计处理的过程。T 形账户也可以用来解释这一成本流程过程，如表 5-3 所示。当然，商品的销售会产生收入，但是确认收入是一个单独的过程，涉及应收账款（或现金）账户和销售收入账户。接下来的讨论主要集中在存货销售成本的会计处理上。

存货成本流转假设

存货的会计处理是公认的不同的会计处理方法会引起较大差异的领域之一，存货项目不同的会计处理方法可能会使那些在各个方面都相似的公司所报告的资产和费用却存在较大的差别。因此，很有必要认真学习这部分内容，从而更好地了解存货方法选择对企业财务报表的影响。

企业选择的存货处理方法，与企业对存货账户到销售成本账户之间成本流转的假设往往是相关的。**成本流转假设**（cost-flow assumption）主要有四种：

1. 个别计价法
2. 加权平均法
3. 先进先出法（First-in，first-out，FIFO）
4. 后进先出法（Last-in，first-out，LIFO）

这里有必要明确，这些只是成本流转假设，先进先出法（FIFO）和后进先出法（LIFO）指的并不是实物的流转。因此，很可能会出现这样一种情况：一个企业的实物流转为 FIFO（杂货店通常会尽量做到这一点），但是成本流转假设却是 LIFO。

个别计价法（specific identification）是将成本流转和实物流转相结合的一种方法。

当某件商品被出售时，便需要从企业记录中确定该商品的成本，并将确定的金额从存货账户中转到销售成本账户中。期末的存货成本是年末企业所持有的商品存货成本。这种方法适用于那些从事可辨认商品交易的企业，如汽车，就有一个容易辨别的序列号，并且会按件购买和销售。但对于那些拥有大量商品项目的企业而言，由于进行个别认定难度较大，因此这种方法并不适用。

加权平均法（weighted-average）适用于企业存货的单个商品项目。用期初存货加上本年购买的存货成本，可以计算出该商品的平均成本，接下来便利用这一平均成本来确定销售成本和期末存货成本。表 5-4 举例说明这一方法。注意平均成本并非单位成本的简单平均，而是期初存货和本期各批购买存货数量的加权平均。

先进先出法（first-in，first-out，或 FIFO），不仅意味着先进先出，还意味着最先进入存货的成本最先转到销售成本中去。先进入存货的成本指会计年度的期初库存成本。这种存货成本流转假设的结果，是把最初始的成本转入销售成本，而剩余在存货资产账户中的成本则是最近购入或生产的商品成本（对应于期末库存数量）。表 5-4 对这一成本流转假设同样进行了说明。

后进先出法（last-in，first-out，或 LIFO），是与先进先出法相反的一种成本流转假设。再次强调，我们所指的是成本流转而非实物流转，因此很有可能企业的实物流转是 FIFO（例如杂货店），而采用的成本流转假设却是 LIFO。在 LIFO 假设下，商品出售时，最近购入或生产商品的成本被转入利润表（作为销售成本），资产负债表日的期末库存成本则是较早购入存货的成本，其中包括期初存货的成本。表 5-4 也对这一成本流转假设进行了举例说明。

采用何种成本流转假设，主要取决于企业所采用的存货会计系统。我们将在本章的稍后部分介绍存货的两种会计系统——定期盘存制和永续盘存制。表 5-4 采用的是定期盘存制。

下面概括了表 5-4 中三种方法所产生的结果：

成本流转假设	期末存货成本	销售成本
加权平均法	$13 152	$60 828
先进先出法	13 680	60 300
后进先出法	12 300	61 680

虽然在此例中各种方法的金额区别不太大，但在现实环境中，如果企业有巨额存货，那么各种方法下的差别就会非常大，影响也会变得重要（重要性概念）。为什

表 5–4 不同存货成本流转方法举例

情况介绍：

2008年9月1日，Cruisers公司有5艘OB3型船只存货，每艘船的成本为$1 500。该公司在2009年8月31日结束的会计年度内，按照下述成本总共购置了40艘船，并在本年出售了37艘船。

购买日期	船只数量	单位成本	总成本
2008年9月1日（期初存货）……	5	$1 500	$7 500
2008年11月7日……	8	1 600	12 800
2009年3月12日……	12	1 650	19 800
2009年5月22日……	10	1 680	16 800
2009年7月28日……	6	1 700	10 200
2009年8月30日……	4	1 720	6 880
可供销售船只总计……	45		$73 980
销售船只数量……	37		
2009年8月31日存货船只数量……	8		

要求：

分别利用加权平均、先进先出（FIFO）和后进先出（LIFO）的成本流转假设，确定2009年8月31日的期末存货金额及本年销售成本。

解答：

a. 加权平均成本流转假设：

$$加权平均成本=\frac{可供销售船只总成本}{可供销售船只总数}=\frac{\$73\,980}{45}=\$1\,644/艘$$

期末存货成本 =$1 644 × 8=$13 152

销售成本 =$1 644 × 37=$60 828

b. FIFO成本流转假设：

期末存货成本是最近购买的8艘船的成本：

2009年8月30日购入的4艘船，单位成本$1 720，总计	$6 880
2009年7月28日购入的4艘船，单位成本$1 700，总计	6 800
期末8艘船的成本	$13 680

所销售的37艘船的成本是最初购入的37艘船的总成本：

（续）

表 5–4（续）

期初存货	5 艘船，单位成本	$1 500 =	$7 500
2008 年 11 月 7 日购入……	8 艘船，单位成本	1 600 =	12 800
2009 年 3 月 12 日购入……	12 艘船，单位成本	1 650 =	19 800
2009 年 5 月 22 日购入……	10 艘船，单位成本	1 680 =	16 800
2009 年 7 月 28 日购入 * ……	2 艘船，单位成本	1 700 =	3 400
销售成本……			$60 300

* 运用 FIFO 成本流转假设，该日购入 6 艘船中的 2 艘由存货成本转入到销售成本账户中。

注意，销售成本也可以从可供出售船只成本总额中扣减期末存货成本计算得到：

可供销售船只成本总额……	$73 980
减期末船只存货成本……	(13 680)
销售成本……	$60 300

c. LIFO 成本流转假设：

期末存货成本便是最初 8 艘船的成本：

期初存货的 5 艘船，单位成本 $1 500，总计	$ 7 500
2008 年 11 月 7 日购入的 3 艘船，单位成本 $1 600，总计	4 800
期末 8 艘船的成本	$12 300

所销售的 37 艘船的成本是最后购入的 37 艘船的总成本：

2009 年 8 月 30 日购入……	4 艘船，单位成本	$1 720 =	$6 880
2009 年 7 月 28 日购入……	6 艘船，单位成本	1 700 =	10 200
2009 年 5 月 22 日购入……	10 艘船，单位成本	1 680 =	16 800
2009 年 3 月 12 日购入……	12 艘船，单位成本	1 650 =	19 800
2008 年 11 月 7 日购入 * ……	5 艘船，单位成本	1 600 =	8 000
销售成本……			$61 680

* 运用 LIFO 成本流转假设，该日购入 8 艘船中的 5 艘由存货成本转入销售成本账户中。

注意，销售成本也可以从可供出售船只成本总额中扣减期末存货成本而得到：

可供销售船只成本总额……	$73 980
减期末船只存货成本……	(12 300)
销售成本……	$61 680

么会产生这些差别？你可能已经注意到，这是因为船只的购买成本在不断变化。如果成本没有变化，在这三种方法下，期末存货和销售成本不会存在差别。但在现实生活中，成本确实会发生变化。此外，我们发现加权平均法得出的结果介于 FIFO 和 LIFO 方法得出的结果之间——这其实是可以预见的。加权平均法的结果永远不会超出 FIFO 和 LIFO 得出结果的范围。

理解存货成本流转假设的关键，是理解不同假设对销售成本、经营利润及净利润的影响。虽然英特尔公司的存货对总资产而言比较低，但对众多的制造业和商业企业而言，情况并非都是如此。例如，在 Armstrong World Industry 公司的母公司——Armstrong 控股公司 2006 年年报中有这样一句话："2005 年公司大约有 44% 的存货、2004 年大约有 40% 的存货采用的是后进先出法计价基础。采用这一方法的存货价值会低于采用先进先出法计价基础所列示的存货价值，2005 年末低了 5 220 万美元，2004 年末低了 7 410 万美元。" 这意味着 Armstrong 公司采用 LIFO 方法比 FIFO 方法计算的销售成本高出了 5 220 万美元，而经营利润则减少了 5 220 万美元！对 Armstrong 公司而言，其 2005 年 12 日 31 日存货成本总额为 5.145 亿美元，当日的留存利润总计为 9.108 亿美元。LIFO 方法对 Armstrong 公司的财务状况和经营结果的影响是如此巨大！而这家公司并非特例（参见附表 5-1）。显然，Armstrong 公司的

附表 5-1
2004 年 600 家公开上市工业和商业企业采用的存货成本流转假设

	公司数目
方法：	
先进先出法	386
后进先出法	239
加权平均法	169
其他	27
后进先出法的采用情况：	
所有存货	20
大于等于 50% 的存货	108
小于 50% 的存货	85
无法确定	26
采用 LIFO 的公司	239

资料来源：RReprinted with permission from Accounting Trends and Techniques, Table 2-9, copyright © 2005 by American Institute of Certifi ed Public Accountants, Inc.

ROI、ROE 以及流动性指标都会受到所选择的存货成本流转假设的影响。由于存货的计价对企业获利能力和流动性的衡量都是非常重要的，因此，如果要有效地运用这些指标做出判断和决策，必须理解不同成本流转假设对这些指标的影响，尤其在对这些企业进行比较时更是如此。

成本变动的影响（通货膨胀/通货紧缩）

接下来很有必要了解企业所采用的存货成本流转假设与成本变动趋势的相互作用对企业存货和销售成本的影响。成本上涨时，LIFO 比 FIFO 假设下的期末存货成本低，而销售成本则高。出现这种结果，是由于在 LIFO 假设下最近购入的较高成本的存货被转入销售成本中。当采购价格降低时，结果则刚好相反。图 5-1 说明了它们

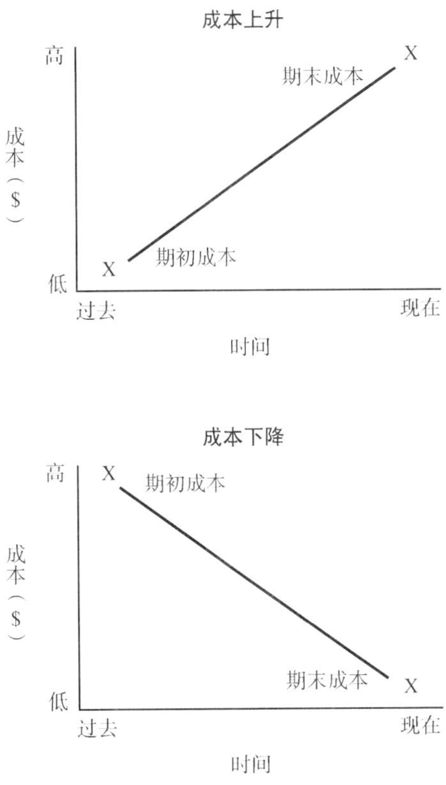

FIFO—低，旧成本转换为销售成本。
高，近的成本仍为存货。

LIFO—高，近的成本转为销售成本。
低，旧成本仍为存货。

FIFO—高，旧成本转入销售成本。
低，新成本仍为存货。

LIFO—低，新成本转入销售成本。
高，旧成本仍为存货。

图 5-1　FIFO 和 LIFO 假设下，成本变动对存货和销售成本的影响

之间的关系。

图 5-1 有助于我们理解成本沿某一方向变动时不同假设对销售成本和期末存货的相对影响。当然，在现实情况中，成本有时升高有时降低，因此，在成本上涨期间选择某种方法造成的影响，往往会被成本下降时的影响抵消掉。所以，20 世纪 80 年代中期那些在通货膨胀期间转用 LIFO 方法的企业开始经历成本下降的影响，于是这些企业在 LIFO 方法下报告的利润要比其在 FIFO 方法下报告的利润高。

存货数量变动的影响

存货数量的变动会影响依赖成本流转假设和本年成本变动情况的企业利润。

在 FIFO 假设下，由于本年销售产品的数量通常会超过期初存货的数量，因此无论存货数量增加或减少，期初存货的成本都将转入销售成本中。正如前文所述，当成本上涨时，FIFO 假设比 LIFO 假设得出的销售成本低，利润高——本年成本下降时，情况刚好相反。

若本年内存货数量增加，并且采用的是 LIFO 假设，则在期初存货成本的基础上还将增加“一层”存货价值。如果本年成本上涨，LIFO 假设将比 FIFO 假设下得到的销售成本高，利润低——本年成本下降时，情况刚好相反。

若本年内存货数量下降，并且采用 LIFO 假设，以前年度存货数量增加时积累的存货“价值层”现在会转入到销售成本中，最近新增存货的那层成本将先转出去。一般而言，成本会逐渐上涨，因此 LIFO 方法下存货减少时比 FIFO 假设带来较低的销售成本和较高的利润，这一结果刚好与我们对 LIFO 假设的预期结果相反。这一过程便是 **LIFO 清算**（LIFO liquidation），因为包含在期初存货中的原有 LIFO“成本层”现在从存货账户中转移或“清算”到销售成本账户中去了。

近几年，很多企业在努力寻求保持或提高销售收入和利润率的同时，通过降低资产来提高 ROI 指标。在这种情况下，周转率（销售收入 / 平均资产）会提高，ROI 指标也相应上升，而较低的资产主要是通过减少 LIFO 方法下存货的方式实现的。在 LIFO 方法下，初始较低的成本（原 LIFO 成本层）将从存货成本中转入销售成本中，而由于收入反映的是目前的售价，而且售价独立于企业所采用的成本流转假设，因此 LIFO 清算将导致企业出现较高的利润；换句话说，这种不经常性的清算将最初的 LIFO 存货成本与目前的销售收入进行配比，从而提高了企业的净利润，这样，企业的 ROI 指标将因为周转率和利润率指标的提高而提高，但应注意，利润率指标的影响只会出现在 LIFO 清算的年度。

存货成本流转假设的选择

哪些因素会影响我们对存货成本流转假设的选择呢？当通货膨胀率相对较低而且人们普遍认为它们会一直很低，大多数财务经理会选择 FIFO 成本流转假设，因为这样会使企业销售成本较低而净利润较高。财务经理一般比较倾向于向投资者报告较高而非较低的净利润。但是，当出现两位数的通货膨胀率时，采用 FIFO 假设带来的较高利润也会使企业缴纳更高的所得税，而这显然是大多数财务经理所不愿意看到的。为什么会出现这种情况呢？在成本迅速增长的时期采用 FIFO 成本流转假设，将导致**存货利润**（inventory profits）或**虚拟利润**（phantom profits）。这是因为在 FIFO 假设下较早、较低的存货成本转入利润表中，将比按现行成本确认销售成本得到更高的利润。由于企业需要按照这个利润缴纳税金，而所售商品的重置成本又会比其原始成本高出许多，这可能会使财务报表的使用者对企业的真实获利情况产生误解。

为了避免存货利润（并降低税收），许多企业在较高通货膨胀期内从 FIFO 转向了 LIFO，或至少是对部分存货采用了 LIFO 假设（公认会计原则并不要求企业的所有存货采用同样的成本流转假设）。转为 LIFO 假设比 FIFO 假设下带来的销售成本更高，而利润和税金则较低，还有（在某些分析家看来）对净利润更为现实的财务报告。虽然净利润更好地反映了收入（在通货膨胀期间通常也会随着单位价格的增长而增长）和销售商品成本的配比，但是资产负债表上所列示的存货成本是较早、较低的成本。这样，在 LIFO 假设下，资产负债表并不反映存货的当前成本，但这与历史成本原则是一致的，而且也进一步强调了资产负债表并不反映大多数资产当前价值的事实。

一贯性原则要求企业无论采用哪种会计选择方法在以后的财务报告中都要一直用下去。那么，以上做法是否遵循了这一原则呢？对成本流转假设而言，美国的国内税收署（Infernal Revenue Service）允许企业从 FIFO 转为 LIFO，但这种变动只能有一次，不能反复。（请注意，如果企业在计算纳税所得时采用 LIFO 成本流转假设，美国联邦所得税法规定，该企业在财务报告中也应采取相同的假设。这一规定被称为“LIFO 一致性规则”，但这种限制在其他存在会计方法选择的领域中是没有的。）如果改变了方法，便需要在资产负债表的存货项目和利润表的销售成本项目中披露这一变动的影响，使财务报表的使用者能够评估这一变动对企业财务状况和经营成果的影响。

让我们再来看附表 5-1 列示的由美国注册会计师协会审核和总结的 600 家工业和商业企业年报中对存货成本采用的计价方法：较为突出的一点是，很多企业至少采用两种方法，只有 20 家企业对所有的存货都采用 LIFO 方法。存货成本流转假设的混合使用，也使选择成本流转假设所产生的复杂分歧更为突出。

存货会计系统的选择

大多数企业拥有成千上万的存货项目，因此存货成本流转会计系统在实务中是非常复杂的——主要有两种**存货会计系统**（inventory accounting system）：永续盘存制和定期盘存制。

在**永续盘存制**（perpetual inventory system）下，需要对存货的每笔购买和销售业务进行记录，并保持存货数量和销售成本的持续记录。计算机的应用使那些以前不得不采用定期盘存制的小型和中型零售企业越来越多地采用永续盘存制；此外在现金登记中使用的产品条形码和扫描设备的发展，也使保持永续记录的成本得以降低。一旦理解了如何在定期盘存制下应用不同的成本流转假设（如果需要回顾这部分内容，可参见表 5-4），你将很容易理解永续盘存制中涉及的会计问题（参见“商业实务——永续盘存制”）。

在**定期盘存制**（periodic inventory system）下，需要定期——通常在每个财年的年末——对存货进行盘点（**实地盘存**，physical inventory），按照所采用的成本流转假设确定期末存货的成本，并从期初存货成本和当期购入存货成本的总和中扣减，以确定销售成本。下面的**销售成本模型**（cost of goods sold model）列示了利用表 5-4 中 FIFO 成本流转假设的数据进行计算的过程。

期初存货	$ 7 500
购入产品成本	66 480
可供销售产品成本	$73 980
减：期末存货	(13 680)
销售成本	$60 300

表 5-4 中的例子采用的是定期盘存制。虽然相对于永续盘存制而言定期盘存制不需要详细的记录，但是在期末盘点和确定存货成本方面定期盘存制下的工作仍然不少。

商业实务

永续盘存制

在永续盘存制下，企业采用的成本流转假设在应用时同销售记录一样，以每天为基础，而不是在年末（或月末）记录——这样企业便可以按日计算销售成本的增加和存货的减少。这也符合配比原则；因为存货的销售将产生销售成本。在销售时财务报表产生如下变化：

资产负债表	利润表
资产 = 负债 + 所有者权益	← 净利润 = 收入 − 费用
记录商品的销售： + 应收账款（或现金） 确认销售成本： − 存货	 + 销售 − 销售收入

反映这些交易的分录为：

	借	贷
借：应收账款（或现金）	XX	
贷：销售收入		XX
借：销售成本	XX	
贷：存货		XX

这样，存货账户余额便有一个持续（或永续）的记录。在 FIFO 假设下，无论采用定期盘存制还是永续盘存制，确定的期末存货和销售成本的结果永远是相同的。

为什么会这样呢？这是因为即使在不同时点采用 FIFO 假设——年末（或月末）定期采用，或是在永续盘存制下每天都采用，先进入存货的成本在下一个商品出售前将一直保留在存货资产中；一旦成为先进入成本，则永远是先进入成本，而转入销售成本中的存货成本则严格按照购买业务的顺序进行。这样，无论在哪种系统下，对于“哪些是先进入的成本”的回答都是一样的，因此得到的期末存货和销售成本的结果也是相同的。

在 LIFO 假设下，在回答“哪些是后进入的成本”时，得到的答案会随每次新存货项目的购入而有所变化。在永续盘存制下，后购入存货的成本需要每天确定，这样才能记录销售业务发生时的销售成本；最近购入的存货成本将每天转入到销售成本中。但一旦有新商品购入，最后购入成本将需要随之重新定义。这便不同于定期盘存制下采用的 LIFO 假设。在定期盘存制系统下，最后购入存货的成本假定只与接近年末（或月末）购入的存货成本有关，即使某些销售业务发生在本年（或当月）的较早期间。

在永续盘存制下，加权平均法变成一种“移动”平均。与 LIFO 方法一样，当问及“存货的加权平均成本是多少”时，答案也将随着每次新存货的购入而发生变化。

即使采用永续盘存制，也需要定期核实永续盘存制记录中显示的商品数量是否与实际库存数量相符。记账过程中的错误及偷盗或东西不翼而飞，都有可能导致账面记录和实际存货数量不符。当发现差异时，需要适当地将这些情况反映为存货损失或是对存货账户的更正。若损失较大，管理人员可能需要进行调查，以确定产生损失的原因，并对加强存货的内部控制系统提出建议。

对存货会计处理的讨论，主要集中在企业可出售给客户的产品上。零售企业对其存货一般采用**商品存货**（merchandise inventory）一词，而制造企业则用**产成品存货**（finished goods inventory）一词。除了产成品存货外，制造型企业还有两种存货类别：原材料和在产品。在制造型企业中，**原材料存货**（raw materials inventory）账户用来记录在原材料投入生产之前企业所持有的原材料成本；在投放到生产后，成本将从原材料存货账户转入到**在产品存货**（work in process inventory）账户中。此外，直接人工成本（生产工人的工资）和工厂制造费用（如工厂的公用事业费、生产设备的维修费用以及工厂厂房和设备的折旧费用）也将记入在产品存货账户中。这些生产产品过程中发生的成本不同于销售和管理成本，前者是与所生产产品相关的成本，并将作为产品成本的组成记入资产（存货）账户，直到该产品被售出。生产成本的会计处理是成本会计的一个主要部分，我们将在第 13 章中对此进行更详细的探讨。

存货差错

期末存货金额的差错将直接影响销售成本和净利润的正确性。存货和所报告的收益或损失之间的这种直接关系，往往会引起独立审计师、所得税审计师和财务分析人员对企业报告的存货金额的关注；下面的 T 形账户反映了它们之间的联系：

资产负债表 **存货（资产）**		**利润表** **销售成本（费用）**	
期初余额 产品购买 成本或制 造成本 期末余额	销售成本 ——→	销售成本	

前面所介绍的销售成本模型，同样也揭示了上述 T 形账户反映的关系，只是采用了一种略微不同的形式而已。下面列示的是利用销售成本模型和假设数据得到的 1

月和 2 月的简化利润表：

	1月		2月	
销售收入		$6 000		$8 000
销售成本：				
期初存货	$1 200		$ 900	
购买或生产产品成本	4 100		5 500	
可供销售产品成本	$5 300		$6 400	
减：期末存货	(900)		(1 400)	
销售成本		(4 400)		(5 000)
毛利		$1 600		$3 000
经营费用		(600)		(1 000)
净利润（所得税忽略不计）		$1 000		$2 000

如果存货期初余额和购买或生产产品的成本是准确的，期末存货的差错将会影响到销售成本（相反方向）。当期可供销售的产品成本要么必须作为企业期末存货（资产），要么必须作为销售成本（费用）记入企业的利润表中。例如上例，若企业期末存货低估了 $100（假定期末存货应该为 $1 000），那么 1 月的销售成本将高估 $100。你是否同意如果 1 月的期末存货为 $1 000 则 1 月的销售成本应该为 $4 300 呢？销售成本的高估将导致对毛利以及净利润的低估。如果我们将这 $100 的差错更正过来，1 月各项目的金额应为多少？（注意销售收入和经营费用账户并不受差错的影响。）

这一差错还将继续影响下一会计期间的销售成本和净利润。由于某一会计期期末存货是下一会计期的期初存货，因此该项差错的影响将在下一期产生反向影响。在本例中，2 月的期初存货应该是 $1 000，而不是 $900，因此 2 月可供销售的商品成本低估了 $100（应为 $6 500）；假设 2 月的期末存货金额是准确的，则销售成本将低估 $100（应为 $5 100），而当期的毛利和净利润将高估 $100。2 月这些项目的金额应该为多少？你应该花些时间来弄清这些关系。

如果采用定期盘存制，由于存货差错将对资产负债表和利润表产生较大的影响，因此为了使其尽量准确，应该花费较多的精力进行存货的盘点和计价。但是，应该注意到，如果综合两个期间，此类差错产生的影响会“消失”（即总体净利润并没有受到该差错的影响），对此，可以通过将差错更正前后 1 月和 2 月的净利润加总来验证。

资产负债表计价中的成本与市价孰低法

资产负债表中存货的账面价值是以**成本与市价孰低法**（lower of cost or market）确定的。这种计价方法是对会计稳健性原则的应用。成本与市价孰低法中的“市价”，一般是指资产负债表日存货的重置成本。如果市场价值低于存货成本，应该在存货价值降低的会计期间内确认相应的损失。之所以要确认这笔损失，是因为当时购买或生产该项存货的决定现在看来比较昂贵，而在本会计期期末能以低于其历史成本的价格购买或生产该项存货。

成本与市价孰低法可以按照每一个存货项目进行确定，或是按照存货的大类、甚至直接按照整体存货来确定。我们可以通过计价调整来减少那些陈旧、毁损及不能以正常价值出售的存货的账面价值。

预付费用和其他流动资产

其他流动资产主要是指**预付费用**（prepaid expenses），即那些虽然在当前会计期内支付，但并不会从本期收入中扣减，而是在下一会计期间才确认的费用。预付费用与预提项目是相反的，在会计和簿记术语中又称为递延项目或递延费用（或递延借项，因为费用与借项在记账术语中是同义词）。预付保险公司的保险费便属于一种**递延费用**（deferred charge）。在商业实务中，我们通常需要在保险合同期期初提前支付保险费用。假设某公司在 2009 年 11 月 1 日支付了一年期意外事故险的保费 \$1 800；2009 年 12 月 31 日，保险合同已经履行了两个月，因此应该确认这两个月相应的保险费用，但是另外 10 个月的保险费应该递延确认，即不应该作为费用而应该在**预付保险费**（prepaid insurance）项目中列示。记账中的通常做法是在支付保险费用时增加预付保险费资产账户，然后在费用发生时将一部分保险费转到保险费用账户中去。运用水平模型，上述交易及调整对财务报表的影响如下：

资产负债表	利润表
资产　=　负债　+　所有者权益	←净利润 = 收入　–　费用
支付本年的保险费： 现金 –1 800 预付保险费 +1 800 确认两个月的费用： 保险费用 300	预付保险费 –300

日记账分录为：

11 月 1 日	借：预付保险费…………	1 800	
	贷：现金…………		1 800
	支付一年保险费		
12 月 31 日	借：保险费…………	300	
	贷：预付保险费…………		300
	两个月发生的保险费用		

预付保险费账户 12 月 31 日的余额为 $1 500，反映的是已经支付的接下来 10 个月的保险费，并会在接下来 10 个月内逐步转到保险费账户中去。

其他包括在流动资产中的预付费用有：租金、办公用品、邮费、销售人员及其他员工的差旅费预支款等。对这些费用予以递延的关键，是这些费用客观上能够与未来期间内的收益相关。广告开支不能递延，因为我们很难客观确定多少广告收益会在本期发生，又有多少广告收益将在未来期间内获得。与广告开支类似，研究与开发费用也不能递延，而是直接作为本年发生的费用。会计人员主要关心的是，归为流动资产的预付费用应当是一项递延的费用，将在今后一年的期间内使用并转变为一项费用。

递延所得税资产

递延所得税是某一会计年度内从财务会计角度和所得税计算角度确认的收入和

费用之间的时间性差异造成的。如果从财务会计角度出发在某一会计年度确认了一项费用，但这项费用从所得税计算角度要到以后会计年度才可从应税所得中扣减，这时就会产生**递延所得税资产**（deferred tax asset）。通常递延所得税资产产生于：员工福利费用、预提养老金和退休后福利费、坏账和存货过时准备、预提质量担保成本及其他从所得税角度考虑要到以后年度才能扣减的费用。递延所得税资产在未来年度从纳税角度扣减时，将成为扣减年度所得税负债的减项。如果这项利益能够在下一年实现，则可把递延所得税资产视为一项流动资产；否则，就作为一项非流动资产。

我们将在第7章中阐述，企业还必须列示**递延所得税负债**（deferred tax liabilities），以反映在资产负债表日已发生事件的未来所得税影响；在第7章中我们还会更为详细地解释确认递延所得税资产和负债的影响，其实就是报告与税前利润金额相对应的所得税费用，即使本年实际支付的所得税可能大于或小于所确认的所得税费用。递延所得税的会计处理是一个非常复杂的问题，在会计界引发了大量的争论。就目前而言，应该理解财务会计和税收监管在收入和费用的确认方法上存在着大量的时间性差异，而递延所得税资产和负债科目就用来记录并反映这些差异。

第 6 章

不动产、厂房、设备及其他非流动资产的会计处理和列示

非流动资产包括：土地、建筑物和设备（减累计折旧），无形资产（例如租赁权、专利权、商标和商誉）及自然资源。附录中英特尔公司合并资产负债表上对于不动产、厂房、设备及其他非流动资产的列示，虽然看上去非常简单，但在理解时仍会涉及一些经营和会计方面的问题。本章的目的即在于帮助报表使用者真正理解企业资产负债表上非流动资产的相关问题。

一般而言，与非流动资产相关的基本会计处理问题是：

1. 资产获取的会计处理
2. 资产使用（折旧）的会计处理
3. 维修成本的会计处理
4. 资产处置的会计处理

表 6-1 重点标明了本章详细阐述的资产负债表科目，并列出了受这些科目影响的利润表和现金流量表项目。

土　地

企业拥有并在经营过程中使用的土地，应当以其原始成本反映在资产负债表上。企业为使土地达到预定可使用状态而发生的所有一般

表 6-1 财务报表概览

资产负债表			
流动资产	**章**	**流动负债**	**章**
现金和现金等价物	5，9	短期负债	7
短期有价证券	5	长期负债中一年内到期的部分	7
应收账款	5，9	应付账款	7
应收票据	5	未实现收入或递延贷项	7
存货	5，9	工资税和其他代扣代缴项目	7
预付费用	5	其他应计负债	7
递延所得税资产	5	**非流动负债**	
非流动资产		长期负债	7
土地	6	递延收入所得税	7
建筑物和设备	6	其他长期负债	7
融资租赁资产	6	**所有者权益**	
无形资产	6	普通股	8
自然资源	6	优先股	8
其他非流动资产	6	资本公积	8
		留存利润	8
		库藏股	8
		累计其他综合收益（损失）	8

利润表		现金流量表	
销售额	5，9	**经营活动**	
销售成本	5，9	净利润	5，6，7，8，9
毛利（或毛益）	5，9	折旧费用	6，9
销售和管理费用	5，6，9	资产销售利得（损失）	6，9
经营利润	9	流动资产（增加）减少	5，9
资产销售利得（损失）	6，9	流动负债增加（减少）	5，9
利息收入	5，9	**投资活动**	
利息费用	7，9	不动产、厂房和设备销售所得	6，9
所得税	9	购买不动产、厂房和设备	6，9
非常项目	9	**筹资活动**	
净利润	5，6，7，8，9	长期借款得到的现金	7，9
每股收益	9	偿还长期借款	7，9
		发行普通股/优先股	8，9
本章的主要内容		购买库藏股	8，9
其他受影响的财务报表项目		支付股利	8，9

性及必要性支出，均作为原始成本的组成部分，这些成本包括：土地购买价格、产权费、法律费及其他与获取土地相关的成本。如果购买的土地上附有建筑物，且需将其夷为平地后才能建造企业指定的建筑物，则土地购买成本、所附旧建筑物成本、拆除成本（减去残值收入）都属于为使土地达到预定可使用状态而发生的成本，因此应全部予以资本化（参见“商业实务——资本化和费用化”），它们共同构成土地原始成本。

出于投资目的或为潜在但未确定的用途而获得的土地，可以归为一项单独的非流动资产和非经营性资产，该类资产一般以其原始成本列示。例如，一家土地开发公司可以将其开发中的土地作为一项存货，并将所有的开发成本包括在存货账面价值中；当这些土地被售出时，这些成本将从存货账户转到销售成本账户。

由于土地不会被“耗尽”，因此无需对土地计提相关的会计折旧。

当土地被售出后，土地成本价与销售价之间的差额将作为利得或损失在销售当年的利润表中报告。例如，Cruisers 公司今年将一块曾建造过厂房的土地出售，该土地在 35 年前购入，成本为 $6 000，售价为 $140 000，则这笔交易对财务报表的影响如下：

资产负债表	利润表
资产 = 负债 + 所有者权益	← 净利润 = 收入 － 费用
现金 +140 000 土地 –6 000	土地销售利得 +134 000

相应的分录为：

借：现金	140 000	
贷：土地		6 000
贷：土地销售利得		134 000

由于土地销售时的账面价值仍是其原始成本，因此 Cruisers 公司在会计处理上没有考虑土地使用过程中逐步实现的未实现持有利得，而是将所有的土地未实现持有利得在土地销售即利得实现当期予以确认；因此，土地购买日至土地销售日之间每年的财务报表并没有反映土地的增值，而是将 $134 000 的土地持有利得一次性反映在土地销售当年的利润表中。该项利得不会包括在经营性收入中，它会以非经常性、

商 业 实 务

资本化和费用化

支出一般包括资产的使用（通常为现金），或是为获得商品、劳务及其他经济利益而发生的负债。无论于何时购买商品或劳务，企业必定会发生支出。企业所有的支出要么被确认为资产［对支出予以**资本化**（capitalizing）］，要么被确认为费用［对支出予以**费用化**（expensing）］。尽管“资本化”和“费用化”这两个术语可以应用于企业的任何支出项目，但它们主要还是针对不动产、厂房和设备而言的。

如果一项支出为企业带来的经济利益超过一年，则该项支出将被资本化。然而，预防性维修或日常修理发生的支出，即使可以维持资产有用性超过一年，仍然在其发生当期予以费用化。究竟是资本化还是费用化，这个问题应该用配比概念来解决，即与创造收入相关的成本必须于收入确认当期从收入中扣减。

当一项支出被资本化（或被作为一项资本支出），厂房等资产就会增加。如果该资产是折旧资产（除土地外的所有厂房资产都为折旧资产），则在资产估计可使用年限内必须确认折旧费用。如果一项支出被费用化，其全部成本都将反映在当期利润表上。但是，在可以明

确划分为资本的支出和费用的支出之间，却存在着一大块“灰色区域”，该区域的存在引发了许多不同的观点，从而对年度净利润的报告也产生了直接的冲击。

在资本支出的会计处理问题上，常常要用到重要性原则（见第2章）。一般而言，大部分会计人员对于非重要性支出都会选择费用化。例如，即使一个价值25美元的废物篓的使用年限肯定超过一年，理论上应当被记为资本化资产，会计人员一般也会将其直接费用化，而不是资本化并计提折旧。

另一个影响资本化与费用化决策的因素，是费用化导致当年潜在的所得税抵减。尽管资本化后折旧费用的计提（即意味着所得税的减少）可以影响资本化支出的所有未来可使用年限，企业管理者还是倾向于通过费用化立即获得所得税抵减。

由此可见，会计人员在费用化和资本化问题上所需的职业判断，将会对企业的财务状况和经营成果产生重大影响。本书将会对各种会计理论进行阐述，但不可否认，实务中仍然会有一些偏离理论的做法。

营业外项目反映在利润表中，因此财务报表使用者不会预期未来年份内还能产生相似的利得。

土地（及本章将要讨论的其他各类非流动资产）的原始成本计价原则经常遭受来自各方的批评，批评者认为其低估了资产负债表上的资产价值，同时也无法为利

润表提供正确的配比基础。例如，尽管 Cruisers 公司的管理层已经知道土地价值随时间推移而增值，但增值价值没有反映在每年的资产负债表上。但不管怎样，会计职业界仍然以可靠性、一致性和稳健性等理由为历史成本原则辩护，他们认为，土地按市场价记录必然会涉及价值评估或其他只有到交换业务（如销售）发生时才能证实的大量主观价值估计。因此，尽管对于决策制定者来说大致的市场价值比原始成本更为相关，但迄今为止，原始成本仍然是非流动资产会计处理及计价的基础。我们在阅读报表时，应当意识到资产负债表上列示的非流动资产信息具有的这种重大局限性。

建筑物和设备

资产的获取成本

建筑物和设备一般以原始成本入账。原始成本包括建筑物和设备的购买价格加上为使其达到预定可使用状态而发生的所有一般性和必需性支出。"在建工程"科目或其他类似科目可以用来累计为达到企业预定的状态而处于建造过程中的工程项目所发生的成本，直到该项目完工交付使用。因建筑物建造而筹措借款的相关利息费用，在建筑物交付使用前发生的金额予以资本化。此外，新设备发生的安装和调试成本（与设备在投入生产之前的调试和准备相关的成本）也应予以资本化。如果设备由企业自造，则所有在通常情况下（若设备为外部客户制造）作为存货成本的材料、人工和制造费用，都应作为该设备的成本予以资本化。之所以将这些成本资本化，是因为它们直接与企业未来几个会计年度内使用的资产相关，而不仅仅与当期盈利相关。

资产的原始成本一般不难确定，但如果一笔交易同时购进两项或两项以上的非流动资产，且以总价计价，则必须单独计量和确定每项资产的成本。在这种情况下，我们一般以资产获取日每项单独资产的评估价值为基础来分配"一揽子"采购价格，表 6-2 举例说明了其分配过程及相关会计处理。

财务会计角度的折旧

财务会计中的折旧是对配比原则的应用。非流动资产的原始成本实质上代表将

表 6–2　“一揽子”采购价格分配举例

情况介绍：

Cruisers 公司以现金 \$200 000 从一个濒临破产的竞争对手那里购买了一块土地，并将土地上附着的一栋建筑物及一些生产设备也同时买进。根据独立资产评估师的报告，各项资产的当前价值如下：

土地：　\$ 20 000

建筑物：\$170 000

设备：　\$ 60 000

资产获取成本的分配：

资产	评估价值	所占比例 *	成本分配	
土地	\$ 20 000	8%	\$200 000 × 8% =	\$ 16 000
建筑物	170 000	68%	\$200 000 × 68% =	136 000
设备	60 000	24%	\$200 000 × 24% =	48 000
	\$250 000	100%		\$200 000

* \$20 000/\$250 000 = 8%；\$170 000/\$250 000 = 68%；\$60 000/\$250 000 = 24%。

资产获取对财务报表的影响：

资产负债表	利润表
资产 = 负债 + 所有者权益	←净利润 = 收入 – 费用
土地 +16 000 建筑物 +136 000 设备 +48 000 现金 –200 000	

资产获取分录：

借：土地	16 000	
借：建筑物	136 000	
借：设备	48 000	
贷：现金		200 000

在未来年度内获得的经济收益的预付成本。从某种程度上说，资产会随着企业的运作而被“消耗”，因此，资产成本的一部分必须从资产使用过程所产生的收入中扣除。所以，折旧过程其实是将资产的成本分配到其未来可产生经济收益的年度内。从这个意义上说，折旧并非试图确认资产市价减少的损失，或是确认原始成本与重置成本之间的差异。事实上，非流动资产的市价有时也会随着资产的使用而增加，但这种增值我们目前并不予以记录（在本章“土地”一节中讨论过）。折旧费用在每个会计期期末入账，其对财务报表的影响如下：

资产负债表	利润表
资产 = 负债 + 所有者权益	←净利润 = 收入 − 费用
− 累计折旧	− 折旧费用

确认折旧费用的调整分录为：

借：折旧费用	XX	
贷：累计折旧		XX

累计折旧账户也属于资产备抵科目，该账户余额代表自资产使用日到资产负债表日已经记录的折旧费用的累计额。在资产负债表上，累计折旧与其相关的资产归为一类，作为该资产成本的抵减项目。资产成本和与其相关的累计折旧之间的差额为资产的**账面净值**（net book value）。例如，建筑物及其相关累计折旧账户在资产负债表中的列示如下（采用假定金额）：

建筑物	\$100 000
减：累计折旧	(15 000)
建筑物账面净值	\$ 85 000

或者，更为常见的列示方式是：

建筑物，减累计折旧 \$15 000	\$ 85 000

无论采用上述哪种列示方式，报表使用者都可以清楚地知道自资产获取日起已将多少资产成本确认为折旧费用。但如果每年直接将折旧费用从建筑物账户中扣除，报表使用者就难以知道已确认的费用，这也是将累计折旧账户单独设置为一项资产备抵账户的原因。

值得注意的是，在折旧费用分录中并不涉及现金。企业的现金账户只有在购买资产或是偿付为取得资产而产生的负债时才会受到影响。折旧费用不会影响企业的现金流量，这一点对于理解现金流量表并明确企业在某一会计期间内现金的来源和使用是非常重要的。

从财务会计的角度考虑，折旧费用的计算有几种可供选择的方法，每一种方法都确定了如何将资产需计提折旧的部分（即资产成本减去估计残值）分配到预计的资产可使用年限内。折旧方法的选择不会影响资产使用期内所需确认的全部折旧费用，但不同的折旧方法会带来不同的会计年度计提不同的折旧费用。总的来说，我们可将折旧方法分为两类：直线折旧法和加速折旧法。图 6-1 中清楚地反映了不同的折旧方法导致的不同折旧费用分配模式。

加速折旧法（accelerated depreciation methods）在资产使用前期计提的折旧费用较直线折旧法多，从而导致资产使用前期净利润的较低；而在资产使用后期，加速折旧法计提的折旧费用则会比直线折旧法计提的少，相应地，净利润也会较高。

那么，究竟应该采用哪种折旧方法？为什么？从向股东提供财务报告的角度，大部分企业倾向于采用**直线折旧法**（straight-line depreciation method）。因为直线折旧法可以带来前期较少的折旧费用和较高的净利润，而在资产使用后期，即使加速折旧法可以比直线折旧法计提较少的折旧费用，但如果企业每年都增加对新资产的投资，则使用直线折旧法计提的折旧费用总额仍然会小于加速折旧法下计提的折旧费用。对于成长中的企业而言，在新设备或重置设备价格上涨的情况下，折旧资产总额的不断增加是较为常见的。

具体的折旧计算方法分为：

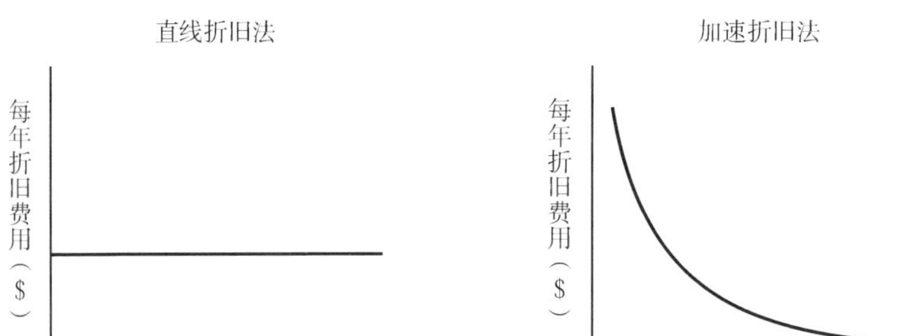

图 6-1 折旧费用分配模式

直线折旧法：

直线法

产量法

加速折旧法：

年数总和法

余额递减法

表 6-3 对这些折旧方法进行了举例说明。[1]

使用直线折旧法、产量法和年数总和法计算折旧费用时，都必须首先根据资产的成本减去估计残值后的余额来确定需计提折旧的总额；但在余额递减法中，资产残值仅在资产使用期期末才予以考虑，使资产期末账面净值等于其残值。

表 6-3 中所介绍的余额递减法被称为*双倍余额递减法*（double-declining balance），因为采用的资产折旧率等于直线折旧率的两倍。有时，折旧率也可以是直线折旧率的 1.5 倍，这种方法被称为 *150% 余额递减法*（150% declining-balance depreciation）。但无论使用何种折旧率，只要确定下来，每年对资产账面净值的递减余额都必须使用固定的折旧率。

尽管许多公司对其所有可折旧资产均采用单一的折旧方法，一致性原则其实只要求对一定年限内的某一项特定资产采用同一种折旧方法。因此，公司可以对某些资产采用加速折旧法，而对另一些资产采用直线折旧法，甚至对同一年度或不同年度内获得的相似资产也可以采用不同的折旧方法。所以，为了更好地理解利润表和资产负债表，报表使用者需在报表附注中找到使用的折旧方法（参见英特尔公司年报）。附表 6-1 概括了 600 家大公司向股东提供的财务报告所使用的折旧方法。

当然，资产的使用年限和残值只是估计而已，而会计人员往往会在工程师的协助下对这些因素做出较为精确的估测。在估计过程中，公司以往的经验和对设备重置的具体处理方法都应作为考虑的因素。若从所得税角度计提折旧（见“商业实务——所得税角度的折旧”），则各种折旧资产的使用年限（在美国）必须由《国内收入法》来决定，同时《国内收入法》还规定残值可以忽略不计。

具体实务中，折旧费用的计算还必须考虑到会计上的各种技术问题。例如，在会计年度中间取得或处置的资产，在该年度不到一年期间内折旧的计提、资产开始计提折旧后预计残值发生变化或者预计使用年限发生变化、资产的改良（或改善）

1　年数总和法没有说明，因为实际中很少使用。

表 6–3 折旧计算方法

假设：

Cruisers 公司于 2008 年初以 \$22 000 的成本购入一台浇铸机器。

该机器预计使用年限 5 年，估计残值 \$2 000。

此外，估计该机器在其使用寿命结束前可生产 200 个船体。

a. 直线折旧法

$$\text{每年折旧费用} = \frac{\text{成本} - \text{预计残值}}{\text{预计使用年限}}$$

$$= \frac{\$22\,000 - \$2\,000}{5\text{ 年}}$$

$$= \$4\,000$$

或者，先计算直线折旧率，然后用需计提折旧总额乘以直线折旧率：

$$\text{直线折旧率} = 1/\text{使用年限} = 1/5 = 20\%$$

$$\text{每年折旧费用} = (\text{成本} - \text{预计残值}) \times \text{直线折旧率}$$

$$= (\$22\,000 - \$2\,000) \times 20\%$$

$$= \$4\,000$$

b. 产量法

$$\text{每单位产品折旧费用} = \frac{\text{成本} - \text{预计残值}}{\text{预计总生产量}}$$

$$= \frac{\$22\,000 - \$2\,000}{200}$$

$$= \$100$$

每年折旧费用为 \$100 与船体年产量之积。

c. 余额递减法

$$\text{每年折旧费用} = \text{双倍直线折旧率} \times \text{年初资产净账面价值}$$

$$\text{直线折旧率} = 1/\text{使用年限} = 1/5 = 20\%$$

因此，双倍直线折旧率为 40%

年度	年初账面净值	系数	每年折旧费用	累计折旧	年末账面净值
2008	\$22 000	× 0.4 =	\$8 800	\$ 8 800	\$13 200
2009	13 200	× 0.4 =	5 280	14 080	7 920
2010	7 920	× 0.4 =	3 168	17 248	4 752
2011	4 752	× 0.4 =	1 901	19 149	2 851
2012	2 851	× 0.4 =	851*	20 000	2 000

* 资产使用最后一年的折旧费用，应使资产最后的账面净值等于资产的估计残值。

（续）

表 6–3（续）

各年不同折旧方法计提折旧费用小结：

年度	直线折旧法	余额递减法
2008	$ 4 000	$ 8 800
2009	4 000	5 280
2010	4 000	3 168
2011	4 000	1 901
2012	4 000	851
总额	$20 000	$20 000

注意，各种方法在 5 年内计提的折旧费用总额是相等的，只是折旧费用的分配模式不同而已。由于折旧是一项费用，因此不同折旧方法对经营利润的影响是反方向的；2008 年直线折旧法下的经营利润最高，而余额递减法下的经营利润最低。

附表 6–1　2000 年 600 家公开上市工业和商业企业所使用的折旧方法

	公司数目
方法：	
直线折旧法	586
余额递减法	16
年数总和法	6
加速折旧法（未具体注明）	32
产量法	22
其他	8

资料来源：*Accounting Trends and Techniques*, Table 3–14, copyright © 2005 by American Institute of Certified Public Accountants, Inc. Reprinted with permission.

及为简化折旧费用的计算而对同类资产整体计提折旧等，当然，这些问题已经超出了本书的范围：本书只要求大家理解不同折旧方法的计算及其对利润表中的折旧费用和资产负债表中累计折旧（账面净值）的影响。

商 业 实 务

所得税角度的折旧

从所得税角度考虑，折旧费用是一项可抵减的费用。尽管折旧费不直接影响现金流量，却可以抵减当年的应税所得。因此，大多数公司都倾向于尽可能多地计提折旧，以降低当年的应税所得，减少应交所得税。（美国）《国内收入法》一直都允许纳税人采用加速折旧法。资产估计可使用年限被认为是（除折旧计算方法之外）影响折旧费用金额的一个最重要的因素，多年来，纳税人与（美国）国内税收署（Internal Revenue Service）之间对此问题一直存在争议。

1981年，修订后的《国内收入法》允许公司对其1980年后购入并使用的资产采用“**加速成本回收制度**”（Accelerated Cost Recovery System，通常简称ACRS）。ACRS的实施简化了资产使用年限的估计，同时又允许公司使用类似于余额递减法的资产快速注销模式，因此大多数公司在所得税计算中开始采用加速成本回收制度。与存货的先进先出法成本流转假设（即财务报告和所得税计算中必须选用相同的方法）不同，ACRS没有强制要求“账面上”（即财务报表上）的折旧计算方法与税收计算中的折旧方法一致。因此，大多数公司在编制财务报表时仍然采用直线折旧法。

ACRS通常采用主观判断的、较短的资产使用年限，且对残值忽略不计。ACRS的出发点是：相对于确认折旧费用的传统方法，它可以使资产较快地实现“成本回收”，从而鼓励资产投资。例如，ACRS允许大多数机器和设备在3~5年内注销。

然而，1986年，美国税收改革法案出台，议会对ACRS条款进行了修改，此后的制度被称为“**修订后的加速成本回收制度**”（Modified Accelerated Cost Recovery System，简称MACRS）。MACRS将回收期延长，增加了对资产的分类，并对可抵减税收的折旧费用的计算方法做了明确规定。成本回收期需根据资产的类别及《国内收入法》中规定的该类资产的使用寿命来确定。大部分机器和设备的折旧采用双倍余额递减法，但对一些使用期较长的资产，则要求采用150%余额递减法，对建筑物则采用直线折旧法。

除了MACRS的规定之外，美国小型企业还受益于一条特别的税收减免条款，该条款允许企业将某些可折旧资产在购入当期立即作为可在税收计算中扣减的折旧费用处理。在一定的限制条件下，对于在贸易或经营中购入、使用的符合条件的可折旧资产，企业每年可选择不超过$112 000（2007年税收年度）的金额作为费用。这种立即扣减制度使企业不必为购入的少量资产而编制折旧计算表，从而便于管理。

由于ACRS使用主观判断的、较短的使用年限，因此本书不主张将其用于财务报告角度的折旧计算。MACRS的资产使用年限虽然更接近真实的使用年限，但如果将财务会计角度计算的折旧费用建立在经常会发生变动的税法条款基础上并不合适。然而，对于小型或中型企业而言，MACRS非常具有吸引力——这些企业之所以决定在财务报告中也采用同样的折旧方法，是因为企业为满足国内税收署的规定必须编制从税收角度计算的折旧表，而这样做可避免单独编制从财务角度计算的折旧费用表。

维护和修理费用

预防性维修支出和日常修理费用应当在其发生当期立即记作费用，然而由于确定某些维修支出时存在“灰色区域”，因此会计人员对此做出的判断也会有所不同。如果某项维修支出将延长原资产的折旧年限或增加资产残值，那么会计处理应将该项支出资本化，并按资产的折余价值在其剩余使用年限内计提折旧。

实务中，出于多种原因，大多数会计人员倾向于将维修支出费用化而不是资本化。修改折旧计算数据往往非常耗时，且又不能使企业获得较大收益。由于折旧的计算中包括使用年限和残值的估计，如果要对其重新修订，必须有足够的证据表明原先的估计是错误的；此外，从所得税角度考虑，大多数纳税企业都愿意将维修支出作为当期可扣减的费用（费用化）而不是在以后扣减（资本化，并计提折旧）。

由于会计人员对维修支出判断的不一致可能对净利润产生有利或不利的影响，因此，审计人员（内部和外部）和国内税务署在审核企业所报告的经营成果时，通常对于此类支出关注密切。

折旧资产的处置

当一项折旧资产出售或报废时，相关的资产账户及相关的累计折旧账户都要予以冲销。例如，将一件已经计提完折旧的设备抛弃（假定不存在残值）会对财务报表产生如下影响：

资产负债表	利润表
资产　=　负债　+　所有者权益	←净利润 = 收入　－　费用
－设备 ＋累计折旧	

相应的分录为：

	借	贷
借：累计折旧	XX	
贷：设备		XX

值得注意的是，该分录不会对资产总额及财务报表上的其他部分产生影响。

如果被处置资产由于存在估计残值或者尚未达到估计使用年限，其账面净值大于零，则资产的处置会产生利得或损失，除非该资产按照其账面净值出售。例如，假定一件设备的成本为 \$6 000，其账面净值等于估计残值 \$900，若该设备按照 \$1 200 出售，则会对财务报表产生如下影响：

资产负债表	利润表
资产 = 负债 + 所有者权益	←净利润 = 收入 − 费用
现金 +1 200 累计折旧 +5 100 设备 −6 000	设备出售利得 +300

记录该设备出售的分录为：

借：现金	1 200	
借：累计折旧	5 100*	
贷：设备		6 000
贷：设备出售利得		300
出售设备		

* 账面净值 = 成本 − 累计折旧

900 = 6 000 − 累计折旧

累计折旧 = 5 100

也可以假定上述设备必须报废，且无任何处置收入，则设备报废会对财务报表产生如下影响：

资产负债表	利润表
资产 = 负债 + 所有者权益	←净利润 = 收入 − 费用
累计折旧 +5 100 设备 −6 000	设备处理损失 −900

相应的分录为：

借：累计折旧	5 100	
借：设备处置损失	900	
贷：设备		6 000
设备报废		

事实上，折旧资产处置的损失或利得是对资产使用年限内计提的折旧费用总额的修正。如果对资产残值和使用年限的估计正确，资产的账面净值应等于资产出售或处置时的**实收款项**（proceeds）（如果有的话）。折旧费用无须追溯调整，因此资产处置利得和损失可作为报表使用者判断会计人员关于残值和使用年限估计准确性的基础。值得注意的是，资产处置利得和损失并不是企业经营利润的一部分：如果其金额较大，应作为单独的其他收入或费用项目在利润表中列示；如果金额较小，则在其他杂项收入中报告。

融资租赁资产

许多公司在经营过程中会选择租入资产，而不采用购买的方式。**经营租赁**（operating lease）指的是为使用资产而进行的、一般为短期的普通租赁，且不涉及资产所有权的归属。例如，承租方从出租方 Hertz 汽车租赁公司或 Avis 汽车租赁公司租入的汽车，必须在租赁期满时归还。因此，经营租赁下的租入资产不会反映在承租方的资产负债表上，同时租赁费必须作为经营费用在利润表上列示。

融资租赁（capital lease，又称“资本性租赁”）则会导致承租方承担租赁资产的所有相关风险和报酬。例如，承租方从某汽车经销行租入一辆汽车，并签订一份不可撤销租赁协议，租赁期为 5 年，且每月支付的租金实际上足已弥补汽车的成本、利息及管理成本。一般而言，如果一项租赁具有如下特征，我们就认为它属于融资租赁：

1. 租赁期满，租赁资产所有权转移给承租方。
2. 租赁期满，允许承租人对租赁资产享有廉价选购权。
3. 租赁期等于或超过了租赁资产使用年限的 75%。
4. 租赁付款额的**现值**（present value）等于或超过租赁资产公允市价的 90%。

实际上，融资租入资产的经济后果与直接以开出应付票据、并在资产使用期内按期支付利息、清偿本金的方法从外界购入资产并没有实质性的区别，因此，在承租方的资产负债表上应当反映该资产及相关负债；在承租方的利润表上，租入资产的成本要反映为折旧费用，而不是租赁费用，同时融资成本反映为利息费用。

在1976年FASB准则颁布以前，由于不愿意将与资产相关的负债反映在资产负债表上，许多公司并不对融资租入的资产加以记录，这就是所谓的“表外融资”（off-balance-sheet financing），它被认为是与充分披露原则相违背的。

目前，融资租入资产要求在资产负债表上与购入资产列示在一起。融资租入资产的成本及相关租赁负债的金额，应等于按照出租方用于确定各期租赁款的利率计算的租赁应付款现值。运用水平模型，融资租赁交易对财务报表的影响反映如下：

资产负债表	利润表
资产 = 负债 + 所有者权益	←净利润 = 收入 − 费用
1. 资产获取日 +设备 +融资租赁负债 2. 每年的折旧费用 −累计折旧 3. 每年支付租赁款 −现金 −融资租赁负债	 −折旧费用 −利息费用

记录融资租赁交易的相应分录如下：

1. 资产获取日		
借：设备	XX	
贷：融资租赁负债		XX
2. 每年的折旧费用		
借：折旧费用	XX	
贷：累计折旧		XX
3. 每年支付租赁款		
借：利息费用	XX	
借：融资租赁负债	XX	
贷：现金		XX

第一笔分录反映了资产的获取和相关财务负债的产生。第二笔分录与购入资产

一样，记录了每年的折旧费用。第三笔分录表明了支付租赁款对现金的影响，反映了向出租人借款（实质上）当期所需支付的利息费用，同时根据实际偿付承租人贷款的本金额冲减租赁负债。

为更加清楚地阐述融资租赁应付款和长期贷款之间的共同点，我们假定一家公司以 $217 765 的成本购入一套电脑系统，为购入该项资产以开出应付票据的方式借入款项，应付票据年利率为 10%，每年支付 $50 000，6 年付清。运用水平模型，对财务报表的影响反映如下：

资产负债表		利润表
资产　=　负债　+　所有者权益		←净利润　=　收入　–　费用
电脑设备	应付票据	
+217 765	+217 765	

相应的采购分录为：

借：电脑设备	217 765	
贷：应付票据		217 765

公司每年需计提和支付应付票据的利息，并支付本金，具体如下表所示：

年份	年初本金余额	利息（10%）	本金偿付额（$50 000– 利息）	年末本金余额
1	$217 765	$21 776	$28 224	$189 541
2	189 541	18 954	31 046	158 495
3	158 495	15 849	34 151	124 344
4	124 344	12 434	37 566	86 778
5	86 778	8 677	41 323	45 455
6	45 455	4 545	45 455	-0-

6 年后，应付票据全额清偿。

假如公司采用租赁方式租入该电脑系统，根据协议规定，6 年内每年支付租赁款 $50 000，而不是直接借款购入电脑设备，该笔交易对财务报表的影响与直接购入资产其实没有区别：这主要是因为全部租赁款的现值仍然为 $217 765（参见本章附表 6-5，10% 贴现率、6 期的现值系数为 4.3553。用年金 $50 000 乘以现值系数 4.3553 等于 $217 765）。运用水平模型，对财务报表的影响反映如下：

资产负债表			利润表
资产 =	负债 +	所有者权益	←净利润 = 收入 - 费用
电脑设备 +217 765	融资租赁负债 +217 765		

租赁起始日的分录为：

借：电脑设备	217 765	
贷：融资租赁负债		217 765

租赁期内，每年以租赁付款额的本金冲减融资租赁负债，利息确认为当期费用。此外，融资租入电脑设备还需每年计提折旧。因此，资产负债表上的负债和利润表上的费用与购入资产的情况是相同的。

最后再次强调，融资租赁会计处理的重要性就在于其所产生的经济后果与直接购入资产产生的经济后果实质上是相同的，且两者对财务报表的影响也是相同的。

无形资产

无形资产（intangible assets）是与不动产、厂房及购入或融资租入设备不同的一类长期资产，这是因为：无形资产要么表现为一种合同权利，要么产生于购买交易但又是一种不可辨认的资产，第一类主要包括租赁权、专利和商标；第二类主要指商誉。

厂房和设备的成本通过在其使用年限内计提折旧转为费用，与这相同，大部分无形资产的成本也在一定年限内逐渐转为费用，我们称之为无形资产**摊销**（amortization）。“摊销”专门用于描述如何将无形资产的成本由资产负债表转到利润表的这一过程。有形资产成本转移称为“折旧”，无形资产成本转移称为“摊销”。尽管所用术语不同，描述的过程是相同的。大部分无形资产在其使用年限内按照直线法摊销成本。无形资产摊销有时也会使用累计摊销账户，但大部分情况下，摊销费用会直接冲减相关无形资产的账面价值。因此，每期摊销对财务报表的影响如下：

资产负债表			利润表
资产 =	负债 +	所有者权益	←净利润 = 收入 - 费用
-无形资产			-摊销费用

相应的分录为：

借：摊销费用	XX	
贷：无形资产		XX

在利润表上，摊销费用通常包括在折旧费用中。值得注意的是，无论是折旧费用还是摊销费用，都不会涉及现金支出；只有购买资产或支付为获取资产所借款项时，才会发生现金支出。

租赁资产改良

当承租人对租入办公楼的办公空间进行整修（例如建造私人办公室等）时，整修成本应作为一项资本性支出，按租赁资产的使用期限和承租人租赁期中较短的期限进行摊销。这与建筑物或设备发生改良支出的概念是相同的，但两者所用术语不同。对于大量租用设施的企业（例如在商场中经营的小零售点或零售连锁店）而言，经常会发生大量的**租赁资产改良**（leasehold improvements）。

专利权、商标权和版权

专利权（patent）是政府部门授予所有者对其发明项目的使用和销售进行控制的专有证明，一般有效期为 20 年。**商标权**（trademark）一经联邦贸易委员会登记注册，只能由拥有该商标的企业或从商标拥有企业获得许可权的企业使用。商标权没有有效期的限制，但如果企业长期不使用该商标，则会失去该商标权。**版权**（copyright）是保护作者和艺术家的一种形式，以防止未授权的印刷品或音像制品复制出版，版权的有效期为其作者或艺术家的寿命期再加上 70 年。

企业获得专利权、商标权及版权会发生一定的成本，这些成本应当资本化，并按照其估计使用年限和法律规定年限中较短的期限摊销。专利权、商标权和版权的开发成本通常不会很高，此类无形资产的成本大多产生于从另一家企业购入商标、专利和版权。如果某项无形资产因某个产品（如可口可乐）的成功而具有很高的价值，但仍然保留在创造该产品品牌的企业内，其就不能作为企业的一项资产并被赋予价值。在某些情况下，有的企业会在其资产负债表上列示商标栏目或其他无形资产栏目，并用一元的名义价格进行报告，向报表使用者传达该公司拥有此类无形资产的信息。

企业通过拥有的无形资产而赚取的专利权使用费或特许转让费等，在利润表上报告为经营收入；同样，企业因使用其他企业的无形资产而发生的专利权使用费或特许转让费等，应在利润表上报告为经营费用。

商 誉

商誉（goodwill）主要在以下情况下产生：一家企业以高于净资产公允市价的价格购买另一家企业（第2章中说明了净资产等于总资产减去总负债）。为什么一家企业愿意以高于所购企业存货、厂房、设备和其他资产公允市价的价格购买该企业呢？当然，作为购买方的企业并不将这项交易视为资产的购买，而是将其作为“利润”的购买。购买者之所以愿意支付这个价格，正是因为其预计从这项投资中将获取足够的回报。如果被购企业能够获取比其净资产投资平均利润率更高的报酬率，那么被购企业所有者就能够向购买方提出比其净资产公允市价更高的价格；而被购企业之所以能够获取高于平均水平的报酬率，主要是企业优秀的管理层、较好的地理位置、极强的顾客忠诚度、独一无二的产品或服务，或是这些因素及其他一些因素的综合。

当一家企业购买另一家企业时，买价应首先分配到所获得的有形净资产中。这些净资产所记录的成本应当是其公允市价，一般通过资产评估方式确定。然后，这个成本就会作为厂房、设备的折旧基础，或是用来决定相关存货的销售成本。如果购买价超过了购入有形净资产的公允市价，则超出部分记为商誉。例如，Cruisers公司以现金 $1 000 000 购入一家企业，同时为这项交易还承担了 $100 000 的应付票据负债。被购企业净资产的公允市价为 $700 000，分配如下：存货，$250 000；土地，$150 000；建筑物，$400 000 及应付票据 $100 000。这笔交易对财务报表的影响如下：

资产负债表			利润表
资产 =	负债 +	所有者权益	←净利润 = 收入 － 费用
存货 +250 000 土地 +150 000 建筑物 +400 000 商誉 +300 000 现金 −1 000 000	应付票据 +100 000		

相应的分录为：

借：存货	$250 000	
借：土地	150 000	
借：建筑物	400 000	
借：商誉	300 000	
贷：应付票据		100 000
贷：现金		$1 000 000

商誉作为一项无形资产，不应进行摊销，而必须每年进行减值测试[1]。如果商誉的账面价值不超过其公允价值，则说明其未发生减值。但如果商誉的账面价值的确超过了公允市价，则应当把超过的金额记录为减值损失。虽然这项测试的详细过程更适合在高级会计教程中阐述，但减值损失对财务报表的影响比较简单易懂。以上面的 Cruisers 公司为例，假定在购入该企业三年后，产生商誉 $300 000 的公允市价仅为 $180 000，则就减值损失进行调整对财务报表的影响如下：

资产负债表	利润表
资产　=　负债　+　所有者权益	←净利润　=　收入　-　费用
商誉 -120 000	商誉减值损失 -120 000

记录减值损失的分录为：

借：商誉减值损失	120 000	
贷：商誉		120 000

一旦商誉被认为发生减值，且已经将其账面价值冲减为公允市价，则不允许此后因公允市价的恢复而调高其账面价值。上例中，$180 000 将成为商誉的新账面价值，在以后年度将以这个金额与其公允市价进行比较，以确定是否发生进一步减值。

上面的例子对于购受企业记录商誉和此后的减值损失做了基本的说明。商誉资产究竟是什么（或者应当是什么）？如何最好地对商誉进行记录、衡量和会计处理？显然，人们在这些问题上很难达成一致。对商誉的一种观点认为，商誉是被购企业能够获得的超出平均水平的报酬，按照购受企业期望投资报酬率贴现后的现值；换

1　参见 FASB 第 142 号准则：《商誉和其他无形资产》，2001 年 6 月。

言之，商誉就是一家企业现在愿意为预期的、高于被购净资产公允市价期望利润的超额报酬支付的金额。事实上，购受企业的分析人员在计算对被购企业的出价时，也大量采用了这种现值分析的方法。

一部分评论人士认为，商誉其实只是一项虚构资产，应该直接冲销企业的留存利润；还有一些人则认为，商誉至多属于一项应当在发生时认真加以评估的"特殊"资产。但是不管怎样，如果在投资报酬率的计算中将商誉包括在资产项下，投资报酬率将反映出管理人员通过这些资产获取报酬的能力。

自然资源

自然资源（如煤矿、原油储备、木材及矿产等）的会计处理，与折旧资产的会计处理类似；惟一不同的是，自然资源的耗用在会计上用"**折耗**"（depletion）而不是"折旧"来描述。尽管折耗费用的计算包含更为复杂的估计，但就本质而言，这两个概念是完全相同的。

例如，一家企业购买了原油或煤矿的开采权，则开采权的成本及油井或煤矿的开发成本都应当资本化。这些成本随着自然资源销售收入的实现，逐渐作为折耗费用转入利润表中。折耗费用一般在对自然资源开采数量的地理和工程估计的基础上采用直线法计算。因此，如果一个煤矿预计产煤2千万吨，成本为1亿美元，则每吨煤的折耗成本为5美元。在大多数情况下，在折耗费用分录中直接贷记或冲减资产的成本，而不再使用累计折耗账户。

实践中折耗费用的估计非常复杂。为了鼓励对自然资源的开采，联邦税法常常会对自然资源折耗的计算和处理做出特殊的规定，这往往使得根据税法计算的折耗费用与财务报表上确认的折耗费用存在一定的差异。

其他非流动资产

其他非流动资产包括长期投资、到期日距资产负债表日一年以上的应收票据、长期递延所得税资产及其他非流动资产，但当它们转为流动性项目（即一年内到期

商　业　实　务

对商誉的争议

和大多数国家一样，在美国，如果仅仅是企业管理层认为存在商誉，甚至企业收到了一个高于其资产账面价值的报价，企业都不能记录商誉——只有在企业实际发生了购买交易，并且购买价超过所获得净资产的公允市价时，购受企业才能确认商誉。美国对商誉的定义已被国际会计准则委员会（IASB）采纳，后者正逐步协调和统一对商誉的会计处理。IASB 的准则规定商誉在其使用年限内摊销，但不得超过 5 年，除非有正当理由表明可采用更长的摊销年限，一般的假设是摊销期限不得超过 20 年[1]。虽然在 IASB 的 100 多个成员国中仍然存在着对商誉的不同做法，但 IASB 缩短商誉允许摊销期限的努力无疑会提高各国财务报表间的可比性。

长期以来，美国财务会计准则委员会（FASB）始终致力于制定这一领域的准则。1999 年 9 月，FASB 颁布了一份征求意见稿（即讨论稿），其中规定商誉应当在不超过 20 年的期限内作为一项费用摊销，而不是原先美国在准则中允许的 40 年期限[2]。2000 年 12 月，由

于来自受影响公司、审计人员和投资者的压力，FASB 颁布了一份新的通告，宣布该委员会决定撤销以前的规定，并要求在大多数情况下对购入商誉的处理采用非摊销方法。根据所规定的减值法，现在只有在商誉的原始入账价值发生减损时才将其摊销到收益中[3]。FASB 认为一些入账的商誉资产不会发生减值，而上述方法与 FASB 的这一结论是一致的。由于非摊销方法允许公司无限期地保持商誉资产的价值，因此与 IASB 缩短商誉摊销期限的努力相悖，这无疑会阻碍在这一领域取得进展。

1 See International Accounting Standards Board, *International Accounting Standards 22*, 36, 38.

2 See FASB Proposed Standard, *Business Combinations and Intangible Assets*, September 2000.

3 See FASB Standard No. 142, *Goodwill and Other Intangible Assets*, June 2001.

项目）时，应将其反映在资产负债表上的流动资产项目下。此外，如果其他非流动性资产的金额较大，还应在与财务报表同时公布的附注或财务回顾部分中对其加以解释。

附　货币的时间价值

人们很早就知道两种理财行为：一是储蓄或投资的钱如果用复利来计算，可以产生很大的收益；二是如果可以选择早些时候或是晚些时候付款，则晚付款可能更有利。上面的第一种情形与终值概念相关，第二种情形则与现值概念有关，两者都是对货币时间价值的应用。

终值（future value）指的是在特定的若干期间内一项投资采用复利计息所累积的金额。复利是指按照期初本金和利息的加总金额计算的当期利息（利息也因此而赚取了利息）。例如，将 \$1 000 存入银行，年复利率为 10%，如果该账户在 4 年内未进行任何存取，则每年的结果如下：

年份	年初本金	利息（10% 复利率）	年末本金
1	\$1 000	\$100	\$1 100
2	1 100	110	1 210
3	1 210	121	1 331
4	1 331	133	1 464

这是我们非常熟悉的一个概念。这个过程可以用下面的时间线来表示：

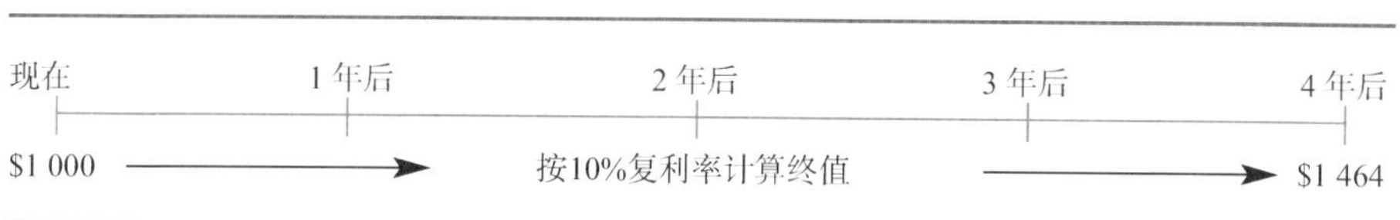

计算终值有专门的公式，许多电脑软件或商用计算器也具有终值计算功能。附表 6-2 给出了不同利率和不同复利期间对应的终值系数。可以看到，利率 10%、4 年的终值系数为 1.464，用这个系数乘以期初的本金，就可以得出终值。因此，如上所示，按照 10% 的年复利率，4 年后 \$1 000 的终值为 \$1 464。

有时候，在储蓄或投资中需要定期存 / 投入与初始投资相等的金额。我们称之为**"年金"**（annuity）；如果在每一复利期的期末投入资金，则为后付年金——通常的年金大多属于这种类型。年金的终值就等于各期投资额的终值之和。附表 6-3 给出了后付年金在不同利率和不同复利期间的年金终值系数。可以看到，利率 10%、2 年的年金终值系数为 2.100，这个金额等于：在第 1 期期末投资的资金在第 2 期之后的终值加上在第 2 期期末投资的资金。请思考一下，利率 10%、10 期、\$200 的后付年金，

附表 6-2　一美元终值系数

	利息率									
期间	4%	6%	8%	10%	12%	14%	16%	18%	20%	22%
1	1.040	1.060	1.080	1.100	1.120	1.140	1.160	1.180	1.200	1.220
2	1.082	1.124	1.166	1.210	1.254	1.300	1.346	1.392	1.440	1.488
3	1.125	1.191	1.260	1.331	1.405	1.482	1.561	1.643	1.728	1.816
4	1.170	1.262	1.360	1.464	1.574	1.689	1.811	1.939	2.074	2.215
5	1.217	1.338	1.469	1.611	1.762	1.925	2.100	2.288	2.488	2.703
10	1.480	1.791	2.159	2.594	3.106	3.707	4.411	5.234	6.192	7.305
15	1.801	2.397	3.172	4.177	5.474	7.138	9.266	11.974	15.407	19.742
20	2.191	3.207	4.661	6.727	9.646	13.743	19.461	27.393	38.338	53.358
30	3.243	5.743	10.063	17.449	29.960	50.950	85.850	143.371	237.376	389.758
40	4.801	10.286	21.725	45.259	93.051	188.884	378.721	750.378	1 469.772	2 847.038
50	7.107	18.420	46.902	117.391	289.002	700.233	1 670.704	3 927.357	9 100.438	20 796.561

附表 6-3　一美元（后付）年金的终值系数

	利息率									
期间	4%	6%	8%	10%	12%	14%	16%	18%	20%	22%
1	1.000	1.000	1.000	1.000	1.000	1.000	1.000	1.000	1.000	1.000
2	2.040	2.060	2.080	2.100	2.120	2.140	2.160	2.180	2.200	2.220
3	3.122	3.184	3.246	3.310	3.374	3.440	3.506	3.572	3.640	3.708
4	4.246	4.375	4.506	4.641	4.779	4.921	5.066	5.215	5.368	5.524
5	5.416	5.637	5.867	6.105	6.353	6.610	6.877	7.154	7.442	7.740
10	12.006	13.181	14.487	15.937	17.549	19.337	21.321	23.521	25.959	28.657
15	20.024	23.276	27.152	31.772	37.280	43.842	51.660	60.965	72.035	85.192
20	29.778	36.786	45.762	57.275	72.052	91.025	115.380	146.628	186.688	237.989
30	56.085	79.058	113.283	164.494	241.333	356.787	530.312	790.948	1 181.882	1 767.081
40	95.026	154.762	259.057	442.593	767.091	1 342.025	2 360.757	4 163.213	7 343.858	12 936.535
50	152.667	290.336	573.770	1 163.909	2 400.018	4 994.521	10 435.649	21 813.094	45 497.191	94 525.279

其终值是多少？这个金额与 \$200 的单笔金额投资 10 年后的终值相比有什么不同？

终值关注的是现在投资的一笔资金在未来某个时点的价值，而现值关注的则是未来某个时点支付或收到的一笔资金在现在的价值。现值计算同样是对复利这一在现代会计和商业实务中有着重要地位的概念的一种应用。许多企业或个人常常会面临这样的选择：究竟是现在立即付款有利，还是以后付款有利？显然，如果其他条件都相同，则推迟付款更为有利，因为在这段期间内，可以将这笔资金用于投资以获取利息。这说明了一个问题：资金具有时间价值。当然，现实生活中不太可能出现其他条件都相同的情况，在不同时间需支付的金额常常是不等的，例如，立即付款需支付 \$1 000，而延迟一年付款则需支付 \$1 100；或者从收款的角度讲，立即收款可收到 \$1 000，而一年后收款则可以收到 \$1 100。在这些情况下，可以借助现值分析来确定在财务上更为有利的收 / 付款方式。现值概念在财务报告角度已发展得相当完善，通常被用于对那些经很久期间才会产生现金流量的资产和负债的计价分析。美国财务会计准则委员会最近扩大了其概念框架的范围，把现值概念作为一种基础的会计计量方法更为正式地包括在其范围之内[1]。引用 FASB 的观点：

> 在会计计量中使用现值的目的是：在可能的情况下确定不同的预期未来现金流量组合之间的经济差异。如果没有现值概念，明天产生的 \$1 000 的现金流量与 10 年后产生的 \$1 000 的现金流量之间就不会显示出差别。由于现值概念区分了从其他角度看上去相似的现金流量，因此，相对于按照预期未来现金流量未贴现的加总额，根据预期未来现金流量现值进行的计量能够提供更为准确的信息。[2]

相对于终值而言，现值是从相反的角度来看待复利概念：同样使用上面列示的复利表内的数据，我们也可以说假定年复利率 10%，4 年后收到的 \$1 464 的现值为 \$1 000。如果用时间线来说明，只需将表示时间的箭头反过来即可：

---

1 See FASB, *Statement of Financial Accounting Concepts No. 7*, "Using Cash Flow Information and Present Value in Accounting Measurements" (Stamford, CT, 2000). Copyright © the Financial Accounting Standards Board, High Ridge Park, Stamford, CT 06905, U.S.A. Excerpted with permission. Copies of the complete document are available from the FASB.

2 FASB, *Statement of Financial Accounting Concepts No. 7*, "Highlights" (Stamford, CT, 2000). The FASB cautions that highlights are best understood in the context of the full stateme

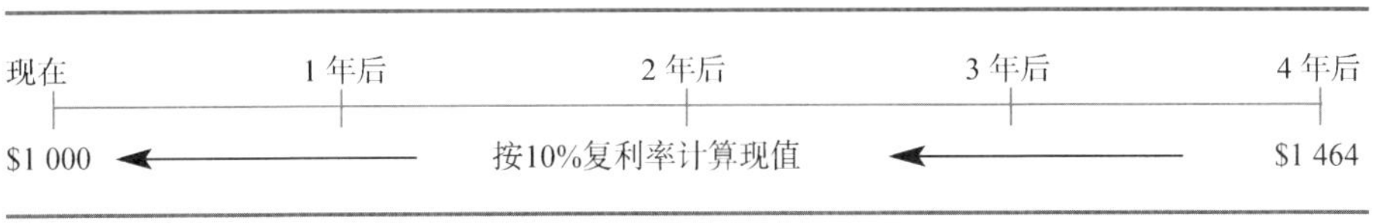

因此，如果某人在 4 年后应支付你 \$1 464，且双方约定在此期间公允利息率为年复利率 10%，则你也可以同意对方立即支付 \$1 000 结清欠款；或者，如果你欠对方一笔 4 年后支付的款项 \$1 464，你也可以通过立即支付 \$1 000 来结清欠款（同样假定公允利息率为年复利率 10%）。这是因为按照 10% 的复利率投资，\$1 000 在 4 年后可以获得 \$1 464；换言之，\$1 000 按 10% 复利率计算，4 年后的终值为 \$1 464；而 4 年后 \$1 464 的金额按 10% 复利率计算，现值为 \$1 000。

现值分析主要是在确认货币时间价值的基础上决定未来将支付或收到的某一金额等于现在的多少金额。货币的时间价值主要通过投资期内能够获得的利息来体现。现值分析中经常用**贴现率**（discount rate）一词来表示利息率。在上述例子中，4 年后的 \$1 464 按 10% 的贴现率计算现值是 \$1 000。因此，此例中货币的时间价值就体现为 4 年期内对借款人收取的利息 \$464。

尽管通货膨胀预期会影响到现值计算中使用的贴现率，但现值分析并不直接确认通货膨胀的影响。一般而言，预期通货膨胀率越高，现值分析中采用的贴现率就越高。

上述例子中仅仅考虑了未来将要收支的单笔资金的现值，有些交易会涉及若干期间内每一期间都收到或支付同样金额的资金，这种收付模式被称为年金。年金现值等于各期年金支付额现值的总和。

现在有专门的公式和软件可以计算单笔金额的现值和年金的现值，但无论采用哪种方法，现值计算中都要用到以下三个变量：未来将要收到或支付的金额、贴现率和贴现年限。附表 6-4 列示了计算一美元（单笔金额）现值的现值系数，附表 6-5 则给出了一美元年金在不同贴现率和不同贴现期间下的现值系数。看一下这两张表的结构，值得注意的是，无论给定的期间是几年，年金现值系数总是等于一美元现值表中对应的现值系数累加之和。例如，将附表 6-4 中 4% 贴现率所在列中 1、2、3 年的现值系数相加，与附表 6-5 中 4% 贴现率所在列中 3 年的现值系数相比较，可以发现两者都等于 2.7751。此外，（通过对两张表的观察）还可以发现：无论给定多少年，贴现率（利息率）愈高，现值愈小。要理解这一点，不妨回顾一下：现值与终值的运行方向正好相反。利率愈高，终值就愈大——反过来说，现值就愈小。最后，

附表 6-4 一美元现值系数

期间	贴现率									
	4%	6%	8%	10%	12%	14%	16%	18%	20%	22%
1	0.9615	0.9434	0.9259	0.9091	0.8929	0.8772	0.8621	0.8475	0.8333	0.8197
2	0.9246	0.8900	0.8573	0.8264	0.7972	0.7695	0.7432	0.7182	0.6944	0.6719
3	0.8890	0.8396	0.7938	0.7513	0.7118	0.6750	0.6407	0.6086	0.5787	0.5507
4	0.8548	0.7921	0.7350	0.6830	0.6355	0.5921	0.5523	0.5158	0.4823	0.4514
5	0.8219	0.7473	0.6806	0.6209	0.5674	0.5194	0.4761	0.4371	0.4019	0.3700
6	0.7903	0.7050	0.6302	0.5645	0.5066	0.4556	0.4104	0.3704	0.3349	0.3033
7	0.7599	0.6651	0.5835	0.5132	0.4523	0.3996	0.3538	0.3139	0.2791	0.2486
8	0.7307	0.6274	0.5403	0.4665	0.4039	0.3506	0.3050	0.2660	0.2326	0.2038
9	0.7026	0.5919	0.5002	0.4241	0.3606	0.3075	0.2630	0.2255	0.1938	0.1670
10	0.6756	0.5584	0.4632	0.3855	0.3220	0.2697	0.2267	0.1911	0.1615	0.1369
11	0.6496	0.5268	0.4289	0.3505	0.2875	0.2366	0.1954	0.1619	0.1346	0.1122
12	0.6246	0.4970	0.3971	0.3186	0.2567	0.2076	0.1685	0.1372	0.1122	0.0920
13	0.6006	0.4688	0.3677	0.2897	0.2292	0.1821	0.1452	0.1163	0.0935	0.0754
14	0.5775	0.4423	0.3405	0.2633	0.2046	0.1597	0.1252	0.0985	0.0779	0.0618
15	0.5553	0.4173	0.3152	0.2394	0.1827	0.1401	0.1079	0.0835	0.0649	0.0507
16	0.5339	0.3936	0.2919	0.2176	0.1631	0.1229	0.0930	0.0708	0.0541	0.0415
17	0.5134	0.3714	0.2703	0.1978	0.1456	0.1078	0.0802	0.0600	0.0451	0.0340
18	0.4936	0.3503	0.2502	0.1799	0.1300	0.0946	0.0691	0.0508	0.0376	0.0279
19	0.4746	0.3305	0.2317	0.1635	0.1161	0.0829	0.0596	0.0431	0.0313	0.0229
20	0.4564	0.3118	0.2145	0.1486	0.1037	0.0728	0.0514	0.0365	0.0261	0.0187
21	0.4388	0.2942	0.1987	0.1351	0.0926	0.0638	0.0443	0.0309	0.0217	0.0154
22	0.4220	0.2775	0.1839	0.1228	0.0826	0.0560	0.0382	0.0262	0.0181	0.0126
23	0.4057	0.2618	0.1703	0.1117	0.0738	0.0491	0.0329	0.0222	0.0151	0.0103
24	0.3901	0.2470	0.1577	0.1015	0.0659	0.0431	0.0284	0.0188	0.0126	0.0085
25	0.3751	0.2330	0.1460	0.0923	0.0588	0.0378	0.0245	0.0160	0.0105	0.0069
30	0.3083	0.1741	0.0994	0.0573	0.0334	0.0196	0.0116	0.0070	0.0042	0.0026
35	0.2534	0.1301	0.0676	0.0356	0.0189	0.0102	0.0055	0.0030	0.0017	0.0009
40	0.2083	0.0972	0.0460	0.0221	0.0107	0.0053	0.0026	0.0013	0.0007	0.0004
45	0.1712	0.0727	0.0313	0.0137	0.0061	0.0027	0.0013	0.0006	0.0003	0.0001
50	0.1407	0.0543	0.0213	0.0085	0.0035	0.0014	0.0006	0.0003	0.0001	0.0000

附表 6-5　一元年金的现值系数

	贴现率									
期间	4%	6%	8%	10%	12%	14%	16%	18%	20%	22%
1	0.9615	0.9434	0.9259	0.9091	0.8929	0.8772	0.8621	0.8475	0.8333	0.8197
2	1.8861	1.8334	1.7833	1.7335	1.6901	1.6467	1.6052	1.5656	1.5278	1.4915
3	2.7751	2.6730	2.5771	2.4869	2.4018	2.3216	2.2459	2.1743	2.1065	2.0422
4	3.6299	3.4651	3.3121	3.1699	3.0373	2.9137	2.7982	2.6901	2.5887	2.4936
5	4.4518	4.2124	3.9927	3.7908	3.6048	3.4331	3.2743	3.1272	2.9906	2.8636
6	5.2421	4.9173	4.6229	4.3553	4.1114	3.8887	3.6847	3.4976	3.3255	3.1669
7	6.0021	5.5824	5.2064	4.8684	4.5638	4.2883	4.0386	3.8115	3.6046	3.4155
8	6.7327	6.2098	5.7466	5.3349	4.9676	4.6389	4.3436	4.0776	3.8372	3.6193
9	7.4353	6.8017	6.2469	5.7590	5.3282	4.9464	4.6065	4.3030	4.0310	3.7863
10	8.1109	7.3601	6.7101	6.1446	5.6502	5.2161	4.8332	4.4941	4.1925	3.9232
11	8.7605	7.8869	7.1390	6.4951	5.9377	5.4527	5.0286	4.6560	4.3271	4.0354
12	9.3851	8.3838	7.5361	6.8137	6.1944	5.6603	5.1971	4.7932	4.4392	4.1274
13	9.9856	8.8527	7.9038	7.1034	6.4235	5.8424	5.3423	4.9095	4.5327	4.2028
14	10.5631	9.2950	8.2442	7.3667	6.6282	6.0021	5.4675	5.0081	4.6106	4.2646
15	11.1184	9.7122	8.5595	7.6061	6.8109	6.1422	5.5755	5.0916	4.6755	4.3152
16	11.6523	10.1059	8.8514	7.8237	6.9740	6.2651	5.6685	5.1624	4.7296	4.3567
17	12.1657	10.4773	9.1216	8.0216	7.1196	6.3729	5.7487	5.2223	4.7746	4.3908
18	12.6593	10.8276	9.3719	8.2014	7.2497	6.4674	5.8178	5.2732	4.8122	4.4187
19	13.1339	11.1581	9.6036	8.3649	7.3658	6.5504	5.8775	5.3162	4.8435	4.4415
20	13.5903	11.4699	9.8181	8.5136	7.4694	6.6231	5.9288	5.3527	4.8696	4.4603
21	14.0292	11.7641	10.0168	8.6487	7.5620	6.6870	5.9731	5.3837	4.8913	4.4756
22	14.4511	12.0416	10.2007	8.7715	7.6446	6.7429	6.0113	5.4099	4.9094	4.4882
23	14.8568	12.3034	10.3711	8.8832	4.7184	6.7921	6.0442	5.4321	4.9245	4.4985
24	15.2470	12.5504	10.5288	8.9847	7.7843	6.8351	6.0726	5.4509	4.9371	4.5070
25	15.6221	12.7834	10.6748	9.0770	7.8431	6.8729	6.0971	5.4669	4.9476	4.5139
30	17.2920	13.7648	11.2578	9.4269	8.0552	7.0027	6.1772	5.5168	4.9789	4.5338
35	18.6646	14.4982	11.6546	9.6442	8.1755	7.0700	6.2153	5.5386	4.9915	4.5411
40	19.7928	15.0463	11.9246	9.7791	8.2438	7.1050	6.2335	5.5482	4.9966	4.5439
45	20.7200	15.4558	12.1084	9.8628	8.2825	7.1232	6.2421	5.5523	4.9986	4.5449
50	21.4822	15.7619	12.2335	9.9148	8.3045	7.1327	6.2463	5.5541	4.9995	4.5452

从附表 6-4 中可以看出，若给定一个利息率，期间越长，一美元的现值就越小。附表 6-5 中同样可以反映出这一现象，但由于年金现值代表的是一个累计数，因此这一点并不是非常直观；但我们至少可以发现：每增加一个期间，累加到前一个现值系数上的数值便会变小。

如果要计算一笔金额的现值，只需从现值表中找到相应的现值系数，然后再乘以未来将收到或支付的金额即可。沿用前面的例子，我们可以计算出 4 年后收到的 \$1 464 的金额，按 10% 贴现率计算的现值如下：

\$1 464×0.6830（附表 6-4，10%，4 年）

=\$1 000（四舍五入）

由此，我们可以计算 20 年付清、每年支付 \$50 000、贴现率为 12% 情况下总额 \$1 000 000 的彩票奖金的现值。首先画出时间线：

这是一个年金现值问题，因此可以用年金（\$50 000）乘以附表 6-5 中对应的年金系数。解答如下：

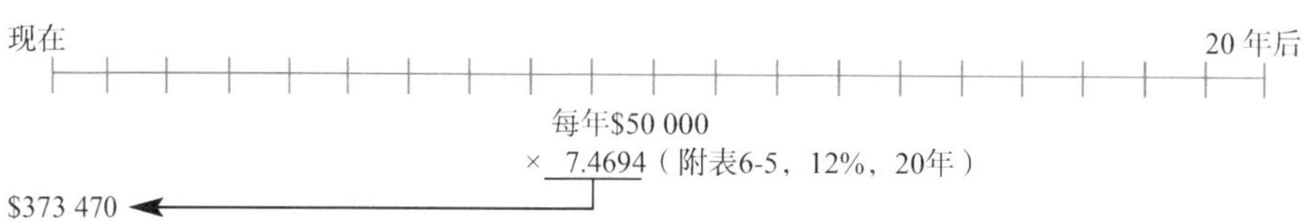

尽管我们计算出的 \$373 470 的金额不会减少中奖者所获得的实际价值，但按照这个现值中奖者显然不可能立刻成为百万富翁。彩票中心只需按照 12% 的利息率，现在将 \$373 470 存入银行，就可以从现在开始连续 20 年每年支付中奖者 \$50 000。同样的道理，我们可以分别计算出 8% 贴现率和 16% 贴现率下的彩票奖金现值（这些计算需要花些时间）。不妨想像一下，如果《天生倒霉蛋》（*The Born Loser*）连环漫画男主角的妻子听到自己的丈夫中了 100 万美元——但每年只能拿到 1 美元，要用整整 100 万年才能拿完时，会有什么感觉！从这些例子中，我们可以发现贴现率的选择及相关的时间跨度将对未来现金流量的现值产生直接影响。

现在来看另一个例子。假定你即将工作的公司向员工提供3项红利支付计划，要求你从中选择：红利计划 A 是现在立即支付 $3 000；红利计划 B 是 3 年后支付 $4 000；红利计划 C 是从现在起 3 年内每年支付 $1 225。如果 3 项红利计划下的贴现率都为 8%，你会选择哪一项呢？首先，我们需要计算各项红利方案的现值，然后才能加以比较。可以采用时间线方法计算如下：

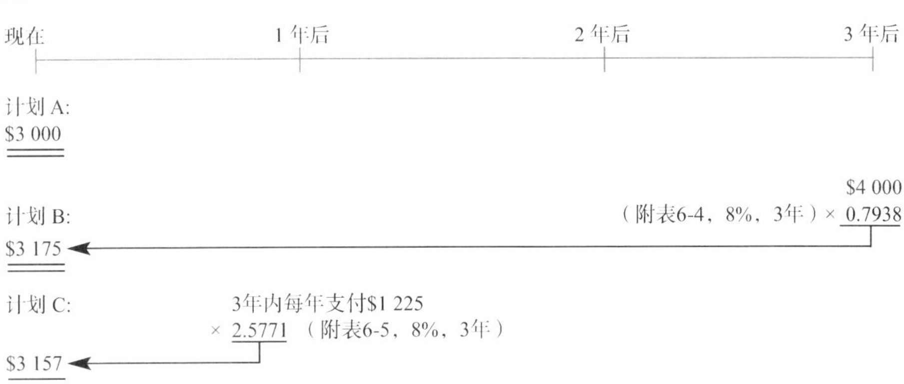

我们看到，红利计划 B 的现值最大；因此，根据现值分析，红利计划 B 为最优方案。

另外，复利的计算频率也是影响终值和现值计算的一个重要因素。例如，在复利条件下，你肯定更倾向于对自己的储蓄账户每月计息一次，或每周计息一次，甚至每天计息一次，而不是每年计息一次，因为复利计算次数越多，赚取的利息就越多。对于这一点，我们可以通过将年贴现率除以每年复利期数，换算为每个复利期间的贴现率，并以此进行现值计算来证明。同样，总复利期数应调整为每年的复利期乘以年份数。例如，6 年后收到或支付的 $1 000，按年贴现率 16% 计算，其现值为 $410.40（附表 6-4 中 16% 贴现率、6 年的现值系数 0.4104 乘以 $1 000）。若改为每季度计息一次，或者说每年计息四次，则此时计算现值的现值系数就应当对应附表 6-4 中 4% 贴现率（年 16%/ 每年 4 期）、24 期（6 年 × 每年 4 期），为 0.3901。因此，6 年后收到或支付的 $1 000，按年贴现率 16%，每季度计息一次，其现值为 $390.10。分别用时间线表示，若每年计息一次，为：

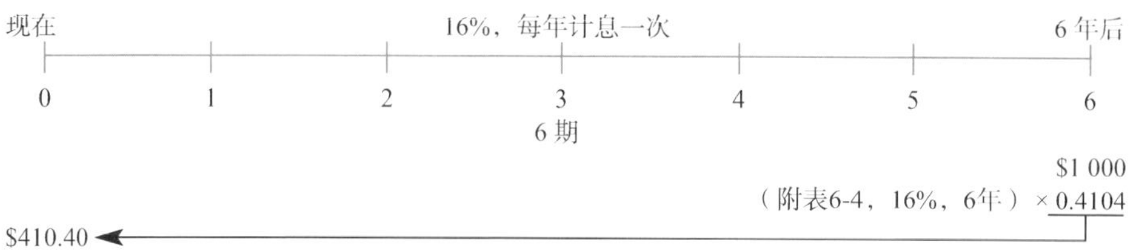

若每季度计息一次，则为：

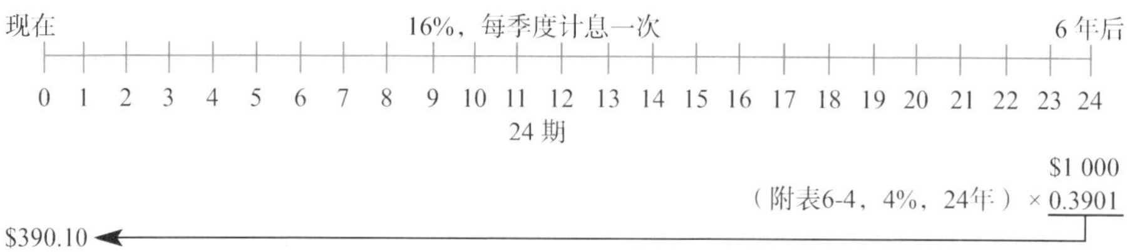

从上例中我们可以看到，若每年计息一次，则 $1 000 的现值为 $410.40，而每季度计复利一次的现值为 $390.10。通过这种直观的比较不难看出，对单一金额贴现而言，复利计算频率越高，其现值越小。尽管两者的年贴现率都为 16%，但是前者只能每年计复利一次，而后者却可以每季度计复利一次。虽然起始金额不同，但 6 年后收到的金额都是 $1 000。为了测试对上述计算过程的理解，不妨用年金现值计算进行同样的验证：假定一份 10 年期 $100 的年金，年贴现率为 16%，则其年金现值为 $483.32，而如果是一份每半年支付 $50 的年金，同样是 10 年期，年贴现率为 16%（半年年金贴现率 8%），则其年金现值为 $490.91。所以，年金复利计算频率越高，年金现值越大，因为复利期间越短，收到或支付年金金额就越快。

上述这些概念可能大多显得非常复杂，但你可以凭借常识对现值分析的结果加以印证。要知道，现在的一美元钱在明天或一年后的价值就不止一美元。这就解释了为什么企业都倾向于加快应收账款的回收或其他现金流入。对现金支付则要从相反的思路来考虑，这也就是为什么企业会尽可能延迟支付应付账款的原因。一种较为流行的说法是："钱在自己手中好过在顾客或供应商手中。"接下来的几章，我们还会对现值分析在企业各项业务中的一些具体应用进行阐述。通过对本章的初步学习，你可以对后面内容有更好的理解。

第7章

负债的会计处理和列示

非负债是会计主体承担的义务，FASB 将其定义为："负债是特定会计主体因已经发生的交易或事项而承担的将来要向其他会计主体转让资产或提供劳务的现有义务，该义务将导致将来对经济利益的放弃。"[1] 值得注意的是，只有因过去的交易或事项而形成在将来可能要放弃资源的情况时，现时义务才能被确认为负债。因此，下列项目不应当记录为负债：(1) 为可能发生的存货采购业务进行的谈判，(2) 通货膨胀引起的资产重置成本的上升，(3) 企业未决诉讼案引起的或有损失，除非该损失很可能发生，且金额可以估计。

符合上述定义的大多数负债是通过贷款形式取得信用（应付票据）而引起的，或是在正常经营过程中产生的——例如，供应商在收取货款前发送商品（产生应付账款），或一名员工在下周拿到前一周工作的劳动报酬（产生应付工资）。正如前几章所讲的，在收入费用配比原则的要求下，很多负债是以预提形式核算的。在一些资产负债表中，这些负债用"预提费用"科目来表示，它实际上是"费用预提所产生的负债"的简称。记住收入和费用只在利润表中列示，就不会把这些术语混淆起来。流动负债是指自资产负债表日起一年内必须偿付的债务；长期负债是指自资产负债表日起超过一年的时间里偿付的债务。资产负债表中常见的负债项目有：

1 FASB, *Statement of Financial Accounting Concepts No. 6*, "Elements of Financial Statements" (Stamford, CT, 1985), para. 35. Copyright © by the Financial Accounting Standards Board, High Ridge Park, Stamford, CT 06905, U.S.A. Quoted with permission. Copies of the complete document are available from the FASB.

流动负债：

应付账款

短期负债（应付票据）

一年内到期的长期负债

未实现收入或递延贷项

其他应计负债

长期负债：

长期债务（应付债券）

递延所得税负债

子公司少数股东权益

流动负债和长期负债项目的列示顺序是由其流动性（即负债到期时间长短）和管理者的偏好决定的。

从附录中英特尔公司合并资产负债表的负债部分可以看出，这些项目中大部分与债务、应计负债和所得税有关。与这些项目相关的经济业务和会计处理，是本章探讨的主要内容。近几年 FASB 讨论的一些最具争议的重大问题（包括所得税会计、养老金会计、子公司的合并等），都和资产负债表中的负债部分有关。这些问题之所以引起广泛关注，一个主要的原因是，负债的确认往往伴随着费用的确认。费用会减少企业的净利润，而净利润的减少意味着投资报酬率（ROI）的降低。请在对本章的学习过程中谨记以上这些关系。

表 7-1 重点标明了本章详细阐述的资产负债表科目，并列出了受这些科目影响的利润表项目和现金流量表项目。

流动负债

短期负债

很多企业的产品和劳务需求在一年当中会出现季节性波动。例如，小型游艇制造商 Cruisers 公司的产品在春季和初夏的市场需求比冬季要大。为了最有效地使用生

表 7–1　财务报表概览

资产负债表			
流动资产	**章**	**流动负债**	**章**
现金和现金等价物	5，9	短期负债	7
短期有价证券	5	长期负债中一年内到期的部分	7
应收账款	5，9	应付账款	7
应收票据	5	未实现收入或递延贷项	7
存货	5，9	工资税和其他代扣代缴项目	7
预付费用	5	其他应计负债	7
递延所得税资产	5	**非流动负债**	
非流动资产		长期负债	7
土地	6	递延收入所得税	7
建筑物和设备	6	其他长期负债	7
融资租赁资产	6	**所有者权益**	
无形资产	6	普通股	8
自然资源	6	优先股	8
其他非流动资产	6	资本公积	8
		留存利润	8
		库藏股	8
		累计其他综合收益（损失）	8

利润表		现金流量表	
销售额	5，9	**经营活动**	
销售成本	5，9	净利润	5，6，7，8，9
毛利（或毛益）	5，9	折旧费用	6，9
销售和管理费用	5，6，9	资产销售利得（损失）	6，9
经营利润	9	流动资产（增加）减少	5，9
资产销售利得（损失）	6，9	流动负债增加（减少）	5，9
利息收入	5，9	**投资活动**	
利息费用	7，9	不动产、厂房和设备销售所得	6，9
所得税	9	购买不动产、厂房和设备	6，9
非常项目	9	**筹资活动**	
净利润	5，6，7，8，9	长期借款得到的现金	7，9
每股收益	9	偿还长期借款	7，9
		发行普通股 / 优先股	8，9
本章的主要内容		购买库藏股	8，9
其他受影响的财务报表项目		支付股利	8，9

产设备，Cruisers 公司计划在一年中按同一水平生产小艇。这意味着在秋冬两季小艇的库存将增加，以保证有足够的小艇满足春夏两季市场的需求。为给增加的库存筹措资金，并保证按时支付供应商货款和员工工资，Cruisers 公司可能会从银行取得**营运资本贷款**（working capital loan）。这种类型的短期借款可以通过收回存货销售产生的应收账款而得到偿付。短期借款通常有**到期日**（maturity date），即偿还借款的具体日期。有时候，公司会和银行谈判，以获得**周转信贷额度**（revolving line of credit）。信贷额度代表了预先确定的最大贷款额度，但是公司在借款时间和金额上有一定的灵活性。借款一般会有具体的还款时间表或双方达成协议保证所有借款在特定日期之前偿还。不管借款的具体安排如何，借款对财务报表的影响如下：

资产负债表			利润表
资产	= 负债	+ 所有者权益	←净利润 = 收入 - 费用
+现金	+短期负债		

记录这笔借款的分录为：

借：现金	XX	
贷：短期负债		XX
从银行借入资金		

由此类交易产生的短期负债有时也称为**应付票据**（note payable）。这种票据是对在规定时间支付确定金额的一种正式承诺，通常标明利率，有时有抵押品作为担保。很多公司把与短期借款及其偿还相关的现金流量作为筹资活动进行报告，但作者认为这种分类不适于营运资本贷款。

几乎任何借款都会涉及利息费用，因此在借款期的每个会计期间都应合理记录利息费用。在“商业实务——利息计算方法”中将具体介绍计算利息的几种不同的方法。

最低贷款利率（prime rate）是描述短期贷款利率时经常用到的一个术语，它是由出借人对信誉度最高的借款人估算的利率水平；然而，在现实中最低贷款利率只是一个基准利率。最低贷款利率由出借人根据借贷市场的供求关系做上下调整。例如，借款利率可用“最低利率加 1”来表示，这表明借款人的借款利率是最低利率加上 1%。在贷款期间利率很可能会发生变化——当利率发生变化时，在利率水平不同的每个期间应单独计算利息。

商 业 实 务

利息计算方法

出借方可以用直线法（单利）和贴现法两种方法计算利息。直线法是根据借款时间长短对借款人实际得到的货币金额收取利息。**贴现贷款**（discount loan）的利息是以贷款的本金为基础计算的，借款人得到的金额是将利息从本金中扣除后的余额。事实上，在贴现贷款中，借款人已提前支付了利息。假设现有借款期一年、金额为 \$1 000、年利率为 12% 的一笔借款。

直线利息法

利息计算的直线法（interest calculation–straight basis）的步骤如下：

$$\begin{aligned}\text{利息} &= \text{本金} \times \text{年利率} \times \text{时间（年限）}\\ &= \$1\ 000 \times 0.12 \times 1\\ &= \$120\end{aligned}$$

票据到期日，借款人将归还本金 \$1 000 及所欠利息 \$120。借款人承担的实际利率——**年百分率**（annual percentage rate，APR）——为 12%：

$$\begin{aligned}\text{年百分率（APR）} &= \text{支付的利息} / \text{可用资金额} \times \text{时间（年限）}\\ &= \$120/\$1\ 000 \times 1\\ &= 12\%\end{aligned}$$

这是第 6 章所讲的现值概念的另一种运用。借款日的负债金额是将来应偿付金额按实际利率贴现后的现值，其中实际利率是出借人预期的投资报酬率。举例说明，借款人一年后应归还的金额为 \$1 120，即 \$1 000 的本金加上 \$120 的利息。从附表 6-4 中可查出，12% 对应的一年期现值系数为 0.8929；\$1 120 × 0.8929 ≈ \$1 000（四舍五入）。从下面的时间线中可以清楚地看出这些关系：

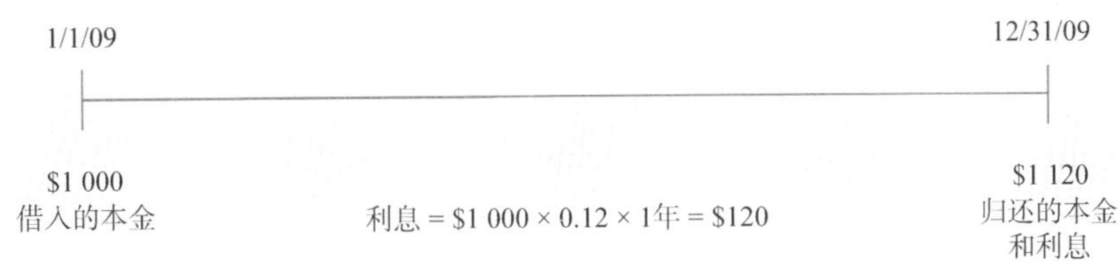

贴现法

利息计算的贴现法（interest calculation–discount basis）和上面的计算相同，只是将利息从本金中扣除，借款人得到的是扣除利息后的余额。在本例中，实收金额为 \$880（\$1 000–\$120）。票据到期日借款人的偿付金额只是 \$1 000 的本金，因为利息已经在取得借款时通过从本金中扣除的方式提前支付了。下面的时间线可以清楚地说明这些关系：

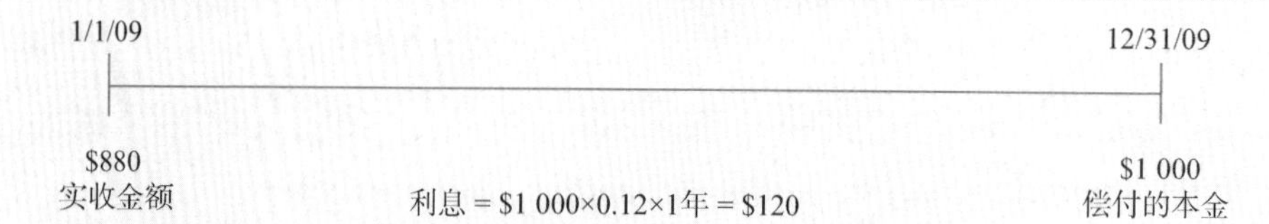

年百分率（APR）= 支付的利息 / 可用资金额 × 时间（年限）

= \$120/\$880 × 1

= 13.6%

运用现值分析可知，借款日负债的账面价值等于将来应归还的金额（即 \$1 000）乘以 13.6% 贴现率、一年期的现值系数。虽然附表 6-4 中没有明确指出这一现值系数，但是通过对 12% 和 14% 贴现率所对应的现值系数进行**插值法**（interpolating）运算，可近似得到 13.6% 对应的一年期现值系数为 0.8803。

分期贷款是在贷款期间分期归还贷款的一种贷款形式，平均只有一半的贷款额可以在整个贷款期内使用，因此，分期贷款的实际利率大约是到期一次付清本金的定期贷款利率的两倍。

最后需要指出，用直线法还是用贴现法计算利息，采用分期贷款形式还是定期贷款形式其实并不重要，真正重要的是年百分率（APR）或实际利率水平的高低。借款人的目标是尽可能降低 APR（根据美国联邦贷款法 APR 必须进行披露）。

对以直线法计算利息的贷款，应当每期计提利息。计提利息对财务报表的影响如下：

资产负债表	利润表
资产 = 负债 + 所有者权益	←净利润 = 收入 – 费用
+应付利息	–利息费用

计提利息的分录为：

借：利息费用…………	XX
贷：应付利息…………	XX
计提当期利息	

应付利息属于流动负债，因为它将在自资产负债表日起一年内偿付。应付利息可以单独列示，也可并入资产负债表流动负债部分的其他应计负债项目。

对于以贴现法计算利息的贷款，其现金实收款项（proceeds）代表负债的最初账面价值。沿用刚才商业实务中贴现法的例子，对借款人而言，贴现对财务报表的影响如下：

资产负债表			利润表
资产 =	负债 +	所有者权益	←净利润 = 收入 – 费用
现金 +880	短期负债 +1 000 短期负债贴现 –120		

记录贴现票据实收款项的分录为：

借：现金…………	880	
借：短期负债贴现…………	120	
贷：短期负债…………		1 000

短期负债贴现是一项**备抵负债**（contra liability），在资产负债表中作为短期负债的减项。当发生利息费用时，短期负债贴现的摊销如下：

资产负债表			利润表
资产 =	负债 +	所有者权益	←净利润 = 收入 – 费用
	+短期负债贴现		–利息费用

相应的分录为：

借：利息费用…………	XX	
贷：短期负债贴现…………		XX

将贴现金额摊销至利息费用既不影响现金账户也不影响应付利息账户。随着利息费用的确认，净利润将下降，同时随着贴现的摊销，短期负债的账面净值会增加。

一年内到期的长期负债

当企业进行长期借款时（本章的稍后部分会专门讨论长期借款），资金的出借方有时会要求本金以分期的方式进行偿付，所以每年都会有一定比例的债务到期并偿还。自资产负债表日起一年之内需要偿还的长期负债，应从资产负债表上的长期负债科目转入**一年内到期的长期负债**（current maturities of long-term debt）科目，该科目的金额列示在流动负债部分，但由于这些金额产生于长期借款业务，因此应与短期负债分开列示。长期借款的应付利息归为其他应付利息，在报表中也可并入其他应计负债科目。

应付账款

应付账款（accounts payable）核算的主要内容是，企业在商业信用基础上欠供应商的货款或劳务费。应付账款与应收账款在核算有所不同，应收账款反映的是扣除预期现金折扣后的净值，而对于在付款期限内偿还欠款即可获得现金折扣的应付账款，一般不扣除现金折扣额。这种处理方法符合重要性原则，因为现金折扣额对企业的财务状况或经营成果不会产生重大影响；但是，如果以考虑预期现金折扣后的购买净值作为应付账款，则应按预期支付的金额予以反映。

在核算附有现金折扣条件的购买交易时，可采用总额法和净额法两种方法，两种方法之间的差异表现在对现金折扣确认的时间不同；在总额法下，只有当发票在折扣期内被支付时才确认现金折扣；净额法则假设企业会享受所有的现金折扣，因此在最初记录采购业务时便确认现金折扣——当企业丧失现金折扣条件时，现金折扣额被确认为费用。在“商业实务——采购业务核算中的总额法和净额法”中，将对上述方法进行评价。

未实现收入或递延贷项

顾客经常会在产品或劳务交付之前支付产品价款或劳务费。企业在相关收入实现前收取的现金被记为**未实现收入**（unearned revenue）或**递延贷项**（deferred credit），属于流动负债。根据收入费用配比原则，企业应把未实现收入分配到提供劳务或交付产品的会计期间。在第4章的调整分录中对提前取得收入的会计核算就有所探讨。

商　业　实　务

采购业务核算中的总额法和净额法

由于现金折扣代表很高的投资报酬率（参见第 5 章的“商业实务——现金折扣”），所以大部分公司都建立了严格遵循的内部控制制度，确保自己尽可能地享受供应商提供的现金折扣条款。很多公司采用净额法核算采购业务，因为该方法假设企业会享受最大限度的现金折扣。在净额法下，如果企业超过折扣期限支付款项即丧失现金折扣条件时，丧失的现金折扣额通过采购折扣损失科目计作费用。反映在财务报表上的该项费用说明企业未享受到现金折扣，这样能有效地提醒管理当局采取合理的措施，以消除或使未来丧失现金折扣的情况减至最小。由于在净额法下，任何未遵循“尽可能享受现金折扣”政策的行为，都会在财务报表中得到揭示，因此净额法有助于强化企业内部的控制系统。由于大多数企业通常会在折扣期内付款，而用净额法核算折扣期内的付款时无须另设科目，因此净额法在实务中是一种简单易行的方法。

总额法将企业享受到的现金折扣计作产品销售成本的减项，反映在利润表中，而对企业丧失的现金折扣额不予揭示，因此管理当局不易掌握遵循内部控制制度的情况。在总额法下，由于每次核算现金折扣时都要调整采购折扣科目，所以在使用总额法核算的过程中会用到较多的账户，但在实践中仍有很多企业使用总额法。

为进一步对采购业务核算中的净额法和总额法进行介绍和比较，现假设某一笔采购业务的金额为 $1 000，信用条款为 2/10，n30。

两种方法对财务报表的影响如下：

资产负债表	利润表
资产　=　负债　+　所有者权益	←净利润　=　收入　−　费用
A. 总额法	
1. 记录采购：	
存货　　应付账款	
+1 000　　+1 000	
2. 折扣期内付款：	
现金　　应付账款	采购折扣*
−980　　−1 000	+20
3. 折扣期后付款：	*（产品销售成本的减项）
现金　　应付账款	
−1 000　　−1 000	

（续）

资产负债表			利润表
资产 =	负债 +	所有者权益	←净利润 = 收入 - 费用
B. 净额法			
1. 记录采购：			
存货	应付账款		
+980	+980		
2. 折扣期内付款：			
现金	应付账款		
–980	–980		
3. 折扣期后付款：			
现金	应付账款		采购折扣损失
–1 000	–980		–20

相应的分录为：

	使用方法			
	净额法		总额法	
1. 记录采购				
借：存货	1 000		980	
贷：应付账款		1 000		980
2. 折扣期内付款				
借：应付账款	1 000		980	
贷：现金		980		980
贷：采购折扣		20		
3. 折扣期后付款				
借：采购折扣损失			20	
借：应付账款	1 000		980	
贷：现金		1 000		1 000

为进一步阐述，现假设一杂志出版商要求订阅者提前付款——这笔交易及后续调整事项对财务报表的影响如下：

资产负债表			利润表		
资产 =	负债 +	所有者权益	←净利润 =	收入 −	费用
收到现金订阅款：					
+ 现金	+ 未实现订阅收入				
在收入赚取（杂志发送）会计期间的调整：					
	− 未实现订阅收入			+ 订阅收入	

记录这笔交易的分录为：

借：现金	XX	
贷：未实现订阅收入		XX

收入赚取会计期间的调整分录为：

借：未实现订阅收入	XX	
贷：订阅收入		XX

仔细想想这种情形，你会发现：上述交易与第 5 章中预付费用或递延费用业务正好相反：在预付费用或递延费用业务中，现金在当期支付，而费用在以后期间确认；在未实现收入或递延贷项业务中，现金在当期取得，而收入在以后期间确认。

客户交纳的保证金也应通过递延贷项科目进行核算。如果保证金是产品或劳务的预收款，那么当产品或劳务提供后，保证金应从负债项目转移到收入项目；或者，举例来说，如果企业向客户收取押金——以确保可回收包装物的收回，当客户归还包装物时，企业应将押金退还给客户，押金的退还将减少（贷记）现金，同时消除（借记）债务。

未实现收入或递延贷项通常归入资产负债表流动负债部分的其他应计负债项目中。

工资税和其他代扣代缴项目

员工在计薪期间取得的全部工资，包括奖金和加班费，称为员工的**总报酬**（gross

pay)，这代表雇佣企业在该期间发生的工资费用。从该金额中扣除相关项目后可以计算出员工得到的**净报酬**（net pay）（即实得工资），这代表企业的应付工资（或应计工资）。在美国，员工总报酬中最大的扣除项通常是联邦和州所得税代扣项和 **FICA 税**（FICA tax）代扣项，但员工们还常常会自愿缴纳一些费用，如医疗保险、养老金辅助计划、工会费、联合之路基金（the United Way）及其他各种项目。对于每一个代扣代缴项目，雇主都有责任替员工将款项汇给相应的机构。因此，企业应该为每一个相关的项目设立单独的负债科目（如代扣联邦所得税）予以核算。上述业务对财务报表的影响如下：

资产负债表	利润表
资产 = 负债 + 所有者权益	←净利润 = 收入 - 费用
+应付工资 +代扣负债	-工资费用

核算企业工资负债的分录为：

	借	贷
借：工资费用（等于总报酬）	XX	
贷：应付工资（或应计工资，等于净报酬）		XX
贷：代扣负债（各种项目）		XX

当支付代扣款时，现金和相应的代扣负债同时减少。

在美国，大多数企业根据其支付给员工的报酬金额交纳联邦和州工资税。这些直接由雇佣企业缴纳的税金包括联邦和州失业税及 FICA 税金中由雇主承担的部分。企业在计提报酬费用时，应合理确认雇主应付的税金——这涉及对工资税费用和相关负债的确认，其对财务报表的影响如下：

资产负债表	利润表
资产 = 负债 + 所有者权益	←净利润 = 收入 - 费用
+应付工资税	-工资税费用

记录企业工资税负债的分录为：

	借	贷
借：工资税费用	XX	
贷：应付工资税（或应计工资税）		XX

在支付税金时，经营现金流量和相应的负债项目同时减少。

应计工资、代扣负债及应计工资税等负债项目在资产负债表中常被归入流动负债部分的其他应计负债项目中。

其他应计负债

如上所述，其他应计负债项目通常包括应付工资科目及大多数未实现收入 / 递延贷项科目。应计财产税、应计利息（如果不单独列示）、估计担保负债及其他预提费用（如应付广告和保险费），也常常包括在其他应计负债项目中——这是对配比原则的又一次运用，其中的每个项目都表示一项已经发生但尚未支付的费用。确认上述费用并反映相关的负债，能够使财务报表更全面地反映企业的经营成果（利润表）和财务状况（资产负债表）。

以应计财产税为例，假设 Cruisers 公司经营所在城市的财产税税单一般在次年 4 月下发，税款在 7 月份支付，因此，需要编制调整分录来核算每年的财产税费用。此项调整对财务报表的影响如下：

资产负债表	利润表
资产 = 负债 + 所有者权益	←净利润 = 收入 − 费用
+应付财产税	−财产税费用

相应的分录为：

借：财产税费用	XX	
贷：应付财产税		XX

次年 4 月收到税单时，应付财产税金额应调整为 7 月实际应支付的金额——该项调整会影响到当年的财产税费用账户的金额；但是上年财务报告中负债和费用的金额无需调整，因为有关数据是在当时可获得的最合理信息基础上估计出来的。

一个企业估计的产品质量担保费和产品性能担保费也在应计负债的核算范围内。在确认产品销售收入的同一期间应当确认产品将发生的估计担保费。虽然相关的费用和负债金额必须通过估计确认，但以往的经验和统计分析将有助于提高估计的准确性。在产品销售的会计期间和产品担保兑现的会计期间，担保费用分别会对财务报表产生如下影响：

资产负债表					利润表				
资产	=	负债	+	所有者权益	←净利润	=	收入	-	费用
产品销售的会计期间：									
		+估计担保负债							-担保费用
担保费兑现的会计期间：									
-现金和/或维修零件存货		-估计担保负债							

在产品销售的会计期间计提估计担保负债的分录为：

借：担保费用	XX	
贷：估计担保负债		XX

在担保费兑现的会计期间核算实际担保费用的分录为：

借：估计担保负债	XX	
贷：现金（或存货—维修零件）		XX

由于应计所得税较为重要，在资产负债表中经常单独列示。虽然应计所得税属于流动负债，但相关的递延税款属于长期负债，本章将在稍后部分对两者进行讨论。

非流动负债

长期负债

企业的资本结构是企业用以筹措资金购置资产的负债和所有者权益两部分的组合。很多非财务公司的**长期负债**（long-term debt）会在其资本结构中占到50%。采用负债融资的好处之一是：利息费用可以在税前扣除，而股利（向股东进行的利润分配）不能作为所得税的抵扣项，因此负债融资比所有者权益融资的经济成本低。例如，假设某企业的平均税率是30%，举借的一笔长期负债的利率为10%，那么，该企业的税后债务成本仅为7%，很可能会低于股东的期望报酬率。采用负债融资的另一个原因是：负债能产生有利的**财务杠杆**（financial leverage）作用。财务杠杆是指资产报酬率（ROI）与所有者权益报酬率（ROE）之间的差别。产生这种差别的原因是：债务的利息成本通常是固定的，不会对资产回报产生影响；因此，如果企业按 10% 的利率借入一笔资金用于购置资产，而该资产的投资报酬率高于 10%，那么企业所有者赚取的净资产收益率（ROE）将比采用自有资金投资获得的 ROE 高；换言之，在财务杠杆作用下，负债融资可以增加所有者的收益。表 7-2 对这种作用进行了举例说明。

上面的这个简单的例子反映了正向的财务杠杆作用。如果企业的投资报酬率低于资金的借款利率，财务杠杆作用则是反向的——净资产收益率（ROE）将低于资产报酬率（ROI）。如果企业不能按期足额支付借款利息，债权人有权强制要求企业破产，因此财务杠杆会增加企业的财务风险。

在第 11 章中我们会对财务杠杆做更进一步的探讨。现在，你必须理解采用固定利率的长期负债融资通常会引起 ROE 和 ROI 的不同；至于财务杠杆对股东而言是好是坏，这取决于 ROI 与长期负债利率水平之间的关系。

让我们来回顾一下第 6 章中有关融资租赁负债的讨论。由于租赁费是在自资产负债表日起超过一年的时间内支付的，所以融资租赁负债属于长期负债，其入账金额是将来应付租赁款的现值。

然而，大多数长期负债采用的是以债券方式进行融资。**债券**（bond）或**应付债券**（bond payable）是一种正式和约，在美国，发行的单位面值通常为 1 000 美元。债券价格，包括发行价和发行后在二级市场上买卖的价格，可以用债券**面值**（face amount）的一定百分比来表示。债券面值是指债券票面记载的本金额。一份面值为 1 000 美元的债券，若市场价也为 1 000 美元，可标价为 100（其含义为 100%，通常百分号不注明，也不必读出）。面值为 1 000 美元的债券，以 102.5 的标价进行交易可卖至 1 025 美元；若标价为 96，说明市场价格为 960 美元。当债券的市场价格高于面值时，我们称之为溢价。**债券溢价**（bond premium）的金额即为市价高于面值的部分；同理，**债券折价**（bond discount）是指债券面值高于市场价格的金额。请阅读“商业实务——债券市场基础知识”的内容，以对债券的定价机制有一个初步的了解。

债券的会计处理和报告可分为三部分：债券的初始发行、利息费用的确认和债券赎回或转换的会计处理。

表 7–2 财务杠杆

假设：

两家企业的资产和经营利润完全一样。为简化讨论，不考虑企业的流动负债和所得税。其中一家企业没有财务杠杆作用，根据定义，即没有长期负债，另一家具有财务杠杆作用，其资本结构由 40% 的长期负债（利率为 10%）和 60% 的所有者权益组成。每家企业投资报酬率和净资产收益率的计算如下所示。

需注意的是，此处投资报酬率的计算公式对第 3 章所讲的计算模型做了略微改动：此处的投资报酬率是根据经营利润和总资产计算得出的；而第 3 章的计算模型采用的是净利润和总资产。采用经营利润（息前净利润）的原因在于，利息费用反映的是一项财务决策，而不是企业的经营成果。因此，ROI 可用来评价企业的经营活动。

无杠杆作用的企业		有杠杆作用的企业	
资产负债表		**资产负债表**	
资产	$10 000	资产	$10 000
负债	$ 0	负债（利息率 10%）	$ 4 000
所有者权益	10 000	所有者权益	6 000
负债 + 所有者权益总额	$10 000	负债 + 所有者权益总额	$10 000
利润表		**利润表**	
经营利润	$ 1 200	经营利润	$ 1 200
利息费用	0	利息费用	400
净利润	$ 1 200	净利润	$ 800

ROI 和 ROE 的计算：

投资报酬率（ROI = 经营利润 / 总资产）

无杠杆作用的企业	有杠杆作用的企业
ROI = $1 200 / $10 000	ROI = $1 200 / $10 000
=12%	= 12%

净资产收益率（ROE = 净利润 / 所有者权益）

无杠杆作用的企业	有杠杆作用的企业
ROE = $1 200 / $10 000	ROE = $800 / $6 000
= 12%	= 13.3%

分析：

在本例中，由于两家企业的经营成果相同，ROI 也相同——两家企业可用资产所赚取的回报率均为 12%；而区别在于，两者对资产的筹资方式（即资本结构）不同。具有财务杠杆的企业净资产收益率较高的原因是，它能以 10% 的成本借入资金购买资产，而该资产的回报率可达 12%。因此对于具有正向财务杠杆作用的企业而言，其 ROE 高于 ROI。借入资金的超额回报，其实是对所有者以固定成本筹资所承担风险的补偿。

商　业　实　务

债券市场基础知识

债券是发行企业（借款方）和债券持有人（贷款方）之间的一种长期借款协议。很多债券在纽约债券交易所等高度规范的公开证券市场上市交易。与大多数借款协议一样，债券实质上反映了协议双方之间的现金交换：债券持有人提供一笔现金，作为交换，他会在债券有效期内定期（通常为半年）获得固定利率的利息收入，并在债券到期日收回本金。债券价格会随着时间的不同而发生变化，并受到发行公司信誉度及作用于整体经济的宏观因素尤其是利率的影响。在市场利率上升时，债券价格会发生怎样的变化呢？我们在第 6 章中讲过，当利率（即贴现率）上升时，未来现金流量的现值会下降，也就是说，债券价格会随着市场利率的上涨而下跌；反之，当市场利率下跌时，债券价格会上涨。

要了解更多的债券知识，可以访问 Motley Fool 公司关于固定收入债务型融资工具的网站 www.fool.com，查询有关“债券市场基础知识”的“Fool Articles”；若要得到对债券市场更为详细的分析，包括交易方、学术界人士和其他债券市场专家的评论，可访问 www.bondtalk.com。

应付债券的初始发行。如果债券以面值发行，对财务报表的影响是比较简单的：

资产负债表			利润表		
资产 =	负债 +	所有者权益	←净利润 =	收入 –	费用
+现金	+应付债券				

相应的分录为：

借：现金…………………………………………………………	XX	
贷：应付债券………………………………………………		XX
以面值发行债券		

同短期应付票据一样，应付债券的计量属性也是现值，即债券将来应付金额按出借方（债券持有者）预期的投资报酬率进行贴现后的金额。例如，发行 10 年期利率为 10% 的债券，投资者的期望投资报酬率为 10%，那么，债券的发行方支付给投资方的现金应包括两部分：债券的年利息和到期返还的本金。请注意，其中利息支出属于年金，因为每期都需支出相同的金额。根据附表 6-4 和 6-5 列示的现值系数，现值计算如下：

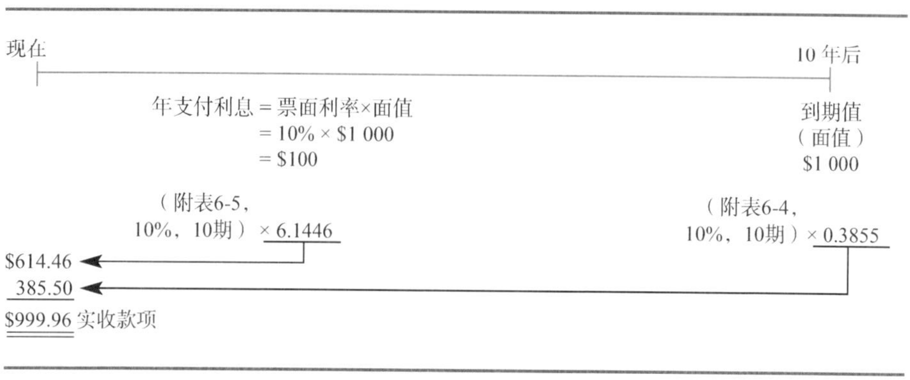

负债的现值是本金和利息支出的贴现值之和。排除现值系数的误差，计算所得的现值应等于债券的面值。

受债券发行机制的影响，确定票面利率的时间和实际发行日之间经常存在时间差。在滞后的期间当中，市场利率会上下波动，因此发行日的市场利率很可能与**标定利率**（stated rate）或**票面利率**（coupon rate）不同，票面利率是用来计算支付给债券持有者利息的利率水平。两种利率水平间的差异造成债券销售的实收款项高于或低于债券的面值金额，即债券分别以溢价或折价发行。表 7-3 阐述了其中具体的原因。

确认应付债券的利息费用。由于债券溢价或折价是债券的票面利率和市场利率不同而造成的，因此溢价或折价会影响发行企业的利息费用。债券折价实际上表示的是应当在整个债券有效期内确认的额外利息费用。企业应当支付的（以票面利率为基础计算的）利息低于按债券发行日市场利率为基础计算的利息。债券折价属于一项递延费用，应在债券的整个有效期内分摊至利息费用。债券折价的摊销增加了企业的利息费用，使企业实际承担的利息费用要高于支付给债券持有者的利息金额。在资产负债表中，债券折价作为应付债券的备抵项被列示。债券溢价作为递延贷项应摊销至财务费用，其结果会使企业实际承担的财务费用低于企业支付给债券持有者的利息金额。在资产负债表中，债券溢价作为应付债券的加项被列示。记录利息计提、利息支付和溢、折价摊销对财务报表的影响如下：

表 7–3　债券折价和溢价

借款人（发行企业）每期向债券持有者支付的利息是固定的，即无论市场利率如何变化，借款者每期都要支付相同的利息金额（等于债券的面值与票面标定利率的乘积）。投资者在购买债券时，有权要求获得与投资时的市场利率一致的利率水平。由于投资者取得的利息额是固定的，投资者只有以高于或低于债券面值的方式购买债券（即通过溢价或折价购买债券）才能使实际享受的利率水平不同于票面利率；换言之，由于票面标定的利率无法调整，因此必须调整债券的售价，以反映自票面利率确定后市场利率水平发生的变化。不论债券以溢价还是折价发行，债券的账面净值在债券有效期内会随着溢价或折价的摊销而趋近于债券的面值。

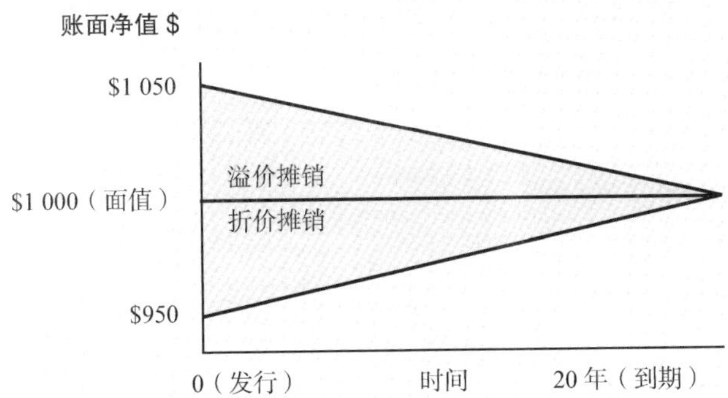

正如前文所述，投资者愿意支付的购买价是：从投资中取得的现金流量按期望的投资报酬率（即市场利率）贴现后的现值。

假设：

Cruisers 公司发行票面利率为 10%、面值为 $1 000 的 8 年期债券，发行时的市场利率为 12%，每半年付息一次。

要求：

计算债券的实收款项（即销售价格）及应当确认的债券溢价或折价。

解答：

债券对投资者到底值多少钱？要回答这个问题，需要计算投资者从投资中取得的现金流量按期望的投资报酬率（即市场利率）贴现后的现值金额。现金流量由两部分组成：每半年支付的利息和到期偿还的本金。请注意，每期支付的利息金额相同，所以利息属于年金。在本例中，利息每半年支付一次，所以在现值计算过程中，应按半年的复利计算，即以半年为单位计算债券的复利期数。本例中债券的到期年限为 8 年，因此共有 16 个半年。半年的利率水平是年利率水平的一半；为保持一致，在计算本金的贴现值时，也以半年为单位。通过查现值表可得到列值为 6%（投资者期望回报率的一半）、行值为 16（债券期间数的两倍）的现值系数（如果利息是按季支付的，则应将投资者期望的年投资报酬率

表 7-3（续）

除以 4，债券的有效年限乘以 4）。根据附表 6-4 和 6-5 中查得的现值系数，现值计算如下：

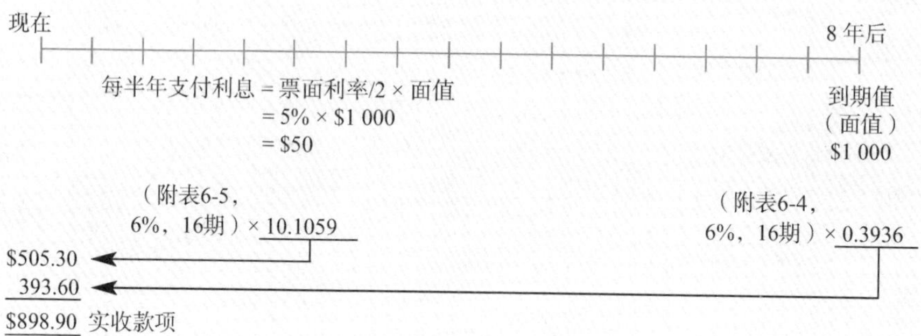

Cruisers 公司实际收到的款项即债券购买者的投资额，等于本金现值与利息现值之和——现值之和低于债券的面值，所以该债券为折价发行。

本例反映了计算债券发行收入过程中应注意的两点重要内容：

1. 债券的票面利率用来计算每期支付的利息金额；在计算利息现值时，每期支付的利息额应作为年金。
2. 按复利频率调整后的市场利率（或投资者期望的 ROI），应作为现值计算中的贴现率。

在本例中，市场利率高于债券票面利率，所以投资者折价购买债券，从而使每 6 个月收到 50 美元、到期收到 1 000 美元的债券能够达到市场回报率。

Cruisers 公司发行 $1 000 的债券对财务报表产生的影响如下：

资产负债表		利润表
资产 =	负债 + 所有者权益	←净利润 = 收入 − 费用
现金 +898.90	应付债券 +1 000 应付债券折价 −101.10	

记录债券发行的分录为：

	借	贷
借：现金	898.90	
借：应付债券折价	101.10	
贷：应付债券		1 000.00
以折价发行债券		

表 7–3（续）

如果市场利率低于债券的票面利率，则情况恰恰相反（即投资者愿意以高于面值的价格购入债券）。请运用上面的模型证明，如果市场利率为 12%，债券面值为 \$1 000，10 年期，票面利率为 13%，每半年付息一次，则该债券的发行价为 \$1 057.34，（即债券发行溢价为 \$57.34）。

本例解释了债券发行价（或市场价值）与债券面值不同的基本原因。债券溢价或折价实际上是两个变量的函数：一是债券票面利率与市场利率之间的差异，二是到期年限。当债券的票面利率与市场利率之间的差异确定时，债券的到期时间越短，债券折价或溢价的金额就越小。

资产负债表	利润表
资产 = 负债 + 所有者权益	←净利润 = 收入 − 费用
利息计提（每个会计期间，可能为每月）： +应付利息	 −利息费用
利息支付（定期，可能为半年）： −现金　−应付利息	
摊销（每次计提利息时）： 折价： +应付债券折价	 −利息费用 （利息费用的增加）
溢价： −应付债券溢价	 +利息费用 （利息费用的减少）

相应的会计分录分别为：

借：利息费用	XX	
贷：应付利息		XX
利息计提（每个会计期间，可能为每月）		
借：应付利息	XX	
贷：现金		XX
利息支付（定期，可能为半年）		
借：利息费用	XX	
贷：应付债券折价		XX
折价的摊销（每次计提利息时）		

借：应付债券溢价	XX
贷：利息费用	XX
溢价的摊销（每次计提利息时）	

根据重要性原则，由于折价或溢价的摊销额通常并不大，一般采用直线法在债券有效期内予以摊销；但更合理的方法是采用复利法根据债券的账面价值（即债券面值加上未摊销的溢价或减去未摊销的折价）计算应摊销的金额。采用复利法计算的摊销额，在债券有效期的第一年最小，随后每年递增。

应付债券的赎回和转换。在资产负债表中，应付债券以其持有价值列示，有时也将这一金额称为债券的账面价值(book value)。随着债券折价在债券持有期间内的摊销，债券的账面价值会逐步增加。在债券的到期日，由于债券折价已全部摊销，债券的账面价值就等于债券的面值；同理，当债券溢价发行时，随着溢价金额的摊销，债券的账面价值逐步减少，在到期日减至债券面值。在债券到期日，债券被偿付（赎回）时会对财务报表产生如下影响：

资产负债表	利润表
资产 = 负债 + 所有者权益	←净利润 = 收入 – 费用
– 现金 – 应付债券	

相应的会计分录为：

借：应付债券	XX
贷：现金	XX

大多数债券是**可赎回债券**（callable bonds），即发行者可以在债券到期日之前将债券结清。当市场利率低于已发行债券的利率支付水平时，公司可将债券赎回并按较低的利率发行新债券，这样可以节省利息费用的支出；或者，当公司有一笔近期不用的现金时，如果用该笔资金进行投资获取的投资收益比赎回债券所节约的利息支出低时，公司便会赎回债券。当债券被赎回时，债券发行方通常会向债券持有者支付**赎回溢价**（call premium），即债券持有者可以得到高于债券面值的款项，这是因为，债券持有者用该笔款项进行重新投资时，能获取的利率比被赎回债券的利率水平低。

如果债券在到期前被赎回，应同时将未摊销的债券折价或溢价予以冲销。提前赎回债券时通常需要向债券的持有者支付赎回溢价，所以公司应确认债券的赎回损失——当然也有可能是债券赎回收益。例如，若提前赎回面值为 \$100 000、账面价值为 \$95 000 的债券，赎回总价为 \$102 000，则会对财务报表产生如下影响：

资产负债表			利润表		
资产 =	负债 +	所有者权益	←净利润 =	收入 −	费用
现金 −102 000	应付债券 −100 000 应付债券折价 +5 000				债券赎回损失 −7 000

相应的分录为：

借：应付债券	100 000	
借：债券赎回损失	7 000	
贷：现金		102 000
贷：应付债券折价		5 000

在利润表中债券赎回收益或损失被列示在非常项目下（将在第 9 章具体讨论），它不属于经营利润或利息费用的组成部分。企业之所以愿意赎回债券并确认损失，是因为未来可节约的利息费用比赎回当期确认的损失多。

其他债券术语。有关债券的讨论会涉及很多专业术语，虽然这些专业术语并不影响读者对财务报表的理解，但了解这些术语对全面掌握债券知识是有帮助的。

债券发行方和债券持有者之间签订的契约称为**债券契约**（bond indenture），往往由第三方进行管理，第三方即为**债券托管方**（trustee of bonds）——通常是银行的信托部。债券一般以两种形式发行：**记名债券**（registered bonds）和**息票债券**（coupon bonds）。

对于记名债券而言，债券的发行方知道债券持有者的姓名和地址，因此会根据契约上的要求每季度或每半年将应当支付的利息寄送给债券持有者；而对于息票债券，债券的发行方不知道债券的所有者是谁，债券持有者在利息支付日剪下息票，并将其存入银行账户，息票经由银行转至债券的托管方，由债券托管方如同兑现支票一样进行兑现。在美国，由于修改后的联邦所得税法要求利息的支付方上报收款人的姓名和社会保障号，所以息票债券已不再发行，但在法规颁布前发行的息票债券仍在流通。

债券按照发行方抵押的证券或担保物可以分为：**信用债券**（debenture bonds 或 debentures），是仅以发行者的信用为担保的债券；**抵押债券**（mortgage bonds），是以发行者的财产留置权为担保的债券；**质物信托债券**（collateral trust bonds），是以有价证券或其他无形资产作为抵押担保的债券。

根据到期日债券可分为：**定期债券**（term bonds），是在到期日一次支付本金的债券；**分期还本债券**（serial bonds），是分期支付本金的债券，分期支付的各期金额可以相同也可不同，首次付款通常安排在债券发行几年后的某个时间；**可转换债券**（convertible bonds），根据债券持有者的选择转换为发行公司的股票，可转换债券能够转换成的股票数额在债券发行时予以确定，但其转换特性在几年内可能不会生效——如果公司的股票价格在债券出售后有较大幅度的上涨，债券持有者预计投资股票的价值会高于到期收到的债券面值时，便会将债券转换为股票。

在描述债券时，通常应指明债券的具体特点、利率和到期日。例如，Cruisers 公司的长期负债可描述为：利率为 12%、到期日为 2018 年的可转换债券，2009 年后可按 102 的价格赎回；或者，利率为 12.5% 的首次分期还本抵押债券，有效期自 2008 年至 2018 年。

递延所得税负债

递延所得税负债（deferred tax liabilities）是用来核算所得税与财务报表确认的收入和费用之间临时性差异的一个项目。递延所得税负债通常是长期的，表示预期在自资产负债表日起超过一年的时间内支付的所得税。对于很多公司而言，递延所得税是资产负债表上一项重要的负债。递延所得税负债产生于收入和费用的配比过程，是对资产负债表日发生的事项在将来可能会产生的所得税支出予以确认的一项负债。例如，从会计角度对当年已赚取的某些收入进行了确认，但这些收入直至下一个会计年度才需纳税。同样，某些从税收角度可以扣除的费用（如折旧费）可能要在以后才会进行会计确认。总之，递延所得税负债是由账面（会计）收益与应纳税所得额之间的临时性差异引起的，其金额将递延至未来期间。

对大多数公司而言，导致递延所得税负债产生的一项最重要的临时性差异就是折旧费用。如前文所述，公司在财务报表中可采用直线法计算折旧，而在计算所得税时，被允许采用修正的加速成本回收法计算折旧（美国《国内收入法》的规定）。因此，从税收角度进行的折旧费用抵减要早于会计上对折旧费用的确认，当然这种临时性差异最终会完全转回；在资产使用寿命中，会计折旧和税收折旧的总额是一样的。为了计算应交所得税科目应当记录的当期所得税负债金额，公司每年应确定实际应交的所得税。所得税费用是以税前会计收益为基础计算的。所得税费用（通常称为所得税准备）和应交所得税之间的差异额，即为递延所得税负债。虽然所得税的计算过程较复杂，但在递延所得税负债金额需要增加时，计提所得税对财务报表的影响却比较简单：

资产负债表	利润表
资产　=　负债　+　所有者权益	←净利润　=　收入　–　费用
+应交所得税 +递延所得税	–所得税

相应的分录为：

借：所得税	XX	
贷：应交所得税	XX	
贷：递延所得税负债		XX
计提当期所得税和递延所得税		

在所得税税率不降低的情况下，大多数公司的递延所得税负债会随着时间的推移而逐渐增加。随着公司规模的扩大，公司会购置越来越多的可折旧资产，而物价水平的提高会使（新）重置资产的成本高于被替代的（旧）资产的成本，因此公司对新资产所提所得税折旧高于会计折旧的部分，要大于针对旧资产所提会计折旧高于所得税折旧的部分，从而导致所得税折旧额与会计折旧额之间的临时性差异逐年递增。一些会计人员因此质疑将递延所得税列为负债的合理性，因为对于大多数公司而言，该账户的汇总余额会逐年增加，且似乎永远得不到真正支付；他们认为，如果将递延所得税负债入账，应当以未来现金流量按适当利率贴现后的现值作为入账价值，否则，资产负债表上列示的金额会高估将来应付的所得税。

大多数递延所得税的产生是由于从会计角度计算的折旧费用，与所得税角度计算的折旧费用之间存在差异，但实务中也存在其他的临时性差异。我们在第 5 章曾述及，如果从财务报表角度对某项费用予以确认，而在所得税计算中该费用却不能作为纳税抵减项时，就会产生递延所得税资产。例如，从财务报表角度，资产负债表中会列示估计的担保负债，同时担保费用会在企业销售担保产品的期间被列示在利润表中；但根据税法规定，担保费用只有在真正发生担保支出时才允许扣减。应

附表 7-1 600家上市工商企业对“递延所得税”的报告趋势（各年、各类别）

年份	流动资产	非流动性资产	流动负债	非流动性负债
1983	120	13	67	504
1992	247	95	33	451
2004	422	237	72	409

资料来源：*Accounting Trends and Techniques*, Tables 2-12, 2-21, 2-27, and 2-31, copyright © 1984, 1993, and 2005, by American Institute of Certifi ed Public Accountants, Inc. Reprinted with permission.

纳税所得额高于会计收益，因此会产生递延所得税资产。如附表7-1所示，最近几年报告递延所得税资产公司的数目急剧增加，而报告递延所得税负债的公司却逐年减少（一些公司可能既有递延所得税资产又有递延所得税负债，但在财务报告中将两者相互抵消后予以列示）。这种趋势可能是由公司所得税税法的一系列修改造成的，修订后的税法使公司为税收目的而扣减预提费用变得日渐困难。

递延所得税项目的会计处理是一个极其复杂的问题，在会计职业界引起了广泛的争论。最近几年，随着会计准则日益满足财务报表使用者的需求，对递延所得税的核算发生了很大的变化。

其他非流动负债

在资产负债表中，其他非流动负债项目核算的主要内容为：养老金计划和其他员工福利计划（包括递延报酬和红利计划等）所引起的负债。这些计划的费用属于预提性质，应当在员工赚取上述福利的会计年度里确认并列示在利润表中。由于这些福利经常受雇佣的连续性、未来工资水平及其他因素的影响，所以经常需要由保险精算师和其他专家共同估计某一既定会计期间应列报的费用金额。雇佣企业的养老金费用也受其在养老金和其他福利计划信托账户上资金所能获得的投资报酬率的影响。由于在计算费用和负债金额时需要对很多重要因素进行估算，养老金计划的会计核算是一个复杂的问题，多年来人们对此一直争论不休。1985年，美国财务会计准则委员会为提高养老金核算的一致性，颁布了一项会计准则，该准则的重要条款之一是：当养老金计划资产的公允市价低于对养老金计划参与者应付的累计福利额时，在资产负债表上必须确认最低负债。

与养老金密切相关的一个问题是：除养老金以外其他退休后福利计划的会计核算。退休后福利计划的内容包括为退休人员提供医疗、住院、人寿保险及其他福利。在 1992 年之前，这些计划的成本一般在福利计划发生支出的会计年度里作为费用予以披露，而企业在这些计划下承担的负债并不反映在资产负债表中。经过多年的研究和争论，1992 年美国财务会计准则委员会颁布了一项准则，要求企业在员工赚取上述福利的工作年限中确认累计的负债和应计的成本。这样，退休后福利计划的核算便与养老金核算一样，符合收入费用配比原则。

某些企业的其他长期负债中，还会包含对未决诉讼或产品担保项目的估计负债，这些负债以估计金额入账，相关费用在费用发生或负债确认期间的利润表中予以反映。人们有时用准备金一词来描述这些项目（如产品担保准备金），然而，准备金一词有时易引起误解，其实这一术语指的是一项估计负债，而不是为偿还负债而事先留出的一笔资金。

很多资产负债表长期负债项目中最后一栏是**子公司少数股东权益**（minority interest in subsidiaries）。如果一家公司 50% 以上的所有者权益份额被另一家公司拥有，且为后者编制财务报表，则该公司被称为后者的子公司。（参见第 2 章“商业实务——母公司与子公司”。）母公司和子公司的个别财务报表通过报表合并程序形成**合并财务报表**（consoildated financial statements）。在报表合并过程中，母公司与子公司的大部分资产和负债金额被加总在一起，内部账户的金额（如母公司对子公司的应收账款和子公司对母公司的应付账款）应相互抵消；母公司对子公司的投资（一项资产）应同子公司的所有者权益账户相抵消。如果子公司不是母公司的全资子公司，则母公司的投资额会低于子公司的所有者权益金额，因此会产生少数股东权益。少数股东权益是指其他（即少数）股东在子公司的所有者权益中拥有的权益份额。少数股东权益数额并不是母公司要取得子公司剩余股权必须支付的金额，也不代表真正意义上的负债。在编制合并资产负债表时，由于子公司的资产和负债项目（除了为避免重复计算而抵消的账户）与母公司的资产和负债项目加在一起，同时母公司拥有的子公司的所有者权益份额被包括在合并所有者权益中，所以，为保持资产负债表的平衡，必须将子公司所有者权益中由少数股东持有的权益列示于合并资产负债表中。

虽然少数股东权益通常被包括在非流动负债中，但由于少数股东权益并不是合并实体的真正负债，一些会计人员主张将少数股东权益在所有者权益和负债项目之间单独列示。

或有负债

或有事项指的是潜在的收益或损失，或有事项的确定取决于未来的某一事件或若干事件。**或有负债**（contingent liabilities）是指由未决诉讼、环境风险、财产意外损失及产品质量担保等诸多原因引起的对一家公司的潜在要求权。企业应当何时在账上确认或有事项带来的损失及相关负债呢？只有在符合下面两条标准时才能确认：第一，损失很可能被未来的交易或事件所确认；第二，损失金额必须能够合理估计。以产品质量担保为例，通过对本章的学习，我们知道企业每年的担保费用通常按照管理层的估计入账。为什么把或有的担保请求权记为负债呢？这是因为未来的担保请求权很可能需要支付，而且这一请求权的金额可以在原始的（附有产品担保的）销售业务发生时给予合理估计。

在实践中，上述标准可能很难适用，尤其是对于诉讼和环境的或有负债，因此我们必须认真分析年报附注中披露的内容,以判断管理层估计的金额是否足够。例如，烟草和轻武器行业近年来面临越来越复杂的诉讼，而这些诉讼的最终结果可能要到几年甚至几十年之后才能确定。

出于会计的谨慎原则，或有收益不在财务报表中确认，但企业可以在附注中披露或有收益的性质（包括估计金额）——只有在收益非常有可能发生时才进行这种披露。

第8章

所有者权益的会计处理和列示

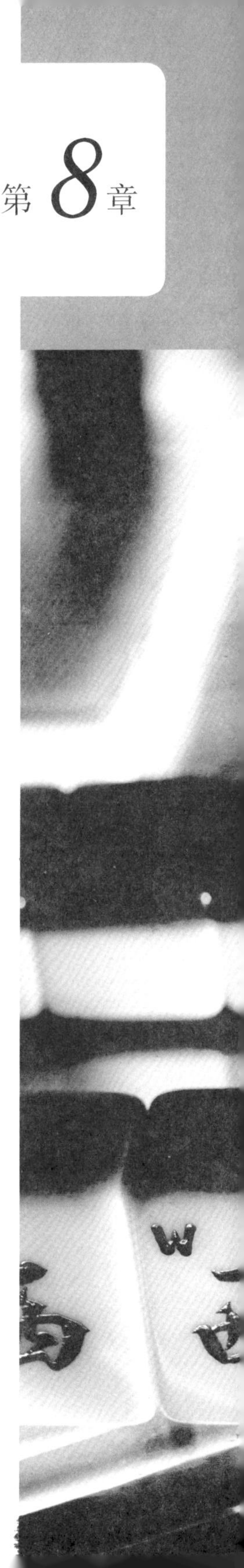

所有者权益是资产负债表中列示的会计主体所有者对资产的要求权，所有者权益又称为“净资产”，即资产减去负债。虽然某些资产可能作为某些负债的担保物进行了抵押，但负债和所有者权益各组成部分都无法确定具体对应的资产。

表述所有者权益的具体用语取决于会计主体的法律组织形式：个人独有企业经常用独有资本金或资本金来表示，并可能与所有者的姓名放在一起（例如，一家独有企业由 Lorna Myers 拥有，则该公司的资产负债表上可能会用“Lorna Myers，资本金”来表示所有者权益）；合伙企业会用合伙人资本一词，并且有时会在资产负债表上列示每一位合伙人的资本账户余额。独有企业和合伙企业都不对投入（或缴入）资本和留存利润（或盈余资本）进行区分。

大部分从事经营活动的企业都采用股份公司的组织形式，因此本文将着重阐述股份公司的所有者权益。第 2 章曾经讲过，股份公司的所有者权益主要由两大组成部分：投入资本和留存利润。很多采用股份公司形式的小企业，其财务报表在所有者权益项目上往往只列示股本（即投入资本）和留存利润。但是，从附录中英特尔公司合并资产负债表的股东权益部分看到，所有者权益部分可能会非常复杂；其他公司年报的资产负债表所有者权益部分可能同样复杂。通常，在资产负债表中列示的所有者权益科目有：

1. 投入资本：
   - a. 普通股
   - b. 优先股（可选项）
   - c. 资本公积

表 8-1 2009 年 8 月 31 日和 2008 年 8 月 31 日 Racers 公司资产负债表的所有者权益部分

	8 月 31 日	
	2009 年	2008 年
所有者权益：		
投入资本：		
累积优先股，股利 6%，面值 \$100，回购价 \$102，核准股份、已发行股份和发行在外股份为 5 000 股	\$ 500 000	\$ 500 000
普通股，面值 \$2，核准股份为 1 000 000 股，2009 年 8 月 31 日已发行股份 244 800 股，2008 年 8 月 31 日已发行股份 200 000 股	489 600	400 000
资本公积	3 322 400	2 820 000
投入资本总额	\$4 312 000	\$3 720 000
留存利润	2 828 000	2 600 000
累计其他综合收益（亏损）	50 000	(100 000)
减：库藏普通股，按成本计价（2009 年 8 月 31 日为 1 000 股）	(12 000)	—
所有者权益总额	\$7 178 000	\$6 220 000

2. 留存利润（如果为负数，则为累计亏损）

3. 累计其他综合收益（亏损）

4. 减：库藏股

本章的目的是使你理解资产负债表上所有者权益的列示，我们还将学习与个人投资决策相关的很多所有者权益的特性。本章的附录部分对个人投资进行了简要介绍。为了讨论的需要，我们将对表 8–1 中 Racers 公司资产负债表的所有者权益部分进行阐述。

表 8-2 重点标明了本章将详细阐述的资产负债表科目，并列出了受这些科目影响的利润表和现金流量表项目。

投入资本

所有者权益的投入资本部分列示的各个科目（即普通股、优先股和资本公积）代表的是股东对公司的投资金额，有时被称为认缴资本（contribute capital）；而所有

表 8-2　财务报表概览

资产负债表

流动资产	章
现金和现金等价物	5，9
短期有价证券	5
应收账款	5，9
应收票据	5
存货	5，9
预付费用	5
递延所得税资产	5
非流动资产	
土地	6
建筑物和设备	6
融资租赁资产	6
无形资产	6
自然资源	6
其他非流动资产	6

流动负债	章
短期负债	7
长期负债中一年内到期的部分	7
应付账款	7
未实现收入或递延贷项	7
工资税和其他代扣代缴项目	7
其他应计负债	7
非流动负债	
长期负债	7
递延收入所得税	7
其他长期负债	7
所有者权益	
普通股	8
优先股	8
资本公积	8
留存利润	8
库藏股	8
累计其他综合收益（损失）	8

利润表

项目	章
销售额	5，9
销售成本	5，9
毛利（或毛益）	5，9
销售和管理费用	5，6，9
经营利润	9
资产销售利得（损失）	6，9
利息收入	5，9
利息费用	7，9
所得税	9
非常项目	9
净利润	5，6，7，8，9
每股收益	9

现金流量表

经营活动	章
净利润	5，6，7，8，9
折旧费用	6，9
资产销售利得（损失）	6，9
流动资产（增加）减少	5，9
流动负债增加（减少）	5，9
投资活动	
不动产、厂房和设备销售所得	6，9
购买不动产、厂房和设备	6，9
筹资活动	
长期借款得到的现金	7，9
偿还长期借款	7，9
发行普通股 / 优先股	8，9
购买库藏股	8，9
支付股利	8，9

本章的主要内容

其他受影响的财务报表项目

者权益中的留存利润（或盈余资本）部分则代表该会计主体的累计盈余（即该会计主体历年来的净利润）减去支付的股利。自然，股东们会关注投入资本和留存利润之间的关系。相对于投入资本额而言，留存利润的账户余额越高越好——因为留存利润在一定程度上反映了管理者利用投入资本赚取回报的能力；但是，较高的留存利润余额也会使股东向管理层和董事会施加压力，要求支付更高的股利。在阅读资产负债表的所有者权益部分时，请注意区分投入资本和留存利润。

普通股

我们曾经说过，**普通股**（common stock）[有时被称为**股本**（capital stock）]，“股本”更多地用于无其他类别核准股份的情况）代表剩余所有权。普通股股东是公司的最终所有者——在负债和优先股对公司的要求权（将在下一节阐述）全部得到清偿后，他们对剩余的全部资产拥有要求权。在破产或被迫清算的情况下，这种剩余要求权可能没有任何价值，因为负债和优先股的要求权可能超过资产清算所实现的金额。在这种严重的情况下，普通股股东的责任限于他们投入股本的金额；债权人和优先股股东不能强迫普通股股东增加投资金额以补偿他们的损失。一般在较好的（也是通常的）情况下，普通股股东往往会因公司的利润超过债权人（利息）和优先股股东（优先股股利）的要求权而获利。这些利润全部归属普通股股东——他们所拥有的所有权权益的价值没有上限。当然，反映公司获利能力（或缺乏获利能力）和最终股利支付能力的是普通股的市场价值。但是，作为剩余所有人，普通股股东无权获取确定的股利金额，并可能在若干年内根本不可能获取股利。

普通股股东拥有选举公司董事会成员的权利和义务。有两种方式选举过程可供选择，下文的“商业实务——选举董事”对此进行了介绍。董事会负责公司管理人员的聘用，而公司管理人员则执行旨在实现公司目标的战略。一些管理人员可能同时兼任董事（**内部董事**，inside directors），但目前的做法是董事会大部分成员由**外部董事**（outside directors，不受雇于公司的个人）担任，这些外部董事可以在董事会的讨论和决策中带来外部的意见。

普通股股东还须批准公司章程的修改（例如，因核准股份数量变动而出售更多的股份以增加资本），也可能负责批准兼并或资产剥离等交易。

普通股可以有**面值**（par value），也可以没有面值。股票使用的面值通常是公司成立时对每一股股票确定的名义值。在当今的商业界，面值对普通股来说没有实际的经济意义。在美国的很多州，发行股票的面值代表了公司的**法定资本**（legal capital）。大多数州的公司法都规定，有面值股票的发行价不得低于其面值，并且规定不得因发放股利或向股东回购以前发行的股票而使所有者权益总额低于法定资本。如果股票有面值，资产负债表上列示的普通股金额就等于面值乘以发行的股数。股票面值和发售股票的实收金额之间的差额计入资本公积。一些公司会对其普通股确定每股的**标定值**（stated value）——这实质上是面值的另一种说法。如果一家公司发行了真正的无面值股票，从股票发售中获得的金额全部记为普通股股本。英特尔公

商　业　实　务

选举董事

董事的选举是通过**累积投票**（cumulative voting）过程或在提名基础上进行的。在累积投票方式下，每一位股东有权投票的数量等于他所持的股份数乘以要选举的董事人数。因此，如果要选举 5 名董事，拥有 100 股普通股的股东有权投 500 票：这 500 票可以全部投给一位候选人，也可以给这 5 位候选人各投 100 票，或是这两种极端情况之间的任何组合。在**提名选举**（slate voting）方式下，普通股股东对所持的每一股股票拥有一张选票，但每一票都要完整地投给一组提名的候选人。

大多数情况下，选举方法不会对结果有所影响。董事会委员会对董事候选人进行提名（人数等于要选举的董事人数），由这些董事候选人组成的代理委员会从股东那里争取得到代理权，然后由股东选举出规定人数的被提名人。但有些时候，某个外部集团会对现有董事会发起挑战，在这种情况下，选举就可能变得非常激烈。每个集团都会提名董事候选人，并争取获得股东的选票。在提名选举方式下，取得多数选票的一方获胜，这

一方的提名人全部当选。当然，如果对有投票权的股票拥有 50.1% 的控制权，就可以保证获胜。但是，在累积投票方式下，少数股东集团可能把他们的选票集中到一至两名本方候选人身上，这样就较容易取得董事会的代表资格。例如，如果要选举 5 名董事，当选一名董事需要发行在外普通股 17% 数量的选票。

很多人尤其是公司民主制度的倡议者，都倾向于累积投票方式。在美国，有些州规定，根据该州法律成立的公司必须采用累积投票方式选举董事。但是，各个公司常常倾向于保留提名选举的做法，因为这种方法使公司的外部入侵势力或其他势力较难获得董事会的席位；另一种用来减少外部势力获得董事席位的方法是采用滚动任期制。例如，在一个由 9 人组成的董事会里，每年选举其中的 3 名成员，任期 3 年——即使采用累积投票制，选举一名董事所需的选票也比每年选举全部 9 名董事所需的选票多得多。

司采用了一种非常有趣的方法：它的每股面值为 $0.001，但普通股的金额与超过面值的资本合并在一起，在资产负债表上作为一个金额列示（参见附录），因此英特尔公司对其普通股实际是按无面值股票处理的。

一项对 600 家上市工商企业 2004 年年报的调查表明，只有 61 家公司有无面值普通股，在这 61 家公司中，10 家公司的普通股有标定的每股价值。[1]

为了说明普通股的发售，假设在 2009 年 8 月 31 日结束的会计年度中，Racers 公司以每股 $13 的价格增发了 4 万股面值为 $2 的普通股。这次股票发行对 Racers 公司财务报表的影响为：

资产负债表		利润表
资产 = 负债 +	所有者权益	←净利润 = 收入 − 费用
现金 +520 000 (40 000 股 ×$13)	普通股 +80 000 (40 000 股 ×$2) 资本公积 +440 000 (40 000 股 ×$11)	

记录这一交易的分录为：

	借	贷
借：现金（40 000 股 ×$13）	520 000	
贷：普通股（40 000 股 ×$2）		80 000
贷：资本公积（40 000 股 ×$11）		440 000

在阅读表 8-1 时，你会注意到普通股股本和资本公积在 2009 年有所增加（其余增加的部分将在本章介绍股利的小节进行解释）。

在资产负债表上，公司会披露其核准股份、已发行股份和发行在外股份的数量。**核准股份**（authorized shares）的数量会在根据州有关公司法律而订立的公司章程中载明，代表该公司经批准发行的最大股数；核准股份的增加需得到股东的批准。**已发行股份**（issued shares）的数量是实际从公司转移到股东手中的股票数量，已发行股份通常以收取现金方式向股东出售，但也可能以发行的股票去交换其他资产或服务。**发行在外股份**（outstanding shares）的数量在公司有**库藏股**（treasury stock）的

1 AICPA, *Accounting Trends and Techniques* (New York, 2005), Table 2-35.

表 8-3　股份数在资产负债表上的披露

项目名称	披露的股份数	披露金额
核准股份	公司章程中规定的数量（批准发行的最大数量）	无
已发行股份	已经向股东发行的股份数（通常通过销售方式）	股份数 × 每股面值或标定值 或 如果没有面值或标定值，则为股份发售所取得的全部金额
发行在外股份	仍然由股东持有的股份数（已发行股份数减去库藏股）	无
库藏股	公司从股东那里回购且尚未正式注销的已发行股份的数量	公司拥有的库藏股成本

情况下会与已发行股份的数量不同。库藏股是公司从股东那里收购的自己公司的股票，本章将在后面的小节对此做更详细的介绍。表 8-3 对上述股份名称之间的关系及各项目在资产负债表上要求的披露方式进行了概括。核准股份数与已发行股份数之间的差异表示增发股份的潜在数量。

很多公司的普通股拥有**优先购买权**（preemptive right），这一权力使现有股东有权按照他们现有的所有权比例在增发股份时购买股票。优先购买权通常对规模较小、股权较集中的公司（即只有很少股东的公司）有很大的意义，因为在这些公司中现有的股东希望保证他们的所有权不被稀释。虽然很多大公司一般没有优先购买权的规定，但他们在需要增资时往往会给予现有股东购买股份的权力——这种做法既保持了股东的忠诚度，而且也是一种成本相对较低的筹资方法。

优先股

优先股是不同于普通股的一类投入资本，因为优先股具有类似于负债的若干特征，并且在清算时对资产具有有限的要求权；同时，在大多数情况下，优先股没有投票表决权。（普通股代表剩余权益——在公司清算过程中，它对负债和优先股的要求权得到满足后剩余的全部资产拥有要求权。）从以往的情况看，优先股的风险要比普通股小一些。在工业革命初期，当公司试图筹集建造工厂和铁路所需的大量资本时，与承担普通股所有权所带来的风险相比，投资者更愿意购买公司的优先股；随着公司经营的发展及很多投资者体会到普通股所有权的好处之后，优先股在很多制造业、商业和服务企业的资本结构中成为了次要成分，但是，公用事业和金融公司仍然发行优先股。

相对于普通股而言，人们对于优先股的偏爱原因在于股利及公司清算或优先股赎回时对资产的优先要求权。**股利**（dividend）是公司给予其所有者的利润分配。优先股的股利要求，必须在向普通股股东支付股利前被满足。大多数优先股要求每季度或每半年支付一次股利，如果要向普通股股东支付股利，必须先支付这种优先股股利。股利数额用具体金额或优先股面值的某一比例来表示。如表 8-1 所示，Racers 公司优先股的表示方法是“股利 6%，面值 $100”，其含义是每股优先股每年可获得 $6 的股利（6% × $100）。如果该优先股为 $6 的累积优先股，也可以得到同样的股利结果。股票的发行条款中会规定股利的支付方式到底是每季度 $1.50，每半年 $3，还是每年 $6。

各个公司发行的优先股，包括 Racers 公司的优先股，通常都提供**累积股利**

表 8–4　优先股股利计算举例

例 1

股利为 6%、面值为 $100 的累积优先股，核准股份、已发行股份和发行在外股份均为 50 000 股。每半年支付一次股利，没有积欠股利。

每半年支付的股利金额：

6% × $100 × 发行在外股数 50 000 股 × 1/2 年 = $150 000

例 2

股利为 $4.50、面值为 $75 的累积优先股，核准股份、已发行股份为 50 000 股，发行在外股份为 40 000 股（有 10 000 股库藏股）。每季度支付一次股利，没有积欠股利。

每季度支付的股利金额：

$4.50 × 发行在外股数 40 000 股 × 1/4 年 = $45 000

例 3

股利为 8%、面值为 $50 的累积优先股，核准股份为 100 000 股，已发行股份为 60 000 股，发行在外股份为 54 000 股（有 6 000 股库藏股）。每年支付一次股利。前两年没有支付股利。本年需要支付的积欠股利和本年的优先股股利为：

8% × $50 × 发行在外股数 54 000 股 × 3 年 = $648 000

（cumulative dividend），这就意味着如果股利未一次支付，未付的股利（或拖欠的股利）必须在以后向普通股股东支付任何股利之前被支付。在较少的情况下，优先股具有**参加股利**（participating dividends），这就意味着在普通股股东获得规定金额的股利后，接下来的股利由优先股和普通股股东按规定的比例分享。优先股股利金额的计算如表 8-4 所示。

在清算（**清算价值**，liquidating value）或赎回（**赎回价值**，redemption value）的情况下，优先股对资产的要求权应当是优先股在发行时所规定的金额。如果优先股具有面值，清算价值或赎回价值通常等于面值或面值加上金额很小的溢价；如果优先股没有面值，清算价值或赎回价值是一个预定的金额。但无论在哪种情况下，在清算中的要求权都必须在普通股股东获取任何资产之前得到满足。一旦要求权得到满足，优先股股东将不会再获得其他利益。

可赎回优先股（callable preferred stock）可以根据公司的意愿由公司（通常以比面值或清算价值略高的溢价）赎回。**可转换优先股**（convertible preferred stock）可以根据股东的意愿按照优先股核准时确定的某个转换率（如每一股优先股转换成六股普通股）转换成公司的普通股。对很多公司来说，优先股的赎回和转换权在股票核准日（或发行日）之后若干年内不能行使——此类限制一般会在股权证明书上载明。注意在表 8-1 中，我们可看到 Racers 公司优先股的回购价为 $102。

你可能注意到优先股具有应付债券的一些特点——表 8-5 对两者之间主要的相似点和不同点进行了归纳。由于债券的利息费用可在税前抵扣，因此很多财务经理更倾向于发行债券而不是优先股：他们认为，如果必须定期支付一笔固定的金额，可在税前抵扣的利息形式要优于不能在税前抵扣的优先股股利形式（第 7 章已经讲过，在税率为 30% 的情况下，利率为 10% 的债券对一家公司的税后成本仅为 7%）。大多数投资者也倾向于认购债券，因为利息是必须支付的固定支出，而对于优先股来说，即使积欠的股利必须在支付普通股股利之前得到支付，优先股股利仍有得不到支付的可能。在 2004 年年报由 AICPA 审查的 600 家上市工商企业中，只有 63 家公司有发行在外的优先股。[1]

从债权人的角度看，优先股可以降低与财务杠杆相关的风险（第 7 章已阐述）。公用事业公司及财务类公司（如银行、保险公司和金融公司）的所有者权益中，优先股常常占有很大的比例，这是因为这些公司所需的很大一部分资本的投资者更偏

1　同上，Table2-32。

表 8-5 优先股和应付债券的比较

优先股	应付债券
相似点	
• 股利（通常）是利润中的一项固定支出。	• 利息是利润中的一项固定支出。
• 赎回价值是对资产的一项固定要求权。	• 到期值是对资产的一项固定要求权。
• 通常可以赎回和转换。	• 通常可以赎回和转换。
不同点	
• 即使积欠的股利必须在支付普通股股利之前得到支付，股利仍有得不到支付的可能。	• 利息必须支付，否则公司会面临破产。
• 没有到期日。	• 本金必须在到期日偿还。
• 股利不是一项费用，不可在所得税前抵扣。	• 利息是一项可在所得税前抵扣的费用。

好具有较高安全性的优先股，而不是债券和/或普通股。

优先股在资产负债表上的披露内容包括：

面值和股利率（或每年要求的股利金额）。

清算价值或赎回价值。

在公司章程中核准的股份数。

已发行的股份数。

发行在外的股份数。

已发行股份数和发行在外股份数之间的差异是由于公司持有库藏股引起的，此外，任何未支付（或积欠）的优先股股利金额也应予以披露。

资本公积

前面已经讲过，**资本公积**（additional paid-in capital）是所有者权益中的一个类别，反映优先股或普通股销售超过面值所获得的额外金额。（你肯定还记得，普通股或优先股账户中的金额等于面值乘以已发行股数或从无面值股票发售中获得的总金额。）资本公积账户还用于其他一些不太常见的资本交易，这些交易往往不能在普通股或优先股账户中反映，或不应当在留存利润中反映。资本公积有时用“**超面值（或标定值）资本**”（capital in excess of par value）和“资本剩余”（capital surplus）这两个词来描述，很多年前后者曾被广泛使用，现在由于“剩余”一词含有“多余”之义，不知情的财务报表使用者可能误认为这一金额可用于股利，因此已被弃用。

总之，公司的投入资本代表所有者投入的金额。在股票有面值的情况下，投入资本的面值和资本公积部分将反映在不同的账户中；而在发行无面值股票的情况下，所有的投入资本只在股本账户中反映。

留存利润

留存利润（retained earnings）账户反映的是公司留存下来用于经营活动而不是作为股利发放给股东的累积盈余。*留存利润不是现金！*留存利润因公司取得净利润而增加，权责发生制下的净利润不同于该会计期间的经营活动现金流量。经营活动的结果会使现金增加，但这些现金可能会用于经营活动、投资活动或筹资活动。

实际上，影响留存利润的因素只有利润表上报告的净利润或亏损及股利。（我们曾讲过，利润表报告的收入、费用、利得和损失科目，是资产负债表上留存利润账户的间接变动因素，这些科目在全年进行记录，而留存利润则由于收入或利得的获得而增加，由于费用和损失的发生而减少。）在某些严格限制的情况下，公认会计原则允许因更正错误而直接调整留存利润（称为“*前期损益调整*”）。例如，一家公司未将一笔较大的存货金额记入年底实地盘点数中，这一错误直到次年才被发现，就应当对存货和留存利润直接进行调整。但是，不能由于对上一年度所做估计有了新信息（如有关折旧或坏账的信息）而直接调整留存利润，因为报告的金额已经反映了当时可以获得的最大信息。

会计原则强调，利润表要反映影响所有者权益的所有交易活动，但以下活动除外：

1. 向股东发放的股利（作为留存利润的减项）。
2. 涉及公司自有股份（反映在资产负债表投入资本部分）的交易。
3. 因纠正错误而进行的前期损益调整。
4. 累计综合收益的三大项目（作为所有者权益的单独项目进行会计处理，这将在本章后面的小节介绍）。

如果留存利润账户的余额因累计亏损及股利超过累计净利润而变为负数，该账户就称为**累计亏损**（accumulated deficit）。

现金股利

一家公司要支付现金股利，必须符合以下几点要求：这家公司必须有留存利润，董事会必须宣告发放股利，而且该公司必须有足够的现金用于支付股利。如果公司在债券契约和其他合同中承诺了维持健康财务状况的某些最低标准（如流动比率至少为 1.5:1），那么这些指标不能由于股利的发放而低于承诺的水平。从公司和股东双方的角度看，有些日期是与股利相关的关键日期（参见“商业实务——与股利相关的日期”）。一旦董事会宣布发放股利，股利就成为公司一项具有法律强制性的负债。记录宣告现金股利和随后支付过程对财务报表的影响如下所示：

资产负债表	利润表
资产 = 负债 + 所有者权益	←净利润 = 收入 − 费用
股利宣告日： +应付股利 −留存利润 股利支付日： −现金 −应付股利	

相应的分录为：

在股利宣告日：		
借：留存利润	XX	
贷：应付股利		XX
在股利支付日：		
借：应付股利	XX	
贷：现金		XX

请注意，股利不是一项费用，不在利润表上列示。股利是公司利润向股东的分配，因此直接作为对留存利润的减项处理。如果资产负债表的日期在股利宣告日和股利支付日之间，那么“应付股利”科目将包括在资产负债表的流动负债部分。

股票股利和股票分割

除了现金股利，公司可能还会发放**股票股利**（stock dividend），或者有时只发放股票股利。股票股利是按照每位股东现有持股比例增发给现有股东的普通股，用百

商 业 实 务

与股利相关的日期

每一项股利均有三个日期：宣告日、登记日和支付日，此外，股票公开上市的公司还有除息日。对于股份集中程度较高的公司而言，不排除股利宣告日、登记日和支付日在同一天的可能。

宣告日（declaration date）是董事会宣告发放股利的日期。**登记日**（record date）用来确定谁收取股利；在登记日列在公司股东记录上的人被认为是股份的所有人。公司为股利开具的支票款项可以在**支付日**（payment date）向登记在册的股东支付。如果股份已出售但所有权的变动并没有在公司记录上反映，那么前手股东（记录上的人）将收取股利（并可能需根据其与换手人之间对股利的约定进行结算）。**除息日**（ex-dividend date）则与谁收取股利的问题有关。当一家公开上市公司的股票被买卖时，卖方有三个交易日的结算时间——用于进行股票权证的移交，买方也有三个交易日的时间——用于支付购买股票的款项。因此，股票在股权登记日的三个交易日之前进行的“除息”交易，使公司有机会提高其所有权登记记录的正确性。在除息日，股票不附带股利进行交易（即如果股票在除息日或除息日之后售出，卖方保留收取股利的权利）；如果股票在除息日之前售出，买方则有权收取股利。在其他条件相同的情况下，市场上股票价格在除息日的下跌额等于股利的金额。

对公开上市股票的股利宣告日、登记日和支付日之间应该间隔的天数并没有特别的规定，每个日期的间隔为 2~4 周是很正常的。

分比来表示。例如，5% 股票股利表示增发数量为以前发行股票数 5% 的股份。一位拥有 100 股股票的股东将收到 5 股增发的股票，但他在公司中的所有权比例不会发生变化。（发行股数不能为小数，因此一位拥有 90 股股票的股东将收到 4 股股票股利和相当于半股股票市价的现金。）

发放股票股利的动机通常是为了在公司没有足够现金支付（或提高）现金股利的时候以保持股东的忠诚度。虽然很多股东喜欢收取股票股利，但这种分配方式其实并不是股东的收入——要理解为什么不是股东的收入，必须从发行股票股利公司的角度来理解股票股利的影响：股票股利不会引起资产和负债的任何变动，因此，它不会影响所有者权益总额；但是，公司增发了股票，普通股账户必须反映发行股份数和面值的乘积。由于这些股票被作为股利发放，因此留存利润也应当减少。留存利润的减少金额等于发行的股数乘以每股市价。市价和面值之间的差异计入“资本公积”科目。如果股票没有面值，那么“普通股”科目的增加金额等于作为股利发行的股票的市价。

为了解释股票股利的影响，假设在截至 2009 年 8 月 31 日的会计年度里，Racers 公司对面值为 \$2 的普通股发行 2% 股票股利，每股市价为 \$15。仍然以表 8-1 为参照，并假定股票股利的发行时间是在增发 40 000 股普通股之后。这样，该公司总共要发行 4 800 股股票股利（2%× 以前发行股数 240 000 股）。运用水平模型，股票股利的发放对财务报表的影响如下：

资产负债表			利润表
资产 =	负债 +	所有者权益	←净利润 = 收入 − 费用
		留存利润 −72 000 (4 800 股 ×\$15) 普通股 +9 600 (4 800 股 ×\$2) 资本公积 +62 400 (4 800 股 ×\$13)	

记录这一交易的会计分录为：

借：留存利润（4 800 股 ×\$15）	72 000	
贷：普通股（4 800 股 ×\$2）		9 600
贷：资本公积（4 800 股 ×\$13）		62 400

请注意，股票股利仅仅影响公司的所有者权益。我们有时用**留存利润转增资本**（capitalizing retained earnings）来描述股票股利的影响，因为这种股利形式会使得一部分留存利润向投入资本永久性转移。此项交易是在公司与（拥有公司的）股东间发生的，因此不会影响利润表；资本交易不会产生损益。

如果股票股利的比例超过 20% 至 25%，只会把增发普通股的面值或标定值从留存利润转入普通股股本。

一家公司发放股票股利时，每股市价会怎样变化？股票持有人会不会因此变得更加富有？我们刚才已经解释过，股票股利不会对公司的资产、负债或盈利能力产生影响，所以，公司的总体市场价值不会发生变化。由于现在发行在外的股票数量增加，而所有股份的总市场价值保持不变，因此每股的市值会下跌。这就是股票股利并不代表股东收入的原因所在。但是，有些情况下，普通股的每股市值不会降到理论上那么低的水平，尤其是在每股现金股利不因股票股利的发放而做出调整时，情况更会如此；也就是说，如果公司在发放股票股利之前发放的现金股利一直为每股 $1，而发放股票股利后继续采用同样的现金股利率，那么实际的股利率会有所上涨，股价就可能因此而上升，以反映对投资者的"利好"。

有时候，公司管理者会认为每股价格在 $20 到 $50 之间的股票比每股价格超过 $50 的股票更容易吸引投资，因此希望大幅降低公司普通股的市价。为了实现这一目的，可进行**股票分割**（stock split）。股票分割也会向现有的股东增发股票，如果股票有面值，面值要同比例降低。例如，如果一家公司发行在外的股票有 60 000 股，每股面值 $10，市场交易价为每股 $80，那么"1 拆 4"的股票分割就是按每股增发 3 股的比例向股东发行股票；因此，持股 200 股的股东将得到 600 股增发的股票，其持有的股份总数将达到 800 股。与股票股利的情况一样，公司的资产或负债并没有受到影响，所以股东权益也不会变化。公司的总市值不会改变，但每股的市价会下跌。（请把 60 000 股 ×$80 与 240 000 股 ×$20 的结果进行比较。）对于股票分割不需要编制会计分录。但是，对所有者权益中的"普通股"科目的描述，会反映出每股面值的下跌及核准股份、已发行股份和发行在外股份数量的同比例增加。如果公司发行的是无面值股份，只有股份数量会发生变化。

有时候，股票分割是通过发放高比例（如 100%）股票股利的形式实现的。前面已经说过，出现这种情况时，只有增发股份的面值或标定值会从留存利润转入普通股股本账户，股票的面值不会做出调整。

反向股票分割（reverse stock split）的情况一般不太常见，但当公司普通股成交的市价低于管理层认为的合理水平时，有可能采用这种形式。例如，某公司股票目前的交易价为每股 $15，而该股票过去的交易价处于 $50~$70 的区间。如果采用"1 比 4"的反向股票分割，会使该公司发行在外股票数量减少到反向分割前的 25%，而每股市价则会上升到原来的 4 倍，即每股 $60。同样，这种情况也不需要编制会计分录，但是每股面值会增加到原来的 4 倍，而核准股份、已发行股份和发行在外股份数量则变为原来的四分之一。反向分割方式在科技类公司较为多见。例如，AT&T 公司在 2002 年实施了"1 比 5"的反向分割，Atari 公司于 2007 年批准进行"1 比 10"的反向分割。

累计其他综合收益

在资产负债表的所有者权益部分，乍一看到“收益”这个字眼可能有些意外。为了理解“综合收益”这个概念，请回顾一下第 2 章的内容，当时我们首次介绍了连接利润表和资产负债表之间的纽带，我们还记得，净利润在每个会计期末被加到资产负债表所有者权益部分的留存利润项目中——这是通过第 4 章介绍的结账过程实现的，在第 4 章我们进一步强调了利润表的暂时性，也就是说，收入、利得、费用和损失科目实际上是所有者权益的子项目，在每个会计期末被“结转”到留存利润科目。资产负债表等式（资产 = 负债 + 所有者权益）及水平模型（净利润转到所有者权益）都强调了这种基本关系：所有的利润（或亏损）项目最终都会影响到资产负债表上的所有者权益，这就是资产负债表的所有者权益部分会出现“收益”这个字眼的原因所在。

到目前为止，我们一直介绍所有者权益由两个不同的部分组成，它们是：投入资本（即缴入资本，如普通股和优先股）和留存利润（即从超过股利支付部分的累计净利润中赚取的资本）；但是，这两个部分之间的界线往往比较模糊——甚至有时候这两个部分都不能充分反映所有者权益的某些变动。FASB 及其前任机构多年来一直为哪些项目应归入当期“净利润”（并由此而增加留存利润）及哪些项目应直接在资产负债表的所有者权益部分进行核算而争论——结果是，一些情况被作为对所有者权益上述两部分的一些例外情况处理，这使现实中各企业在财务报告上存在多种做法。

为了提高企业间的可比性，FASB 于 1997 年颁布了财务会计准则公告第 130 号《综合收益的报告》，根据该公告中的定义，综合收益（损失）包括权益部分所有非股东原因的变动，具体包括：

1.（利润表上报告的）净利润
2. 外币折算累计差额
3. 待售型投资未实现损益，扣除所得税后的净额
4. 附加最低养老金负债调整，扣除所得税后的净额
5. 衍生工具的损益。

上述 2~5 项包括在所有者权益的一个新类别中，称为“**累计其他综合收益（损**

失）”［accumulated other comprehensive income（loss）］。该准则对于如何在财务报表中报告其他综合收益给予企业相当大的灵活性：企业可以选择扩展利润表的范围，使之涵盖这一信息，也可以选择在资产负债表的所有者权益部分（或者在单独的所有者权益报表中）逐一报告这些项目，还可以选择在资产负债表中仅报告累计其他综合收益或损失的净额，并在财务报表附注中披露每一项的明细内容。英特尔公司采用的是最后一种做法（参见附录的 2006 年年报）。

请注意，其他综合收益包含的三大项目的共同特征是：这些项目均涉及所有者权益的未实现变动。由于各项目所适用的会计处理基本相同，我们在这里只介绍对外币折算累计差额项目的调整。

外币折算累计差额。当一家国外子公司的财务报表要与其本国（本书中指美国）母公司的报表进行合并时，原来以经营国货币表示的子公司财务报表必须转换为美元。这个转换过程就称为“外币折算”。由于折算过程所采用的方法及汇率随时间而波动，在折算或合并过程中子公司资产和负债折算后的价值与子公司所有者权益折算后的价值之间会出现借方或贷方差额；1983 年以前，这个借方或贷方差额作为一项损益在合并利润表上列示。由于汇率的巨大变化，一家公司可能在某年有很大的外币折算收益，而在下一年则出现同样很大的外币折算损失。折算损益对报告的结果有重大影响，但不会有重大的经济影响，因为这些损益永远不会真正实现：用美元计量的子公司价值与用外币单位计量的子公司价值之间的差额，永远不会转换成现金，除非国外子公司被出售。因此，FASB 颁布了一项会计准则，要求各公司在报告时把外币折算损益作为所有者权益的一个单独的项目而不是作为利润表的损益项目处理。这项会计准则的影响是使企业报告的净利润更加有意义，并把外币折算累计差额作为所有者权益的单独项目予以明确。（FASB 于 1983 年颁布的这项准则目前仍然有效，但外币折算累计损失现在作为“累计其他综合收益（损失）”的项目之一进行报告。）由于美元相对于外币的汇率上下波动，**外币折算累计差额**（cumulative foreign currency translation adjustment）也会不断波动。这种对折算差额的处理方法与持续经营假设是一致的，因为只要作为会计主体的国外子公司持续经营，外币折算累计差额就不会实现。

如表 8-1 和表 8-6 所示，Racers 公司在 2009 会计年度（截至 8 月 31 日）外币折算累计差额科目的净变动额为 $150 000，因此该公司 $100 000 的累计其他综合损失转变为 $50 000 的累计收益。

库藏股

很多公司常常会购入本公司的股票。发行在外的各种股票都可以作为库藏股购入。企业持有这些股票不是为了退出流通，而是为了今后用于员工购股计划、收购其他公司，甚至是为了在需要增发资本的时候重新出售。有时候，购入库藏股是一种保护本公司不受另一家公司收购威胁的手段；另外，有多余现金的公司常常会由于本公司股票市价较低而购入库藏股，作为一项很好的投资。不论出于什么动机，购买库藏股实质上是对公司的部分清算，因为公司的资产被用来减少发行在外的股份数。因此，库藏股在资产负债表上不作为一项资产被反映，而是作为所有者权益的减项（即库藏股要从投入资本和留存利润的总额中扣减）。

库藏股交易是（公司与其股东之间的）资本交易，因此利润表永远不会受到库藏股买卖的影响。库藏股在购入时按成本入账；在出售或发行时，其成本与收到的金额之间的差异计入“资本公积”账户。从表 8-1 中可以看到，Racers 公司在截至 2009 年 8 月 31 日的会计年度里以 $12 000 的总成本购买了 1 000 股本公司的股票。这笔购买业务对财务报表的影响如下：

资产负债表					利润表
资产	=	负债	+	所有者权益	←净利润 = 收入 − 费用
现金 −12 000				库藏股 （所有者权益的减项） −12 000	

记录这笔交易的分录如下：

借：库藏股	12 000	
贷：现金		12 000
以每股 $12 的价格购入 1 000 股库藏股。		

如果这批库藏股中的 500 股在 2010 会计年度以每股 $15 的价格售出，此项交易对财务报表的影响如下：

资产负债表					利润表
资产	=	负债	+	所有者权益	←净利润 = 收入 − 费用
现金 +75 000				库藏股 +6 000 资本公积 1 500	

相应的分录为：

	借方	贷方
借：现金	75 000	
贷：库藏股		6 000
贷：资本公积		1 500
以每股 \$15 的价格售出 500 股库藏股。		

对库藏股不支付现金股利。但是，股票股利会向库藏股发放，股票分割对库藏股也有影响。对很多公司来说，其报表上列示的库藏股金额是所有者权益总额中很大的减项。购入库藏股按每股市价入账，所以投入资本总额为负数的情况并不罕见。为什么？假定某公司在 1979 年以每股 \$15 的当前市价发行了 1 000 股普通股，这些普通股一直发行在外，直到该公司于 2003 年以每股 \$80 的价格购入 300 股库藏股。普通股的历史成本 \$15 000 会被库藏股扣减的 \$24 000 抵消。现实中有很多成功的企业，如可口可乐、麦当劳、通用电气及埃克森美孚等公司，在 2001 年报告的投入资本总额均由于近期购入库藏股而出现负数。可口可乐公司总计 137 亿美元的库藏股是其普通股和资本公积总额的 3 倍。造成这种会计异常的主要原因就是成本原则。近年来，很多这样的公司缩减了其新股发行计划，同时又在市场上积极购入本公司以前发行的普通股——采取这种做法是为了保护现有股东的所有权不受稀释；而且，购入库藏股不会影响净利润，因此由于记录库藏股购买业务会减少所有者权益，公司的 ROE 会随之而提高。

应当概括和强调的是，由于公司不能向自己支付股利，因此库藏股没有现金股利。但是，股票股利会向库藏股发放，股票分割也对库藏股有影响；这也就是说，在实务中现金股利以发行在外的股份为基础，而股票股利和股票分割则以过去已发行的股份数为基础。

报告所有者权益项目的变动

某个会计期间所有者权益项目变动的原因，应当在资产负债表、单独的所有者权益变动表或财务报表的附注或财务评论中予以列示。表 8-6 列示了 Racers 公司的所有者权益变动表。（净利润和普通股股利的金额是假定金额，应当自己去计算核实对优先股发放的现金股利金额。）这是报告所有者权益的一种格式，还可以使用其他格式。

即使投入资本没有变动，也没有库藏股或国外子公司，公司也需要报告对留存利润的分析。我们可以使用单独的报表，如表 8-7 所列示的对 Racers 公司留存利润的分析，也可以把期初余额、股利和期末余额的信息附在利润表后面，合并为利润和留存利润表。

请注意，英特尔公司在其 2006 年年报中列示了合并股东权益表。你知道其他公司的年报中使用的是什么方法吗？

其他类型会计主体的所有者权益

独有企业和合伙企业

本章重点讨论的是股份公司的所有者权益。独有企业和合伙企业（分别是一人和多人所有的非股份制企业）都不发行股票，通常对投入资本和留存利润不做区分；这些企业的所有者权益通常称为资本或资本金，比如在独有企业中可以记为“老虎·伍兹，资本金”，在合伙企业中可以记为“合伙人资本”。对于一家小型的合伙企业来说，其资产负债表上可能分别列示每一位合伙人的资本账户余额；对于一家有众多合伙人的合伙企业来说，每一位合伙人的资本权益可由代表权益比例的“单位”或“份额”来表示，但这些份额并不具有与股份制企业的资本股份相同的法定权利。事实上，合伙份额常常只用于损益分配，每一位合伙人一般对企业管理享有同等的发言权。合伙协议中通常会规定合伙企业的损益在合伙人之间如何进行分配。在年度内对所有者的分配，包括支付给独有所有人或合伙人的全部工资，都应作为所有者权益的减项，而不是作为费用处理。这些金额常常用一个“支取”账户进行累计，

表 8-6 所有者权益变动表

Racers 公司
所有者权益变动表
截至 2009 年 8 月 31 日

	优先股		普通股		资本公积	留存利润	累计其他综合收益（损失）$	库藏普通股	
	股份数	$	股份数	$	$	$		股份数	$
2008 年 8 月 31 日余额	5 000	$500 000	200 000	$400 000	$2 820 000	$2 600 000	$(100 000)	—	—
出售普通股			40 000	80 000	440 000				
购入库藏普通股								1 000	$12 000
净利润						390 000			
现金股利：									
优先股						(30 000)			
普通股						(60 000)			
股票股利：									
市价为每股 $15 时，对 240 000 股普通股发放 2% 的股票股利			4 800	9 600	62 400	(72 000)			
外币折算差额净变动							150 000		
2009 年 8 月 31 日余额	5 000	$500 000	244 800	$489 600	$3 322 400	$2 828 000	$ 50 000	1 000	$12 000

表 8-7 留存利润变动表

Racers 公司 留存利润变动表 截至 2009 年 8 月 31 日	
留存利润年初余额	$2 600 000
加：净利润	390 000
减：现金股利：	
优先股	(30 000)
普通股	(60 000)
普通股 2% 股票股利	(72 000)
留存利润年末余额	$2 828 000

该账户公司的股利账户类似。年度所有者权益变动表中应当报告期初资本余额、增资额、年度净损益及资本回收额（提取额），从而得出期末资本余额。

非营利组织和政府机构

这些类型的组织 / 机构并没有对会计主体有直接财务利益的所有者，因此财务报告要求应侧重于资源的提供者（如纳税人或捐赠人），而不是投资人。这些组织的所有者权益称为“基金余额”。由于单个的资源提供者对该组织资产不具有专门要求权，“资本金”账户不适用于这些组织，而且大多数基金都不报告净利润。这些组织通常有一项营运基金（或流动基金），且常会有若干项限制性基金，以增强对某些资产的管理责任。例如，一所大学会在流动基金中核算该学校的学费收入和经营费用；对学生奖学金的捐赠金额则作为限制性基金处理，以确保该笔基金按既定的目的使用。其他常用的基金包括捐赠基金、贷款基金、房屋基金和偿债基金等。影响这些基金的交易是非经营性的，而且需承担专门责任。所有者权益表称为“基金余额变动表”，用于归纳每一项基金活动。年度中的变动金额包括：营业收入超过（或少于）营业费用的余额（或不足额），因捐助、赠与或其他支持项目而增加的金额，因非经营性活动而减少的金额及与其他基金之间相互转移的金额。基金余额变动表在报告的目的和内容上与公司的所有者权益报表类似，而且同样易于理解。

附　个人投资

在每个人的财务生涯中，开始进行个人的股票、债券和其他债券投资，可以说是一个激动人心的时刻。在一项投资计划被实施前，必须回答与自己的风险承受能力相关的诸多问题；对大多数人来说，有必要向一位可信赖的的金融顾问咨询，以

表 8-8　互联网投资网站举例

1. **Motley Fool** 是一个流行的财务论坛，旨在提供资讯和娱乐，并帮助大家赚钱。对各投资组合和股票购买方案进行探讨，并配备专门的经纪人。为投资者个人融资范围内的一系列问题提供广泛指导。这是一个有趣的网站，而且免费！www.fool.com
2. **《财富》**该杂志的网上版针对的是广泛的投资者。通过一个自由的投资组合，对 150 多只以上的股票进行跟踪和分析。提供美国 500 家最大公司的主要资料，包括股价、图表和财务数据，还提供全球 500 强的信息。www.fortune.com
3. **《商业周刊》**如果要查询这份流行杂志美国版和亚洲版的部分文章，可以阅读《商业周刊网上版》。www.businessweek.com
4. **Dogs of the Dow** 是一个有着优良记录的股票挑选系统，包括道琼斯指数中每一只股票的基本资料、图表及股价历史变动情况。www.dogsofthedow.com
5. **CNN Money** 可以浏览该网站，迅速得到美国各大市场的最新情况，包括道琼斯指数和纳斯达克指数，并对市场变动进行分析。www.money.cnn.com/data/us_markets
6. **BigCharts** 是一个关于美国投资的图表网站。提供了 24 000 多只股票、基金和指数的研究，包括一天内的走势图表和市场价格。www.bigcharts.com
7. **道琼斯公司**作为这家大型的商业新闻和信息出版商的主页，该网站提供了其产品和服务的详细资料，包括《华尔街日报》。www.dowjones.com
8. **蓬勃资讯**（Bloomberg）提供大量的全球商业和财经新闻概要及详细的媒体产品和服务。www.bloomberg.com
9. **纽约证交所**提供股价及美国和全球上市公司的上市信息和链接，对市场进行总结，为投资者提供指导。www.nyse.com
10. **纳斯达克**（Nasdaq）提供上市公司信息、投资资源、对市场活动和指数的浏览和概括及市场专有名词的术语表。www.nasdaq.com
11. **美国证交所**提供每天和每周的市场和选股报告、上市公司名录、最新网络版报表及最活跃股票清单。www.amex.com
12. **标准普尔**（Standard & Poor's）可从该网站获得有关财经信息服务和评级服务的信息，并可得到上市证券每天的收盘价。www.standardpoor.com

帮助自己理解和回答这些问题，并制定出一个合理的计划。

对很多人来说，投资公司或互助基金是种很不错的投资渠道。投资者购买互助基金的股份，而互助基金则把从投资者那里收取的资金用于购买普通股、优先股或债券。实际上，每一位投资者都拥有互助基金所持证券组合的一份份额。投资人可通过经纪公司雇佣的注册经纪人来购买互助基金的份额，也可直接从互助基金购得。应当明白，各互助基金在经营和投资目标上并不都是相似的。因此，投资者个人应当认真地确定自己的目标，然后选择一家投资证券组合与自己的观点一致的基金。不论是通过经纪人还是直接与互助基金进行交易，投资者都会收到一份基金说明书，对该基金、投资该基金的相关成本、其经营和投资方针及投资风险进行说明。

另一种投资方式是直接购买某家公司的证券。虽然员工根据401（k）计划可以不通过经纪人而投资自己公司的股票，但投资者通常会在经纪公司开立一个账户。在这种方式下，投资者拥有的是对各家公司股票和债券的直接所有权，而不是对基金所持有的证券组合的份额。如果投资者购买的是在股票交易所或店头市场交易的过去发行的股票，则不会得到对购入的证券和相关风险进行说明的说明书。

对投资的特点、风险和各种方法的详细讨论，不在本书范围之内。在开始一项投资计划之前，有必要理解这里所讲的术语、概念和财务报告方法。网上投资或许是最快、最容易也是风险最低的起步方法。如果要获得更多的信息，可以查阅表8-8列示的一些投资网站。

第 9 章

利润表和现金流量表

利润表可以帮助财务报表使用者回答几个非常重要的问题：企业在某一会计期间的经营的财务结果如何？企业的盈利（或亏损）是多少？相对于销售成本及其他经营费用而言，销售额是否取得了增长？本书第 5~8 章在解释影响资产和负债的各项交易时，已介绍了不少利润表科目。然而，考虑到净利润数额对企业管理者、股东、潜在投资者及其他各方的重要性，有必要在这里对利润表的形式和内容做专门的阐述。

表 9–1 对附录中英特尔公司年报的利润表进行了概括。请注意，该表提供的是 2006、2005、2004 这 3 年中每年 12 月最后一个星期六的比较报表，读者从中可以很快地观察出这些重要数据近期的走势。

或许与你预期的一样，英特尔公司利润表的第一项为“净收入”（销售收入）；而人们常常提到的术语“盈余底线”（即“净利润”）实际上指的是报表中的倒数第五项。在算出净利润之前，将合计出“毛利润”、“经营利润”和“税前利润”。报表最后四项的重要性也将在本章中讨论。本章前半部分的主要目的是帮助你读懂利润表。

本章后半部分将比第 2 章更详尽地探讨现金流量表。我们知道，现金流量表通过概括企业在某一会计期间内经营、投资及筹资活动对现金的影响，解释了企业从期初到期末的现金变动情况。现金流量表使投资者能够不受利润表上数字的局限，更准确地判断企业的经营结果是否与现金流量各主要类别反映的情况一致。例如，诸多显赫一时的网络公司及安然公司（Enron Corporation）陷入财务困境的蛛丝马迹，最早就是在现金流量表上体现出来的。

附录中列示了英特尔公司过去三年的比较现金流量表。我们可以看到表中各小计项目分别表示这三年中引起现金流入与流出的经营、投资及筹资活动。

表 9–1 利润表

英特尔公司 合并利润表 (单位:百万美元)			
3 年期,截至 2006 年 12 月 30 日	**2006 年**	**2005 年**	**2004 年**
净收入	**$35 382**	**$38 826**	**$34 209**
销售成本	$17 164	$15 777	$14 463
毛利润	**18 218**	**23 049**	**19 746**
研究与开发费用	5 873	5 145	4 778
销售与管理费用	6 096	5 688	4 659
重组和资产减值损失	555	—	—
与并购相关的无形资产和成本的摊销	42	126	179
经营成本	**$12 566**	**$10 959**	**$ 9 616**
经营利润	**$ 5 652**	**$12 090**	**$10 130**
权益类证券收益(损失)净值	214	(45)	(2)
利息和其他损益净值	1 202	565	289
税前利润	**$ 7 068**	**$12 610**	**$10 417**
所得税	2 024	3 946	2 901
净利润	**$ 5 044**	**$ 8 664**	**$ 7 516**
普通股基本每股收益	**$ 0.87**	**$ 1.42**	**$ 1.17**
普通股稀释每股收益	**$ 0.86**	**$ 1.40**	**$ 1.16**
发行在外普通股加权平均股数	**5 797**	**6 106**	**6 400**
假设稀释后发行在外普通股加权平均股数	**5 880**	**6 178**	**6 494**

在阅读每一类活动所包括的明细项目和金额的同时,我们需要更多地从整体上关注这三类活动的划分,另外应注意的是,英特尔公司每年都会将大量资金用于购置不动产、厂房设备(属投资活动)及回购和偿付普通股(属筹资活动)——以后我们会讲到,这些都是财务状况良好的表现,尤其是企业能够用自己经营活动所产生的现金来支付这些款项。那么,在年度报表列示的 3 年内,英特尔是否每年都如此呢?

利润表与现金流量表报告的是某一期间的财务状况,通常(但不一定)是截至资产负债表日的会计年度。记住,资产负债表反映的是某一时点的数据,通常是会计年度的最后一天,但也可能是其他时间。

表 9-2 重点标明了本章详细阐述的利润表和现金流量表科目。利润表涉及的交易常常以配比原则为基础，因此会对企业的大多数流动资产账户，尤其是应收账款和存货，产生直接影响。同样，编制现金流量表要求对资产负债表每一个账户在本年度的变动进行分析，而现金则是分析的重点。

利润表

收　入

FASB 对**收入**（revenues）的定义是“某会计主体因交付或生产货物、提供服务或其他构成其主要或核心持续业务的活动，而引起的资产流入或其他形式的资产增加，或负债的清偿，或两者兼而有之”[1] 收入最简单、最直接的方式是：当企业向客户或消费者出售产品或提供服务并收到现金，或产生应收账款，或清偿一项债务时，我们称该企业获得了收入。大多数收入业务属于这种简单直接的类型。收入通常按照从该业务中实际收到或预期收到的现金金额入账。如果预期现金无法在一年内收到，则通常按预计收到现金金额的现值入账。

FASB 在《概念公告第 5 号》中除了对收入做出上述定义之外，还就如何运用收入确认的基本标准提供了指导原则。如果要确认收入，那么这笔收入必须已实现或可实现，并已赚取。有时候，这些标准之间的重要性会有所不同。

实现（realization）是指产品或服务已交换为现金、现金要求权或一项可随时转换为数额已知的现金或现金要求权的资产。在这种情况下，对企业所提供的产品或服务将收到现金的预期已转变为现实。

赚取（earned）是指企业在有权获得收入所带来的利益（如现金或其他资产的增加，或债务的清偿）之前，已完成或在实质上完成其必须履行的活动。

当企业已把产品或商品交付给客户或已提供服务时，通常可以认为已符合收入确认的实现和赚取标准。因此，企业通常在完成销售业务即已向客户交付产品或提供服务时，确认销售和服务活动产生的收入。对财务报表的影响如下：

1　FASB, *Statement of Financial Accounting Concepts No. 6*, “Elements of Financial Statements” (Stamford, CT, 1985), para. 78. Copyright © by the Financial Accounting Standards Board, High Ridge Park, Stamford, CT 06905, U.S.A. Quoted with permission. Copies of the complete document are available from the FASB.

表 9–2 财务报表概览

资产负债表			
流动资产	**章**	**流动负债**	**章**
现金和现金等价物	5，9	短期负债	7
短期有价证券	5	长期负债中一年内到期的部分	7
应收账款	5，9	应付账款	7
应收票据	5	未实现收入或递延贷项	7
存货	5，9	工资税和其他代扣代缴项目	7
预付费用	5	其他应计负债	7
递延所得税资产	5	**非流动负债**	
非流动资产		长期负债	7
土地	6	递延收入所得税	7
建筑物和设备	6	其他长期负债	7
融资租赁资产	6	**所有者权益**	
无形资产	6	普通股	8
自然资源	6	优先股	8
其他非流动资产	6	资本公积	8
		留存利润	8
		库藏股	8
		累计其他综合收益（损失）	8

利润表		现金流量表	
销售额	5，9	**经营活动**	
销售成本	5，9	净利润	5，6，7，8，9
毛利（或毛益）	5，9	折旧费用	6，9
销售和管理费用	5，6，9	资产销售利得（损失）	6，9
经营利润	9	流动资产（增加）减少	5，9
资产销售利得（损失）	6，9	流动负债增加（减少）	5，9
利息收入	5，9	**投资活动**	
利息费用	7，9	不动产、厂房和设备销售所得	6，9
所得税	9	购买不动产、厂房和设备	6，9
非常项目	9	**筹资活动**	
净利润	5，6，7，8，9	长期借款得到的现金	7，9
每股收益	9	偿还长期借款	7，9
		发行普通股 / 优先股	8，9
本章的主要内容		购买库藏股	8，9
其他受影响的财务报表项目		支付股利	8，9

资产负债表	利润表
资产 = 负债 + 所有者权益	←净利润 = 收入 − 费用
+现金，或 应收账款	+销售收入， 或服务收入

通常的分录为：

借：现金（或应收账款）	XX	
贷：销售收入（或服务收入）		XX

在有些情况下，赚取标准比实现标准更为重要。比如，出版社在杂志订购期的期初收取现金就属于这种情况，在这种情况下，收入应当在企业通过发送杂志赚取收入时确认。另一方面，如果企业在发送产品或提供服务时并不预期会收到现金或清偿债务（即捐赠），就不应该确认收入，因为这种情况不符合实现标准。

如果收入与一段时期内资产的使用有关（如出租不动产或出借资金），收入会随着时间的推移而逐步赚取，并根据事先确定的协议价格入账。

对于某些农产品、稀有金属和有价证券而言，它们的价格可以随时确定，且无需费力就可出售，在这种情况下，收入（及一些利得或损失）可以在生产完成或资产价格变化时予以确认。以上情况只是特例，一般来说，确认收入必须满足实现和赚取标准，即必须发生公平交易（即销售业务）。

近几年来，由于很多商业活动和其他新型交易日渐复杂化，出现了很多收入确认问题。因此，FASB 及其前身（下属于美国注册会计师协会）针对不同的行业和交易颁布了很多有关收入确认的公告，收入确认自然成为一个最受关注的话题。然而，由于收入确认对整个利润表至关重要，错误地记录收入（通常是高估）会对财务报表产生严重误导。因此，企业管理层和内部审计人员常常会制定内部控制程序，以提高企业收入确认过程的准确性。

销售收入（sales）指的是企业通过出售购入或自制的产品而获得的收入。有时候，由于客户会退回商品并要求还款，某些销售业务随之成为无效交易；有时候，买方并不将货物退回（尤其是在货物只受轻微损坏、仍可使用的情况下），而是由卖方给予买方一定的折扣，并相应减少客户的应收账款——如果客户已付款，那么卖方会退回相应的折扣款。出于内部控制与分析的目的，这些**销售退回与折让**（sales returns and allowances）应单独入账，作为总销售收入的减项，相减的结果就是**净销**

售收入（net sales）。另外，如果企业给及时付款的客户以现金折扣，从财务报告角度，总销售收入也应减去现金折扣总额。在供公司内部使用的详细利润表中，收入项目可能如下所示：

销售收入	$
减：销售退回与折让	(　　)
减：销售现金折扣	(　　)
净销售收入	$

净销售收入或净收入通常是商品流通企业或制造企业利润表中的第一项（如表 9-1 所示）。在年报的附注或财务回顾部分，很多公司会提供净销售收入的详细计算过程。

如果除产品销售所产生的收入外（或者在根本没有产品销售收入的情况下），企业有较大金额的服务收入，企业则应在利润表中适当注明收入来源。因此，租赁公司可能会把租赁及服务收入列为利润表的第一项；而咨询公司的利润表中可能会列示咨询费收入或咨询费。如果企业有不止一种收入，且根据会计人员的判断，每种收入的金额都比较重要，则可以把每一类收入都列入利润表，从而提高利润表的有用性。

从法律的角度看，产品的出售使产品的权利（即所有权）从卖方转移到买方。权利转让的时间或地点通常在货运条款中规定（参见“商业实务——货运条款”）。下面两种情况下这一问题尤为重要：第一种情况是产品在接近会计期末才被发运，货运条款会决定收入是在货物发出的期间还是在客户收到货物的下一会计期间确认，如果会计期末的产品金额很大，确定一个准确的“销售截止日”对财务报表的准确性至关重要；第二种情况是产品在从卖方到买方的运输途中发生丢失或损坏，这项损失应该由货运条款中规定的产品法定所有者承担，当然，承担损失的一方可以向有关责任方（通常是第三方货运公司）索赔。

在某些销售业务中，企业可能要用一年以上的时间制造所销售的产品（如船舶制造商或复杂机器制造商）。如果直到发送产品时才确认收入，有可能造成几年内利润表信息的误导。由于企业是按照与买方签订的有确定价格的合同制造这些产品的，因此可以采用**完工百分比法**（percentage-of-completion method）确认收入（及成本和利润）。例如，如果根据工程师的分析及其他因素，本年完成 40% 的工程进度，则在本年度可确认 40% 的预计收入（及 40% 的预计费用）。

商　业　实　务

货运条款

很多产品要从卖方运到买方，而不是买方在采购业务发生当时就提货。**货运条款**（shipping terms）将决定在运产品的所有者。常用的术语是**目的地交货**（FOB destination）和**起运点交货**（FOB shipping point）。（FOB 指离岸价，因以前很多商品采用船运而得名。）如果货运条款是目的地交货，则商品在到达买方指定地点并被买方接受前，商品所有权属于卖方。因此，按目的地交货条款发运的商品，其所有权在买方收到商品时才从卖方转移到买方。起运点交货的意思是，买方在卖方起运点就接受产品的所有权。

货运条款还规定该由哪方承担货运费用：在目的地交货条款下，由*卖方*承担运费；而在起运点交货条款下，则由*买方*承担运费。运费支付是另一个问题。如果是**运费预付**（freight prepaid），运费由卖方支付；如果是**运费到付**（freight collect），则由买方支付运费。通常情况是，目的地交货条款往往与运费预付条款在一起；起运点交货条款往往与运费到付条款在一起。但是，根据货运公司的政策或其他因素，目的地交货的条款也有可能规定运费到付，或者相反，起运点交货条款会要求运费预付。在这种情况下，支付了运费的一方随后会向承担运费的另一方收取同等金额的款项。

企业应在财务报表附注或财务回顾中披露各种特别的收入确认方法，如完工百分比法。由于收支直接影响利润，财务报表使用者必须注意任何有别于通常公认的在向客户交付产品或提供服务时确认收入的做法，并理解其影响。（参见“商业实务——网络公司在收入确认中的做法”，了解近年来企业所采用的一些有争议的做法。）

利得（gains）指的是由偶然交易或非经营性活动引起的企业净资产的增加，通常不包括在收入内。利得在利润表上的位置处于企业经营性支出和经营利润之后，作为其他收入列示。利息收入是“其他收入”的一种。本章将在后面的小节中更详细地介绍利得的报告方式。

费　用

FASB 对**费用**（expenses）的定义是：某会计主体因交付或生产货物、提供服务或其他构成其主要或核心持续业务的活动，而引起的资产外流或其他形式的资产耗

商 业 实 务

网络公司在收入确认中的做法

网络公司的股价在 20 世纪 90 年代的迅速上涨，似乎与市盈率等传统的价值指标背道而驰，因为这些公司中有很多根本没有收益。财务分析师和投资者把收入的增长作为主要的衡量标准，对这一标准的倚重使很多公司在记录收入时采用各种偏离收入确认公认做法的方法，这些方法处于报告误导性结果的边缘，其中包括：

过早确认收入：在收到订单但尚未发送产品或提供服务时就确认收入，或者在软件升级完成前就确认未来软件升级的收入，或在签订软件许可合同时就确认收入，而不是在合同期内分期确认。

高估转售收入：在产品或服务被转售而转售商从未拥有这些产品或服务的情况下，把向买方收取的金额全额确认为收入，而不是以转售商的加成作为收入。

鉴于这些有争议的做法，美国证券和交易委员会（SEC）于 1999 年下半年颁布了一项关于收入确认的成员企业会计公告，普遍把某些网络公司的收入延迟到未来期间，使受影响的公司不得不对以前年度的收益进行追溯调整。过去 SEC 的会计欺诈案中有一半以上与虚增收入有关，因此，对软件公司的做法进行更加严格的监管在很多财务分析师的意料之中。

用，或负债的发生（或两者兼而有之）。[1] 有些费用（如销售成本）与相应的收入同时确认。这里再次应用了前文所阐述并强调的**配比原则**（matching principle）。有些费用（如管理费用）在费用发生期内确认，这是因为费用发生同时或发生后不久，这些费用带来的好处就已享受完。还有一些费用（如折旧）是因企业把资产成本按资产预计使用期限摊销而产生的。由于费用的发生是为了获得收入，每种费用的确认都应遵循配比原则。费用金额等于为获取经济效益而付出的现金或耗用的其他资产。如果与费用相关的现金支出要在一年后才发生，比较合适的做法是：把将来要支出现金的现值确认为费用金额。

大多数情况下，我们可直接确定哪些费用应在当期利润表内确认，这样的费用有：销售成本、员工报酬、应收账款坏账、公用事业费及固定资产折旧；而在有些情况下（如研发费用、广告费用）无法轻易确定费用对未来期间收入的影响——对于这些费用，很难合理地把费用与以后的收入相匹配。为了避免任意摊销，所有的广告与研发支

1 Ibid., para. 80.

出在发生当期作为费用入账。这种方法符合客观与谨慎原则。

还有一些费用涉及复杂的确认和计量问题，例如所得税费用和养老金费用，本书第 7 章在讨论与此类费用相关的负债时，曾提到过这些费用。

损失（losses）是指由偶然交易或非经营性活动而引起的企业净资产的减少。损失不包括在费用中，而是在经营利润后面列示，本章稍后将对此进行讨论。

本章讨论费用的次序将遵循大多数利润表中费用的排列顺序。

销售成本

对很多制造企业和商品流通企业来说，**销售成本**（cost of goods sold）是最重要的一项费用。本书第 5 章关于存货会计处理的部分讲到了企业所采用的**存货成本流转假设**（inventory cost-flow assumption，即先进先出法、后进先出法、加权平均法）会影响这项费用。**存货缩水**（inventory shrinkage）是指由过时、错误及偷窃引起的存货损失。如果涉及金额不大，存货缩水通常包括在销售成本内；如果金额很大，则存货损失应作为损失单独列在经营利润后面。

销售成本的计算取决于存货核算中所采用的存货成本流转假设和存货盘存制（定期盘存制或永续盘存制）。前面已提过，在永续盘存制下，每一次买入或售出产品都有记录，因此每一项存货的数量和成本都保持连续记录。当某个产品被售出时，其成本（根据成本流转假设而确定）从存货资产转移到销售成本费用，该项交易对财务报表的影响如下：

资产负债表	利润表
资产 = 负债 + 所有者权益	←净利润 = 收入 − 费用
−存货	−销售成本

相应的分录为：

借：销售成本	XX	
贷：存货		XX

存货永续盘存制的关键是：存货的成本在出售时确认。因此，正如你所想像的，采用永续盘存制的企业需要进行大量的数据处理，但这有助于管理层了解哪些存货卖得好、哪些存货卖得不好。销售终端技术的进步（如零售店使用的条形码扫描器），

使得即使很小的商品流通企业也能采用永续盘存制。有些企业甚至把自己的存货系统与供应商联系起来，当存货降到一定量时，新订单会自动生成。不管采用何种类型的永续盘存系统，企业都会在会计年度内定期循环盘点各项存货，然后把实际数字与电脑记录的数字进行比较。这种内部控制程序可以帮助企业确定永续盘存系统是否正确运行，并对明显的出入进行调查。

在存货定期盘存制下，企业会定期盘点实际库存（通常在会计年度末），然后（根据采用的成本流转假设）确定存货成本。企业在此后会把存货成本作为年初存货成本（即前期期末存货）与当期购货成本总和的减项。（制造业企业使用的是产品生产成本，而不是购货成本。这一点将在第13章中论及。）下面是根据附录中英特尔公司2006年财务报表数据编制的**销售成本模型**（cost of goods sold model）。你能在附录中找出存货和销售成本的数据吗？在这个模型中购货成本净值与可供销售产品成本是根据已知数据计算出来的，所有数据单位为百万美元。

期初存货成本	$ 3 126
+ 购货成本净值（产品生产成本）	18 352
= 可供销售产品的成本	$21 478
− 期末存货成本	(4 314)
= 销售成本	$17 164

以上列示的销售成本、存货及购货成本净值中，包括了支付给供应商的款项及所有与交易有关的正常的及必要的成本（如运费和材料处理费）。成本减去了所有得到的现金折扣。企业使用定期盘存制时，通常需要对运费、采购折扣及**采购退回与折让**（purchases returns and allowances，购买方对“销售退回与折让”的称呼）设立单独的科目，但这些科目都属于购货成本范围。因此，购货成本净值的组成如下：

购货成本	$
加：运费	
减：采购折扣	(　　)
减：采购退回与折让	(　　)
购货成本净值	$

虽然定期盘存制的记账没有永续盘存制那样复杂，但它也有不足之处：企业需盘点全部实物库存才能准确确定销售成本；另外，尽管可以借助特别分析来估计或推算存货缩水（由偷窃、错误等造成的损失），但企业并不真正知道存货缩水何时发生，

因为存货缩水的损失已包括在销售总成本内。

请注意，销售费用与管理费用不包括在销售成本内！本章在讲述其他经营费用时会对此予以讨论。

毛利或毛益

销售收入与销售成本间的差额就是**毛利**（gross profit），也称**毛益**（gross margin）。根据表 9-1，英特尔公司利润表中与毛利相关的数据列示如下：

英特尔公司 合并利润表 （单位：百万美元）			
3 年期，截至 2006 年 12 月 30 日	2006 年	2005 年	2004 年
净收入	$35 382	$38 826	$34 209
销售成本	17 164	15 777	14 463
毛利	$18 218	$23 049	$19 746

把毛利表示为销售收入的百分比，得到的结果就是**毛利率或毛益率**（gross profit ratio/gross margin ratio），对商品流通企业的管理者来说，这个比率尤为重要。表 9-3 列示了英特尔公司 2006 年毛利率的计算过程。

由于毛利率表示的是每单位销售收入中经营费用及利润所占的比例，因此其主要作用之一，就是管理者可以借此估算企业目前的销售水平是否能在本期带来利润。管理者根据以往的经验得知，如果想要获利，必须达到一定的毛利率和销售收入水平。销售收入可以根据每天的现金收入记录或销售发票记录确定，把销售收入乘以估计毛利率，就可得到估计毛利金额；这个金额减去估计经营费用，就可估算出企业的经营利润。在很多情况下，仅仅根据销售收入就可估算企业能否盈利——对于那些每种已售产品毛利率基本相同的企业来说，尤为如此。然而，通常情况下，如果不同商品有不同的毛利率，在估算毛利总额时必须考虑每一种商品的销售收入占总销售收入的比例，即**销售组合**（sales mix）。比如，如果英特尔公司微处理器、芯片集和主板的毛利率为 65%，而网络与通讯产品的毛利率为 40%，并且销售组合不断变化，那么在估算任何一个月的毛利总额时，必须把这两类产品的销售收入都考虑进去。

企业可以根据毛利率估算实际存货还没有出库的会计期间的期末存货和销售成

表 9-3 毛利率

英特尔公司 毛利率——2006 年 （单位：百万美元）	
净销售收入（或净收入）	$35 382
销售成本（或销货成本）	17 164
毛利（或毛益）	$18 218

毛利率 = 毛利 / 净销售收入

= $18 218/$35 382

= 51.5%

本，如表 9-4 所示。这个过程可以用来估算在火灾、洪灾或其他自然灾害中损失的存货价值——注意，这一计算的关键在于毛利率的估计值。出于内部报告的目的，很多企业每个季度（或每个月）会编制一次利润表，而这种估算方式的运用可避免因存货盘点而产生相关成本及对业务的干扰。

毛利率的另一个重要作用是确定销售价格。如果管理者知道在一定销售水平上获得盈利需要达到的毛利率，就可以把产品的销售成本除以毛利率（即销售成本比例），从而得出销售价格——表 9-5 反映的就是这一过程。当然，竞争压力、制造商的建议销售价及其他因素也会影响最后制定的价格，但期望毛利率和产品成本通常是定价时首先考虑的要素。

由于经营策略的不同，各企业为盈利需达到的毛利率也不同。比如，廉价商店的经营策略是高销量与低经营费用，因此毛利率相对较低；而服装专卖店的销量较低，经营费用较高，因此需要维持一个较高的毛利率才能盈利。

虽然企业内部管理者经常使用毛利和毛利率，但很多企业（如英特尔公司）对外公布的利润表上并没有毛利这一项，而销售成本通常会单独列示。因此，利润表使用者可以通过计算来满足其比较或其他估算的目的。

经营费用

利润表上经常列示的其他**经营费用**（operating expenses）主要有以下几类：

表 9-4　根据毛利率估算期末存货和销售成本

假设：

某企业预计本会计年度毛利率为 30%。

期初存货已知，即前一年年末盘点的存货金额。净销售收入及净购货成本可从本会计年度的会计记录中获得。

成本估算模型（已填入假设的已知数据）如下：

净销售收入	$100 000	100%
销售成本：		
期初存货	$ 19 000	
净购货成本	63 000	
可供销售产品成本	$ 82 000	
减：期末存货	?	
销售成本	$?	
毛利	$?	30%

计算期末存货估计值：

毛利 = 30% × $100 000 = $30 000

销售成本 = $100 000 – $30 000 = $70 000

期末存货 = $82 000 – $70 000 = $12 000

表 9-5　根据期望毛利率确定销售价格

假设：

某零售商店内某一款地毯的成本为每平方码 $8。如果期望毛利率为 20%，则该产品每平方码售价应为多少?

销售价格 = 产品成本 /（1 – 期望毛利率）

= $8/（1 – 0.2）

= $10

验证：

计算出的销售价格	$10/ 平方码
产品成本	8/ 平方码
毛利	$ 2/ 平方码

毛利率 = 毛利 / 售价

= $2/$10

= 20%

销售费用
管理费用
研发费用

这些费用可以根据财务报告的需要以各种方式进行组合。比如，英特尔公司把其他经营费用分为两类："研究与开发费用"和"销售与管理费用"。

财务报表的附注或财务回顾部分有时会详细披露与其他项目合并在一起的费用项的金额与性质，但管理层通常把某些经营费用项目单独列示，以强调它们的重要性——常见的例子包括修理和维护费用、研究与开发费用及广告费用。折旧与摊销费用通常在利润表中单独列示（或在附注中披露），这是因为这些费用并不造成现金流出。折旧与摊销费用通常也在现金流量表中列示，本章稍后部分会讲到这一点。

经营利润

毛利与经营费用之间的差额就是**经营利润**（operating income），也可称为**经营产生的利润**（income from operations），下表列示了表 9-1 中与经营利润相关的部分：

英特尔公司
合并利润表
（单位：百万美元）

3 年期，截至 2006 年 12 月 30 日	2006 年	2005 年	2004 年
净收入	**$35 382**	**$38 826**	**$34 209**
销售成本	$17 164	$15 777	$14 463
毛利润	**18 218**	**23 049**	**19 746**
研究与开发费用	5 873	5 145	4 778
销售与管理费用	6 096	5 688	4 659
重组和资产减值损失	555	—	—
与并购相关的无形资产和成本的摊销	42	126	179
经营成本	**$12 566**	**$10 959**	**$ 9 616**
经营利润	**$ 5 652**	**$12 090**	**$10 130**

尽管经营利润在利润表上只是一项中间小计，但它经常被看作衡量管理者对企业经营资产运用能力的最合适指标。经营利润通常不包括利息费用、利息收入、利得和损失、所得税及其他非经营性业务，因此，许多投资者倾向于使用经营利润（而

不是净利润），以更"清晰"地估算企业的盈利趋势。正如第 3 章所讨论的，经营利润经常用于计算投资报酬率，即用经营利润除以平均经营资产。

虽然经营利润常常取代净利润，但投资者必须特别注意经营利润计算过程中加入的某些项目。比如，近几年来，很多企业由于经常缩小经营规模而把由此产生的"重组费用"和"资产减损"归为经营费用，但其他企业则把这些项目归为属于非经营性项目的"其他收入和费用"。当然，在报表中也可以不单独列示经营利润，而是由简单地从总收入中减去总费用，得出净利润，这样的做法很常见。

主张不单独列示经营利润的企业管理者认为，其他收入与费用（即利得与损失）与企业主营业务活动产生的收入与费用一样重要：毕竟，非经营性项目确实存在，并且会影响企业的整体盈利水平。当然，并没有哪一种报表列示方式适合所有的企业，这就再次需要会计人员依靠职业判断在几种同样可行的报告方式中进行选择。

其他收入与费用

其他收入与费用（other income and expenses）列示在经营利润之后，这些非经营性项目包括利息费用、利息收入、利得和损失。

利息费用是其他收入与费用中最常被单独列示的项目。大多数财务报表使用者想要知道利息费用，因为它代表了一项不可避免的契约性债务。在第 7 章中我们曾讨论过，利息费用与财务杠杆有关——企业借款越多，它承担的利息就越多，经营杠杆也就越高。对股东来说，高负债率虽然可能带来较高的权益报酬率（ROE），但同时也增加了他们的投资风险。

由多余现金的临时性投资产生的利息收入，通常不作为利息费用的减项。如果利息收入相对于其他非经营性项目来说金额较大，就应单独列示。在确定利润表中报告非经营性项目的详细程度时，可以运用充分披露原则。有助于读者理解净利润或亏损的重要项目，应在报表上或附注或财务回顾部分单独列示；那些不重要的项目则并入"其他"或"杂项"。产生非经营性利得或损失的情况包括：诉讼、可折旧资产的出售或处置（包括厂房关闭）及存货过时损失等。

税前利润与所得税费用

利润表中通常有一项叫做"**税前利润**"（income before taxes）的小计，该项目之后是“所得税”或“所得税准备”项目；有些利润表却并不列示“税前利润”小计，仅把所得税列为另一项费用。几乎所有的报表都会在附注或财务回顾中披露所得税计算的详细情况。

净利润与每股收益

净利润（net income）（或净亏损）有时又称为“盈余底线”（the bottom line），指的是收入与利得之和减去费用与损失后得到的结果。由于净利润会增加留存利润，而留存利润是分发股利的前提，因此，股东和潜在投资者对净利润尤其感兴趣。请再次阅读表 9-1，并研究其他公司年报的利润表结构，以加强对利润表中列示信息的理解。

为了更好地反映净利润（或净亏损），该项目也可以用根据普通股数量计算的每股数据来表示。企业应报告**每股基本收益**（basic earnings per share）；如果企业发行了股票期权或可转换证券（可以转换成普通股的长期负债或优先股票），则应报告**每股稀释收益**（diluted earnings per share）。持续经营利润或特殊项目前利润（本章稍后会讨论）与净利润都可以用每股基本收益和每股稀释收益（如果有）来表示。每股基本收益的计算方法是：用净利润除以本年度发行在外的普通股平均数量，计算过程中有两点需要注意：第一，应该使用加权平均后的普通股数量。这是因为，年初发行股票的销售所得比年末发行股票的销售所得在赚取利润过程中的作用时间更长。通常使用的加权基础是每一批股票发行在外的月数。表 9-6 对如何使用加权平均法做了举例说明。

每股收益计算的第二个复杂之处是发行在外的优先股。我们知道，优先股股东有权在普通股股东之前分配股利。由于优先股对收益有优先权，在计算发行在外普通股每股收益时，应先从作为分子的净利润中扣除优先股的股利要求。前面说过，股利不是费用，因此优先股股利并不是利润表中的减项。让我们举例说明每股基本收益的计算：假设 Cruisers 公司 2008 会计年度（截至 8 月 31 日）的净利润为 \$1 527 000，本年度发行在外优先股为 80 000 股，利率为 7%，面值为 \$50。根据表 9-6 得出的发行在外普通股加权平均数量，可以计算出普通股每股收益：

表 9–6 发行在外股票加权平均数量的计算

假设：

2008 年 9 月 1 日，即会计年度初，Cruisers 公司有 20 000 股发行在外普通股。

2009 年 1 月 3 日，增发 40 000 股股票，获得现金。

2009 年 6 月 25 日，购买 15 000 股普通股，作为库藏股（不再发行在外）。

加权平均计算：

期间	月数	发行在外股票数	月份数 × 股份
9/1~1/3	4	200 000	800 000
1/3~6/25	6	240 000	1 440 000
6/25~8/31	2	225 000	450 000
总计	12		2 690 000

发行在外股票加权平均数量 = 2 690 000/12

= 224 167

净利润	\$1 527 000
减：应付优先股股利	
7%× 面值 \$50× 发行在外股股数 80 000	280 000
普通股所属净利润	\$1 247 000

$$\text{发行在外普通股每股基本收益} = \frac{\text{普通股所属净利润}}{\text{发行在外普通股加权平均数量}}$$

$$= \$1\ 247\ 000/224\ 167$$

$$= \$5.56$$

由于每股收益非常重要，该指标在利润表中紧跟在净利润之后列示。

前文讲过，除了每股基本收益，企业可能还需报告每股稀释收益。如果企业发行过可转换为普通股的长期负债或优先股，则债务或优先股的转换有可能造成发行在外普通股每股收益的减少——这是因为，虽然普通股所属净利润会增加（如果转换后企业利息费用减少或无需再分配优先股利），但其增加的比例小于因转换而增发的普通股数量；如果企业有股票期权计划（见第 10 章），则根据该计划而增发的股票数量可能会减少每股基本收益；其他激励措施和融资方案也可能要求企业增发股票，从而影响每股基本收益。普通股每股基本收益的减少被称为**稀释**（dilution）。企业应该在利润表上同时列示每股基本收益和每股稀释收益，从而反映潜在稀释作用的影响。英特尔公司 2006 年每股稀释收益为 $0.81，反映了主要由员工股票期权行使、增发股票而产生的每股 $0.01 的潜在稀释作用。

下面列示了如何在利润表中表示净利润和每股收益。相关数据取自前文 Cruisers 公司的例子，该公司没有非持续经营活动或特殊项目，并假设每股稀释收益已知。

净利润	$1 527 000
普通股每股基本收益	$ 5.56
普通股每股稀释收益	$ 4.98

如果利润表中有非常项目（本章后面会讨论），则应披露各项目的每股金额，将非常项目的每股金额与非常项目前的每股收益相加，即得到每股收益。每股基本收益与每股稀释收益都应如此计算。

利润表的列示方式

利润表数据的列示方式有两种：**单步式**（single-step format）和**多步式**（multiple-step format）。表 9-7 以 Cruisers 公司 2008 年和 2009 年的假设数据为例，说明了两种格式的编制。（利润表中可能出现的特殊项目将在本章下一节讨论，并在表 9-8 中说明。）

你可能会注意到，表 9-7 的两种格式在括号使用上有所不同：单步式不使用括号，报表使用者通过名称可以知道哪些项目在计算净利润时应该减去，哪些应该加上；而在多步式中，“其他收入（费用）”项目从其名称表述方式上就反映出，在这一部分没有括号的项目是加项，有括号的是减项，其他部分仍按算术法则运算。无论是哪种格式，读者都需理解报表中列示的信息。

目前的趋势是，越来越多的公司使用多步式利润表：对 600 家上市工业和商品流通企业 2004 年年报的调查结果表明，只有 110 家公司继续使用单步式利润表（1989 年调查结果为 232 家，1983 年为 314 家）[1]；这一趋势明显反映出商业活动的日趋复杂化及对更详细信息的需求。

---

1 AICPA, *Accounting Trends and Techniques* (New York, 2005, 1990, and 1984), Table 3-2.

表 9-7　利润表列示方式

Ⅰ. 单步式

Cruisers 公司及其子公司
合并利润表
2009 与 2008 会计年度（截至 8 月 31 日）
（单位：千）

	2009 年	2008 年
净销售收入	$77 543	$62 531
销售成本	48 077	39 870
销售费用	13 957	10 590
管理费用	9 307	7 835
利息费用	3 378	2 679
其他收入（净值）	385	193
少数股东权益（将在以后解释）	432	356
税前利润	$ 2 777	$ 1 394
所得税	1 250	630
净利润	$ 1 527	$ 764
普通股每股基本收益	$ 5.56	$ 2.42

Ⅱ. 多步式

Cruisers 公司及其子公司
合并利润表
2009 与 2008 会计年度（截至 8 月 31 日）
（单位：千）

	2009 年	2008 年
净销售收入	$77 543	$62 531
销售成本	48 077	39 870
毛利	$29 466	$22 661
销售与管理费用	23 264	18 425
经营利润	$ 6 202	$ 4 236
其他收入（费用）：		
利息费用	(3 378)	(2 679)
其他收入（净值）	385	193
少数股东权益	(432)	(356)
税前利润	$ 2 777	$ 1 394
所得税	1 250	630
净利润	$ 1 527	$ 764
普通股每股基本收益	$ 5.56	$ 2.42

两种格式主要的区别是，多步式有毛利和经营利润这两项小计——前文讨论过，这两个数字对评估企业业绩很有用，赞成多步式利润表的人认为，应当重点反映这两个数字。

可能在利润表中出现的非常项目

投资者或潜在投资者使用利润表的方式之一，是根据当前的经营结果预测未来经营的可能结果。对预测过程有影响的非重复性交易区别于重复性交易单独列示在报表中，对非常项目的报告还有利于使用者将本年度的净利润与以前年度的净利润进行比较。两种最常见的非常项目分别与非持续经营和特殊项目有关，其他偶尔出现在利润表上的非常项目则与会计政策变更的累计影响及子公司收益有关。当这些项目中的任何一项影响到所得税费用时，利润表上列示的是该项目扣除所得税影响后的净值。下面将分段讨论每一种非常项目。

非持续经营　一家企业的某一分部或主要经营部分被处置时，有必要将非持续经营对企业当前经营的影响予以单独披露——这样做是为了帮助财务报表使用者理解：由于已中止部分的业务将不再伴随企业的未来经营，企业未来的利润表会有什么不同；具体做法是：将非持续经营的税后利润（或亏损）单独报告在**持续经营利润**（income from continuing operations）的小计项目后面（持续经营利润为持续经营产生的税后利润）。单独列示扣除所得税后的非持续经营净值，可把非持续经营的影响从持续经营产生的收入、费用、利得和损失中扣除。表9-8以Cruisers公司为例对非持续经营的列示进行了说明——注意，非持续经营的每股收益数据也需单独列示；如果Cruisers公司发行过稀释性证券或股票期权，稀释后每股收益同样应单独报告。

特殊项目　如果某项交易在性质上不同寻常且很少发生，但该交易涉及的金额对税后利润表有重大影响，则可以把该笔交易称为**特殊项目**（extraordinary items）。单独列示该项目的目的是突出其特殊性，并强调以后几年的利润表中不太可能再出现此类项目。特殊项目包括：因长期负债提前偿还、养老金计划终止、某些法律事项的解决及可抵税亏损的运用等而引起的利得或损失。

如果报告了特殊项目，则发行在外普通股的每股基本收益和稀释收益应分别根据特殊项目前利润、特殊项目及（特殊项目后）净利润计算并表示。从表9-8中可以看到在这种情况下每股基本收益的具体列示（假设Cruisers公司没有稀释性证券或股票期权）。

子公司收益的少数股东权益　第7章曾解释过，即便母公司在子公司所拥有的股份低于100%，子公司的财务报表也应与母公司的财务报表合并。合并利润表包括子公司的全部收入、费用、利得和损失，但合并后的净利润只包括母公司在子公司收益

表 9–8 非常项目在利润表中的列示（表 9–7 续表）

无论是单步式还是多步式（见表 9-7），“税前利润”项目均应表示为“持续经营税前利润”，利润表其余部分表示如下：

	2009 年	2008 年
持续经营税前利润	$ 2 777	$1 394
所得税	1 250	630
持续经营利润	$ 1 527	$ 764
非持续经营（税后净值）：		
经营亏损	(162)	—
处置损失	(79)	—
非持续经营亏损	$ (241)	—
经营利润	$ 1 286	$ 764
特殊项目：		
养老金计划终止收益（税后净值）	357	—
净利润	$ 1 643	$ 764
发行在外普通股每股基本收益：		
持续经营	$ 5.56	$ 2.42
非持续经营：		
经营亏损	(0.72)	—
处置损失	(0.35)	—
特殊项目	1.59	—
净利润	$ 6.08	$ 2.42

注：会计政策变更的累计影响列示在特殊项目之后，而且应是扣除所得税后的净值，另外还需报告每股收益。

中所占的权益。如果少数股东权益较大，则少数股东对子公司收益的权益在合并利润表中应作为税后利润的减项列示；当子公司收益的少数股东权益不大时，可将该减项包含在其他收入和费用中。

会计政策变更的累计影响 企业对某一项公认会计政策或方法的变更（从直线折旧转变为加速折旧），只有在以下情况下才允许发生：这种变更已由准则制定机制（如 FASB）颁布，或企业目前的经济状况使其有足够的理由要求进行这种变更。会计政策变更对以前年度净利润的累计影响（扣除所得税后的净值）应该在变更当年的利

润表中反映:该项目应列示在利润表底部，在持续经营利润和其他所有特殊项目之后。用以比较的过去几年的利润表无需进行修改，但报表附注中应披露会计政策变更对这些年度的影响（见第10章）。但是，对于FASB规定的有些变更，可能会出现例外情况，即企业必须对过去几年的财务报表进行追溯调整；在这种情况下，变更产生的累计影响应反映在比较报表中最早年度的期初留存利润余额上。

现金流量表

报表的内容和格式

现金流量表（statement of cash flows）是一份相对较新的财务报表，它反映了会计为满足报表使用者的需要而不断演化的过程。近年来，读懂企业现金流量表的重要性被越来越多地强调。根据权责发生制原则编制的利润表无法反映经营活动产生的现金流量情况，而且，除了相关收入和费用，利润表也不能反映出投资和筹资活动产生的现金流量情况。

现金流量表的主要目的是：提供企业某一期间内现金收入和支出的相关信息。[1] 该报表会列示经营活动、投资活动及筹资活动产生或使用的现金净值，解释现金（包括实质上等同于现金的短期投资）为什么会发生变动。

经营活动产生的现金流量 现金流量表对经营活动部分有两种列示方式：直接法和间接法。直接法要分别列示三类活动中每一种主要的现金收入交易和现金支付交易。经营活动中的交易包括：向客户收取的现金、支付给商品或原料供应商的现金、支付员工报酬的现金支出、其他经营费用现金支出、支付利息的现金支出、及税金支出。表9-9的第I部分列示了按直接法编制的现金流量表。注意，在直接法下，现金流量表的每一个项目都会说明该项目当年收到或支出的现金额。正因如此，FASB准则中鼓励企业使用直接法。

间接法通过解释资产负债表内每一个非现金类经营科目的变动，反映经营活动

1 FASB, *Statement of Financial Accounting Standards No. 95*, "Statement of Cash Flows" (Stamford, CT, 1987), para. 4. Copyright © by the Financial Accounting Standards Board, High Ridge Park, Stamford, CT 06905, U.S.A. Quoted with permission. Copies of the complete document are available from the FASB.

产生的现金流量情况。在按间接法编制的现金流量表中，净利润被列为经营活动产生的现金流量的第一项来源。但是，净利润是按权责发生制确定的，因此必须调整不影响现金的收入和费用。最重要的非现金利润表项目通常是折旧和摊销费用总额。这些业务对财务报表的影响如下：

资产负债表	利润表
资产　=　负债　+　所有者权益	←净利润　=　收入　–　费用
– 累计折旧 – 无形资产	– 折旧费用 – 摊销费用

记录这些项目的分录为：

借：折旧费用	XX	
贷：累计折旧		XX
借：摊销费用	XX	
贷：累计折旧		XX

由于折旧和摊销费用不影响现金，这些项目应作为净利润的加项，以便更准确地反映经营活动产生的现金流量。其他需要考虑的项目有：

- 不在当期支付的所得税费用（即从记账角度和从税务角度对收入与费用确认的临时性差异产生的递延所得税）。
- 因出售或转让资产而产生的利得或损失。真正影响现金的是出售的实收款项，而不是利得或损失。因此，损失应作为净利润的加项，而利得则作为净利润的减项。出售资产的实收款项属于投资活动，将在下文进行介绍。
- 因摊销应付债券折价（或溢价）而产生的利息费用的增加（或减少）。折价摊销应作为净利润的加项，而溢价作为净利润的减项。

非现金类经营科目的变更也应在表中反映。流动资产的增加与流动负债的减少在现金流量表中作为经营活动使用的现金；相反，流动资产的减少与流动负债的增加则作为经营活动的现金来源。表 9-9 第 Ⅱ 部分对现金流量表的间接法进行了列示。

我们注意到，两种现金流量表编制方法的区别是经营活动现金流量的表示方法：如果采用直接法，现金流量表内需单独将利润表中的净利润调整到经营活动产生的现金净流量中，而这个调整过程就是间接法下经营活动现金净流量的列示方式。一

表 9-9 现金流量表

Ⅰ. 直接法

Cruisers 公司及其子公司 合并现金流量表 2009 与 2008 会计年度（截至 8 月 31 日） （单位：千）		
	2009 年	2008 年
经营活动产生的现金流量：		
向客户收取的现金	$14 929	$13 021
支付给供应商的现金	6 784	8 218
支付员工报酬	2 137	1 267
其他经营费用现金支出	1 873	1 002
支付利息	675	703
支付税金	1 037	532
经营活动产生的现金净流量	$ 2 423	$ 1 299
投资活动产生的现金流量：		
土地出售实收款项	$ —	$ 200
厂房和设备投资	(1 622)	(1 437)
投资活动产生的现金净流量	$ (1 622)	$ (1 237)
筹资活动产生的现金流量：		
举借长期借款	$ 350	$ 180
偿还长期负债	(268)	(53)
收购库藏股	(37)	(26)
支付普通股股利	(363)	(310)
筹资活动产生的现金净流量	$ (318)	$ (209)
现金增加（减少）	$ 483	$ (147)
2008 年、2007 年 8 月 31 日的现金余额	276	423
2009 年、2008 年 8 月 31 日的现金余额	$ 759	$ 276
从净利润调整到经营活动产生的现金净流量：		
净利润	$ 1 390	$ 666
加上（减去）不影响现金的项目：		
折旧费用	631	526
少数股东权益	432	356
土地出售收益	—	(110)
应收账款增加	(30)	(44)
存货增加	(21)	(168)
流动负债增加	16	66
其他（净值）	5	7
经营活动产生的现金净流量	$ 2 423	$ 1 299

表 9-9（续）

Ⅱ. 间接法

Cruisers 公司及其子公司
合并现金流量表
2009 与 2008 会计年度（截至 8 月 31 日）
（单位：千）

	2009 年	2008 年
经营活动产生的现金流量：		
净利润	$ 1 390	$ 666
加上（减去）不影响现金的项目：		
折旧费用	631	526
少数股东权益	432	356
土地出售利得	—	(110)
应收账款增加	(30)	(44)
存货增加	(21)	(168)
短期负债增加	16	66
其他（净值）	5	7
经营活动产生的现金净流量	$ 2 423	$ 1 299
投资活动产生的现金流量：		
土地出售收入款项	$ —	$ 200
厂房和设备投资	(1 622)	(1 437)
投资活动产生的现金净流量	$ (1 622)	$ (1 237)
筹资活动产生的现金流量：		
举借长期借款	$ 350	$ 180
偿还长期负债	(268)	(53)
收购库藏股	(37)	(26)
支付普通股股利	(363)	(310)
筹资活动产生的现金净流量	$ (318)	$ (209)
现金增加（减少）	$ 483	$ (147)
2008 年、2007 年 8 月 31 日的现金余额	276	423
2009 年、2008 年 8 月 31 日的现金余额	$ 759	$ 276

项对 2004 年 600 家上市商品流通企业和制造业企业的调查表明：592 家企业使用间接法，而只有 8 家使用了直接法[1]。下面的“商业实务——理解现金流量关系——间接法”更为详尽地解释了间接法下的现金流量关系。

1 AICPA, *Accounting Trends and Techniques* (New York, 2005), Table 6-2.

投资和筹资活动产生的现金流量 投资活动主要与非流动资产的购买和出售相关。现金常被用来购买土地、房屋或设备等资产（这些投资有时称为增资）。对其他企业的债务类证券或权益类证券投资也被视作现金的投资使用。同样，出售非流动资产产生的现金应作为投资活动产生的现金收入。

筹资活动主要与本年度非流动负债（如应付债券）和所有者权益科目的变更相关。发行债券或普通股会形成筹资活动的现金流入，而债券的偿付应视为筹资活动的现金流出。现金股利和库藏股交易由于影响到所有者权益，同样应作为筹资活动。

分析现金流量表

现金流量表着重反映会计期间内现金的收入和支出，因此，第一个需要回答的问题是："企业本年的现金余额是增加还是减少了？"答案通常可以在现金流量表的最后部分找到。上市公司的年报列示的是最近一年及前两年的比较报表，从中可以看到各年的变动情况。如果某年现金余额变化很大（超过期初余额的10%），则报表使用者应重点观察与之相关的三类现金流量（经营活动、投资活动和筹资活动）各自的总计金额，以尽量了解变化的原因；即便某年现金余额变化不大，使用者也应仔细观察这三类活动之间的相对关系。

企业经营活动产生的现金流量应为正值。如果经营活动不产生现金，企业将不得不通过外部途径获得资金，以满足日常活动及投资的需要。对于一家刚起步的企业来说，虽然其可以接受经营活动产生负现金流量，但对一家成熟企业来说，负现金流量往往是财务状况不良的征兆。

几乎所有财务状况良好的企业都将收入增长作为财务目标之一。要实现收入增长，通常需要增强生产或销售产品的能力及提供服务的能力。因此，购买厂房和设备是一项主要的投资活动。我们可以把投资活动使用的现金总量与经营活动产生的现金总量进行比较：如果经营活动产生的现金超过了投资活动使用的现金，表明企业正产生其增长所需的现金，这可能是好事；如果投资活动使用的现金超过了经营活动产生的现金，则差额必须由筹资活动或去年结余的现金来弥补，但这未必是坏事，因为任何一年的投资活动都有可能需要特别高的现金量——但是，如果连续几年投资活动使用的现金量均超过经营活动产生的现金量，并且由筹资活动弥补差额，就必须考虑该企业是否还有能力继续通过筹资活动获得现金。

筹资活动包括发行和偿付债务、出售股票和购买库藏股票及支付股利（有些企

商　业　实　务

理解现金流量关系——间接法

根据 AICPA 的调查结果，大多数企业使用间接法编制现金流量表。1988 年前的财务状况变动表也大多采用间接法编制。使用间接法的主要原因是：在这种方式下，企业无须依靠另外的会计流程来收集现金流量数据。在现金流量表中，通常使用的是资产负债表和利润表数据及其他可在企业会计记录中取得的数据；但直接法下报告的经营活动数据一般无法马上确定，产生这些信息的成本可能非常高。

现金流量表（间接法）内经营活动部分的主要目的，是确定经营活动产生的现金净流量。尽管净利润是根据权责发生制确定的，但由于它通常最接近经营活动产生的现金流量，因此可以作为计算这一重要金额的起点。**值得注意的是，经营活动部分（间接法）的所有调整项都无法反映当年该项目究竟收到或付出多少现金！**惟一有独立含义的是净利润和经营活动产生的现金净流量这两项。比如，我们看到在表 9-9 中间接法的经营活动部分两年内的应收账款都增加——从中你能得知有多少现金是从应收账款的回收中产生的吗？（不能。但直接法可以反映这些金额。）一旦你明白这一点，就可以把间接法的调整过程看成一种相当机械的过程。

首先，假设净利润产生经营性现金，然后考虑其他非现金（或非经营性）利润表项目的影响，对净利润加以调整。前文已解释过，每年的折旧与摊销费用应作为净利润的加项，因为这些费用从不产生真实的现金流出；同样，还需剔除净利润中所含的非现金收入或大多数非经营性交易的影响。调整了利润表科目后，还需分析资产负债表上流动性（即经营性）项目对当年现金流量的影响。为了简化分析，可以假设所有从期初到期末的科目变动均因现金交易而引起。如果当年存货（属流动资产科目）增加，现金必然减少（用于支付存货的增加）。这笔假设交易对财务报表的影响如下：

资产负债表	利润表
资产 = 负债 + 所有者权益	←净利润 = 收入 − 费用
+ 存货 − 现金	

相应的分录为：

借：存货	XX	
贷：现金		XX

（续）

同样，如果当年短期负债（属流动负债科目）减少，则现金必然增加（从贷款获得款项），对财务报表的影响如下：

资产负债表					利润表
资产	=	负债	+	所有者权益	←净利润 = 收入 － 费用
+现金		+短期负债			

相应的分录为：

借：现金…………	XX	
贷：短期负债…………		XX

类似地，流动资产科目余额的减少应该使现金增加（比如收回应收账款），而流动负债的减少应该使现金减少（比如偿还应付账款）——当然，这些只是假设，但通过把每一笔交易都假设为涉及现金的交易，你可以理解现金流量表内经营活动部分每一项调整的实质。

业在进行现金余额的调整时单独报告现金股利）。对大多数企业来说较为理想的做法是，用经营活动产生的现金量与投资活动使用的现金量之间的差额（为正值）支付现金股利。

在了解了现金流量表的整体之后，有必要分析每一类现金流量的细节，从中找出可以解释整体变化的线索。比如，如果经营活动产生的现金量低于投资活动使用的现金量，或虽然利润在增加但经营活动产生的现金量在不断下降，原因可能是应收账款和存货的增长速度快于销售增长速度，这表明企业可能存在流动性问题，而这个问题不一定会在营运资本、流动比例或速动比例中反映出来。由于这些衡量流动性的指标中包括了现金以外的其他项目，因此如果企业无法回收应收账款或出售存货，可能会人为地提高资产并扭曲这些指标中的比例关系。当然，同一趋势也可能是其他原因造成的，但如果没有仔细分析现金流量数据，就根本无法观察到这些趋势。

我们常常可以从企业投资活动的详细数据中看出企业的增长策略：除了投资更多的厂房和设备，一些企业还会收购其他企业或投资其他企业的证券，从而增加生产能力；有时，企业会出售其部分厂房和设备，以获得现金——这种资产出售业务的原因及结果应引起财务报表使用者的注意。

让我们以附录中英特尔公司的合并现金流量表为例，更好地掌握分析该报表的方法。请注意，每年都会在净利润的基础上加上一大块折旧费用，因为折旧费用并没有真正引起现金流出；另外值得注意的是，3 年内经营活动产生的现金净流量都超过了净利润，同时，3 年内经营活动产生的现金净流量超过了每一年投资活动使用的现金量——这通常是企业希望看到的现象。英特尔每年在不动产、厂房和设备上的投资相当大，2004 和 2005 两年待售型投资的购买量超过了该类投资的到期和出售总量。但 2006 年，由于待售类投资到期和出售总量高于该类投资的购买总量，产生了 80 亿美元的投资活动现金净流量。该公司在全部 3 年内的筹资活动现金流量净值均为负数。公司大量回购和赎回普通股。债务类交易和股利支付量则相对较小。英特尔每年都支付现金股利，但股东似乎更愿意公司把大部分收益重新投入经营，以促进公司的进一步增长。英特尔的整体情况良好：经营活动产生的现金净流量可以满足公司所有的投资和筹资需求；同时，还有多余现金可用于新的投资机会。

现金流量表向企业的所有者、管理人员、员工、供应商、潜在投资者及其他关注企业经济活动的个人或机构提供了有用的信息——现金流量表提供的信息很难（甚至不太可能）从其他三个报表中单独获得。

第 10 章

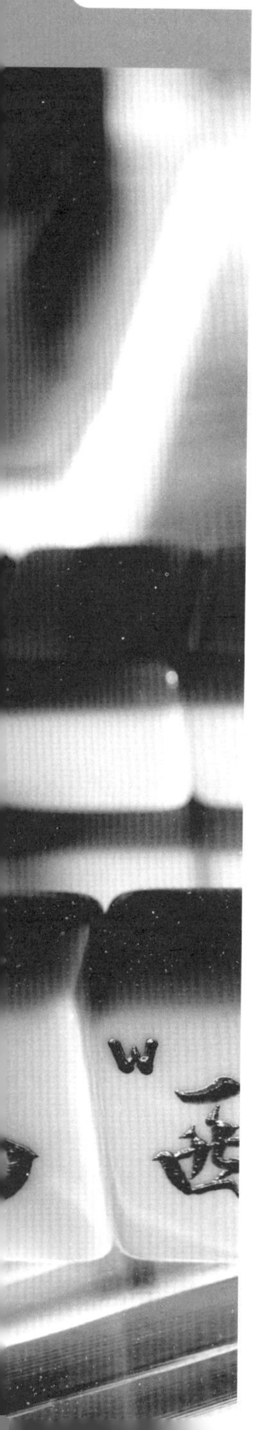

公司治理、报表附注和其他披露信息

本章的主要目的是让你了解**公司治理**问题，并让你理解大多数公司年报所包含的报表附注和其他财务信息。

对于近期一些公司治理发展的简短讨论，将让你了解当前的监管环境，并有助于你建立学习报表附注所需要的知识背景。上市公司会计监督委员会作为会计和审计行业的“看门狗”，对企业的财务报告进行审查。然而，尽管近几年来公司治理意识有所提升，但是各种各样的财务报告虚假陈述还是继续逃脱了独立审计师的注意。本章将探讨产生这些虚假陈述的原因。

由于财务报告的复杂性及存在着多种可供选择的公认会计原则，**财务报表附注**（explanatory notes to financial statements）成为了财务报表不可或缺的组成部分。我们在第 2 章中已解释过充分披露原则的含义，即企业应该报告所有必要的信息，以免误导理性的报表使用者。报表附注（或**财务回顾**，financial review）是针对具体的财务报表而言的，且直接列示在财务报表之后。附录中英特尔公司的年报包含了针对合并财务报表的附注。

乍看上去，财务报表的附注似乎相当吓人，因为附注的长度常常大于财务报表本身，含有大量详细信息，并且包括很多财务管理术语；但是，如果不参考附注投资者就无法全面理解财务报表。

在美国，公开上市公司的财务报表必须由独立审计师审计，且其年报内容必须包括证券和交易委员会规定的信息披露。对审计报告的理解及对其他披露信息的阅读，可以使报表使用者更完整地了解公司的财务状况、经营成果及现金流量。

公司治理

除了财务报表上的数字，公司的战略、行动和行为以及其董事、管理者和员工，均会影响企业的成功。治理活动及他们发送到市场上的信号，形成了公众对企业表现的认可及其公民责任的评价。然而，公司治理不仅仅是一组董事、高管和员工必须遵守的结构、控制机制、规则和条例。治理概念的核心是商业道德、社会责任、利益相关者的公平待遇、充分和公允披露，以及董事会和各专业委员会的职责问题。

自 20 世纪 80 年代后期全球股市崩溃之后，对公司治理的关注度日益提高。20 世纪 80 年代末和和 90 年代初，高端企业的大量倒闭引发了重大讨论，以及对立法和监管改革的运动，其中包括国会、美国证券交易委员会和财务会计准则委员会要求加强财务披露。明确审计师的独立性问题。虽然这些努力有助于强调道德行为管理，但是企业倒闭的周期又在 90 年代末、2000 年初重复出现，并且发生了一些历史上最大的公司破产案。这些大公司（例如安然和世通公司）的倒闭，以及这些商业失败的程度在美国和海外引起了会计界合法性的挑战，并且导致了投资者信心的普遍削弱。

公司的自我控制，自我监管及对市场，特别是对投资者充分披露财务信息的失败，是公司治理的失败，这导致了政府和准政府的一系列改革措施，以及私营部门改善财务报告过程的主动性。迄今为止最权威的立法是 2002 年颁布的《萨班斯—奥克斯利法案》（简称萨奥法案，SOX），创建了对会计和审计业界进行权威监督的上市公司会计监管委员会（PACOB）。萨奥法案的立法目的主要是抑制企业高级管理层的违规行为：现在要求首席执行官（CEO）和首席财务官（CFO）要证实（公证前）公司财务报告的真实性。在证券交易委员会注册的公司，还必须作为公司全年的 10-K 报告中的独立章节报告，"在会计和财务信息披露方面的变化及与会计师的分歧"，作为对透明度和管理层责任的附加计量标准。

在萨奥法案颁布之前的几年里，关于是否允许会计师事务所向其他审计客户提供某些非审计服务的问题，引起过相当大的争议。很多人认为，允许一家公司的独立审计师提供咨询服务，会构成利益冲突，因此，应敦促彻底禁止此类服务。与这样严厉的做法不同的是，萨奥法案禁止特定的非审计服务，包括财务信息系统的设计与实施（信息技术工作）、内部审计绩效，以及"专家"服务。除了这些禁止的服务，萨奥法案要求公司聘请独立审计师执行非审计服务，以提前得到董事会审计委员会的许可，并充分披露由独立审计师进行的任何非审计服务的细节。

2004 年，萨奥法案第 404 节实施了一项相当严格的条款。因此，所有公开注册的企业现在都需要提供充分的文件证明，进行测试，并对其会计和财务报告保护的有效性负责。10-K 文件必须包括一个单独的“包括财务报告在内的内部控制管理报告”。同样，除了对公司的财务报表和相关附注的披露阐述审计意见，独立审计师还必须对公司内部控制制度的有效性表达独立意见。

除了坚持这些新的报告要求，近年来，许多公司就公司治理政策和相关的社会责任问题进行更积极的交流。英特尔在网站上有一些与公司治理相关的问题，这清楚地表明该公司致力于会计“最佳实践”，以履行公司的公民职责（见 www.intel.com/intel/finance/social.htm）。英特尔公司 2006 年度年报还包含有用的公司治理披露（见英特尔公司 2006 年年报）。类似的例子几乎在每一家大型的美国公司都可以发现。尽管最近几年对治理和相关事项日益重视，但是各种各样的财务报告问题今天仍然存在。

财务报告的虚假陈述

财务报告虚假陈述要求公司提交先前在 SEC 备案的修订后的财务报表显著增加了。2005 年，由于会计差错，修改后提交给 SEC 的财务重述总共有 1195 份，相比而言，2004 年有 613 份，而 2000 年只有 233 份。这是怎么回事呢？

虽然研究人员在未来几年将对这些及其他事件进行研究和报告，但这个问题的完整答案不是 2001 年的世通、安然和安达信公司的丑闻能解释清楚的。一言以蔽之，20 世纪 90 年代后期的股市繁荣是由一群贪婪和自大的 CEO、CFO、审计师、投资者、银行及其他利益相关者推动的。在某些情况下，贪婪和自大使得他们参与欺诈，以及做出不恰当的决策，将财务会计和报告流程延伸到超过了普遍能够接受的限度。

财务研究和分析中心（Center for Financial Research and Analysis）主席霍华德·施利特确定出七个财务欺诈行为。在题为“数字意味着什么的”的演讲中，他的发现得到了 SEC 前主席阿瑟·莱维特的支持。这些典型行为包括不恰当的报告收入和费用，以及操纵负债数额。表 10-1 列出了这七种操纵（欺诈）行为。

由霍华德·施利特确定的大部分欺诈行为明显违反了在前面章节中讨论的一般公认会计原则。他列举的一些例子和管理者的判断有关，即是否包括特定交易作为一个经常性项目或非经常性项目的影响。在某些情况下，涉及到的金额是管理层基于各种假设对未来金额做出的估计。正如前面章节所述的，对现金流量表、年报的附注以及管理层的讨论和分析进行仔细审查，可能有助于警告财务报表使用者注意公司发布报表时正经受的财务困难。

虽然未来可能发生一些具体的会计和报告变化，但本书第 2 到第 9 章阐述的财务会计基本原理将适用于未来几年的商业交易。公司的经营和财务管理人员努力描绘一张美好的蓝图，也即公司的财务报表要尽可能反映该公司的财务状况、经营成果和现金流量能够持续下去。因此，财务报表使用者应深入挖掘财务报表、附注和其他有关财务信息，这将是并一直都是其职责所在，同时，还要对财务报表进行分析以理解这些数字意味着什么。本章的余下部分以及第 11 章将帮助你分析这一过程。

一般构架

针对特定财务报表项目的报表附注，在顺序上通常与财务报表的顺序及财务报表内各个项目的顺序一致。财务报表的顺序通常是：

1. 利润表，2. 资产负债表，3. 现金流量表。

所有者权益变动表的位置一般取决于该报表的复杂性。如果当年的投入资本没有改变，则留存利润变动表可以列示在利润表之后，甚至可以与之合并，这是因为净利润是影响留存利润的主要因素；如果当年发生了若干次股权交易，则在资产负债表后应单独列示包括留存利润变动和其他综合收益变动在内的完整的所有者权益变动表。一些公司在报表附注（或财务回顾）中列示所有者权益变动表。

附注是财务报表的一个组成部分，这是因为它们包含了财务报表自身所没有的重要披露信息。因此，为了使财务报表具有相关性、可靠性和可理解性，使用者应该阅读并理解附注，以做出明智的决策和判断。

除了报表附注（或财务回顾），很多年报中会有一段叙述部分，称为**管理层讨论和分析**（management’s discussion and analysis）。这个部分阐述的是企业本年度的活动，其中包括关于其财务状况和经营成果的评论。大多数年报中还包括对几年期关键财务数据的简要比较。这两部分内容对年报使用者都相当有用。

报表附注（或财务回顾）

重大会计政策

正如前几章所强调的，管理层必须在各种公认会计原则范围内做出很多选择。不同企业的选择各不相同，故有必要披露企业的具体做法，以便于读者理解企业的财务报表。报表使用者还需知道**重大会计政策**（significant accounting policies）的有关信息，以便合理地比较同一行业内不同企业的财务状况和经营成果。下文着重讨论对很多重大会计政策予以披露的重要性。楷体部分是针对附录中英特尔公司2006年年报进行的评论。

折旧方法——披露财务报告中通常使用的折旧方法（直线法、产量法、年数总和法或余额递减法）及各类资产的假设使用年限。折旧费用金额虽然会作为净利润的加项列示在现金流量表内，但也可能在报表附注中披露。*英特尔公司在财务报告中一般使用直线折旧法（见附录“合并财务报表附注”部分）。英特尔公司2006年的折旧和摊销费用是多少？（该金额列示在附录中的现金流量表内。）*

存货计价方法——披露企业所采用的存货计价方法（加权平均法、先进先出法或后进先出法）。如果不同种类的存货使用不同的计价方法，则每一类存货所使用的计价方法都应予以披露。如果使用的是后进先出法，通常会对先进先出法和后进先出法下资产负债表的存货价值进行比较，并披露累计差额。*英特尔公司的存货根据“当期调整的标准成本”（大致等于根据当期平均法或先进先出法得到的实际成本）进行列示。*

合并基础——一句简要的声明，确认合并报表包括所有子公司的数据，或解释为什么没有这样做。

所得税——将法定所得税率（目前美国为35%左右）调整到实际税率（通过企业所得税费用占税前利润的百分比反映）的过程。两者之间存在差异的原因包括税收减免（如因投资新厂房与设备而发生）及其他特定项目在税收上享有的特殊待遇。这部分信息披露特别适合那些在国外设有大量经营实体的企业。比如，英国的正常所得税率为30%。由于美国在可抵税亏损方面的规定，最近一年发生过亏损的企业的实际税率可能会不同于法定税率。*英特尔公司报告了过*

去 3 年中每一年的实际税率。你可以将利润表上的“所得税”除以“税前利润”，验证英特尔公司的计算结果。相关数据可在附录的利润表中查找。

此外，还应对由于会计年度内从记账角度和所得税角度报告的费用（或收入）之间的差额所产生的递延所得税进行解释。前面已经讨论过，大多数公司出现递延所得税的主要原因是：在记账中使用直线折旧法，而在所得税计算中使用加速折旧法。很多企业还会报告由其他项目引起的较大金额的递延税款（第 7 章内讨论过）。英特尔公司在附注中列示了过去两年递延所得税资产和负债的详细分析表。注意，折旧是英特尔公司每年最大的递延所得税项目。

员工福利——披露利润表内列为费用的员工养老金计划成本。在这一部分中可能会讨论与养老金计划资金有关的重要精算假设，也可能会披露某些估计的未来养老金负债。要了解确定福利的养老金计划的资金情况，关键是把预计福利义务（即预期将来支付给退休员工款项的现值）与目前养老基金所持计划资产的公允市价相比较。在进行了适当的调整后，两者间的差额就代表**预付养老金成本**（prepaid pension cost，资金富余情况下的一项资产）或**应计养老金成本**（accrued pension cost，资金不足情况下的一项负债）。

如果**养老金费用净值**（net pension expense）较高，还需提供该项目在过去 3 年每年的组成情况明细表。需要报告的组成因素包括：当前服务成本、过去服务成本、预期福利义务的利息成本及养老金计划资产的实际回报。最后一个项目应作为养老金费用的减项，因为随着投资资产赚取利润，对未来的资金需求会减少。当前和过去的服务成本分别代表根据本年和以前年度的员工收益和服务经精算确定的提供未来养老金福利的成本。尽管对养老金计划的会计处理比较复杂，但大多数企业提供的明细表中都会包括这些关键项目。英特尔公司对其养老金计划的讨论仅限于非常一般的层面（参见年报附注中的“退休计划”）。除了该公司在过去两年计入费用的金额外，没有对其他金额进行披露，这是因为“确定福利的养老金计划及退休后福利对公司所列示年度的财务报表没有重大影响”。

商誉及其他与并购相关的无形资产——如果资产负债表内有无形资产商誉项目，应披露其原始成本（因企业并购而产生）的确认方法；另外，还需披露由于商誉减损或其他类似调整而使商誉成本下降的详细信息；（除商誉外）与并购相关的无形资产的成本及这些资产所采用的摊销方法也应当予以披露。第 6 章曾讨论过，商誉的会计处理对会计人员来说是个棘手的问题，很可能会在未来的很多年内引发不断的争论。

普通股每股收益——在这部分中会解释每股收益的计算过程，可能还会包括发行在外股票加权平均股数的计算过程及由于优先股股利而调整净利润的过程；此外，还需披露可转换债券或可转换优先股在本年度转换为普通股而对每股收益造成的潜在稀释作用及股票期权计划的潜在稀释作用。英特尔公司在一条简要的附注中阐述了该公司每股收益的计算过程。

股票期权和购股计划——很多企业有股票期权计划（stock option plan），给予管理人员和关键员工在未来某一时点购买一定股份的期权，而购买价格等于授予期权时股票的市价。股票期权可能提供了提高公司盈利能力的激励，因此导致了股票价格的上升。

2004 年 12 月，美国财务会计准则委员会（FASB）发布了 SFAS 第 123 号（R）"基于股份的支付"，要求员工的股票期权应使用公允价值法进行核算，并取消之前会计准则中使用多年的内在价值估计法。新准则要求公司使用期权定价模型估计股票期权的公允价值，并在假定将这些期权应用于那些收到期权的本公司管理人员和其他员工的服务期间摊销为费用。根据之前的准则，股权激励费用通常不和股票期权一起确认，因此，在一定程度上，由于本年度任何授予的期权没有进行记录，所以收入被高估了。新准则被认为更能准确反映发行在外的股票期权的经济实质。

2006 年，一些上市公司实施了追溯股票期权授予的做法。例如，当股票的市价较低时，5 月 20 日授予的期权可追溯回 3 月 10 日。只要市场价格在期权执行前没有下降，这种做法能给被授予者带来直接的好处，因为这两个不同日期的股票市价差额能给被授予者带来额外的收益。此外，由于这种"虚授日"的股票市价低于实际授予日股价，因此公司确认的股权激励费用和从期权持有者收到的金额都少于应有数额。超过 100 家公司涉及这一财务丑闻，一些行政总裁和财务总监也因此丢了饭碗。因此，涉及该丑闻的公司都被要求重述先前公布的业绩，以反映与这些追溯做法有关的额外股权激励费用。另外，2007 年 5 月，美国证券交易委员会宣布对这些涉及丑闻的公司进行罚款。虽然这一丑闻比安然和世通公司的丑闻范围小，但股票期权追溯反映了一些管理者对道德行为的另一种践踏。

当执行股票期权时，持有者将得到直接的收益，这是对其出色完成工作的额外补偿。而对期权发行者财务报表的影响，除了在执行期权日，股票的发行价低于现行的公允市场价值外，其他影响与发行普通股的影响（现金、普通股和实收资本账户金额都将增加）一样。

根据购股计划，员工可以按略低于市值的价格购买公司的普通股。该政策的目的是允许员工成为企业的部分所有者，从而对他们的工作和公司抱有更多的主人翁态度。英特尔公司有员工参股计划，根据该计划，“符合条件的员工可以在事先确定的日期按公允市价的 85% 购买英特尔的普通股”。

从员工的角度考虑，股票期权和购股计划通常是一种很好的福利形式；从投资者的角度看，根据这类计划可发行的股份代表着对股本的潜在稀释。因此，企业应该说明这些计划的性质，并披露潜在的稀释作用。

其他财务报表数据的详细情况

很多企业的报表附注会针对财务报表内单独列示的项目提供详细的金额。比如，附注中可能会提供以下一些项目的具体情况：利润表内包含在经营费用中的研究与开发费用、利润表的“其他收入”项目及资产负债表中列示的厂房和设备成本及其累计折旧。长期负债在资产负债表上常常只有一项，但它通常由若干项债务组成。如果这些项目的金额较大，必须在报表附注中列出这些债务，包括未来 5 年内每一年所需偿还本金的明细表。对此进行披露的详细程度，通常由企业负责财务的管理人员决定，并取决于他们对财务报表广大使用者对此类信息受益程度的判断；在有些情况下，信息披露的详细程度取决于美国证券交易委员会对信息披露的规定及企业是否希望交给股东的报告与呈送美国证券和交易委员会的报告相一致（参见“商业实务——向美国证券和交易委员会报告”）。

其他信息披露

会计变更　会计变更（accounting change）指的是会对当期和前期财务报表间可比性产生实质性影响的会计政策的变更。企业必须对近期发生的会计变更所产生的影响进行披露。比如，如果企业将存货成本流转假设从先进先出改为后进先出，则必须披露该事实及会计变更对利润表和资产负债表的影响。同样，还需披露折旧方法的

商　业　实　务

向美国证券和交易委员会报告

美国证券和交易委员会（SEC）的成立依据是 1934 年的《证券和交易法》，成立目的是对该法案及 1933 年《证券法》的条款进行监管。后来，美国国会赋予了 SEC 监管其他证券法规的权力和责任。公司发行的证券（主要是股票和债券）如果向较多的投资者发售，必须在 SEC 进行登记——登记的主要目的是向潜在投资者提供关于被发行证券、发行公司经营活动及财务状况的全面、公允的信息披露及关于公司如何使用发行收入的说明。登记并不一定会获得通过，也不能保证企业不发生亏损。投资者需自己判断这些企业的投资目标是否会实现。增发以前未登记的证券（比如公司通过增发股份筹集所需资金）及新证券的发行（比如公开发售的债券）均需进行登记。公司必须在投资者购买证券之前或同时，向他们提供概括了整份登记书的**招股说明书**（prospectus）。招股说明书由出售证券的公司或承销商提供。

已登记的证券可以在证交所或场外市场公开交易。发行这些证券的公司必须每年向 SEC 提交年度报告，这种报告被称为 10-K 表格。10-K 表格的规定对股东年报的内容有重大影响。大多数公司在向股东公布的年报中会包括 10-K 表格要求的所有财务报表信息，有些公司发送给股东的年报不仅带有介绍本公司及其产品和服务的小册子，还附送 10-K 表格的复印本。

10-K 表格规定的某些信息在财务报表内一般无法找到，如管理人员的报酬及董事、管理人员拥有的表决权股票数量。该信息可以在企业寄给股东的委托声明书中找到，随委托声明书寄给股东的还有年会通知及对会议预期进行事项的介绍。不打算参加年会的股东可以把**委托书**（proxy）寄回公司。尽管委托书给予他人（通常是公司董事）股东投票权，但股东本人可以向受托人表明自己对于有关事项的表决意向。

登记书、招股说明书、10-K 表格和委托声明书都是公开文件，可以从公司或 SEC 获得副本。你可以访问感兴趣公司的网址或登陆 SEC 网站 http：//www.sec.gov/edgarhp.htm，访问其电子数据收集、分析和检索（EDGAR）系统；你还可以在 http：//www.freeedgar.com 网站注册之后免费下载最新的文档。

变更、养老金成本会计处理方法的变更或者其他对财务报表产生重大影响的变更。

有时候，会计变更是 FASB 颁布的规定引起的——在 AICPA 调查的 600 家公司的 2004 年年报中，最常见的会计变更就是属于这种类型，这些会计变更涉及收入的确认问题及对货运成本的会计处理。[1]

企业组合　如果企业进行**企业组合**（business combination）（即合并、收购或转让），则该企业应披露相关的交易及其对财务报表的影响。前文讲过，企业部分处置时，利润表内应单独列示非持续经营对当年财务成果的影响。

合并和收购采用**购受法**（purchase accounting）进行会计处理。根据购受法，收购方于收购日按购入资产的公允市价入账。超过购入资产（或公司）公允市价的付款额作为商誉入账——如第 6 章所述，商誉是一种无形资产，其价值不进行摊销，而是每年根据可能出现的减损而进行重估。

或有事项和承诺事项　企业很有可能被牵扯进诉讼，而准备报表的时候，诉讼结果还未知。如果企业在诉讼案中以被告的身份进行抗辩，则有必要向报表使用者披露诉讼案的事实。当然，根据收入与费用配比原则，企业需确认预期必须支付的判决费用。费用或损失及相关负债应该在受影响的期间报告。即使管理层和法律顾问相信诉讼不会使公司产生任何债务，公司还是应该披露潜在损失或债务的事实。报表附注中应该包括：诉讼案的性质、潜在的影响及说明针对公司的要求权不成立的声明书。英特尔公司在“或有事项”附注部分简要地介绍了几桩针对该公司的未决诉讼，指出：（在管理层和公司内部法律顾问看来）没有一件诉讼会对公司财务状况或整体经营成果产生实质性的不利影响。该公司所披露的诉讼案件之一，是根据加利福尼亚州和美国 Superfund 法案提起的“地下水清理”案，在此案中，英特尔公司和另两家公司可能会共同或分别承担所涉及地点的责任。

有时候，企业或其子公司可能会为另一企业的债务提供担保——在这种情况下，有必要在附注中披露潜在的负债金额，并简要说明有关情形。正是因为缺少对此类信息的披露，安然公司的破产才会引起各方对公司管理层和审计师事务所的诸多批评。

如果企业已承诺购买较大金额的厂房和设备，或已承诺在未来几年内支付租赁财产的租金，则应当披露这些承诺事项，这是因为，承诺与债务相似，只是由于实际购买业务尚未发生，所以还没有记录在资产负债表内。英特尔公司在其“承诺事项”附注部分指出，2006 年 12 月 30 日，公司已承诺支付约 33 亿美元的资金，用于建造或购买不动产、厂房和设备；公司还披露了自 2007 年到 2011 年每一年的不可撤销

1　AICPA, *Accounting Trends and Techniques* (New York, 2005), Table 1-8.

租约的“最低租费承诺”。

企业可能还有一些其他类型的**或有事项**（contingencies）和**承诺事项**（commitments），这些事项一旦真正出现，大多会对企业的财务状况或经营成果产生负面影响；披露这些事项的目的，是向报表使用者提供全面的信息。

资产负债表日后事项　如果在资产负债表日后发生了对资产负债表或利润表有实质性影响的重大事件，企业有必要解释该事项可能对未来财务报表产生的影响——此类事项包括：举借大额的长期负债，长期负债的重组，发行大额的股本，出售公司资产的很大一部分及同意进行企业组合。

通货膨胀的影响　前文已强调过，财务报表并不反映通货膨胀的影响。根据历史成本原则和客观性原则，企业应按资产的历史成本确认资产，入账依据是最初入账时价格的现值。1979 年，由于美国在前 10 年经历了很高的通货膨胀，FASB 要求大公司在财务报表的附注中报告根据通货膨胀率调整后的数据——该规定试行了 5 年。在实际操作中，反映价格变动对利润表、普通股每股收益及净资产总额影响的调整方法有两种：价格指数法和重置现值法，由于折旧费用和销售成本的提高，两种方法通常都会降低报表上的收益数据。折旧费用高于原入账费用的原因是资产价值增加，对于采用先进先出法的企业，其销售成本也会增加，因为存货重置成本高于传统会计方法记录的历史成本；而对于采用后进先出法的企业，其销售成本的增加幅度不会那么大，因为在后进先出法下利润表内反映的是最接近当前的成本。无论采用哪种调整方法，净资产一般都会大幅增加。1986 年，FASB 取消了该规定；现在，FASB 只鼓励企业报告通货膨胀的影响。对通货膨胀影响的报告，是一个矛盾和复杂的会计领域。如果未来经济出现高通货膨胀率，在财务报表内直接反映通货膨胀影响的规定可能重新出台。

分部信息　多数大公司都在全球不同的地理区域经营着若干种业务，另外，有些企业的主要客户（如美国政府）会占到公司业务总量的很大一部分。企业的**经营分部**（business segment）指的是一组拥有共同特征的企业经营活动。每一个经营分部的组成由管理层决定。分部可以反映公司的组织结构、制造过程、产品线组群或所从事的行业。披露分部、地区和主要客户信息的目的，是帮助报表使用者判断可能影响特定业务、地区或主要客户的因素对企业的影响。

每一分部的数据包括：对非关联客户的销售、经营利润、资本支出、折旧和摊销费用及可辨认资产。注意，我们可以用这些数据根据杜邦模型计算投资报酬率，还可以为每一分部编制一份简单的现金流量表，反映经营活动产生的现金流量（净利润加上折旧费用）与投资活动使用的现金流量（资本支出）之间的差额。这份简单的现金流量表忽略了筹资活动（如长期负债和股利交易），但它还是反映出了每个分部的主要现金流量。尽管这些分部指标加总起来并不等于整个公司的投资报酬率或现金流量（因为适用于整个公司的资产和费用没有人为地分配到各分部），但由此还是可以确定各分部在一段时期内的趋势。英特尔公司列示了三个主要经营分部的收入和经营利润（或亏损）信息，这三个分部分别是："英特尔架构业务部"、"英特尔通信集团"及"无线通信和计算集团"。

对非关联客户的销售、经营利润及可辨认资产，还可根据企业经营的不同地区进行报告。比如，英特尔所采用的地区划分是：美国、欧洲、亚太和日本。投资报酬率也可按地区进行计算，但由于所需披露的地区信息不包括资本支出或折旧和摊销费用，现金流量信息无法根据地区进行估计。

如果企业的某个主要客户占总销售额的比例超过 10%，则有必要披露此事实，以便报表使用者判断该客户对企业持续获利能力的影响。英特尔在 2006 年年报中披露，有一个客户占了公司总收入的 16%。

管理层责任声明

很多企业在报表附注中包含了**管理层责任声明**（management's statement of responsibility），该声明阐明了对财务报表负责的是企业管理层，而不是对财务报表是否公允反映企业财务状况和经营成果发表意见的外部审计师或注册会计师。责任声明通常针对的是企业的内部控制体系、内部审计部门、董事会的审计委员会及其他旨在确保企业以高水平的道德准则开展经营活动的政策和程序。对 600 家上市商品流通企业和制造业企业 2000 年年报的调查表明，有 309 家企业在报表附注中加入了管理层责任声明。英特尔公司的年报中没有包括此声明。

管理层讨论和分析

多年来，美国证券和交易委员会要求企业在提交 10-K 表格年报的同时，在年报内加入管理层对企业当年的活动及财务状况和经营成果的讨论，向股东公布的年报中也越来越多地加入此内容。管理层的讨论和分析有助于向公众进一步披露企业的信息。现有和潜在投资者应当阅读这部分年报内容。附录中英特尔公司的年报中，也含有管理层对公司财务状况和经营成果的讨论和分析。

5年期（或更长时期）财务数据概要

大多数公司年报中会提供至少最近 5 年的财务数据概要，很多企业会列示更长时期的数据概要，有公司甚至提供自成立起每一年的数据概要——概要包括重要的利润表数据，甚至压缩后的整张利润表；除了金额，还可能包括一些重要的比率，如利润分别占销售额、平均资产和平均所有者权益的百分比；此外还可能列示每股收益和股利、每年发行在外的平均股份及其他经营数据。通常包括的资产负债表年末数据有：营运资本、不动产、厂房和设备（扣除累计折旧后的净值）、长期负债、所有者权益。另外，概要部分还常常会列示普通股的每股账面价值（在第 11 章阐述）和年末市价。如果发生过股票股利发放或股票分割，则应对过去几年的每股数据进行追溯调整，以使每股数据具有可比性。

为了说明如何针对股票股利或股票分割调整每股数据，我们以 Cruisers 公司为例。假设 Cruisers 公司 2007 会计年度的每股基本收益和每股现金股利分别是 \$4.50 和 \$2.00，另假设该公司于 2008 年进行了“1 拆 2”的股票分割。在 2008 年年报中，2007 年的收益和股利应反映这一事实：因股票分割，目前发行在外的普通股股数是 2007 年最初报告时的两倍。因此，在 2008 年年报中，2007 年的每股基本收益和每股股利应分别报告为 \$2.25 和 \$1.00。接下来假设 Cruisers 公司 2009 年发放了 10% 的股票股利，使得派发股票股利前的每 100 股发行在外股票等于目前的 110 股，那么，在 2009 年年报中，2007 年的每股收益和每股股利应分别为 \$2.05（\$2.25/1.10）和 \$0.91（\$1.00/1.10）。如果需要报告每股稀释收益，该数据也应调整。

5 年期（或更长时期）概要（five-year or longer summary）不属于外部审计师的审计范围，他们的审计意见也与财务概要无关；因此，在年报中，概要部分列示在外部审计师意见之后；同样，概要也不属于财务报表附注的一部分，而只是补充性的信息披露。英特尔公司年报中包含了一份 5 年期财务数据概要。

独立审计师报告

独立审计师报告是一份与财务报表和报表附注相关的简要报告（通常有三段），这份报告很容易被忽略。美国证券和交易委员会规定，上市公司的财务报表必须经过审计。很多非上市公司也会将它们的财务报表进行审计，这有助于它们向银行商讨贷款事宜。

表 10-1 是英特尔公司的独立审计师报告（参见附录中英特尔公司年报），该报告格式是 AICPA 下属审计准则委员会(Auditing Standards Board)规定的标准格式。注意，在该报告中，英特尔获得了无保留审计意见，这意味着该公司的财务报表“在所有重大方面均公允列示……符合公认会计原则”。这是目前最常见的年报审计意见，因为大多数企业宁愿根据审计师的建议对财务报表数据和附注信息披露做必要的调整，也不愿获得保留意见。

独立审计师报告通常以公司董事会和股东为陈述对象。第一段是介绍段，说明被审计的财务报表，并简要描述管理层和审计师分别就财务报表所负的责任。在这一段中，很重要的一点是指出管理层对财务报表负责，而审计师的责任是对财务报表发表意见。

第二段是审计范围段，描述审计师工作的性质和范围。注意，审计师关心的是获得财务报表不存在虚假内容的合理证明，他们的工作内容包括测试。审计师并不保证财务报表不存在欺诈性交易或错误（记住，保证财务报表的准确性是管理层而不是审计师的责任），但公认会计原则确实要求审计师进行广泛深入的调查，从中获得财务报表不存在虚假内容的合理证明。

第三段是审计意见段，从这个意义上讲，这一段是最重要的。在美国，衡量报表是否公允的标准是公认会计原则。请再次注意此处提到的重要性原则。如果在审计过程中发现财务报表在整体上“未公允列示”，审计师会要求公司对列示内容进行更改，或取消审计（后一种情况很少发生）。

第四段是对公司财务报告的内部控制有效性进行审计并对此发表意见（无保留、保留或否定），这是现在上市公司会计监管委员会的要求。当前，内部控制审计与财务报告审计相结合进行，并且内部控制审计意见列示于紧随财务报告审计意见的单独页。

署名处应包括审计事务所的名称（有时是传真签字）和报告日期。报告日期是审计工作的完成日期，规定的审计程序还包括检查在资产负债表日后但在报告日期

表 10–1 独立审计师报告

英特尔公司

董事会和股东：

我们已对本报告所附的英特尔公司 2006 年 12 月 29 日和 2005 年 12 月 31 日的合并资产负债表、截至 2006 年 12 月 30 日的 3 年期各年合并利润表、股东权益表和现金流量表进行了审计，这些财务报表的责任属于公司管理层，我们的责任是根据我们的审计对这些财务报表发表意见。

我们的审计是依据美国的公认审计准则进行的。这些准则要求我们制定计划并实施审计，以获得财务报表不存在虚假内容的合理保证。审计内容包括：以测试方式对支持财务报表内数据和信息披露的证据进行调查，还包括：评估公司使用的会计准则、管理层作出的重大估计及整个财务报表的列示。我们相信，我们的审计结果为我们的意见提供了合理的依据。

我们的意见是：上述合并财务报表内在所有重大方面均公允地列示了英特尔公司 2006 年 12 月 30 日和 2005 年 12 月 31 日这两天的合并财务状况，列示了截至 2006 年 12 月 30 日的 3 年内每年的合并经营状况和现金流量，并且符合美国的公认会计原则。

我们也按照美国上市公司会计监督委员会的标准，根据全国反欺诈财务报告委员会下属的发起人委员会（The Committee of Sponsoring Organizations of the Treadway Commission，简称 COSO）发布的内部控制——整合框架制定的标准，审计了英特尔截至 2006 年 12 月 30 日的财务报告内部控制的有效性，并于 2007 年 2 月 20 日发表了无保留意见。

正如合并财务报表的附注 12 和附注 13 所述，2006 年 1 月 1 日，英特尔采用了新发布的财务会计准则第 123 号（2004 年修订）“以股份为基础的支付”。同时，2006 年英特尔采用了财务会计准则第 158 号“雇主对既定福利养老金和其他退休后计划的会计处理——对 FASB 第 87 号、88 号、106 号和 132(R) 号准则的修订”。

安永会计师事务所

加利福尼亚州圣何塞

2007 年 2 月 20 日

前发生的交易。正如本章前面所讨论的，在这期间发生的特殊交易必须在财务报表内或报表附注中予以披露。

有时，审计报告还会包括一段解释性内容，说明那些虽不影响报表公允性但应该披露以防止财务报表误导的情况。需要另行解释的情况包括：

1. 部分审计意见是根据另一位审计师的工作得出的。
2. 某些重大事件结果的不确定性——这些事件的结果如果可以估计，可能会对财务报表的列示产生影响。
3. 对企业保持持续经营能力的实质性怀疑。

4. 所使用的会计原则在本会计期间的重大变动。

如果因审计范围受到限制而无法实施具有实质影响的审计工作，或者因对公认会计原则的实质性背离而使财务报表受到部分影响，审计师可以发表保留意见。保留意见的原因应在报告中给予解释，审计师只对未受影响的财务报表部分发表是否公允列示的审计意见。保留意见在实践中很少出现。

财务报表阅读者有必要认真阅读独立审计报告，并确定非标准报告的影响。

财务报表的编制

会计师事务所的服务对象还包括非上市公司（这些公司的财务报表无需审计）。很多小型企业聘请外部会计师事务所帮它们填写必要的纳税申报表、收集财务数据，并编制传统的财务报表。会计师事务所编制的财务报表可能会交给企业的银行和其他主要供应商，以获得商业信贷。由于会计师事务所不从事该公司的审计，因此有必要发表一份声明，向报表使用者明确指出会计师事务所并不对财务报表的公允性做任何形式的保证——这样的报告叫编制声明书，见表 10-2。

财务报表的使用者应意识到，“编制”的意思就是其字面所传达的意思。如果企业需要大量资金且向银行申请大额贷款，银行很可能会拒绝接受这类仅由会计师事务所编制、未经审计的报表，并坚持要求财务报表经独立会计师审计。进行审计通常会在很大程度上提高企业的会计成本。

表 10-2 编制声明书

董事会和股东：

我们根据美国注册会计师协会制定的准则，编制了所附 Cruisers 公司 2003 年 12 月 31 日的资产负债表及截至资产负债表日会计年度的相关利润表、留存利润表和现金流量表。

编制的意义仅限于代表管理层列示财务报表信息。我们没有对所附财务报表进行审计或审核，因此，我们不对这些报表发表任何意见或做出任何形式的保证。

公司管理层决定省略公认会计原则要求披露的几乎所有的信息——如果财务报表披露这些被省略的信息，它们有可能会影响报表使用者对 Cruisers 公司的财务状况、经营成果、现金流量和财务状况变动的评价。因此，这些财务报表针对的不是那些对有关情况缺乏了解的人。

（会计师事务所的签字、地址和日期）

第 11 章

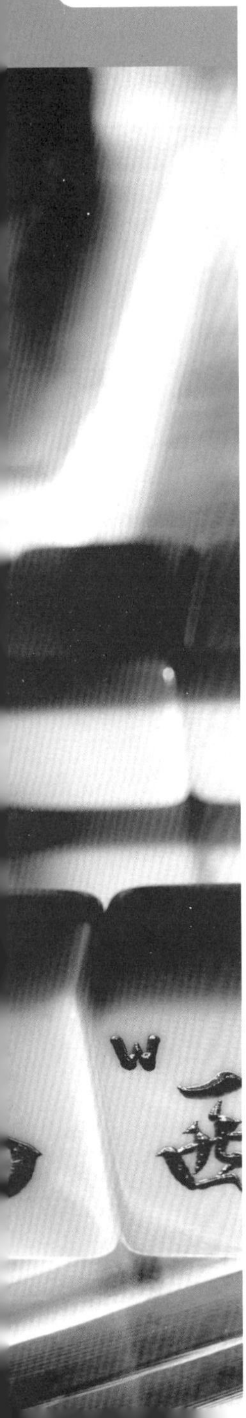

财务报表分析

某些比率的计算有助于企业财务报表的分析过程；如果需要将企业的财务状况和经营成果与其他企业进行比较，则对财务报表的比率分析更是必要的手段。通过对第 3 章的学习，你已了解了对财务报表数据的一些基本分析，那一章对财务报表比率和比率趋势的重要性进行了解释，并阐述了投资报酬率（ROI）的计算方法和杜邦模型的应用——在杜邦模型中可以确认 ROI 计算中的利润率和周转率；另外，第 3 章还解释了净资产报酬率（ROE）的计算方法和重要性及营运资本、流动比率和速动比率等流动性指标（如果你不完全理解这些分析工具，就有必要复习一下第 3 章）。通过学习第 5~10 章的内容，从业务角度和会计角度了解了企业可能经历的几乎所有交易。这几章已阐述和解释了这些交易对财务报表的影响。你已对管理层从财务报告角度必须采用的会计过程和各种选择有所了解，这将有助于你更好地理解企业的财务报表。本章将以第 3 章所讲述的内容为基础，对财务报表的分析进行更加综合的讨论。本章的目的是增强你阅读和分析财务报表的能力，以便对企业的财务状况和经营成果做出合理的决策和充分的判断。

财务报表分析比率

有助于分析企业财务状况和经营成果的比率可分为四大类别，分别与下列因素相关：

1. 流动性

2. 活动能力
3. 盈利能力
4. 债务或财务杠杆

流动性指标

第 3 章已讨论过营运资本、流动比率和速动比率这些流动性指标。值得重申的一点是，**存货成本流转假设对营运资本的影响**（effect of the inventory cost-flow assumption on working capital）。资产负债表上的存货账面价值因加权平均法、先进先出法或后进先出法这些不同计量方法而有所不同。在价格上涨时期，使用先进先出法的企业报告的存货账面价值会高于使用后进先出法的相似企业；因此，即使不同企业在其他方面类似，它们仍可能拥有不同的营运资本，流动比率也会不同。在这种情况下，根据这些指标对两家企业的流动性直接进行比较是不可能的。为了使问题简化，很多采用后进先出法的企业会在年报的附注（或财务回顾）部分披露“后进先出储备”的金额。后进先出储备是根据后进先出法计算出的存货价值与根据先进先出法计算出的存货价值间的差额。例如，伊士曼柯达公司（Eastman Kodak Company）在其 2005 年年报中披露的后进先出储备金额达 2.91 亿美元，这个数字意味着企业的存货增加了 26%。当然，对其他行业中的企业来说，不同存货成本流转假设所引起的差异通常不会如此大，比如通用汽车公司在 2006 年披露的后进先出储备金额为存货报告价值的 11%，而通用电气公司在 2006 年披露的后进先出储备金额仅为存货报告价值的 5%。英特尔公司的存货计价依据与先进先出法比较接近（见附录中“合并财务报表附注”部分）。

对企业的现有或潜在供应商和债权人来说，比营运资本总额或流动性指标更重要的，是企业当前和最近的付款记录。供应商和债权人想知道企业是否能及时支付其账款——办法之一是看企业是否得到即时付款的现金折扣（比如付款条件为 2/10，n30）。我们可以通过接触供应商或信用机构及阅读邓白氏公司（Dun & Bradstreet）的报告来获得有关企业当前和最近支付记录的信息（见“商业实务——信用评级和财务分析服务”）。

商 业 实 务

信用评级和财务分析服务

信用评级和财务分析行业的产生，是为了帮助潜在的债权人和投资者评估企业的财务状况和投资前景。此行业中的企业要对受调查的企业、行业、经济部门和整个经济的相关数据进行收集和报告。

包括邓白氏公司在内的信用评级公司和机构从企业（和个人）及他们的债权人那里收集数据，然后把信用历史数据出售给潜在供应商或其他人。信用评级机构通常具备一个评级系统，并根据此系统确定企业的信用风险值。被评级的企业或个人可以要求查看相关数据，以纠正或去除错误内容。

规模较大的、向公众发行股票或债券的企业经常由标准普尔（Standard & Poor's Corporation）或穆迪（Moody's Investors Service，Inc.）等公司进行分析和报告。评级机构会给债券评定级别，以反映其对债券相关风险的评估。评级级别范围从 AAA 到 C，投机性债券没有级别（在很多图书馆内可以找到包括简要财务报表、比率计算结果和债券评级等内容的小册子）。除了债券评级之外，上述公司及其他很多公司（如 Value Line Publishing，Inc. 和一些股票经纪公司）还会对上市公司的普通股和优先股进行评估；在发表对股票投资前景的观点的同时，它们还会报告财务数据概要和关键比率趋势。潜在投资者可根据一家或几家公司的报告及企业的年报做出投资决策。

活动能力指标

第 3 章在讨论杜邦模型（ROI= 利润率 × 周转率）中的资产周转率时，本书解释了资产的有效运用对企业投资报酬率的影响。活动能力指标侧重于资产水平与销售收入之间的关系（即周转率）。前面讲过，资产周转率的一般计算公式是：

资产周转率 = 销售收入 / 平均资产

前文还提到，使用平均资产（而不是年末资产）计算资产周转率，是因为与投入资产相比较的销售收入是在一段时期内产生的。平均资产的金额通常根据资产负债表内的期初和期末数来计算；但如果可能并且合适的话，也可根据月度或季度资产负债表的数据来计算。计算周转率的资产通常有以下几种：

应收账款、存货、厂房和设备、总经营资产、总资产。

采用不同的存货成本流转假设和折旧方法，会影响企业在资产周转率上的可比性。比如，使用后进先出法和加速折旧法的企业，其存货和可折旧资产账面净值会低于使用先进先出法和直线折旧法的企业；虽然两家企业的销售收入可能相等，但资产价值较低企业的资产周转率会比另一家企业的资产周转率高。与企业间或企业与行业间进行的某一特定时点资产周转率的比较相比，企业资产周转率的趋势与其他企业或行业的资产周转率趋势进行的比较更有意义。即使由于会计方法的选择不同企业的资产周转率无法与行业数据直接比较，周转率趋势还是可以准确比较的。

计算存货周转率时，一些分析人员会以销售成本取代销售收入，这是因为，存货是以成本（而不是销售价格）入账的；这样做可以避免因不同毛利率或加成率的产品种类形成的销售组合的变化而引起数据扭曲。如果不存在相对较大的加成率差异或销售组合变动，即使在计算中一直把销售收入作为分子，存货周转率的趋势也不会受到很大影响。

有些分析人员在计算厂房和设备周转率时，会采用厂房和设备的成本而不是账面净值（成本与累计折旧的差额）；这样做避免了不同折旧方法的影响，还可使企业间及企业与行业间的周转率数据更具可比性；但这种可比性的提高可能只是假象，因为每个企业的资产都是按原始成本（而不是现值或重置成本）入账的——如果不同企业的资产是在不同时期购买的，成本就不具备多少可比性。

表 11-1 根据英特尔公司 2006 年的年报数据，说明了一些资产周转率的计算过程。计算结果一般不保留小数位，这是因为计算中使用的是财务报表内的合计数，以小数位保证准确性在这里已经没有意义了。

另外两种衡量资产管理效率的活动能力指标是：**应收账款周转天数**（number of days' sales in accounts receivable）和**存货周转天数**（number of days' sales in inventory）。应收账款越早回收，现金就能越早地用于经营或短期投资，企业就越少需要借用现金来偿还债务。同样，销售过程中存货水平越低，通过债务和权益筹资用于购买存货的必要性就越小，投资报酬率也就越高。但保持最低存货水平的风险在于，预料之外的需求增加、原材料和产成品进货的延期会造成库存不足，从而错过销售机会。对很多企业来说，存货管理是个至关重要的问题，目前已发展出很多对此有所帮助的定量技术和经营方法。“即时制”（just-in-time，JIT）存货管理系统是由一些日本企业最先推出的，目前美国已有很多企业采用此系统。“即时制”系统的主要目的是：通过预测需求并要求供应商按生产过程的需要提供原料，使存货投资保持在最低水平。

周转天数的计算首先需要计算日均销售收入（或日均销售成本），然后把它与资

表 11-1 英特尔公司，资产周转率计算举例

2006 年应收账款周转率（百万美元）：

2006 年销售收入（净收入）	$35 382
2006 年 12 月 30 日的应收账款（净值）	2 709
2005 年 12 月 31 日的应收账款（净值）	3 914

应收账款周转率 = 销售收入 / 平均应收账款

= $35 382/［($3 914 + $2 709)/2］

= 10.7 次

2006 年存货周转率（百万美元）：

2006 年销售成本	$17 164
2006 年 12 月 30 日的存货	4 314
2005 年 12 月 31 日的存货	3 126

存货周转率 = 销售成本 / 平均存货

= $17 164/［($3 126 + $4 314)/2］

= 4.6 次

2006 年厂房和设备周转率（百万美元）：

2006 年销售收入（净值）	$35 382
2006 年 12 月 30 日的厂房和设备（净值）	17 602
2005 年 12 月 31 日的厂房和设备（净值）	17 111

厂房和设备周转率 = 销售收入 / 平均厂房和设备

= $35 382/［($17 111 + $17 602)/2］

= 2.0 次

产负债表内的年末金额相除。计算日均销售收入（或日均销售成本）时，通常假设一年有 365 天。与计算存货周转率一样，计算存货周转天数时，使用销售成本要比使用销售收入更合适。这里之所以使用年末资产价值而不是平均值，是因为人们更关注资产负债表期末数据的周转天数。应收账款周转天数还可称为应收账款平均回收期或销售收入在外天数；存货周转天数还可称为存货平均销售期。必须再次强调，存货成本流转假设会影响到存货活动能力指标的计算。表 11-2 以英特尔公司 2006 年的数据为例说明了周转天数的计算过程。

同样，在衡量企业经营效率时，更重要的依据是这些计算结果所显示出的趋势。一年的应收账款或存货周转天数数据并不是很有用。英特尔公司的应收账款周转天数是 27.9 天，如果其信用条款与很多制造业企业一样（“2/10，net30” 和 “net30”，

表 11–2　英特尔公司，周转天数计算举例

应收账款周转天数（百万美元）：

2006 年销售收入（净收入）	$35 382
2006 年 12 月 30 日的应收账款（净值）	2 709

日均销售收入 = 年销售收入 /365
= $35 382/ 365
= $96.937 天

应收账款周转天数 = 应收账款 / 日均销售收入
= $2 709/$96.937
= 27.9 天

该计算结果还可称为应收账款平均账龄、销售收入在外天数或应收账款平均回收期。

存货周转天数（百万美元）：

2006 年销售成本	$17 164
2006 年 12 月 30 日的存货	4 314

日均销售成本 = 年销售成本 /365
= $17 164/365
= $47.025 天

存货周转天数 = 存货 / 日均销售成本
= $4 314/$47.025
= 91.7 天

该计算结果还可称为存货平均周期或存货平均销售期。

即无折扣，10~30 天内全额付款”与“30 天内全额付款”的结合），这个周转天数并不能说明什么问题；但如果英特尔公司的信用条款通常允许更长的付款期限，或公司为了加强微处理器、芯片集和主板的市场渗透力，而给予其主要客户（如原始设备制造商）一定的折让，上面计算出的应收账款周转天数可能就比较符合管理层的预期。不管是哪种情况，如果不了解英特尔公司的信用政策和不同类别客户应收账款余额的详细情况，就很难衡量其信用经理的工作表现。如果以一年 260 个工作日（52 周，每周 5 天）计算，得到的结果应该更为合理。英特尔公司按一年 260 个工作日计算的应收账款平均账龄是 19.9 天——事实上，如果信用经理想要知道任何时点的应收账款周转天数，通过以下步骤可以得到最准确的结果：

1. 获得应收账款总额截止日所属期间的日均销售数据；
2. 把日均销售数据相加（往后一天天倒推），直到加总数等于应收账款总额；
3. 计算倒推的天数。

不同行业的经营特征各异，因此很难得出活动能力指标的经验法则。总体而言，资产周转率越高或应收账款和存货周转天数越少，效率就越高。需要再次强调的是，财务报表分析的计算结果本身并不重要，最重要的是这些结果在一段时期内的趋势。应收账款账龄的增加、存货占销售比重的增加或厂房与设备周转率的降低，都是企业流动性和盈利能力可能正在减弱的早期警告。

盈利能力指标

第 3 章已对衡量盈利能力的两大最重要指标——投资报酬率（ROI）和净资产报酬率（ROE）——进行了说明，这两个指标都是净利润或利润表小计项目（如经营利润）与资产负债表要素的比率。经营利润不包括其他收入和费用（主要是利息费用）及所得税，它比净利润更能体现管理层的经营成果，因此在 ROI 的计算中经常使用经营利润。利息费用是董事会关于资本结构（债务与所有者权益的比重）决策的结果，而所得税的多少与税法有关。因此，根据经营利润计算出来的 ROI 可以更好地衡量企业的经营活动。ROI 使用的资产负债表要素是总资产平均值（或经营资产平均值），ROE 使用的是普通股股东权益平均值。你已对会计准则及资产负债表数据的来龙去脉有了足够的了解，因此可能会对这些报酬率抱有一定的怀疑，因为这些比率不一定接近按基于公允市价的实际经济利润计算出来的“真实”报酬率。

当然，造成这个问题的原因是公司管理者、会计人员和财务分析师之间没有就实际经济利润的组成或如何客观确定资产负债表数据的公允市价等问题达成一致；此外，由于不同公司及行业的特殊性，很难确定盈利能力指标的标准或目标水平（即使可能的话）。虽然存在很多特例，但衡量 ROI 仍然有一个广泛应用的经验法则，即对美国的大多数商业和制造业企业而言，根据净利润计算的 ROI 指标平均为 7%~10%；根据经营利润（息税前利润）计算的 ROI 平均为 10%~15%；根据净利润计算的平均利润率为 7%~10%；根据经营利润计算的平均利润率为 10%~15%；资产周转率一般为 1.0~1.5。衡量 ROE 的一条有用的经验法则是，美国大多数商业和制造业企业的平均 ROE 在 12%~20% 之间。但不要根据这些经验法则做出武断的结论——只有把企业的 ROI 和 ROE 趋势与整个行业及竞争对手的报酬率趋势相比较，才能更有效地衡量企业的盈利能力。

市盈率（price/earnings ratio，P/E ratio）是普通股每股市价与每股收益（第 9 章曾讨论过）相除的结果。投资者常常根据市盈率把一家公司的普通股市价与其他公司和整个市场相比较。市盈率又可称为**盈余倍数**（earnings multiple）。这里仅反映这样一个概念：股票市价是每股收益与市盈率相乘的结果。在市盈率计算中通常会使用每股稀释收益，下面以英特尔公司 2006 年 12 月 30 日的数据为例，对此进行说明：

市盈率（或盈余倍数）= 普通股市价[1]/ 普通股每股稀释收益[2]

= \$20.25/\$0.86

= 23.5

2006 年英特尔的市盈率高达 23.5，与该公司利润在 2001 年的下滑相比，这个指标之所以处于异常高的水平，主要是投资者对公司的收益表现抱有很强的信心。

要了解市盈率的重要性，不妨思考一下个人投资某公司普通股的原因：显而易见，投资的目的是“赚钱”（即获得投资者期望的投资报酬率）。投资报酬预期以两种方式实现：（1）企业支付现金股利，（2）企业的股票市价上升。市值的变动通常称为资本收益或损失。很多因素会引起市价的变动——对未来现金股利的预期是其中最重要的因素之一。现在和未来的现金股利都取决于公司收益，所以，公司普通股的市价真实地反映了投资者对企业未来收益的预期。收益增长的可能性越大，愿意购买收益要求权的投资者就越多。把股票市价与每股收益的关系用比率来表示，可以清楚地反映投资者的期望，而又不把这个问题混淆为仅对每股市价的关注。举例说明这一点，假设两家公司的普通股每股市价如下：

	A 公司	B 公司
每股市价	\$45.00	\$63.00

根据市价很可能得出这样的结论：B 公司的股票比 A 公司的股票更贵。但如果

1　Intel's actual year-end closing price of \$20.25 can be confi rmed by visiting www.intel.com and then clicking on Investor Relations; Stock Information; Historical Price Lookup. Note that December 29, 2006, was the last trading day before the end of Intel' s fi scal year.

2　Bottom of consolidated statements of income on page 49 of 2006 annual report in the appendix.

把每股收益考虑进去，表格应该如下所示：

	A公司	B公司
每股市价	$45.00	$63.00
每股稀释收益	1.80	3.50

现在，可以把每股市价与每股收益相除，得到以下市盈率：

	A公司	B公司
每股市价 / 每股稀释收益	$\frac{\$45.00}{1.80}=25$	$\frac{\$63.00}{3.50}=18$

A公司股票比B公司更贵，因为投资者愿意以A公司收益的25倍购买该股票，但对于B公司的股票投资者只愿支付B公司收益的18倍。从本质上说，这表明投资者对A公司的未来收益增长和股利支付抱有更大期望，因此，他们愿意为当前收益支付较高的价格。

市盈率或盈余倍数是投资者用来衡量企业普通股市价的最重要指标之一，这也是每股收益列示在利润表显著位置的原因之一。正如第9章解释的，利润表还会分别披露特殊项目对每股收益的影响及可转换长期负债、可转换优先股及股票期权可能造成的每股收益稀释。在计算某公司股票相关的市盈率时，通常使用的是每股稀释收益的金额。由于市盈率具有重要性，该指标还出现在《华尔街日报》及其他刊物的股票信息表上。上述对市盈率的计算使用的是过去一年的每股收益，但分析师有时会采用预计未来每股收益和当前市价来计算每股收益，以估计股票市价的变化前景。另一种预测未来股价的方法是：借助预期未来每股收益和当前（或预计未来）盈余倍数。但应该注意，市盈率只适用于普通股；由于优先股股利不随收益的变化而变化，因此，计算优先股的市盈率没有什么意义。

衡量市盈率的经验法则是，对大多数商业和制造业企业的普通股来说，过去的平均市盈率一直在12~18之间，但最近几年的市盈率发生了巨大增长。2002年第二季度，《商业周刊》“企业分数板”（Corporate Scoreboard）中900家公司的平均市盈率为32。[1]当然，我们很难预测市盈率是否会长期保持如此高的水平。很明显的一点是，20世纪90年代美国股票市价的增长超过了美国企业收益的增长，从而使市盈率上升；

1 Source: *BusinessWeek*, August 12, 2002, page 83. Data: *Standard & Poor's Compustat*, a division of The McGraw-Hill Companies.

但不太明确的是，为什么 21 世纪的最初几年市场出现了衰退，但平均市盈率仍继续上涨。（可访问网址 www.businessweek.com，找到最近的“企业分数板”及该数据表上所有行业的综合数据。）

尽管发生了这样的变化，分析单个企业的市盈率还是相当简单的。市盈率高于平均值表明：相对于该公司的当前收益而言，普通股价格较高，原因可能是投资者预期企业在未来将出现有利的发展，如每股收益或每股股利的增加；而较低的市盈率则反映了投资者对收益的较低预期。但需要记住的是，企业报告的收益对市盈率有重大影响。比如，假设 Cruisers 公司 2008 年的每股收益为 \$2.42，2009 年为 \$5.56，再假设 2008 年末的普通股每股市价为 \$40，2009 年为 \$60。尽管仅在一年的时间内 Cruisers 公司的净利润增长了近一倍（从 \$764 000 增长到 \$1 527 000，见表 9-7），普通股每股市价增长了 50%，但该公司股票的市盈率却从 16.5（\$40/\$2.42）下降到 10.8（\$60/\$5.56）。在这种情况下，2008 年末较低的市盈率可能说明投资者认为 Cruisers 公司 2008 年的收益与近年情况相比属于异常高的水平。尽管每股市价已有很大上涨，但其调整速度仍慢于收益的增长速度。这一点表明，在做投资决策时，市盈率不应是惟一（甚至不应是主要）的考虑因素。对于财务分析师而言，如果一家绩优公司的市盈率很低，可能表明该公司股票值得进一步分析。

普通股投资者和优先股投资者都会使用的另一个比率是**股利收益率**（dividend yield），其计算公式是以每股年度股利除以股票的当前市价。我们仍以 Cruisers 公司 2009 年度（截至 8 月 31 日）的每股数据（见第 9 章）为例，来说明计算过程：

$$\text{股利收益率}=\frac{\text{每股年度股利}}{\text{每股市价}^{1}}$$

股利收益率：

$$\text{普通股}=\frac{\$1.98}{\$60.00}=3.3\%$$

$$\text{优先股}=\frac{\$3.50}{\$56.00}=6.25\%$$

投资者可以把股利收益率与其他投资方式的收益率相比，以衡量其投资目标的实现程度。在很多情况下，如果投资者相信企业会把留存利润用于投资报酬率较高的业务，则会接受当前较低的股利收益率——因为，投资者预期未来的收益会增加

1　Arbitrarily selected for illustration purposes in this example.

未来股利。至于优先股，投资者会通过将优先股股利收益率与其他风险差不多的固定收益投资相比较，决定是否继续持有优先股。你可能已注意到，Cruisers 公司的优先股股利收益率低于其面值为 $50 的优先股 7% 的规定股利（见第 9 章每股收益说明部分）。由于优先股股利与股票面值相关，优先股股东的股利收益率会随着优先股市价的上涨而降低。过去，普通股的平均股利收益率一直在 3%~6% 之间；优先股的股利收益率通常稍高一些，在 5%~8% 之间。

另一个与普通股股利有关的比率是**股利支付率**（dividend payout ratio），其计算公式是普通股每股股利除以每股收益（通常是每股稀释收益）。该指标反映了企业的股利政策。大多数企业的政策是按相对固定的比率支付股利（比如收益的 40%~50% 或 10%~15%）。如果知道企业的股利支付率，投资者可以通过对企业收益前景的估计来预测股利。下面是 Cruisers 公司 2009 会计年度股利支付率的计算公式（数据取自第 9 章）：

$$\begin{aligned}\text{股利支付率} &= \frac{\text{每股年度股利}}{\text{每股市价}} \\ &= \$1.98/\$5.56 \\ &= 35.6\%\end{aligned}$$

由于投资者喜欢相对确定的股利金额，大多数企业会尽量避免每股现金股利的大幅波动。因此，很少有企业把股利支付率作为决定股利的惟一因素（甚至不将其作为主要因素）。为了把股利政策有效地传达给股东，企业以两种方式表示股利：**定期股利**（regular dividends）是稳定或逐渐变化的、按期（如一季度、半年或一年）支付的股利；**额外股利**（extra dividends）是可能在一个盈利极其丰厚的年度之后另行宣布并支付的股利。采用额外股利的主要意义是：告诉股东，他们不应期望每年都收到如此高额的股利。

根据经验法则，通常大多数商业和制造业企业的股利支付率在 30%~50% 之间，但我们应记住，这个范围可能会发生极大变化，尤其是企业在年度收益较低（甚至是负数）但仍希望维持每股股利金额的情况下。

从优先股股东的角度看，净利润与优先股股利要求总额的比率表明了优先股的安全程度。如果净利润小于优先股股利要求的三倍或四倍，并一直在下降，优先股股东就会担心企业是否有能力产生足够多的收益和现金用于支付优先股股利。Cruisers 公司 2009 会计年度的**优先股股利保障倍数**（preferred dividend coverage ratio）比较合理，为 5.5，其计算过程如下（数据取自第 9 章）：

$$\text{优先股股利保障倍数} = \frac{\text{净利润}}{\text{优先股股利要求额}}$$
$$= \$1\ 527\ 000/\$280\ 000$$
$$= 5.5$$

财务杠杆指标

财务杠杆（往往简称杠杆）是指利用债务方式（从更广意义上说还包括优先股）来筹措购买资产的资金。财务杠杆增加了企业的经营风险，因为如果企业无法产生足够的现金来支付本金和利息，债权人可能会强迫企业破产。另一方面，无论收益如何变化，债务成本（即利息）都是一项固定费用，所以财务杠杆对净资产报酬率具有放大效应。表 11-3 对财务杠杆的这种放大效应进行了说明，在阅读下面的讨论之前请先看这张表。

正如表 11-3 所表明的，如果借款利率低于这笔钱产生的投资报酬率，则净资产报酬率会增加。这在财务上合乎常理：如果借来的资金可以产生 9% 以上的报酬率，谁不愿意以 9% 的利率借款呢？当然，如果投资报酬率低于借款成本，轻则导致所有者权益的减少（亏损），重则造成破产。这就是财务杠杆的风险所在——放大效应其实是一把双刃剑！高杠杆经营（即相对所有者权益而言债务很高）的企业或个人承受着在投资报酬率低于借款成本情况下发生亏损或破产的风险。这种情况的确会在经济衰退和行业经营周期中发生。因此，大多数非金融企业会尽量将资本结构中的负债比例限制在资本总额（负债与所有者权益之和）的 50% 以下。

财务杠杆的影响在图 3-2 英特尔公司 2002~2006 年的 ROI 和 ROE 的曲线上也有所反映——我们看到，图中每一年的 ROE 都明显高于 ROI。通过观察图 3-2 中 ROI 曲线和 ROE 曲线之间的垂直差异（要注意刻度），你会发现英特尔公司对财务杠杆的运用在图形所反映的期间是相当稳定的。

负债和优先股之所以可以提供杠杆作用，是因为利息（或优先股股利率）是固定的。举借债务时会确定借款的利率，此利率在债务期内保持不变。如果负债的利率随着公司的 ROI 或经济中通货膨胀和通货紧缩的作用而发生变动，则财务杠杆对 ROE 的放大作用就会减弱或消除。

表 11-3 还说明了负债的另一个特点，即利息可以作为费用从利润中扣除，从而

表 11–3 财务杠杆举例

Ⅰ. 没有财务杠杆：

假设资产负债表和利润表数据如下：

资产负债表		利润表	
资产	$10 000	息税前利润	$2 000
		利息	0
负债	$ 0	税前利润	$2 000
所有者权益	10 000	所得税（40%）	800
负债与所有者权益总额	$10 000	净利润	$1 200

息税前投资（资产）报酬率 = 息税前利润 / 资产总额
= $2 000/$10 000
= 20%

税后净资产报酬率 = 净利润 / 所有者权益
= $1 200/$10 000
= 12%

投资报酬率可以衡量管理层运用经营资产产生经营利润的效率。注意，投资报酬率的计算中使用的是息税前利润（即经营利润）和总资产，而不是净利润和总资产。使用息税前利润的原因在于，利息反映的是财务决策而不是经营成果，而所得税也在经营管理的控制范围之外。因此，投资报酬率衡量的是企业的经营活动。

净资产报酬率衡量的是净利润给所有者带来的报酬率。

投资报酬率和净资产报酬率的惟一区别是投资报酬率没有扣除所得税，而净资产报酬率扣除了所得税。

影响所得税的税基。税后债务成本等于利率乘以（1 – 企业所得税税率）。在表 11-3 的例子中，假设所得税率为 40%，税后债务成本应该等于 9% ×（1 – 0.40）= 5.4%。由于优先股股利不能作为费用，财务经理更喜欢以债务而不是优先股作为成本固定的资本来源。

衡量企业财务杠杆运用程度的两个**财务杠杆指标**（financial leverage measures）是负债比率和产权比率，这两个比率都表示负债与权益之间的关系，但存在细微的差别。**负债比率**（debt ratio）是负债总额与负债及所有者权益总额的比率。**产权比率**（debt/equity ratio）是负债总额与所有者权益总额的比率。因此，负债比率为 50% 与产权比率为 1（1:1）是一回事。为了说明这两个比率，假设某公司的资本结构（即

表 11–3（续）

Ⅱ. 有财务杠杆：

假设资产负债表和利润表内容如下：

资产负债表		利润表	
资产	\$10 000	息税前利润	\$2 000
		利息	360
负债	\$ 4 000	税前利润	\$1 640
所有者权益	6 000	所得税（40%）	656
负债与所有者权益总额	\$10 000	净利润	\$ 984

息税前投资（资产）报酬率 = 息税前利润 / 资产总额

= \$2 000/\$10 000

= 20%

税后净资产报酬率 = 净利润 / 所有者权益

= \$984/\$6 000

= 16.4%

财务杠杆的运用对投资报酬率没有影响；财务杠杆与资产的资金来源相关，而与资产的经营效率无关。

财务杠杆的运用使净资产报酬率从 12% 增长到了 16.4%，这是因为，投资报酬率（20%）超过了部分资产的筹资成本（9%）。

资产负债表的右半部分）如下：

负债	\$ 40 000
所有者权益	60 000
负债与所有者权益总额	\$100 000

$$负债比率 = \frac{负债总额}{负债与所有者权益总额}$$

= \$40 000/\$100 000

= 40%

$$产权比率 = \frac{负债总额}{所有者权益总额}$$

$$= \$40\ 000/\$60\ 000$$

$$= 66.7\%$$

前文已提过，由于资本结构中过高债务比例所带来的风险，大多数非金融企业的负债比率通常低于 50%，即产权比率低于 1。但最近几年为了在竞争压力下生存，很多企业被迫采用了相当高的杠杆率（见“商业实务——杠杆收购”）。

由于递延所得税负债及大多数流动负债不计利息，很多财务分析师在计算负债比率和产权比率时，不把这些项目考虑在分子内。这使分析人员可以更好地了解长期、计息债务在企业资本结构中的比例。其他不增加企业经营风险的负债（如少数股东权益）也可不包括在计算内。

企业的**已获利息倍数**（times interest earned ratio）是企业长期负债持有者经常想了解的指标，该指标与前文解释过的优先股股利保障倍数相似，它表示息税前利润

商 业 实 务

杠杆收购

20 世纪 80 年代中期和末期是企业所有权重组活动相对频繁的时期，主要形式是善意和非善意的合并和收购及杠杆收购。合并或收购是一家企业通过向被收购企业股东发行存续公司的股票（通常为合并）或通过支付现金（有时是其他证券）向被收购公司股东购买被购公司股票收购另一家企业。这两种形式统称为接管。被收购企业的高级管理层和经营活动往往会发生变化。杠杆收购的方式是由上市公司的现任高级管理人员购买非管理层股东所持的股票，从而使公司成为“私有”企业（即公司股票不再上市交易），企业的管理层和经营活动都不会有重大变化。一些成为接管目标的企业为了避免被另一家企业收购，会选择通过杠杆收购成为“私有”企业。

之所以称为杠杆收购，是因为公司为了获得资金购买公众股东所持的股份，不得不大额举债——在很多情况下，负债率会大大超出一般的谨慎标准，但投资者愿意购买这类公司的债券，因为他们对管理层已得到证实的经营能力抱有信心。

在杠杆收购中发行的债券通常被视为投机性债务或高风险债务（很多时候叫垃圾债券），投资者常常会担心经济衰退对企业按期支付利息和本金能力的影响。在 20 世纪 90 年代早期的衰退期间，很多企业被迫破产或与其他公司合并，而很多存活下来的企业也被迫出售了大量资产；其他财务状况良好的企业则利用股市上涨机会出售股票（重新上市），并用股票出售所得减少高成本的长期负债，以重新部署资本结构。

（即经营利润）与利息费用的比率。比率越高，债务持有者对企业的未来偿债能力越有信心，即使企业的产品或服务需求有所下降也无妨。根据表 9-7 提供的 Cruisers 公司 2009 会计年度利润表数据，已获利息倍数的计算过程如下（单位：百万）：

税前利润	\$2 777
加：利息费用	3 378
息税前利润	\$6 155

$$已获利息倍数 = \frac{息税前利润}{利息费用}$$

$$= \$6\ 155/\$3\ 378 = 1.8$$

Cruisers 公司的债权人会对该公司持续获得足够利润以支付利息的能力产生担心。根据经验法则，债权人会认为 5 或更高的已获利息倍数表明企业支付利息的能力较强。虽然英特尔公司 2006 年报告的收益较往年低得多，但该公司当年的已获利息倍数仍达到 295.5。可以参阅附录中英特尔公司的利润表及附注披露的“利息和其他净值”部分，对此比率进行证实。

其他分析方法

普通股每股账面价值

普通股每股账面价值（book value per share of common stock）是财经报道中通常提到的比率，但投资者如果不仔细分析其意义常常会产生误解。每股账面价值的计算方式是，以普通股股东权益总额除以发行在外普通股股数。如果企业资本结构中存在优先股，则在计算普通股股东权益时，优先股的清算价值应从所有者权益中扣减。该指标又称为普通股每股净资产价值。

下面根据英特尔公司 2006 年 12 月 30 日的年报数据说明了普通股每股账面价值的计算过程（单位：百万美元）：

$$普通股每股账面价值^{1} = \frac{普通股股东权益}{发行在外的普通股股数}$$

$$= \$367.52 亿 / 57.66 亿$$

$$= \$6.37$$

普通股股东权益总额反映了企业使用的公认会计原则和具体会计政策，因此对大多数企业而言，比较每股账面价值与每股市价并没什么意义，尤其是在市价高于账面价值的时候（而通常情况就是如此）。就英特尔公司而言，2006 年底的每股市价为 \$20.25，明显与其 \$6.37 的账面价值没有关系。尽管大多数时候每股账面价值不是很有用的指标，但仍应知道它是如何计算的，并了解其局限性。

同比财务报表

很多分析人员在比较和评估企业几年内的经营状况时，喜欢把资产负债表和利润表以百分比的形式来表示——这种列示方式被称为**同比财务报表**（common size statement）。在同比资产负债表内，所有资产项目都表示为总资产的百分比，所有负债和所有者权益项目都表示为负债与所有者权益总额的百分比。在利润表内，以销售收入作为 100%，其他项目都表示为销售收入的百分比。与以绝对金额表示的形式相比，这种百分比表示的形式能使阅读者更容易地看出报表内各项目的趋势。比如，如果几年内存货占总资产的百分比不断增长，这可能表明企业在存货控制过程中存在薄弱环节；销售成本占销售收入百分比的增长（即毛利率的降低）表明管理层不愿意或不能提高销售价格以应付成本增加，这就给经营利润带来了下滑的压力。当然，如果用设计合理的图表来反映重要的资产负债表和利润表百分比数据，在很大程度有助于读者理解数据。

表 11-4 是英特尔公司 2002~2006 年各年数据的同比利润表。分析同比财务报表数据时，应该先看总体项目，迅速比较一下每年的情况。比如，通过浏览经营利润、税前利润和净利润的趋势，我们可以看出同比报表数据支持了先前得出的结论，即 2006 年对英特尔公司来说是收益情况特别糟糕的一年。我们可通过浏览表 11-4 中用黑体表示的各行来证实这一点。在阅读报表过程中，请注意每年的税前利润与所得

1 Both fi gures shown here are from the stockholders' equity section of the consolidated balance sheets, page 50 of Intel's 2006 annual report in the appendix.

税之间的直接关系。这种关系是合理的：当收益占销售收入的百分比较高时，所得税占收入的百分比也较高。

通过对企业同比财务报表的逐项分析，读者常常会得到额外的信息以帮助其对主要趋势的基本分析。比如，除 2006 年的经营结果较为异常之外，英特尔公司显然在经营成本上经历了一个上涨趋势，如研究与开发费用、销售费用与管理费用、其他费用等。这些趋势可能表明该公司的管理层对研发活动及营销活动正给予更多的关注。事实上，除 2006 年之外，这些费用的实际金额均逐年显著增长。

本部分开始时曾提到，可以把总资产作为 100%，编制出同比资产负债表，对每一年而言，所有资产、负债和所有者权益项目都表示成与总资产的百分比——这个过程常常被称为纵向同比分析表，因为每份财务报表都是根据不同年份以从上往下的方向进行分析的，表 11-4 中以英特尔公司利润表数据为例说明了这个过程。同样，也可以编制横向同比财务报表，而且这种报表形式通常也很有用。在横向分析中，用各年的数据与基年数据的百分比来表示——基年资产负债表或利润表每个项目的金额都等于 100%，而其他各年的数据都表示为基年数据的百分比。以英特尔公司为例，先看一下该公司的销售收入和利润在近年来的巨大增长：

	2006 年	2005 年	2004 年	2003 年	2002 年
净收入（百万）……	$35 382	$38 826	$34 209	$30 141	$26 764
净利润（百万）……	5 044	8 664	7 516	5 641	3 117

从英特尔的数据中我们不难看出，自 2002 年到 2006 年净收入与净利润都表现出良好的趋势。但是，这些原始数据不可能回答所有的问题，比如，销售收入的增长速度有多快？净利润的增长速度是否与销售收入的增长保持一致？横向分析可以直接回答这些问题：

	2006 年	2005 年	2004 年	2003 年	2002 年
净收入（即销售收入）……	132%	145%	128%	113%	100%
净利润（即收益）……	162%	278%	241%	181%	100%

需要注意的是，将 2002 选做基准年份对这些增长趋势似乎是非常有利的（2006 年显然例外）。尤其是净利润的增长趋势表示其呈爆炸式的增长模式相当令人鼓舞。

表 11-4 同比财务报表

英特尔公司 同比财务报表 5 年期，截至 2006 年 12 月 30 日	2006 年	2005 年	2004 年	2003 年	2002 年
净收入	**100.0%**	**100.0%**	**100.0%**	**100.0%**	**100.0%**
销售成本	48.5	40.6	42.3	43.3	50.2
研究和开发费用	16.6	13.3	14.0	14.5	15.1
销售费用和管理费用	17.2	14.7	13.6	14.2	16.2
其他费用	1.7	0.3	0.5	3.0	2.1
经营成本和费用	84.0%	68.9%	70.4%	75.0%	83.6%
经营利润	**16.0**	**31.1**	**29.6**	**25.0**	**16.4**
权益类证券利得（损失）净值	0.6	(0.1)	0.0	(0.9)	(1.4)
利息收入及其他收入净值	3.4	1.5	0.9	0.6	0.7
税前利润	**20.0**	**32.5**	**30.5**	**24.7**	**15.7**
所得税	5.7	10.2	8.5	6.0	4.1
净利润	**14.3%**	**22.3%**	**22.0%**	**18.7%**	**11.6%**

其他经营统计数据

除了财务报表中的财务指标外，经营活动的数量指标常常也有很大的用处。比如，对销售数量的报告可以使人们看到被价格变化掩盖的信息，这些信息在只以金额报告销售情况时可能无法看到。同样，在某些情况下，报告员工总数（或各部门的员工数）可能比报告工资总额更有用。

很多分析人员在分析中会结合数量指标和财务指标，以得到反映企业趋势或对不同企业进行比较的有用数据。比如，员工平均销售额和平均经营利润都属于生产力指标。生产场地的单位面积经营费用或销售场地的单位面积毛利也可能是有用的效率指标。管理层使用的量化指标并没有固定的参照，关键在于了解企业的目标和程序，然后确立正确的衡量指标和报告方式，以帮助人们实现其目标。

第12章

管理会计及本—量—利之间的关系

当市场经理或生产经理问到某个项目或作业的成本时，管理会计人员会反问：“你为什么要知道这项成本？”这并不是不尊重对方的表现，而是因为用于存货计价的成本与分析产品调整或新产品时考虑的成本是两回事。

管理会计（managerial accounting），有时又称*管理型会计*，是指利用经济和财务信息，对企业的众多经营活动进行计划和控制，从而支持管理决策过程。管理会计一般针对内部使用者，而财务会计主要针对外部使用者。会计信息系统所产生并用于财务报告目的的交易数据，也在管理会计中使用，但后者更多地面向未来，如预算的编制。与财务会计相同的是，管理会计也有很多专门术语（很多人称之为“*行话*”），大多数术语与不同的成本类型有关。首先需要知道的很重要的一点是，*针对不同的目的，存在着不同的成本*。

在本章中，我们将对管理过程有一个概括的了解，明确管理会计人员在这一过程中的一些作用，然后介绍一种成本分类模型。以后几章将对这些成本进行讨论，并具体说明在计划、控制和决策过程中如何运用这些成本。

成本—业务量—利润分析（cost-volume-profit analysis，简称**本量利分析**，CVP analysis）需要运用有关成本性态的知识，解释并预测因收入、成本或业务量变化而导致的经营利润变化。本量利分析特别重要的一个应用是，确定一家公司（或该公司某个子公司或某件产品）的保本点。由于本量利分析强调各种成本的成本性态及业务量变化对成本和利润的影响，其对于编制计划及评估实际结果都是非常有用的。

管理会计与财务会计的区别

管理会计为管理层（着眼未来的）的内部计划性决策提供支持。虽然财务会计过程产生的数据也为管理层的计划性决策提供一些依据，但财务会计更着眼于记录历史数据。计划是**管理过程**（management process）的重要组成部分。虽然对管理过程有很多种描述，一般公认的管理定义是指计划、组织并控制企业的各项活动，使企业达成目标的过程。这个过程可以用图形表示如下：

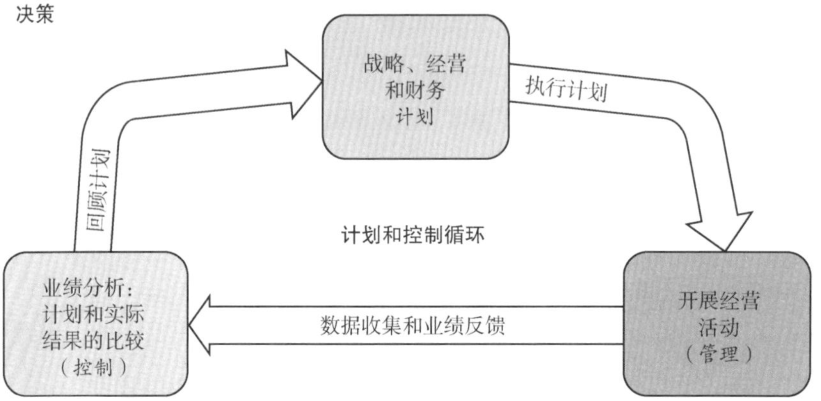

上图表明，控制是通过反馈实现的，在此过程中，实际结果应当与计划结果进行比较——如果两者存在差异，则应改变计划或改变行动，或两者兼而有之。因此，在计划和控制循环的每一个阶段，管理人员都会根据管理会计信息系统提供的信息做出决策。

对企业而言，并非所有的目标都是用财务语言表述的。市场份额、员工士气、有无下岗现象及企业社会责任等，都是合理的非财务目标，但企业的很多目标仍然是财务性的，如投资报酬率、净资产报酬率、销售增长率、利润、股利等。在确认这些目标、完成目标并衡量目标完成情况方面，会计人员扮演着重要的角色。

着眼未来是管理会计有别于财务会计的主要特征。预测未来收入及相应的费用是预算过程的关键活动。计划过程中强调的管理会计与财务会计的另一个区别，是两者所关注的范围：财务会计主要考虑整个企业的财务报表；而管理会计更注重企业内部的各经营单位。因此，即使已经确定了整个企业的目标投资报酬率，在有效的计划过程中还应考虑企业内部各单位（分部、产品线、工厂、销售区域等）的经营活动和成果的预计影响。

对结果的衡量需要用到财务会计的历史数据。由于完成财务会计和审计过程需要一段时间，自会计期结束到公布财务报表之间总有几星期或几个月的时间差。为了使业绩反馈最为有效，应该在行动完成后尽可能早地提供反馈。管理会计不受公认会计原则的制约，因此可以迅速得出大致结果，并将之运用于控制过程；也就是说，从财务会计角度来看未必绝对准确的相关数据，可以在经营活动完成后被用于及时的业绩评估。

表 12-1 概括了管理会计和财务会计之间的主要区别。

如果花时间和精力制定计划，就应该对企业的活动进行控制，以实现计划目标。管理会计人员的很多活动与成本控制有关；本章及以后几章所阐述的管理会计观念，都会体现控制的重要性。

与控制程序相关的另一个管理概念是：如果某人需对经营活动的结果负责，则此人必须有权影响这些结果。如果某位管理者需对企业某下属单位的成本负责，则该单位所报告的财务结果中不应包括其他单位发生的、人为分配给被评估单位的成本；也就是说，财务结果不应反映管理责任人所无法控制的成本。

管理会计人员必须与企业其他职能部门的人员广泛接触和沟通。比如，工程师会与管理会计人员合作，共同制定**生产标准**（production standards），即生产产品或完

表 12-1　管理会计和财务会计

特征	管理会计	财务会计
服务角度	内部管理人员	外部投资者和债权人
时间跨度	计划和控制所关注的现在和未来	过去——财务报表记录的是历史数据
关注范围	微观——企业计划和行动的具体单位	宏观——财务报表反映的是整个企业的情况
报告的频率和即时性	控制报告可以经常（如每天）、即时（如期间结束后一天）公布	大多数财务报表每月公布，在月底结账日后一星期内或更长时间内公布
使用数据的精确度	希望具有合理的准确性，但只要相近即可——相关性常常比可靠性更重要	希望具有高度的准确性，且通常有时间做到这一点——可靠性是绝对重要的
报告标准	由于供内部使用且注重实用性，没有统一标准	由公认会计原则和 FASB 做出规定

成服务预计或允许花费的时间和成本；管理会计人员也常常会帮助生产人员分析业绩报告，把实际产量和成本与计划产量和成本进行比较；销售人员可能会和管理会计人员共同估计未来期间的销售情况；人事部员工有时则会与管理会计人员共同确定报酬变动对成本的影响。上述这些例子说明，管理会计人员须对企业及其经营环境有全面的了解和兴趣；这些例子还表明，其他职能部门的人员也应从总体上了解管理会计。本书下面几章的目的就是帮助你全面地了解管理会计。

成本分类

对不同的人而言，“成本”一词的含义也不同。在管理层计划和决策的过程中，很重要的一点是使用与具体情形相适应的成本。同样，管理会计人员应该确保任何情况下相关人员都能明白自己所使用的是何种成本。图 12-1 列示了最常见的成本分类，并重点标出了本章所讨论的内容。

这些分类并不互相排斥。比如，一种成本可能同时属于“可控成本、变动成本、直接成本、产品成本”。总的来说，“不同目的，不同成本”的基本概念对于理解计划、控制和决策过程是非常重要的，因此在接下来属于管理会计部分的每一章中都会列示这个成本分类模型。我们将从这个模型出发，在阐述计划、控制和决策过程的各项主题时对相关的成本概念进行介绍。将在各章讨论的成本分类概念有：

- 根据总成本和作业量的关系进行的分类（第 12、14 和 15 章）
- 根据成本与产品或作业的关系进行的分类（第 13 章）
- 从成本会计角度进行的分类（第 13 章）
- 从时间跨度角度进行的分类（第 14 和 15 章）
- 从其他分析角度进行的分类（第 16 章）

总成本与作业量的关系

总成本与作业量的关系就是**成本性态**（cost behavior pattern），这是应该理解的最重要的成本分类方式之一。**变动成本**（variable cost）指的是总量随作业量的变化而变化的成本。总量不随作业量的变化而变化的成本称为**固定成本**（fixed cost）。比如，产品生产过程中产生的原材料成本具有变动成本性态，因为生产的产品数量越多，

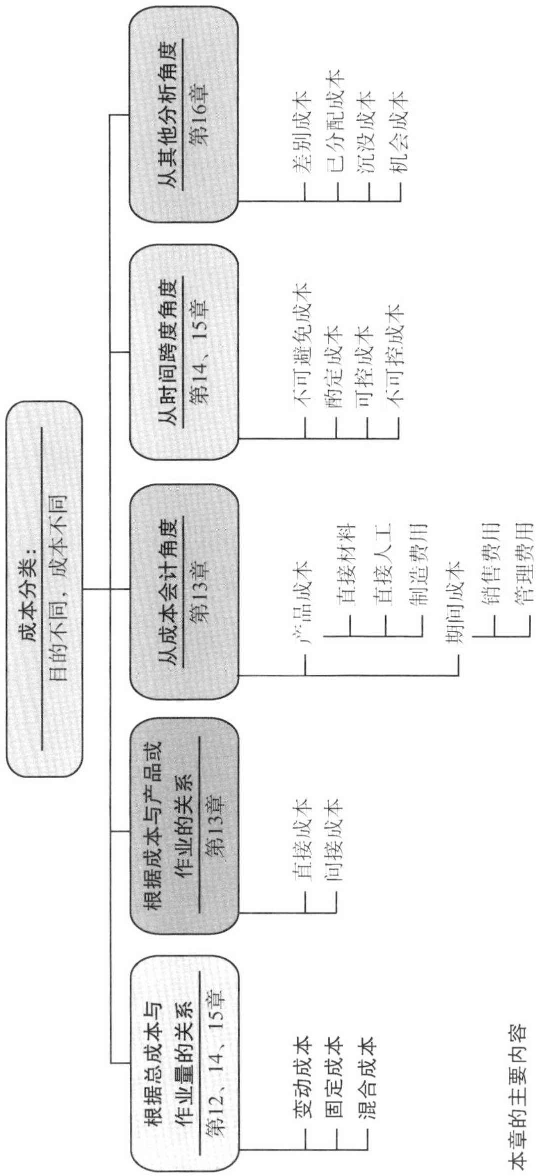

本章的主要内容

图 12-1　成本分类概览

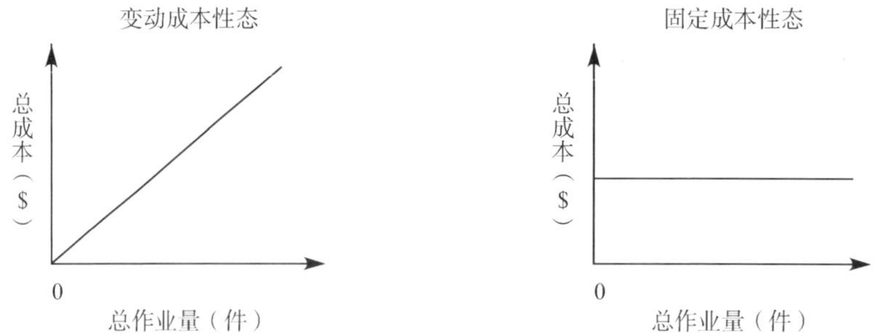

图 12–2 **成本性态**

企业所产生的原材料总成本就越高；厂房折旧费则属于固定成本，因为无论产量为多少，折旧费用总额是不会改变的（当然，除非采用产量法来计算折旧，在这种情况下，折旧费就属于变动成本）。图 12-2 用图形说明了固定成本性态与变动成本性态的区别。

这里的变动成本和固定成本指的是总成本相对于作业量的性态；但是，当我们提到单位产品的成本性态时，这种叫法可能会使人产生混淆，因为单位产品的变动成本是固定的，而单位产品的固定成本会随着作业量的变化而变化。因此，有必要从总成本和单位成本的角度去理解成本性态，如下表所示。变动成本总量会随着作业量的变化而变化，但单位产品的变动成本不变；固定成本总量不会随着作业量的变化而变化，但单位产品的固定成本却会不断变化。

	当作业量变动时	
	总成本	**单位成本**
固定成本	保持不变	呈反函数形态变动
变动成本	呈现线性变动	保持不变

了解成本性态对计划过程来说是非常重要的，为了便于使用这种成本分析方法，企业通常需要做一些简化假设——最重要的一个假设是关于成本性态存在的作业范围，我们把这称为**相关范围**（relevant range）假设，这个假设最适用于固定成本。回到前面提到的折旧费的例子：显然，到一定时点，产量的增加会要求更多的生产能力，因此折旧费用会上升；另一方面，如果企业预计将来产量会大幅下跌，部分厂房会关闭或用于其他用途，则折旧费用会降低。我们在说折旧费用是固定费用时，

实际上指的是在生产的某个相关范围内其总成本是不变的。不同的固定费用会在不同的相关范围内维持固定的成本性态。当我们称一项成本为固定成本并根据这种成本性态分类来预测成本时，我们必须考虑相关范围假设的限定。另一个重要的假设是，成本性态呈线性变动，而非曲线。这个假设主要与变动成本相关。由于规模经济、折扣等因素，单位产品的变动成本会略有变化——这些变化通常并不显著，但如果的确显著，则在根据成本性态进行分析时应对单位成本做出适当调整。本章稍后将对这些假设做更为详细的说明。

我们知道，并不是所有的费用都可以被归为变动或固定成本——一些成本具有部分固定性态，部分变动性态，有时，这种混合型的成本被称为**半变动成本**（semivariable costs）。比如，厂房内的电力成本就是一种混合型的成本，因为当厂房停止运作时，出于安全的考虑，必须打开一些电灯；当产量增加时，需要的电力也会增加。运用一定的分析方法，我们可以把这类成本分为固定成本和变动成本两个组成部分，并可以用下面的**成本公式**（cost formula）来表达：

总成本 = 固定成本 + 变动成本
　　　 = 固定成本 +（单位产品的变动成本 × 作业量）

通过这个公式，我们还可预测不同作业量情况下的总成本。比如，假设电力的固定成本部分为每月 \$350，变动成本部分为 \$0.30/ 机器小时。若计划 1 个月的机器运作时数为 6 000 小时，则总成本估计值为：

总成本 = \$350 +（\$0.30 × 6 000 机器时数）= \$2 150

在使用单位固定成本数据时，必须特别谨慎，因为任何作业量变动都会改变单位成本。我们要了解的一条基本规律是：不要将固定成本单位化，因为固定成本不是单个发生的！比如，一所大学办公室的大多数费用（薪水、折旧和电费）是固定的；如果将办公室的部分费用除以该部门一定时期内兑现学生支票的数量，以计算学生支票的兑现"成本"，则其结果会产生误导，如表 12-2 所示。但是，有一些固定费用必须进行单位化，比如制造费用预定分配率的计算。另外很重要的一点是，成本性态的相关范围通常相当大，即使作业量有很大增加，固定费用却可以保持不变（即企业达到规模经济，从而提高效率，并会降低单位固定成本）。当我们将固定成本单位化时，必须始终谨慎对待可能从数据中得出的结论。

表 12-2 将固定成本单位化的错误

假设某大学办公室每月提供学生支票兑现服务的相关费用如下：

薪水	$ 900
摊销场地费用（折旧、电费等）	300
每月的总费用	$1 200
如果一个月内有 2 000 张支票兑现，则每张支票的“单位成本”为（$1 200/2 000）	$ 0.60
如果一个月内有 6 000 张支票兑现，则每张支票的“单位成本”为（$1 200/6 000）	$ 0.20

一张支票的兑现成本到底是多少？

如果学生们知道学校正考虑根据下一个月的单位支票兑现“成本”收取支票兑现费用，他们会采取什么行动？

本量利分析的应用

成本性态：分析的关键

请回顾一下确定成本性态时用到的两个简化假设：第一，某种成本性态只在一个业务量相关范围内成立，若业务量超出了这个范围，成本就会发生变化；第二，确认的成本性态在这个相关范围内是业务量的线性（直线）函数，而不是曲线。

相关范围的概念涉及某种成本性态所处的业务量水平。例如，若 Cruisers 公司旗下工厂的生产能力是每月 90 艘 SeaCruiser 帆船，如果每月要求生产 120 艘帆船，就需要添加设备。投资新设备将导致折旧费用增加。另外从长期来看，如果工厂每月只生产 50 艘帆船就能满足市场对这种船只的需求，那么将来该公司的管理层也许会“封存”（或处理掉）部分现有的生产能力，同时折旧费用会降低。下图说明了折旧费用和生产能力之间可能存在的关系。每月折旧额 $12 000 对应的相关范围是 61~90 艘船的生产能力：只要生产能力保持在这个范围内，固定折旧费用总额就不会改变；但如果生产能力改变到另一个相关范围，固定折旧费用就将发生变化。

线性假设意味着：在相关范围内，成本性态图形是一条直线。虽然这一假设同时适用于固定成本和变动成本，但其意义在原材料等变动成本中得到了最好的说明。以玻璃纤维布料为例，由于存在大批量折扣和运输效率等因素，这种原材料的单位成本会随购买数量的增加而降低，这在下面的左图中可以看出；但为了分析，可以假设在一个相关范围中该原材料的成本图形是直线，如下面右图所示。尽管每码玻璃纤维布料的成本确实会随购货量的不同而略有变化，但为了能够运用本量利分析方法，可以假设当每月购买该布料的总量在 8 000~16 000 码之间时每码布料的成本是不变的（成本总额会发生变动）。

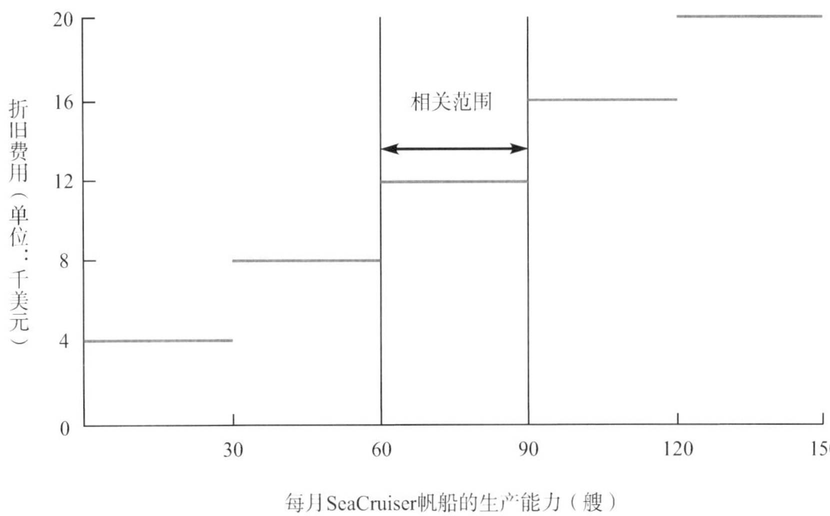

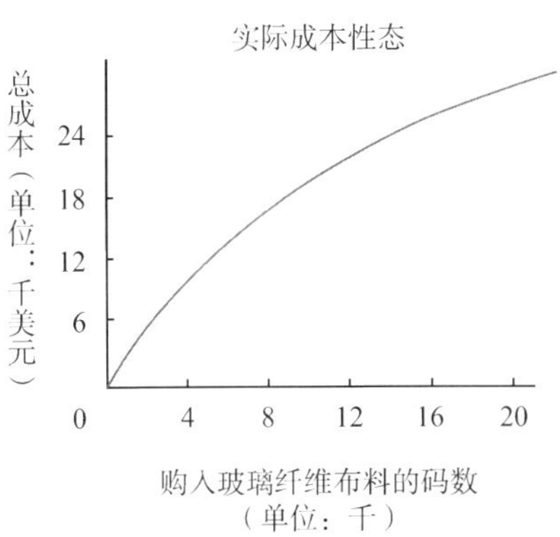

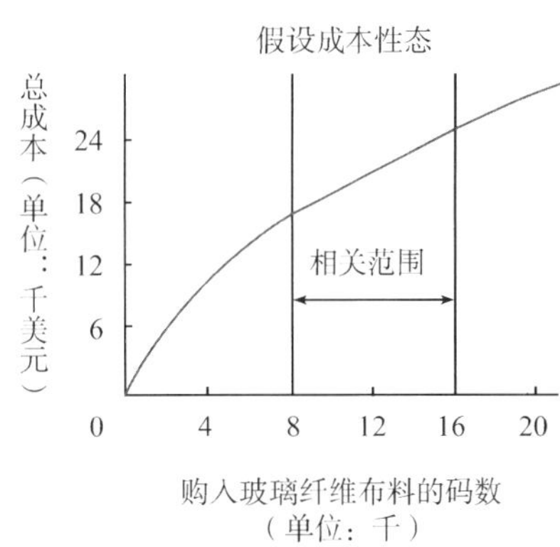

显然，若忽略了这些假设，或对成本的归类和描述有误，则根据本章后面将阐述的本量利分析得出的结果就会不准确。本量利分析是一种可在很多情况下使用的很有价值的工具，但有关成本性态的假设对本量利分析结果的有效性和实用性有决定性影响，在评估分析结果时，应始终考虑这些假设前提。

一般来说，原材料和直接人工成本属于变动成本，另外，制造费用的某些成分也具有变动成本性态（参见第 13 章对制造费用的详细阐述）。例如，使用的维修材料和保管材料及工厂公用事业费用的变动部分，都是产品数量的因变量；其他一些制造费用是固定的，包括折旧费用、管理人员的薪水和公用事业成本中的固定部分。

销售费用、管理费用和其他经营费用，也都符合这两种成本性态。例如，销售佣金随销售收入或产品销售量的改变而按比例变动；那些处理客户订单和付款的员工的薪水，在此类业务员工人数根据销售量变化而迅速增长或减少的情况下，也会成为变动成本；与之相反，广告成本在短期内通常是固定的——一旦获得批准，广告费随之支出，所以很难把销售量的变化与广告费用直接联系起来。

对成本性态的估计

某项成本的估计性态可以通过分析一段时期的成本和业务量来确定，分析方法之一是用一个散点图确定成本—业务量关系的高低点数据，然后用简单的数学方法计算单位变动成本和成本公式。这种"高低点法"详见表 12-3。我们也可以使用一元及多元回归分析法等更加复杂的方法，但从某种程度上说，在以计划和控制为目标的成本公式中采用简化假定，对精确度的提高有抵消作用。

调整的利润表格式

传统的利润表格式按照发生的原因对成本进行归类，如销售成本、销售费用、管理费用和研发费用等。本量利分析中使用的利润表格式往往被称作**贡献毛益格式**（contribution margin format），在该格式中按成本性态（变动成本或固定成本）对成本进行归类。两种格式如下所示：

传统格式 （费用按功能分类）		贡献毛益格式 （费用按成本性态分类）	
收入	\$10 000	收入	\$10 000
销售成本	6 000	变动费用	5 000
毛利	\$ 4 000	贡献毛益	\$ 5 000
经营费用	2 000	固定费用	3 000
经营利润	\$ 2 000	经营利润	\$ 2 000

表 12–3　**估计某种成本性态的“高低点法”**

假设：

1~6 月间，在不同的产量下发生了以下公用事业成本：

月份	公用事业成本总额	总产量
1 月	$2 500	8 000 单位
2 月	3 500	13 000 单位
3 月	4 000	16 000 单位
4 月	5 500	12 000 单位
5 月	2 000	6 000 单位
6 月	5 000	18 000 单位

Ⅰ. 散点图：

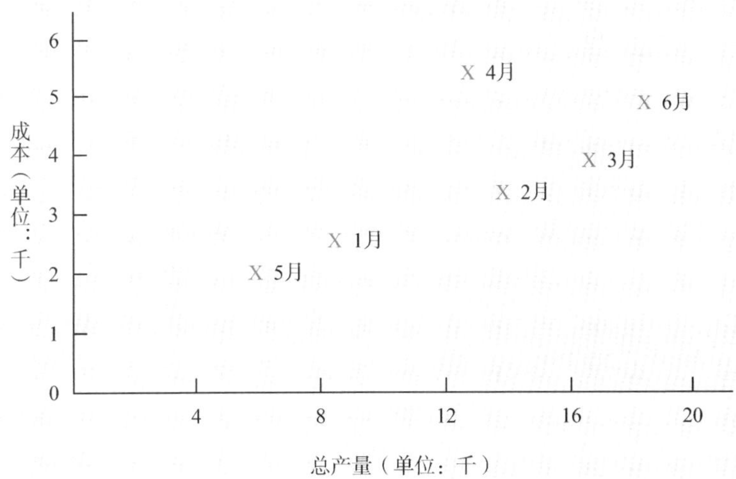

从散点图中可以看到，成本与业务量之间确实存在一定的关系：在多数情况下可以观察到近似直线的图形；然而，4 月的数据不符合这个模式——这也许是出现了错误，或是某些异常状况造成的。4 月的观察结果属于“例外”状况，会在计算成本公式时被忽略，因为该结果不符合其他数据间存在的成本—业务量关系。

Ⅱ. 变动成本性态的计算：

计算变动成本性态或单位变动成本的高低点法，用相关观察结果中的最高点和最低点确定成本变化和业务量变化之间的关系。

表 12–3（续）

$$单位变动成本=\frac{最高点成本-最低点成本}{最高点产量-最低点产量}$$
$$=\frac{\$5\,000-\$2\,000}{18\,000单位-6\,000单位}$$
$$=\$3\,000/12\,000单位$$
$$=\$0.25/单位$$

Ⅲ . 成本公式：

知道了单位变动成本，总成本中的固定成本部分就能以高点数据或低点数据来计算，同时也可以得出成本公式，因为总成本等于变动成本加固定成本。

在产量为 18 000 单位时，变动成本总额为：18 000 单位 ×\$0.25/ 单位 = \$4 500。

固定成本的计算：

产量为 18 000 单位时的总成本 =	\$5 000
产量为 18 000 单位时的变动成本总额 =	4 500
固定成本 =	\$ 500

在产量为 6 000 单位时，变动成本总额为：6 000 单位 ×\$0.25/ 单位 = \$1 500。

固定成本的计算：

产量为 6 000 单位时的总成本 =	\$2 000
产量为 6 000 单位时的变动成本总额 =	1 500
固定成本 =	\$ 500

公用事业费的成本公式为：

$$总成本=固定成本+变动成本$$
$$=\$500+\$0.25/单位$$

现在可以用这个成本公式来估算（相关范围内）任何产量水平下的公用事业成本总额。例如，如果 7 月的预计产量为 14 000 单位，则公用事业总成本预计为：

$$总成本=固定成本+变动成本$$
$$=\$500+（\$0.25\times 14\,000）=\$4\,000$$

注意，若成本公式能精确解释高低点法所取数据之外的成本—业务量点的总成本，这其实只是一个巧合——因为我们在计算中假定所取的观察数据之间存在线性关系，而在实际情况中精确的线性关系是不存在的。

在这两种格式中，收入及经营利润（息税前利润）是一样的，区别在于费用的分类：传统格式中按功能分类，而贡献毛益格式中按成本性态分类。虽然除计算经营利润外，成本性态分类法还可以用于其他收入和费用及所得税的计算，但管理者通常并不这么做，因为贡献毛益方法最大的好处就体现在对公司经营活动的计划编制及控制和评估过程中。

“贡献毛益格式”的名称源自收入和变动费用间的差额。**贡献毛益**（contribution margin）的含义是，这笔金额是销售产品或提供服务对固定费用及经营利润做出的贡献。这个概念的关键在于对成本性态的理解。产品销售量或服务供应量的增加导致销售收入提高，变动费用会随之按比例上升，贡献毛益也会按比例增加；但固定费用不会增加，因为它们不是收入创造活动的因变量之一。

当把业务量水平的变动考虑在内时，传统的利润表模式可能会造成误导或得出错误的结论，因为传统利润表假设所有的费用随业务量的变动而按比例变动。造成这种错误是因为成本性态没有在利润表中显示出来——如果正确使用贡献毛益模式，这种错误就可以避免。例如，假设一家公司目前的销售收入是 \$100 000，经营利润为 \$10 000。若收入降低 20%，即降至 \$80 000，一般人也许会马上得出结论，经营利润也会降低 20%，即降至 \$8 000；然而，运用贡献毛益格式，将得到更为精确且令人不安的结果：

	目前的结果	假设业务量减少 20% 后的结果
销售收入	\$100 000	\$ 80 000
变动费用（60%）	60 000	48 000
贡献毛益（40%）	\$ 40 000	\$32 000
固定费用	30 000	30 000
经营利润	\$ 10 000	\$ 2 000

由于固定费用不变（该公司并未转入不同的成本相关范围），收入降低 20% 导致贡献毛益减少 \$8 000，进而使得经营利润减少了相等的金额。这个例子说明了从单位成本角度考虑固定成本为何具有误导性。虽然管理者不应忽略固定成本（特别是成本的相关范围假设），但也必须认识到固定成本和变动成本性态的不同。

贡献毛益率（contirbution margin ratio）是贡献毛益和收入之比，这个比率反映了每单位销售额在扣减变动成本后用来补偿固定成本或提供利润的比例，该比率可以用来直接计算收入变动时贡献毛益的变化。沿用上面的数据，收入增加 \$12 000 将导致贡献毛益增加 \$4 800（40% ×\$12 000），并导致经营利润增加 \$4 800。

扩展的贡献毛益模式

通过将贡献毛益模式应用于单件产品，人们可以更好地理解和说明运用该模式进行计划的好处。为了便于分析，我们可以运用这种模式的扩展形式，在原有项目的基础上添加一些栏目。贡献毛益的扩展模式如下：

	单位金额	×	销售量	=	总额	%
销售收入……	$					
变动费用……	____					
贡献毛益……	$____	×	____	=	$	%
固定费用……					____	
经营利润……					$____	

该模式的常用步骤是：(1)列出单位销售收入、单位变动费用和单位贡献毛益；(2)将单位贡献毛益乘以销售量，得出贡献毛益总额；(3)从贡献毛益总额中减去固定费用，得出经营利润。(注意：固定费用不能单位化！)计算贡献毛益率(单位贡献毛益除以单位收入)的意义，是它经常可以用来回答计划过程中可能被问及的“如果……将会怎样”之类的问题。

经营活动中的贡献毛益——例 1。为了说明该模式的应用，假设管理者想了解某件产品的经营利润，该产品的销售收入、成本和销售量如下：

销售单价……	$ 15
单位变动费用……	9
与该产品相关的固定费用……	$40 000
产品销售量(件)……	8 000 件

运用这些数据，在该模式中得出以下分析：

	单位金额	×	销售量	=	总额	%
销售收入……	$ 15					
变动费用……	9					
贡献毛益……	$ 6	×	8 000	=	$48 000	40%
固定费用……					40 000	
经营利润……					$ 8 000	

经营活动中的贡献毛益——例 2。现在假设这个管理者想知道，如果产品的单价降低 \$3，使销售量增加 5 000 件——达到 13 000 件时，经营利润会有什么变化。结论如下：

	单位金额	×	销售量	=	总额	%
销售收入	\$ 12					
变动费用	9					
贡献毛益	\$ 3	×	13 000	=	\$39 000	25%
固定费用					40 000	
经营利润					\$(1 000)	

根据定量分析的结果，不应该降价。

经营活动中的贡献毛益——例 3。假设这个管理者提议在把产品单价降低 \$3 的同时，增加 \$3 000 的广告费用，并预计销售量能增至 18 000 件。对经营利润的影响分析如下：

	单位金额	×	销售量	=	总额	%
销售收入	\$ 15					
变动费用	9					
贡献毛益	\$ 3	×	13 000	=	\$54 000	25%
固定费用					43 000	
经营利润					\$11 000	

注意，广告费用的增加体现在固定费用上。这一分析表明，若降价的同时提高广告费用，可以得到增加销量的结果，经营利润就会超过现有水平；但要密切注意相关范围假定，即必须思考如此大幅的销售量增加对固定费用产生的影响。

经营活动中的贡献毛益——例 4。扩展的贡献毛益模式也可以用于计算要达到某个目标经营利润水平所需要的业务量。例如，沿用原来的产品售价、变动费用和固定费用数据，假设管理者想了解：要实现 \$23 000 的目标经营利润，产品销售量必须是多少。解答这个问题的方法是，把已知数据填入该模式，然后计算中间数据，得到所需的销售量。

	单位金额	×	销售量	=	总额	%
销售收入	$ 15					
变动费用	9					
贡献毛益	$ 6	×	?	=	$63 000	40%
固定费用					40 000	
经营利润					$23 000	

所需的销售量为 $63 000/$6=10 500 件

经营活动中的贡献毛益——例 5。贡献毛益率可用来直接计算以销售收入总额表示的业务量发生变动时，对贡献毛益和经营利润产生的影响。例如，若贡献毛益率是 40%，而预计销售收入总额将增加 $12 000，贡献毛益和经营利润就将增加 $4 800（$12 000 × 40%），前提是固定费用不变。

经营活动中的贡献毛益——例 6。贡献毛益率的另一个作用，是确定销售收入和销量必须增加多少才能抵补固定费用的增加。例如，若固定费用将增加 $9 000，如果想让经营利润不变，贡献毛益就必须提高相同的金额。若贡献毛益率是 40%，收入就须增加 $22 500（$9 000/40%），以便让贡献毛益增加 $9 000。以 $22 500 除以销售单价 $15，得到的结果就是必须增加的销售量。（当然，用需要增加的贡献毛益，即 $9 000，除以单位贡献毛益 $6，也能得出销售量必须增加 1 500 件的结果。）

经营活动中的贡献毛益——例 7。贡献毛益率还能在无法得到或使用单位数据时确定销售收入和贡献毛益的变化。例如，贡献毛益模式经常被用来分析整个产品系列（如某种牌子的糖块）按不同包装或大小搭配出售时经营利润所受的影响。这里假定每个销售搭配都有相同或非常相近的贡献毛益率。若一个产品系列的贡献毛益率是 30%，一个耗资 $21 000、能创造 $80 000 额外销售收入的广告方案，是否具有成本有效性呢？在这种情况下，贡献毛益将增加 $24 000（30% × $80 000），比广告方案的成本高 $3 000，所以回答是肯定的，即这个方案具有成本有效性。换一种方法，用增加的固定费用除以贡献毛益率（$21 000/30%），得到的结果表明，销售收入必须增加 $70 000 才能抵补增加的固定费用。由于估计收入将增加 $80 000，比要求的多 $10 000，预计经营利润将增加 $3 000（30% × $10 000）。

经营活动中的贡献毛益——例 8。到现在为止，所有的例子都以产品的件数来表示业务量，但实际上，贡献毛益模式对提供服务而非销售产品的组织同样有用。例如，一个日托中心可以根据业务种类确定变动费用，然后设定收费标准以达到某个目标贡献毛益率，并创造足够的贡献毛益总额来抵补固定费用和实现经营利润。运用扩展的贡献毛益模式，估计每个孩子每周的变动费用为 \$18，目标贡献毛益率为 40%，则日托中心通过收费每周实现的收入计算如下：

	每个孩子的单位金额	×	销售量	=	总额	%
收入	\$?					100%
变动费用	18					?
贡献毛益	\$?	×	?	=	\$?	40%

若贡献毛益率为 40%，则变动费用率为 60%（收入 = 100%）；而每个孩子收入的 60% 为 \$18，则对每个孩子的收费 = \$18/0.60 = \$30。这个计算步骤其实与第 9 章中描述的、已知某件产品的成本和希望达到的毛利率计算所需售价的步骤是一样的。

对多种产品或服务和销售组合的考虑

如果应用贡献毛益模式时涉及不止一种产品或服务的数据，就必须考虑**销售组合**（sales mix）的问题。销售组合指的是各种产品或服务的销售额在销售总额中所占的比例。不同的产品或服务可能有不同的贡献毛益率，因此若一个既定产品或服务的销售组合发生变化，则这个既定产品或服务组合的平均贡献毛益率也会改变。

表 12-4 详细地说明了销售组合变动的影响。销售组合是一个必须掌握的重要概念，因为几乎所有公司都有多种产品或服务。如果一个公司的产品质量有差别（比如，分为好、较好、最好这几档），一般来说，质量越好的产品贡献毛益率越高，所以行销的力度往往集中在这些产品上；另外，有些公司遵循的策略是：为各种产品一一定价，以求让所有产品都有相似的贡献毛益率。从产品获利能力的角度看，如果一个公司能在其所有产品中实现相近的贡献毛益率，则无需考虑销售组合问题——在这种情况下，行销所涉及的产品种类就可以比考虑销售组合时更多。

保本点分析

保本点（break-even point）通常以某公司（或某件产品、某项业务、一组产品、

表 12–4 多种产品和销售组合

Ⅰ. 假设某家公司有两种产品。单位收入、变动费用及目前运作中的产品销售量如下：

	A 产品						B 产品						整个公司	
	单位金额	×	销量	=	总额	%	单位金额	×	销量	=	总额	%	总额	%
销售收入	$ 40		2 000	=	$80 000		$ 30		2 000	=	$60 000		$140 000	100%
变动费用	30						18							
贡献毛益	$ 10	×	2 000	=	$20 000	25%	$ 12	×	2 000	=	$24 000	40%	$ 44 000	
固定费用													30 000	31.4%
经营利润													$ 14 000	

注意：固定费用只在整个公司一栏中显示，因为这笔费用是相对于整个公司而非个别产品而言的。

Ⅱ. 现在假设销售组合发生变化，产品销售量从每种产品售出 2 000 件变为 A 产品售出 2 500 件，B 产品售出 1 500 件。该公司贡献毛益格式的利润表变为：

	A 产品						B 产品						整个公司	
	单位金额	×	销量	=	总额	%	单位金额	×	销量	=	总额	%	总额	%
销售收入	$ 40		2 500	=	$100 000		$ 30		1 500	=	$45 000		$145 000	100%
变动费用	30						18							
贡献毛益	$ 10	×	2 500	=	$ 25 000	25%	$ 12	×	1 500	=	$18 000	40%	$ 43 000	29.7%
固定费用													30 000	
经营利润													$ 13 000	

注意：虽然总销售量相同，且总销售收入增加，但贡献毛益总额和经营利润总额都下降了；这是因为 A 产品的销售量大于 B 产品的销售量，而 A 产品的贡献毛益率比 B 产品低，这就导致该公司的平均贡献毛益率下降。

一组业务）既不盈利也不亏损（即经营利润为零）时所需实现的收入金额来表示。对管理者来说，保本点很有用，因为这个概念表示了一个最低限度的收入目标值，而且管理者往往发现，从收入的角度考虑问题比从变动费用或固定费用的角度考虑问题更加容易；另外，某公司每天产生的销售额（或销售收入）也很容易从会计系统中得到。

贡献毛益模式可以用于确定保本点，其方法是：把经营利润设为零，然后由贡献毛益模式求出使经营利润为零的收入或销售数量。由总收入和销售量表示的保本点计算方法举例说明如下：

销售单价	$ 12
单位变动费用	8
固定费用总额	$45 000

	单位金额	×	销售量	=	总额	%
销售收入	$ 12					
变动费用	8					
贡献毛益	$ 4	×	?	=	?	33.3%
固定费用					45 000	
经营利润					$ 0	

根据这个模式，贡献毛益显然必须等于固定费用，即 $45 000。

$$保本点销售量=\frac{固定费用}{单位贡献毛益}$$

$$=\$45\ 000/\$4$$

$$=11\ 250\ 件$$

$$保本点的总销售收入=\frac{固定费用}{贡献毛益率}$$

$$=\$45\ 000/33.3\%$$

$$=\$135\ 000$$

或

$$保本点销售量=\frac{要求达到的总收入}{单位收入}$$

= \$135 000/\$12

= 11 250 件

大多数公司会计划实现一定的经营利润，而不会仅满足于保本。如前文所述，贡献毛益模式可用来确定实现任何经营利润水平所需的总销售收入和产品销售量。我们可以方便地调整保本点公式，将希望实现的经营利润值加入分子，从而确定达到目标经营利润所需的总收入和产品销售量。下面，让我们举例说明这一点。假设情况与上例相同，希望实现的经营利润是 \$10 000。

$$\text{实现目标经营利润水平所需的产品销售量} = \frac{\text{固定费用} + \text{目标经营利润}}{\text{单位贡献毛益}}$$

=（\$45 000 + \$10 000）/\$4

= 13 750 件

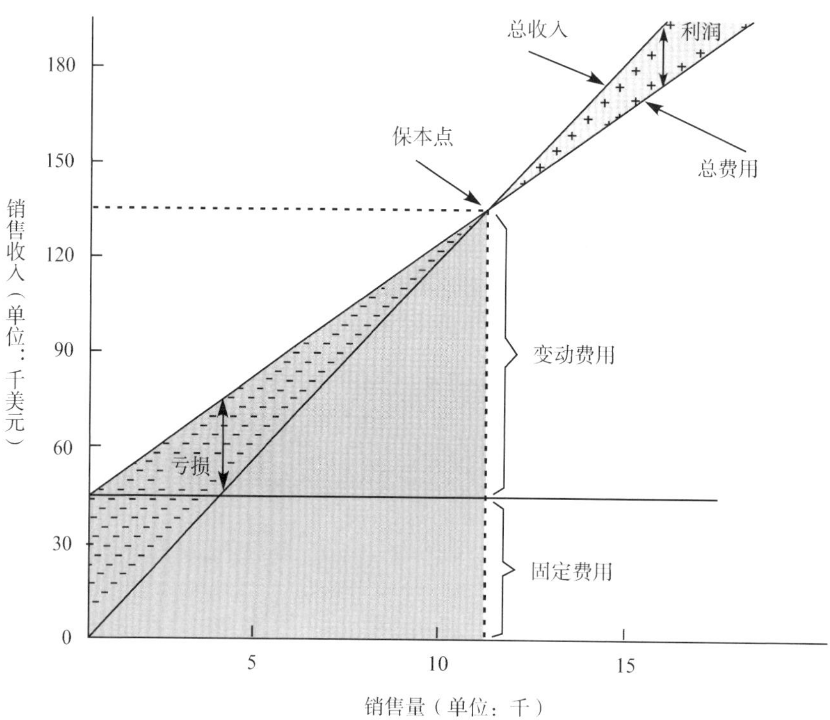

图 12-3 保本图

$$\text{实现目标经营利润水平所需的产品销售量} = \frac{\text{固定费用} + \text{目标经营利润}}{\text{单位贡献毛益}}$$

$$= \frac{\$45\,000 + \$10\,000}{\$165\,000}$$

$$= \$165\,000$$

保本分析常常可以用图形来说明，如图 12-3 和图 12-4 所示（数据仍沿用上例）。注意，在这些图形中，横轴代表产品销售量，纵轴代表总金额。在图 12-3 中，水平线代表固定费用 $45 000，加上 $8 的单位变动费用就形成总费用线。销售收入线是从原点出发的直线，斜率等于每件产品售价 $12。总费用线和总销售收入线的交点就是保本点。保本点的横坐标就是实现保本所需的销售量，为 11 250 件，保本点的纵坐标就是实现保本所需的总销售收入，为 $135 000。经营利润或亏损的金额，就是一定销售量水平上的总收入线和总费用线之间的垂直距离。有时候，总收入线和总费用线之间的区域被标为"盈利区"或"亏损区"。注意，从纵轴来看，亏损区的最

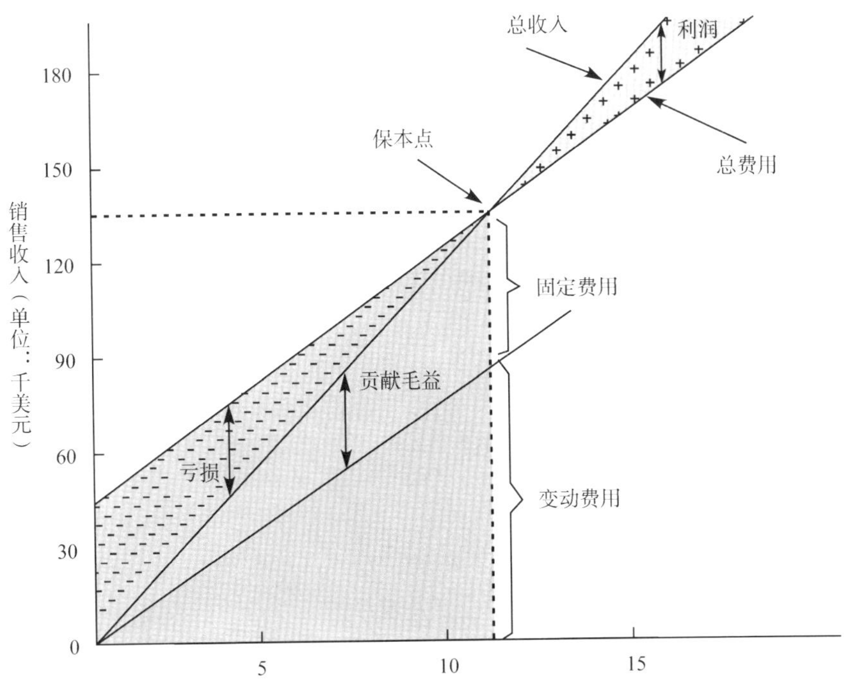

图 12-4　显示贡献毛益的保本图

左侧等于整个固定费用，即 $45 000（此时销售量为零）。随着销售量的上升，每多销一件产品，亏损就减少一个单位贡献毛益的金额，即 $4，逐步递减，直至达到保本点，然后利润就以单位贡献毛益为倍数递增。

图 12-4 是保本图形的另一种形式。变动费用线从原点出发，在垂直方向加上固定费用，就成为与变动费用线平行的总费用线。虽然与图 12-3 相比，费用的表示方法不同，但两张图中的总费用线一样，而且保本点和盈利亏损区都一样。图 12-4 的列示方式能够让人看出贡献毛益，而且显示了贡献毛益如何随着销售量的上升而增加。

保本点计算（和图形）的关键在于，在相关范围的假设前提下，不管业务量水平如何变化，固定费用总额不变。除了相关范围假设以外，还必须考虑线性和恒定销售组合假设。虽然做了这些简化假设，但贡献毛益模式及成本性态概念都属于我们必须掌握且能够加以应用的最重要的管理会计概念。在很多情况下，本量利分析能支持管理者做出实现公司目标的决策——下面的“商业实务——1 美分销售”就列举了其中的一个实例。

商 业 实 务

1 美分销售

下面这位管理者的做法，充分体现了他对本量利关系的理解：这位管理者在一座美国中西部的城市中经营一家快餐和冷饮店，这家店每到 2 月就会推出 1 美分销售项目——顾客花 1 个冰淇淋圣代的钱，再加 1 美分就可以买到两个冰淇淋圣代，但其他品种不打折扣。

圣代的正常售价是 1.25~1.75 美元，就算按照最保守的估计，该产品的变动成本（冰淇淋、浇头、杯子和调羹）也不会比它正常售价的 30% 高出很多。所以就算产品价格打对折，贡献毛益还是正值。在此特卖过程中，

该商店的固定成本有什么变化呢？也许根本不会受到影响。无论购买特价圣代的顾客是否增加，固定成本（包括工人的工资）总是有的；而且，许多顾客可能还会购买价格不变的其他产品。

特价促销的最终结果是，这家商店在一个业务量本来可能较低的时期（2 月对圣代的需求一般较低）保持了客流量和业务量。所有的额外销售量都能创造正的贡献毛益，且固定费用和没有促销的时候一样，因此经营利润高于促销时的水平。

经营杠杆

当企业的收入随业务量的变化而变化时，变动费用和贡献毛益也会相应按比例变化。但固定费用（不随业务量变化而变化的费用）的存在意味着，从比例上说经营利润的变动会超过收入的变动。收入变化对经营利润变化的放大效应称为**经营杠杆**（operating leverage），这可以通过本章前面所讨论的贡献毛益格式利润表来说明。该表显示，当产品销售量减少 20% 时，销售收入、变动费用和贡献毛益都下降了 20%，而经营利润却减少了 80%（从 \$10 000 减至 \$2 000）。请注意经营杠杆与第 11 章阐述的财务杠杆（即由于固定利息费用的存在，经营利润的任何变动导致的净资产报酬率的变动比例大于投资报酬率的变动比例）之间的相似性。

经营杠杆还有助于解释第 11 章横向同比利润表分析的例子中英特尔公司在 2002~2005 年间净利润的增长幅度为何大于其净收入的增长幅度。

正如高财务杠杆增加了一家公司可能无法满足利息支付要求的风险一样，高经营杠杆也提高了企业的风险，即收入的少量减少，就可能导致经营利润的大量下降。一家公司的贡献毛益率越高，其经营杠杆就越高。公司的管理者可以决定变动成本和固定成本的相对比例，从而影响经营杠杆的大小。例如，若一家公司以自动生产设备代替工人，就会改变变动成本（如果对该公司产品的需求下降，员工就可能被解雇）和固定成本（无论机器是否被使用，机器总有折旧费、保险费，而且机器的价值包括在财产税纳税基数中）的相对比例，从而使该公司的贡献毛益率和经营杠杆上升。如果一家公司的管理层预计市场对该公司产品或服务的需求将下降，那么即使把变动成本转移到固定成本会提高生产率，管理层可能也不愿意进行这样的成本结构变动，因为要实现生产率提高带来的好处，就要让设备运转起来。

不同的成本结构对经营杠杆的影响详见表 12-5。从表中可以看到，有着不同成本结构的 A 公司和 B 公司在产量为 10 000 件时，实现的经营利润均为 \$100 000。这个例子说明了固定成本（资本密集型）和变动成本（劳动密集型）权重选择决策过程中的一个重要因素，称为无差异点（indifferent point）。无差异点的确定方法是：设定不同方法（本例中为 A 公司和 B 公司）的成本结构（总成本）相等，然后求出总成本相等时的销售量。例如：

$$\frac{\text{A 公司}}{\text{固定成本}+(\text{单位变动成本}\times\text{数量})}=\frac{\text{B 公司}}{\text{固定成本}+(\text{单位变动成本}\times\text{数量})}$$

表 12–5 经营杠杆

Ⅰ. 假设两家公司生产类似的产品，但采用不同的成本结构。A 公司的生产方式为劳动密集型，所以变动成本较高，而固定成本较低，B 公司的生产方式为资本密集型，所以变动成本较低，而固定成本较高。两家公司目前分别售出 6 000 件产品，它们各自的贡献毛益模式如下：

	A 公司较低的经营杠杆						B 公司较高的经营杠杆					
	单位金额	×	销售量	=	总额	%	单位金额	×	销售量	=	总额	%
销售收入	$50						$50					
变动费用	35						20					
贡献毛益	$15	×	10 000	=	$150 000	30%	$30	×	10 000	=	$300 000	60%
固定费用					50 000						200 000	
经营利润					$100 000						$100 000	

Ⅱ. 销售量从 10 000 件增至 11 000 件对经营利润的影响：

贡献毛益	$15	×	11 000	=	$165 000	30%	$30	×	11 000	=	$330 000	60%
固定费用					50 000				+10%		200 000	
经营利润					$115 000						$130 000	
数量变动百分比			+10%									
经营利润变动百分比					+15%						+30%	

注意，B 公司经营利润上涨的百分比大于 A 公司，最终经营利润也高于 A 公司。在经营杠杆的作用下，两家公司经营利润增加的百分比都大于自身业务量增加的百分比。B 公司产品的单位贡献毛益和贡献毛益率均高于 A 公司，所以随着产品销售量的增加，B 公司经营利润的增加也超过了 A 公司经营利润的增加。

Ⅲ. 销售量从 10 000 件减至 9 000 件对经营利润的影响：

贡献毛益	$15	×	9 000	=	$135 000	30%	$30	×	9 000	=	$270 000	60%
固定费用					50 000						200 000	
经营利润					$ 85 000						$ 70 000	
数量变动百分比			–10%						–10%			
经营利润变动百分比					–15%						–30%	

注意，B 公司经营利润下降的百分比大于 A 公司，最终经营利润也低于 A 公司。在经营杠杆的作用下，两家公司经营利润下降的百分比都大于自身业务量下降的百分比。B 公司产品的单位贡献毛益和贡献毛益率均高于 A 公司，所以随着产品销售量的减少，B 公司经营利润的减少也超过了 A 公司经营利润的减少。

$$\$50\ 000 + (\$35 \times \text{数量}) = \$200\ 000 + (\$20 \times \text{数量})$$

$$\$15 \times \text{数量} = \$150\ 000$$

$$\text{数量} = 10\ 000\ \text{件}$$

表 12-5 的第Ⅱ部分和第Ⅲ部分表明，由于 B 公司的固定成本相对于变动成本的

商　业　实　务

新兴技术的成本结构

很多基于互联网的网络公司在 2000 年下半年的倒闭，其实是一个在历史上已经多次出现的技术现象——在一个多世纪前，正如哈尔·瓦里安在下面的文字中报道的那样，铁路业给我们上了深刻的一课：

“19 世纪 80 年代，美国修建的铁路比以往任何时候都多；而到 19 世纪 90 年代，倒闭的铁路公司也超过了以往任何时候。

为什么我们似乎总会对新兴技术过度投资呢？在铁路的例子中，起作用的主要经济力量就是规模经济。与铁路相关的主要成本是固定成本——偿还因铺设铁轨和购买全部车辆而欠债务的成本。在 19 世纪 80 年代，铁路运营总成本的大约三分之二是固定成本。

在固定成本很高的情况下，大公司有着先天的优势，因为（随着销售量的增加）它们的单位总成本相对较低。铁路公司认识到这一点，因此大量投资于此类建设，然而一旦运能已经配置，各公司为抢夺运输量不可避免地出现你死我活的价格竞争。一个无法改变的事实是，当时的铁路运能供大于求。于是，铁路公司纷纷倒闭，抹去所欠债务，进而又导致更加激烈的价格竞争。这个行业就这样陷入萧条，整整用了几十年的时间才恢复。

（从中我们可以吸取哪些教训呢？）铁路业的繁荣和衰败，都是由于巨大的固定成本和商业化产品——运输——的存在。由于很多公司都提供此项产品，价格战在所难免。该行业的成本结构与远距离光缆业务有着很多相似之处：铺设光缆需要花费巨额固定成本，（变动）经营费用则相对较小。这种情况就为价格战提供了滋生的土壤——事实上，长途电话的成本，尤其是提供给大公司的协议价格，已经开始‘跳水’。”

很多新兴的网络公司在建立技术基础设施方面投入巨资，以支持其 B-to-C（即企业对客户）业务，由此形成的成本结构大大提高了经营杠杆，也使这些公司在投资所带来的收入能产生足够抵补固定成本的贡献毛益时，有机会获得很高的回报。当然，事实证明，创造足够的收入对很多新兴的网络公司来说是一项很大的挑战。这个行业大量失败的例子，说明了高经营杠杆蕴含的高风险。

资料来源：www.nytimes.com, “Economic Scene: Technology Rise and Fall Is as American as the Model T,” December 14, 2000, by Hal R. Varian.

比例高于 A 公司，在两家公司的销售量发生变动、偏离了无差异点的情况下，B 公司经营利润所受的影响要大于 A 公司。相对较高的经营杠杆，使企业在销售量增长时更快地积累经营利润，但也意味着在销售量下降时，经营利润下降速度也会更快。微软公司在 20 世纪 90 年代的表现，就很好地说明经营杠杆对企业利润的影响：在这一时期，微软的利润年平均增长率为47%，大大超过其销售额每年平均38%的增长。“商业实务——新兴技术的成本结构”也提供了相关的例子。经营杠杆对经营利润的影响，是选择成本结构时要了解的一个关键因素。

第 13 章

成本会计和报告系统

成本会计（cost accounting）是管理会计的一个分支，其主要任务是：为了按照外部财务报告所采用的公认会计原则进行收益衡量和存货计价而对产品、工序或服务成本进行归集和确定。用来归集、分配和报告这些成本的成本会计系统，必须具有足够的灵活性，以满足内部计划和控制的需求。“成本是多少”可能是企业会计信息系统要回答一个最重要的问题，因为准确的成本信息有助于指导管理人员做出定价决策、评估生产力和生产效率、制定经营预算、确定产品零部件是自制还是外购、分析是否用生产技术替代人工及进行业绩评估，还能帮助管理人员解决很多其他问题，这些问题将在本书后面的章节中探讨。

成本会计在制造业企业的财务会计领域也有重要作用。前面曾经讲过，财务会计基本侧重于企业的外部，即根据公认会计原则向股东、债权人、政府及其他各方提供关于企业财务状况及其经营成果的信息。基于这个目的，成本会计系统需报告生产并销售的产品成本、已生产但未销售的产品成本及制造业企业存货账户中记录的其他成本。图 13-1 对这种关系进行了列示。

在本章中，我们将对满足财务和管理会计需求的成本会计和报告系统进行探讨。

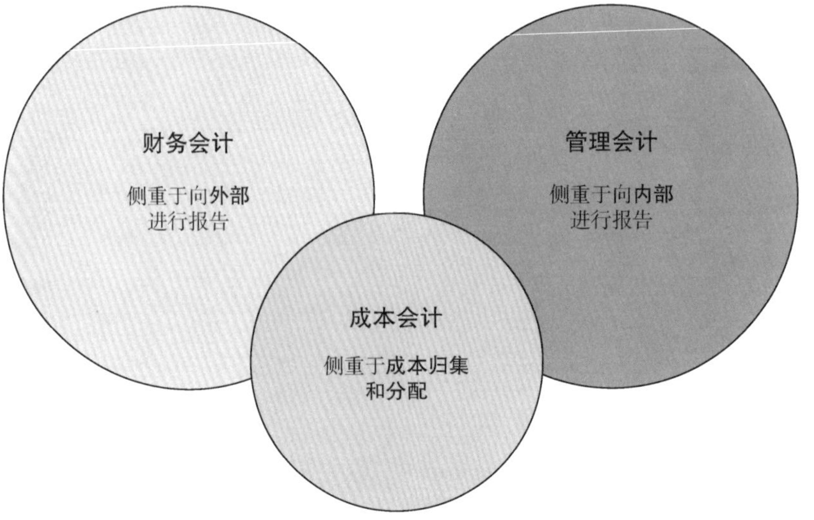

图 13–1 财务会计、成本会计和管理会计之间的关系

成本管理

在阐述计划和控制循环时，我们曾说过，管理层注重计划、组织和控制企业的各项活动，以使企业实现其战略目标。在这个流程的每一个环节，管理者都要根据获得的成本信息进行决策。准确和及时的成本信息对于决策过程的成功至关重要。**成本管理**（cost management）是指运用会计系统提供的成本信息对企业的各项活动进行管理的过程（请看下图所示的计划和控制循环中的阴影区域）。

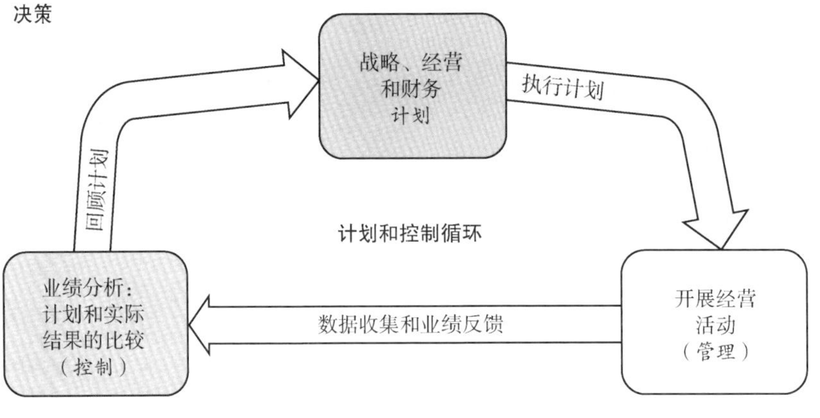

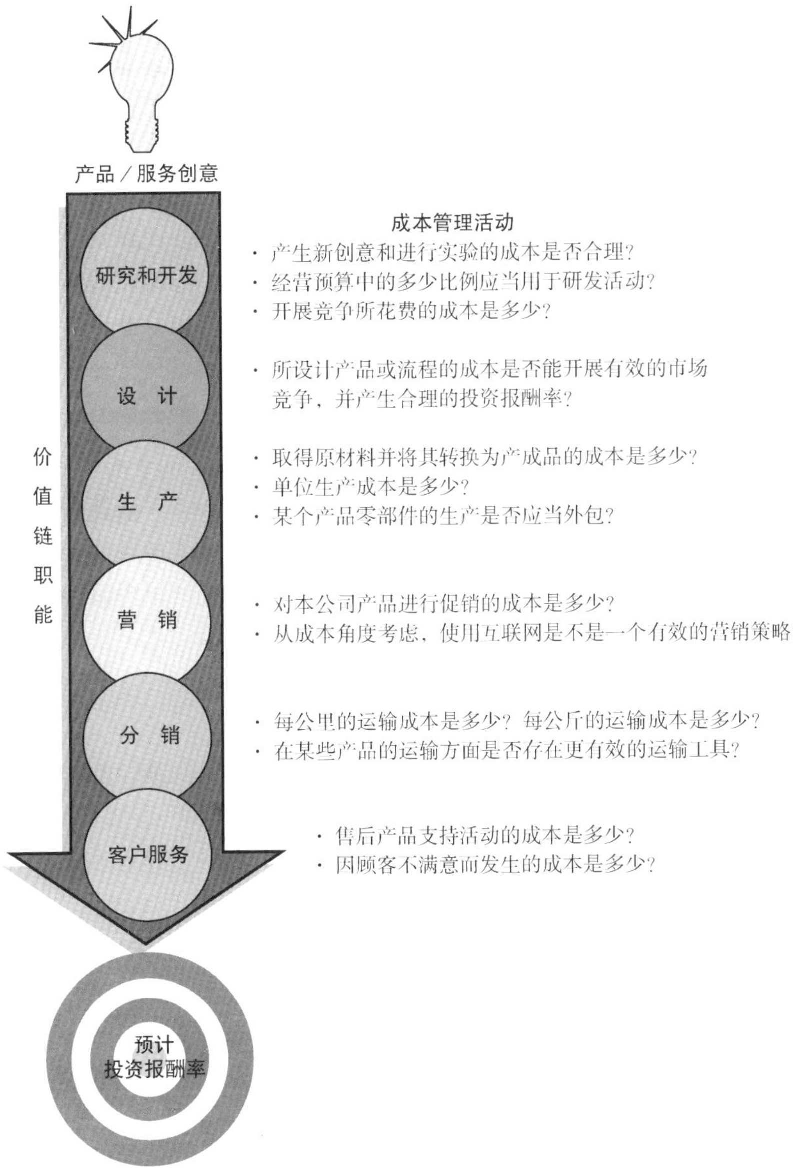

图 13-2 价值链中的各项职能

对企业各项活动所涉及广大范围和职能的考察，有助于理解高质量的成本信息为什么对管理人员来说非常重要。成本会计的传统功能往往被认为是确定生产产品或提供服务的成本及对这些活动进行相关的会计处理——这是一种后馈性的短期成本观。一种更为现实的观点认为，必须在企业价值链的每一个环节对成本加以理解和管理，从而了解产品或服务整个生命周期的成本——这是一种前瞻性的长期成本观，在这一观点中成本管理显然具有战略作用。**价值链**（value chain）是指在一项产品或服务的生命周期中为顾客增加价值的职能及相关活动的序列。把每一项职能看作一条链中的一个环节，其意义在于：其中的每一项对于管理企业针对各项产品或服务的活动、以实现管理层所希望的定量和定性指标，都是至关重要的，价值链中任何一个因素的缺陷，都会影响到目标的实现。图 13-2 列出了组成价值链的职能序列，并对成本管理活动进行了举例。

从价值链的角度对企业进行观察，会使很多与各项活动有关的问题凸显出来——这些问题必须通过对相关活动的成本分析来回答。例如，从成本发生的角度看，单独关注生产环节可能为时已晚，因为当前的产品设计只能提供很小的机会进行成本改善。在生产过程中发生的成本，实际上在产品设计环节就已锁定。因此，企业的目标是提高或保持企业在市场上的竞争地位，同时保持产品或服务质量的适当水平，并提供合理的投资报酬率。本章稍后部分将介绍作业成本法，这是一种对价值链中的各项活动进行分析、从而提高成本计算过程的相关性和准确性的方法。

从图 13-2 的价值链环节举例中可以看到，这里强调了第 12 章阐述的“不同目的，不同成本”的概念。贯穿整个价值链的成本管理活动需要一门完整的课程加以展开，因此，本书剩余章节将侧重于生产环节，并对成本的归集和分配过程进行阐述。成本归集较为容易：会计系统历来注重于收集和记录交易数据，而目前已有适用于制造业企业的自动数据收集系统；但是，成本分配就较为复杂，因为要回答“成本是多少”，必须对成本对象加以认真定义，并理解其中的成本关系。

成本的归集和分配

获取资源用于开展价值链各环节的活动，就会发生成本。管理人员注重对这些成本的计划和控制。在成本被归集之后，这些成本会被分配到管理者希望看到单独成本衡量的相关点，这一相关点被称为**成本对象**（cost object），它可以是一项任务、一台机器、一条产品线、一项服务活动、一个部门、一家工厂、一个客户、一个销售区域、公司的一个分部，或者是需要理解成本存在的任何组织相关点。

成本归集（cost accumulation）是通过成本信息系统收集和记录交易数据的过程。这些系统可能是高度自动化的系统，可提供成本信息的即时情况，从而能够在活动发生时做出及时的决策。随后，系统所归集的全部成本以不同的方式（比如按照生产部门）进行逻辑上的分类，这种成本分类强调了管理上的相关点，被称之为**成本池**（cost pool）。**成本分配**（cost assignment）是指把成本池内适当的成本金额分配到每一个成本对象的过程。成本的归集和分配过程如下所示：

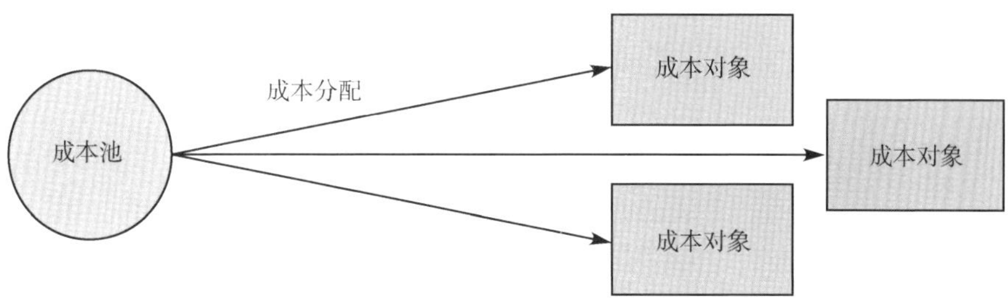

下图反映了这个概念在某一生产部门的应用，在此情况中，管理者希望知道分配到该部门每一工作程序的成本金额：

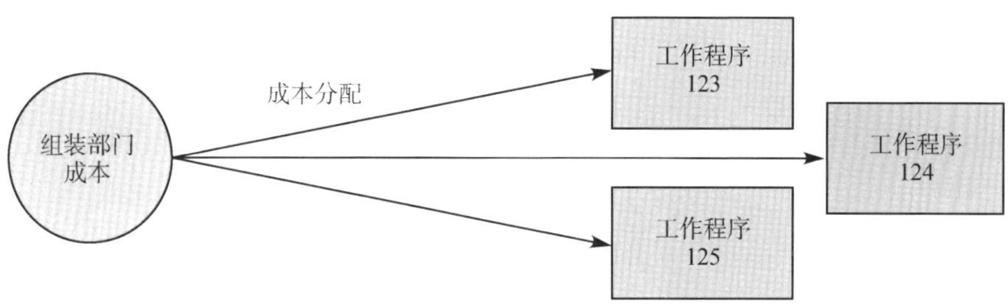

图中所示的序列看上去是不是非常简单呢？对某些成本来说答案是肯定的，但更现实的回答应该是需要更仔细地考虑。成本池内的某些成本（如原材料），可以非常清楚地跟踪到成本对象，但机器折旧等共同成本需要分配到各个成本对象中去。对不同的人来说，“成本”一词根据其所指相关点的不同具有不同的含义。本章将对第 12 章介绍的另两种成本分类模型进行阐述，从而使成本术语进一步展开。图 13-3 重点标出了这些内容。

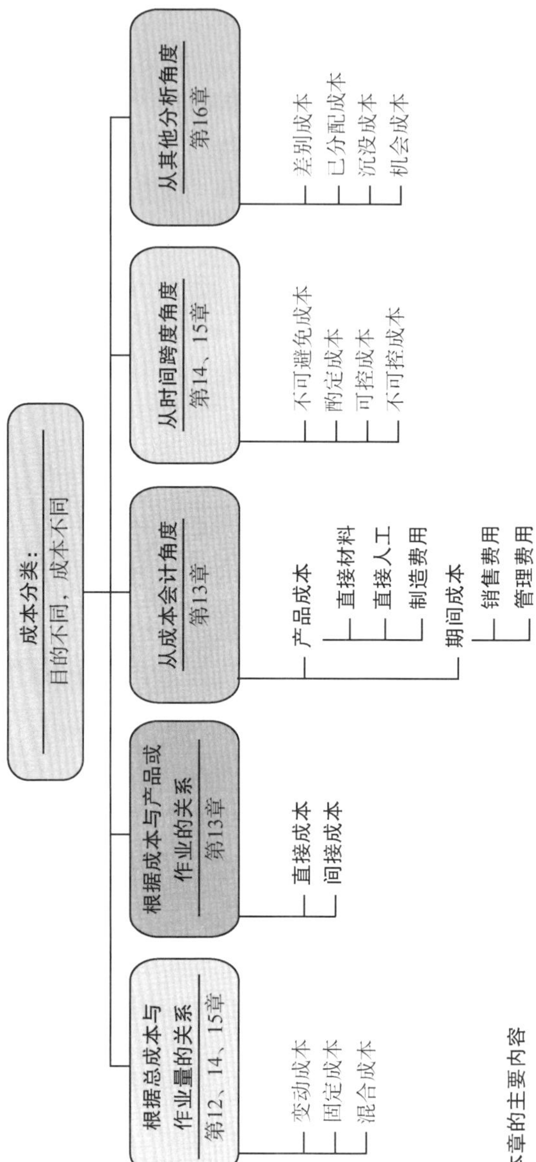

本章的主要内容

图 13-3 成本分类概览

成本与产品或作业的关系

直接成本（direct cost）和**间接成本**（indirect cost）是与产品或作业（即成本对象）的成本相关的两个概念。成本是直接的还是间接的,取决于成本概念的使用环境。在描述一件产品如一本书的成本时，纸张的用量显然可以追踪到每一本书，因此它是直接成本，而印刷用电量不能明确地追踪到每一本书，因此它是间接成本。但在评估某条产品线的盈利能力时，产品总成本被视为直接成本，与产品相关的具体广告和营销费用也被视为直接成本；而旨在提高销售人员对所有产品销售能力的培训费用被视为间接费用。区别直接和间接费用的方法之一，是把直接成本看作当产品停止生产或作业停止进行时不再发生的费用，而间接费用则是即使产品停止生产或作业停止进行时依然会发生的费用。

只有在考虑成本与产品或作业的关系时，直接成本和间接成本这两个概念的区分才有意义。事实上，有些成本虽然在理论上可以被视为直接成本，但它们通常会被当做间接成本。比如，从成本计算角度，企业通常把间接材料（如黏胶、绳索、钉书针和润滑油）及直接成本（如生产主管、质量监控人员及维修工人的薪水）作为制造费用，因为这些费用很难追踪到单个生产单位。

用于成本会计的成本概念

成本会计与产品、过程或服务成本的确定相关。**产品成本**（product costs）除了可用于管理层的计划和控制之外，还有助于厂家和商家决定存货价值及在出售产品时确定销售成本；当然，这是从财务会计角度对产品成本的运用。虽然服务企业通常没有存货，但它们也需要确定和分析服务成本，以便于管理层进行计划和控制。

在前面的财务会计章节，本书对成本会计阐述的重点是商品流通型企业采用的成本流转假设（先进先出、后进先出和加权平均法）。尽管这些成本流转假设同样适用于制造业企业，但本章的重点是自制存货企业的产品成本组成。制造业企业的产品成本核算比商品流通型企业更为复杂，这是因为生产产品比购买现成产品复杂得多。但两种情况涉及的会计概念是一样的：产品成本在出售前应作为一项资产（存货）进行记录和报告，在产品出售时，成本作为一项费用转移到利润表内（销售成本），与销售收入相匹配。下面的示意图形象地说明了制造业企业和商业企业之间的区别：

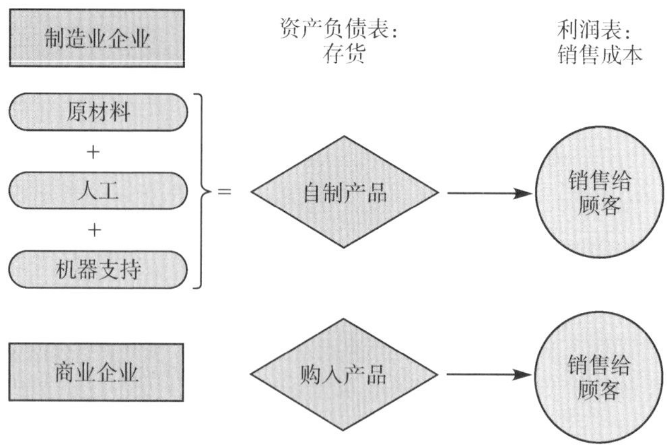

与制造产品的投入相关的成本分为：原材料、直接人工和制造费用。

原材料（raw materials）是产品的组成成分，即投入生产过程并形成产成品的材料。原材料成本所包括的内容与商品流通型企业的相同。某道工序或某家公司的产成品可能是另一道工序或另一家公司的原材料。比如，玉米是玉米加工厂的原材料，其产成品之一是玉米糖浆，而糖果生产商又把玉米糖浆作为其产品的原材料。

直接人工（direct labor）是指直接参与产品制造过程的工人所付出的劳动。比如，对原材料进行机器操作的工人、管理或控制原材料转换设备（如溶化器、搅拌器、加热器、冷冻器或蒸发机）的工人及组装或包装产品的工人，都直接参与了制造过程，他们的报酬被视为直接人工成本。

制造费用（manufacturing overhead，或 overhead）包括除原材料和直接人工外的所有制造成本。制造费用是间接成本，因为这些费用并不与特定的单个产品相关。制造费用包括厂房用电、维修和看管费用（包括材料和人工）、工厂厂房和生产设备的折旧费用及生产主管和经理的报酬等。

随着制造过程变得更为复杂化和科技化，制造费用所占的比例普遍提高。比如，机器人生产方法的采用增加了制造费用。因而，对制造费用的计划和控制，日益成为很多制造业企业的重要活动。

没有包括在产品成本中的那部分成本，在发生时就被记录在利润表内，它们是与企业生产活动无关的销售和管理费用（或经营费用）。由于这些成本是在发生的会计期间被记录为费用的，所以被称为**期间成本**（period costs）。表 13-1 说明了对产品成本和期间成本的会计处理。该表的第Ⅰ部分从水平模型的交易分析角度反映了产品成本和期间成本对财务报表的影响，第Ⅱ部分形象地反映了产品成本和期间成本

表 13–1　产品成本和期间成本的会计处理

Ⅰ. 从水平模型的交易分析角度：

	资产负债表		利润表
	资产　=	负债 + 所有者权益	←净利润 = 收入 − 费用
产品成本：			− 销售成本
在产品出售前作为一项资产			
原材料	+ 存货（发生时）	+ 应付账款	
直接人工	+ 存货（发生时）	+ 应付工资	
制造费用	+ 存货（发生时）	+ 其他应计负债	
	− 存货（销售时）		
期间成本：			
非产品成本，如销售费用、广告费用和利息费用，在发生时确认为费用		+ 应付账款	− 销售费用
		+ 其他应计负债	− 广告费用
		+ 应付利息	− 利息费用

Ⅱ. 从成本流转角度：

成本	资产负债表		利润表
产品成本			
原材料	在产品销售前		
直接人工 ——→	作为一项资产		
制造费用		当成本被转入	
		利润表时，作 ——→	销售成本
期间成本		为	（一项费用）
非产品成本，如：			
销售费用			
广告费用 ——————————→			在发生时确认
利息费用			为费用

会计核算的不同，并从成本流转的角度说明对财务报表的影响。

成本会计系统

成本会计系统——总体特征

每一家制造业企业都会使用一种成本会计系统来归集其产品的成本。有些企业一次只生产一种特定的产品，而且只生产一件，但大多数企业在一次生产过程（即生产批次）中会生产大量的同类产品。你可以想像，成本会计系统是根据不同企业的特定需要而设制的，因此就复杂程度而言，不同的成本会计系统存在着相当大的差异——但所有系统基本上都具有如下的总体特征。

制造成本会计系统包括三个存货会计科目：原材料、在产品和产成品。**原材料存货**（raw materials inventory）科目包括了制造过程中所需的零部件和材料（比如，对于帆船制造商来说，玻璃纤维布、环氧树脂、木料、帆布、甲板装置和绳子是其所需要的材料）的成本。**在产品存货**（work in process inventory）科目归集了所有制造成本，包括原材料、直接人工和制造费用。当制造过程结束时，产成品的成本被转移到**产成品存货**（finished goods inventory）科目下。到会计期末，所有这些存货科目可能都有余额。原材料存货和产成品存货科目的余额，代表期末企业所拥有产品的成本。在产品存货科目的余额代表已开始生产、但在期末尚未完成的产品所发生的成本总额。对于那些期限较短或在期末进行清理（如糖果生产或食品加工）的生产过程而言，在产品存货科目的余额相对较小（或为零）。如果企业的生产过程较长，则其通常可能有在产品存货科目，其余额一般低于原材料存货和产成品存货科目的余额。对于英特尔公司来说，在其 2005 年和 2006 年的资产负债表中在产品是最大的存货项目，这足以说明芯片制造过程的复杂性。当产成品被售出时，其成本从资产负债表的产成品存货科目转移到利润表的销售成本科目。表 13-2 对制造业企业和商业企业的成本流转进行了说明和比较：该表的第 I 部分从水平模型的交易分析角度反映了成本流转对财务报表的影响；第 II 部分则形象地反映了成本流转过程，并提供了一种合理的思路——观察从原材料转换为最终销售的产成品过程中所涉及的一系列活动。

计算产成品单位成本的方法是，把制造一定数量产品的过程中发生的原材料、

表 13–2　成本流转比较——制造业企业和商业企业

Ⅰ. 从水平模型的交易分析角度：

A. 制造业企业

资产负债表					利润表			
资产	=	负债	+	所有者权益	←净利润	=	收入	– 费用
原材料存货								
+ 购入的原材料成本记录为资产		+ 应付账款						
– 生产中使用的原材料成本转到								
在产品存货								
→ + 使用的原材料								
+ 发生的直接人工								
+ 发生的制造费用		+ 应付工资						
– 完工并入库的产品成本转到		+ 其他应计负债						
产成品存货								
→ + 完工产品成本								
– 销售产品成本								– 销售成本

B. 商业企业

资产	=	负债	+	所有者权益	←净利润	=	收入	– 费用
原材料存货								
+ 购入的商品成本		+ 应付账款						– 销售成本
– 销售商品成本								

表 13-2（续）

Ⅱ. 从成本流转角度：

A. 制造业企业

资产负债表						利润表
原材料存货		在产品存货		产成品存货		销售成本
购入的原材料成本作为一项资产计入原材料存货	生产中使用的原材料成本从原材料存货转入在产品存货 →	使用的原材料、发生的直接人工及分配的制造费用作为一项资产计入在产品存货	完工并入库的产品成本从在产品存货转入产成品存货 →	完工产品成本	销售的自制产品成本从产成品存货中转出，成为 →	销售成本——利润表的一项费用

B. 商业企业资产负债表 / 利润表

资产负债表		利润表
商品存货		销售成本
购入的商品成本作为一项资产计入商品存货	销售的商品成本从商品存货中转出，成为 →	销售成本——利润表的一项费用

人工和制造费用进行加总平均（如某个生产批次的单位平均成本）。原材料和直接人工成本通常很容易确定——原材料存货使用记录和直接人工工时记录可以提供这些数据；较难进行的是制造费用的分配。大多数成本系统采用单一、或最多是少数几种制造费用的代表性指标，来分配生产过程中的制造费用。最常用的依据之一是直接人工工时，其他依据有直接人工成本、机器工作时数、原材料使用量及制成的产品数量。简而言之，以直接人工时或其他项目作为制造费用分配依据就是假设制造费用是由生产过程引起的，而在某一生产批次中发生的直接人工工时（或其他依据）可以合理地表明该生产批次所发生的制造费用。根据这一关系，我们会在年初估计当年预计发生的制造费用总额和直接人工工时（或其他依据），然后把估计的制造费用总额与估计的直接人工工时（或其他依据）相除，得到**制造费用预定分配率**（predetermined overhead application rate）。

为了说明产品成本及其他成本和管理会计概念，我们仍以假设的玻璃纤维帆船制造商 Cruisers 公司为例。表 13-3 列示了如何确定 4 月制造的一艘帆船（成本对象）的成本。注意，第一步是要确定制造费用预定分配率，这一点在表 13-3 的第 I 部分进行了说明；然后根据制造费用预定分配率确定特定生产批次所分配的制造费用，这一点在表 13-3 的第 II 部分进行了说明。如果计算过程要用到多个制造费用分配依据，则与各个依据相关的制造费用估计值必须与各个依据的估计使用数相除，分别得到各个**制造费用分配率**（overhead application rates）。比如，制造费用的分配公式可能为：140% 的直接人工成本加上生产过程中使用的单位成本为 $3.10/ 磅的某种原材料。请仔细研读表 13-3，了解如何归集各种成本并进行平均，从而得到产品的单位成本。

尽管成本计算过程要用到估计值，并且得出的是一个平均值，但很多企业能很准确地估计制造费用总额和总体作业量，因此可以较为准确地计算出制造费用分配率和产品成本。制造费用预定分配率是根据估计值计算出来的，因此在年底时实际发生的制造费用总额与分配到生产中的制造费用总额之间会存在差额，这一差额称为**多分配的制造费用**（overapplied overhead）或**少分配的制造费用**（underapplied overhead）。到年底，如果多分配的制造费用或少分配的制造费用相对实际发生的总制造费用来说金额较小，可把这部分费用转入销售成本；如果这部分费用金额较大，则应根据存货和销售成本所包含的制造费用总额，将差额按比例分配到存货和销售成本内。每月多分配或少分配的制造费用保留在制造费用账户内——这么做是因为，计算制造费用预定分配率的依据是年度估计值，而一个月内发生的差异可能会在下

表 13–3　产品成本核算举例

Ⅰ. 计算制造费用预定分配率：

假设：

Cruisers 公司的制造费用与直接人工工时成正比，因此可以以直接人工工时为依据，计算制造费用分配率。

该公司估计的年产量为 1 250 艘（帆船），完成每一艘帆船的直接人工工时为 240 小时。

当年估计的制造费用总额为 \$4 200 000。

当年估计的直接人工工时总数为 300 000 小时。

$$\text{制造费用分配率} = \frac{\text{估计的制造费用总额}}{\text{估计的直接人工工时总数}}$$

$$= \$4\ 200\ 000/300\ 000\ \text{小时}$$

$$= \$14/\ \text{直接人工工时}$$

Ⅱ. 计算产品成本：

假设：

Cruisers 公司在 4 月制造了 86 艘 SeaCruiser 帆船；人工工时共计 20 640 小时，发生的成本如下：

原材料	\$368 510
直接人工	\$330 240

将制造费用总额与制造的帆船总数相除，得到每艘船的成本：

原材料	\$368 510
直接人工	330 240
制造费用（20 640 直接人工工时 × 制造费用分配率即 \$14/ 小时）	288 960
发生的制造费用总额	\$987 710
每艘船的成本（\$987 710/86 艘船）	\$ 11 485

一个月被抵消。因此，只在年底才调整多分配或少分配的制造费用，通常能更好地使收入和费用相匹配。

表 13-4 说明了 Cruisers 公司 4 月的产品成本在各账户间的流转过程。注意，该表使用了“制造费用”账户，这是一个资产类清算账户：实际发生的制造费用记录为该账户的增加（借方），分配到在产品项下的制造费用记录为该账户的减少（贷方）。制造费用账户在年初或年末时没有余额，因为在前文已提到过，多分配或少分配的制造费用会在年底转入销售成本账户，或按比例分配到产成品存货或销售成本账户

表 13–4　Cruisers 公司 4 月的成本流转

Ⅰ. 从水平模型的交易分析角度：

	资产负债表			利润表
	资产	=	负债 + 所有者权益	←净利润 = 收入 － 费用
	原材料存货			销售成本
	期初余额	126 900		−1 103 930
(1)	4 月购入的原材料成本	+347 860	+ 应付账款 347 860	
(2)	使用的原材料成本	−368 510		
	期末余额	106 250		
	制造费用			
	期初余额（3 月 31 日多分配的余额）	(1 873)		
(4)	4 月发生的实际制造成本	+292 518	+ 各项负债 292 518*	
(5)	根据制造费用预定分配率分配的制造费用	−288 960		
	（少分配的）期末余额	1 685		
	在产品存货			
	期初余额	0		
(2)	使用的原材料	+368 510		
(3)	发生的直接人工	+330 240	+ 应付工资 330 240*	
(5)	分配的制造费用	+288 960		
(6)	完工并转入产成品的产品成本	−987 710		
	期末余额	0		
	产成品存货			
	期初余额	243 820		
(6)	完工产品成本	+987 710		
(7)	产品销售成本	−1 103 930		
	期末余额	127 600		

对各项交易的解释：

(1) 赊购原材料。

(2) 将所使用的原材料转入在产品账户。

(3) 当月直接人工成本使在产品账户和应付工资账户余额增加。*

(4) 当月实际发生的制造费用使制造费用、应付账款、应付工资或其他应计负债账户的余增加额。*

(5) 根据制造费用预定分配率和实际作业依据（如直接人工工时），将制造费用分配到在产品账户。

(6) 完工产品成本从在产品账户转移到产成品账户。

(7) 产品销售成本从产成品账户转移到销售成本账户。

* 对有些交易而言，如果在交易当时支付现金，则可能会使现金减少（属于现金流量表的经营活动）。（待续）

表 13-4（续）

Ⅱ．从成本流转角度：

原材料

借方	贷方
期初余额 126 900	
购入原材料 (1)347 860	(2)368 510
期末余额 106 250	

在产品

借方	贷方
期初余额 0	完工产品成本 (6)987 710
使用原材料 (2)368 510	
直接人工 (3)330 240	
分摊制造费用 (5)288 960	
期末余额 0	

产成品

借方	贷方
期初余额 243 820	销售成本 (7)1 103 930
完工产品成本 (6)987 710	
期末余额 127 600	

销售成本

借方	贷方
(7)1 103 930	

制造费用

借方	贷方
实际发生的制造费用 (4)292 518	期初余额 1 873
	分摊制造费用 (5)288 960
（少分摊）期末余额 1 685	

应付账款、应付工资、其他应计负债，或现金

借方	贷方
	(1)347 860
	(3)330 240
	(4)292 518

中。但是，在每年中各月的月底，制造费用账户有可能存在金额较小的多分配或少分配的余额。表 13-4 的例子就是这种情况。

制造成本可以在**完工产品成本报表**（statement of cost of goods manufactured）中归纳和报告。表 13-5 是用 Cruisers 公司 4 月的数据编制的完工产品成本报表。尽管在产品账户没有期初或期末余额，但表 13-5 还是说明了该账户在报表中的报告方式。

为了计算 4 月的销售成本，应将完工产品成本与产成品存货的期初余额相加，得出可售产品的成本；从可售产品成本中减去产成品存货的期末余额，得到的就是销售成本。

4 月销售成本的计算取决于所使用的存货盘存制——如果使用的是定期盘存制，则可以根据销售成本模型来计算产成品的期末余额：

期初存货	$ 243 820
完工产品成本	987 710
可售产品成本	$1 231 530
减去：期末存货	(127 600)
销售成本	$1 103 930

表 13-5　完工产品成本报表

Cruisers 公司 完工产品成本报表 4 月		
原材料：		
存货（3 月 31 日）	$126 900	
4 月购入原材料	347 860	
可使用的原材料	$474 760	
减去：存货（4 月 30 日）	(106 250)	
使用的原材料成本		$368 510
4 月发生的直接人工成本		330 240
4 月分配的制造费用		288 960
4 月发生的制造费用总额		$987 710
加上：在产品存货（3 月 31 日）		-0-
减去：在产品存货（4 月 30 日）		-0-
4 月完工产品成本		$987 710

如果使用的是永续盘存制，则应计算单位产品成本，然后将单位成本与产品数量相乘，得到销售成本。我们已经知道，在永续盘存制下，全年中只要有产品售出，就应随时记录销售成本；而在定期盘存制下，只有在年末进行存货盘点时，才计算销售成本。

归纳起来，产品的成本归属于所生产的产品，当产品售出（或遗失、因过时而失去价值或不再属于企业资产）时产品成本作为一项费用；而期间成本（包括销售费用和管理费用）则在发生当期计入利润表。区别产品成本和期间成本的另一种方法是：把产品成本视为制造费用，而把期间成本视为非制造费用。

表13-4在解释Cruisers公司的产品成本流转时，得出的4月销售成本为\$1 103 930。为清楚起见，该表的交易数据中省略了收入和非制造费用（即期间成本）。表13-6是根据假设数据编制的Cruisers公司的利润表。请注意，销售和管理费用在该公司的经营费用总额中占了很大比例，利息和所得税等非经营费用的数额也相当大。在学习本章接下来两小节内容时，我们应当记住这些关系；这两小节所介绍的几种成本会计系统（分批成本计算法、分步成本计算法和作业成本计算法），都强调了产品成本的流转和销售成本的计算。尽管对大多数制造业企业来说销售成本是最大的费用，但整体赢利能力取决于企业控制所有费用的能力。

表13–6 利润表

Cruisers公司 利润表 4月	
销售额	\$2 012 400
销售成本	(1 103 930)
毛利	\$ 908 470
销售和管理费用	(562 110)
经营利润	\$ 346 360
利息费用	(78 420)
税前利润	\$ 267 940
所得税	(93 779)
净利润	\$ 174 161

成本会计系统——分批成本计算法、分步成本计算法和混合成本计算法

为了适应企业的生产环境，我们需要对前一节所阐述的通用成本核算体制进行一定的调整。如果企业制造的是像帆船这样的单件产品，则应使用**分批成本计算法**（job order costing system）。每一个生产批次都被视为一项独立的任务。正如表 13-3 中 Cruisers 公司制造 86 艘 SeaCruiser 帆船一样，我们把每一项任务中的成本归集起来，然后用总成本除以产品数量，得到单位成本。在任何会计期间，可能有好几项任务或不同产品的生产批次；对每项任务或生产批次，我们都应像表 13-3 所列示的那样，归集总成本，然后计算单位成本。

如果企业的生产环境是在一个持续性的过程中生产基本相同的产品，并经常涉及若干个部门，则按生产任务归集产品成本的方法不太适用——可以使用**分步成本计算法**（process costing system）。比如，将谷物加工成食品、淀粉和糖浆，就适用分步成本法。分批成本计算法和分步成本计算法的目的是一样的，即将原材料、直接人工成本和制造费用分配到产品中，并提供计算产品单位成本的方法。在分步成本计算法下，我们根据部门（而不是生产任务）来归集成本，并将成本分配到各部门加工的产品中。

根据部门归集成本较为简单直接，但由于半成品的存在，确定各部门产品数量的过程增加了复杂性。比如，假设在某个月的生产过程中，从第一个部门转移到第二个部门的产品数量为 100 000，到月末，另有 15 000 件产品的生产过程完成了 50%；则这个月的产品数量可以用**约当产量**（equivalent units of production）这个概念来表述，即相当于产成品的产品数量。在本例中，第一个部门的成本（包括期初产品成本）应该分配到 107 500 件产品上（100 000 件产成品 + 50% × 15 000 件半成品），从而得到该部门的约当加权单位成本——这个金额是转移到下一个部门时的单位成本，也是第一个部门的存货单位成本。以后几个部门的成本包括从前面几个部门流转过来的成本。最终，当最后一个部门完成生产过程后，所有生产成本都流转到了产成品存货中。

最近几年制造业企业在尽力提高生产效率并降低费用，因此结合分批成本和分步成本生产环境的生产过程应运而生。无论称弹性制造、分批制造、即时制造还是其他名称，大多数生产过程都涉及对生产流程的精简、对存货控制的加强及对自动化设备的广泛使用——混合成本计算法就是为适应这些过程而演变来的。混合成本

计算法结合了分批成本计算法和分步成本计算法的因素，把制造成本分配到产品上。我们应该意识到的很重要的一点是，成本计算法会随着生产程序的改变而发生变化，而不是相反。

成本会计系统——吸收成本法和直接成本法

目前所提到的成本计算法均属于**吸收成本法**（absorption costing），因为产品成本吸收了所有的制造费用。另一种方法称为**直接成本法**（direct costing）或**变动成本法**（variable costing），这种方法只将变动成本分配到产品上，而固定制造成本则被视为发生当期的经营费用（第 12 章已对变动成本和固定成本进行了阐述）。在进行财务和所得税报告时，必须使用吸收成本法，因为固定制造费用是产品成本的一部分。但一些企业管理者在进行内部计划和控制时，倾向于使用直接或变动成本法，因为用这种方法计算出的成本和存货价值，可以反映总成本和作业量之间的关系。

吸收成本法和直接成本法的惟一区别在于制造费用。原材料和直接人工总是属于产品成本，而销售和管理费用总被视为发生当期的经营费用。在吸收成本法下，变动和固定制造费用都被视为产品成本，并被分配到在产品中；在直接成本法下，只有变动制造费用被分配到在产品，而固定制造费用被视为期间成本，并作为发生当期的经营费用。表 13-7 对这两种成本法做出了解释。

吸收成本法与直接成本法之间差异的大小，受期末存货变动程度的影响。如果存货增加，在吸收成本法下，与增加存货相关的固定制造费用属于资产负债表内的资产项目；但在直接成本法下，这部分固定制造费用属于利润表中的费用项目。因此，当存货增加时，吸收成本法下的费用比直接成本法下的低，利润比直接成本法下的高；反之亦然。直接成本法的支持者们认为，吸收成本法给管理者发出了错误的利润信号——他们指出，利润的增加应该发生在企业销售造成存货减少时，而不是因产量超过销量而使存货增加时。

出于财务报告和所得税目的，使用直接成本法的企业必须在年底进行调整，以说明哪些固定制造费用与期末存货相关——这样做的结果是，降低利润表上“经营费用”账户的余额，提高资产负债表内“在产品”和“产成品存货”账户的余额。这部分应该调整的固定制造费用很容易计算出来，只需根据期末存货的变动成本与年内所有变动制造费用的比例计算即可。

不要将产品成本的计算程序与在修理店的情况相混淆：你付给修理店的价格是

表 13–7　成本流转——吸收成本法和直接（变动）成本法

资产负债表				利润表	
Ⅰ. 吸收成本法					
制造费用		**在产品**		**经营费用**	
发生的变动和固定制造费用	分配到在产品的变动和固定制造费用 →	使用的直接材料		销售和管理费用	
		发生的直接人工			
		分配的变动和固定制造费用			
Ⅱ. 直接（变动）成本法					
制造费用		**在产品**		**经营费用**	
发生的变动和固定制造费用	分配到在产品的变动和固定制造费用 →	使用的直接材料		销售和管理费用	
		发生的直接人工		**发生的固定制造费用**	
		分配的变动制造费用			

根据材料成本和人工时数与一个费率的乘积得出的，这个费率包括人工成本、制造费用、管理费用及利润在内，得出的是客户应支付的价格。这种方法虽然与产品成本计算法类似，但得到的是销售价格，而不是产品成本。

服务性组织中的成本会计系统

对成本会计系统的讨论，强调的是在制造业环境中收集和分配成本的需求，然而，当今服务和信息经济竞争的现实表明，非制造业企业对于准确计算各自提供服务的成本也有着基本的需求。请思考一下下面所列示的服务活动的特别顺序，同时试着回答“成本是多少”这个问题。

- 安永会计师事务所为其客户提供审计和税务服务，该公司有很多专业人员参与这些服务。

- 联邦快递（FedEx）在明天早上10点之前把你的加急包裹送达客户。
- 乡村总医院的急救室抢救交通事故中的伤员。
- Tony's汽车修理厂掉换一辆克莱斯勒汽车的传动装置。
- 美国航空公司（American Airlines）经营一条从圣路易斯到芝加哥的、一天往返多次的客运航线。
- 自动数据处理公司（ADP，一家员工服务公司）每两周处理一家小企业的员工薪资。

不论企业提供何种服务，其基本的成本会计原则与制造业企业相同——某些成本是要核算的特定服务活动的直接成本，另一些成本则是企业提供的所有服务活动的共同成本。对Tony's汽车修理厂来说，可以使用本章前面介绍的分批成本法来归集零配件（直接材料）成本和机械师的工时（直接人工），并把修理厂的一部分间接成本（制造费用）分配到每一张修理单。很多软件公司专门为特定的服务行业提供成本核算的解决方案，这些方案不仅能有效归集直接工时和材料成本并提供制造费用分配依据，还能使很多重要的作业（如估计批次成本、进行批次安排等）自动化。

作业成本计算法

近几年来，制造费用在产品成本中所占的地位日益突出，管理人员需要更高质量的成本信息，以实施更有效的控制，并更好地对日益增加的竞争压力做出反应。在这种情况下，研究与开发、设计、营销、分销等价值链环节的成本变得与产品成本同样重要。因此，很多企业不再根据直接人工时数或机器时数等几个较粗的比率来分配制造费用，取而代之的是**作业成本计算法**（activity-based costing，简称作业成本法）这一成本核算系统。

在作业成本法下，首先要确定引起成本发生的作业，即**成本动因**（cost driver）。比如，组装机器、检查质量、准备生产订单及准备原材料等，都属于成本动因。我们需要估算每项作业的执行次数和总成本，并计算出预定的单位作业成本；然后将作业成本分配到产品、生产过程甚至管理及行销活动。成本动因的数量可能比直接人工时数和机器时数多得多。作业成本法的建立是一个复杂的过程，涉及大量的分析和投资。要有效地实施作业成本法，综合性的电脑数据库的具备是一个先决条件。

比起传统的制造费用分配法，作业成本法可以进行更为精确的成本计算，使企业更有效地控制生产、管理及行销活动。表 13-8 以表 13-3 中进行成本核算的 SeaCruiser 帆船为例，说明了相关制造费用的作业成本法。值得注意的是，表 13-8 中根据作业成本法得出的 4 月 86 艘帆船的制造费用是 $316 640，不同于表 13-3 中（根据直接人工工时费率）得出的 $288 960 的金额。

那些生产多种产品、且产品所需的生产活动与其他价值链作业量不同的企业，应对作业成本法给予特别重视。由于每一种产品的复杂程度不同，企业产品组合的多样化程度越高，使用单一成本动因（如直接人工工时）对制造费用进行分配所带来的风险就越大——在这种情况下，可能会出现成本扭曲，因为单一的成本动因对制造费用分配过程的定义过于狭窄；结果，生产复杂程度较低的产品可能分配过多的制造费用，而生产复杂程度较高的产品分配的制造费用可能过少。

表 13-8 作业成本法举例

Ⅰ. Cruisers 公司引起制造费用的“成本动因”及年成本与作业量估计值：

作业（成本动因）	年成本估计值	估计总作业量	预定单位作业成本
准备生产订单	$ 135 000	180 张订单	$750/ 订单
组装船壳和甲板模型	2 140 000	1 000 次组装	2 140/ 组装
采购原材料	650 000	2 600 次收货	250/ 收货
搬运材料	450 000	9 000 次搬运	50/ 搬运
检测质量	750 000	6 000 次检测	125/ 检测
清理和处置废物	75 000	250 次装载	300/ 装载
制造费用总额	$4 200 000		

Ⅱ. 4 月制造 86 艘 SeaCruiser 帆船所需的实际作业量及分配的制造费用：

作业（成本动因）	所需作业量	单位作业成本	分配的制造费用
准备生产订单	11 张订单	$750/ 订单	$ 8 250
组装船壳和甲板模型	86 次组装	2 140/ 组装	184 040
采购原材料	185 次收货	250/ 收货	46 250
搬运材料	610 次搬运	50/ 搬运	30 500
检测质量	340 次检测	125/ 检测	42 500
清理和处置废物	17 次装载	300/ 装载	5 100
分配的制造费用总额			$316 640

仍以 Cruisers 公司的数据为例，看一下运用单一成本动因分配制造费用造成**成本扭曲**（cost distortion）的风险。本章前面的表 13-3 计算出制造费用分配率为 \$14/ 直接人工工时，表 13-8 确定了作业成本法下分配制造费用的费率，而表 13-9 对两者进行了扩展。注意，在表 13-8 中，当 Cruisers 公司从使用单一成本动因（直接人工工时）改为使用作业成本法下分配制造费用的费率时，分配到帆船的制造费用金额发生了很大的变化。采用直接人工工时，帆船所分配的制造费用为 \$336 000，皮艇所分配的制造费用为 \$182 000，两者分别占总额 \$518 000 的 65% 和 35%。表 13-9 说明了作业成本法下生产较为复杂的帆船需要更多的作业，因此分配的制造费用增加了 \$43 270，达到总额的 73%。这个差异对两种产品来说都是显著的，对于 Cruisers 公司的管理人员最终运用这一成本信息制定销售价格、计算投资报酬率、评估生产经理业绩及进行其他决策方面有重要意义。

作业成本法的优势在于，该方法更明确地关注引发成本的作业活动，使管理层的注意力集中到这些作业活动上。比如，Cruisers 公司的组装成本非常高，那么在分析此项成本的组成时，该公司的管理层可能会采用其他较为廉价的组装方法。该公司还可以研究原材料的采购系统，从而提高该系统的效率，或减少原材料的收货次数。由于作业成本法使管理层可以确定成本动因，并了解成本的发生原因及过程，因此，企业可以更有效地控制成本，并提高经营效率。

作业成本管理（activity-based management，简称 ABM）指的是运用作业成本信息为决策过程提供支持。对于寻求在企业价值链中实现广泛目标的管理人员来说，作业成本管理不失为一种很好的工具——这种工具可以运用到提高客户满意度、经营利润率和经营效率、产品和流程设计、产品组合、利润和业绩衡量等众多活动中去；可以毫不夸张地说，只要是企业管理层能想到的管理活动，作业成本管理就有其大显身手的空间。作业成本法围绕价值链展开的这些管理活动，有助于管理者更好地进行决策，很多非制造业企业，如银行、专业组织、科技公司、医疗产品供应商及政府机构，已经体会到了作业成本法带来的好处，从“商业实务——美国移民归化局的作业成本法”中可以对此有更具体的了解。

表 13–9　成本扭曲现象举例

Ⅰ. 根据直接人工工时分配制造费用：

假设（在表 13-3 基础上调整）：

Cruisers 公司的估计生产能力为 1 250 艘帆船和 5 000 艘皮艇。

皮艇每年分 5 个批次制造，每批次 1 000 艘。

完成每艘帆船需要的直接人工工时为 240 小时，完成每艘皮艇需要的直接人工工时为 13 小时。

制造费用按照 $14/ 直接人工工时的费率进行分配（假定现在估计的制造费用总额为 $5 110 000）。

5 月共制造 100 艘帆船，花费 24 000 人工工时；共制造 1 000 艘皮艇，花费 13 000 人工工时。

分配制造费用的计算：

帆	$336 000
皮艇	182 000
分配的制造费用总额	$518 000

Ⅱ. 运用作业成本法分配制造费用：

（使用表 13-8 计算的作业成本费率）：

100 艘帆船分配的制造费用的计算：

作业（成本动因）	所需作业量	单位作业成本	分配的制造费用
准备生产订单	13 张订单	$750/ 订单	$ 9 750
组装船壳和甲板模型	103 次组装	2 140/ 组装	220 420
采购原材料	222 次收货	250/ 收货	55 500
搬运材料	732 次搬运	50/ 搬运	36 600
检测质量	408 次检测	125/ 检测	51 000
清理和处置废物	20 次装载	300/ 装载	6 000
帆船分配的制造费用			$379 270

作业（成本动因）	所需作业量	单位作业成本	分配的制造费用
准备生产订单	1 张订单	$750/ 订单	$750
组装船壳和甲板模型	1 次组装	2 140/ 组装	2 140
采购原材料	10 次收货	250/ 收货	2 500
搬运材料	50 次搬运	50/ 搬运	2 500
检测质量	1 000 次检测	125/ 检测	125 000
清理和处置废物	20 次装载	300/ 装载	6 000
皮艇分配的制造费用			$138 890
分配的制造费用总额			$518 160

商 业 实 务

美国移民归化局的作业成本法

1994 年，美国移民归化局（Immigration and Naturalization Service，INS）开始采用一种不断改善的流程来管理其收费账户。目前，INS 已经确立了核定其收费产品和服务的完全成本的方法，这无疑使其成为联邦政府部门运用作业成本法的先锋。INS 在其网站（www.ins.usdoj.gov）上对作业成本法的使用做了如下阐述：

“与传统成本核算方法把成本按照粗泛、无差异的费用如人工、设备和支持活动（通常是共摊的间接成本）进行分配不同，作业成本法侧重于经营过程中的各项作业活动及单位‘产出’（这些产出既可以是对一份 N-400 归化申请的审批，也可以是对乘坐飞机的乘客进行的移民检查）。为了确定得到这些产出的任务和作业，集合我们所雇的各领域专家（通常组成工作组），把最终的产品或服务 / 救济与相应的作业活动或工作步骤相‘匹配’。这

种‘匹配’有助于把指定的资源分配到消耗这些资源的作业活动中。这些作业活动（及其相关成本）随后根据已知的工作量数据或其他适当的指标转换到产品、服务或救济中。对所有这些作业活动信息及其相关成本数据的分配，可以通过功能强大的软件来实现。

对于与成本有着直接联系的收费服务来说，作业成本法是一种有助于其发展的方法。通过确定 INS 负责审批的、由希望得到移民或归化救济的人递交的、30 多种申请 / 申诉的‘审核费’，作业成本法被证明是对申请程序进行分析和成本核算的一种有效、一致和合理的方法。在进行作业成本法分析之后，我们颁布了相应的规定，对审核费进行了调整。”

第 14 章

为计划而进行的成本分析

计划（planning）是管理过程中不可缺少的部分，它代表的是整个计划和控制循环的最初环节（参见以下计划和控制循环示意图中的阴影部分）。**预算**（budget）是对未来财务计划的量化；从财务角度来说，预算过程是规划经济组织各项活动及其结果的过程。经济组织活动的最终结果将以利润、现金流量和财务状况（即财务报表）的形式反映出来，因此预算会涉及财务会计概念的运用；同时，由于一个经济组织的总体财务计划是其单个产品和下属单位计划的汇总，预算也涉及管理会计方法，尤其是成本性态的使用。

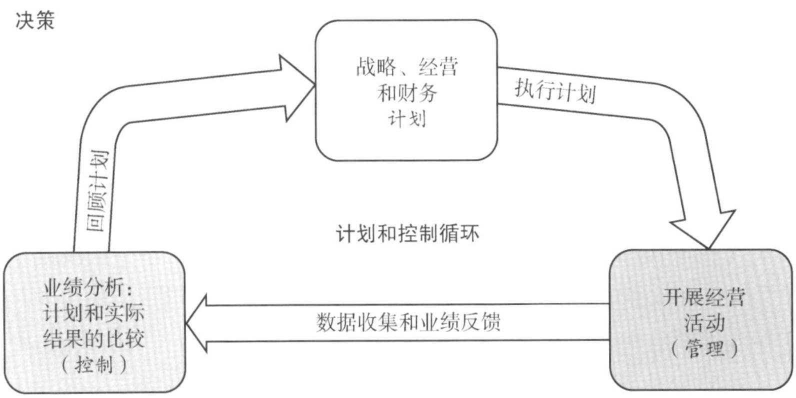

预算的作用在于：编制预算可促使管理人员进行计划；此外，预算为企业实际经营业绩提供了比较的依据。

为实现组织目标，在编制预算的过程中要求企业各部门（如财务部、产品部、市场部及人事部等）之间进行充分的交流与合作。虽然这种交流与合作看起来无需预算也可以进行，但在没有预算程序的情况下这通常是无法真正实现

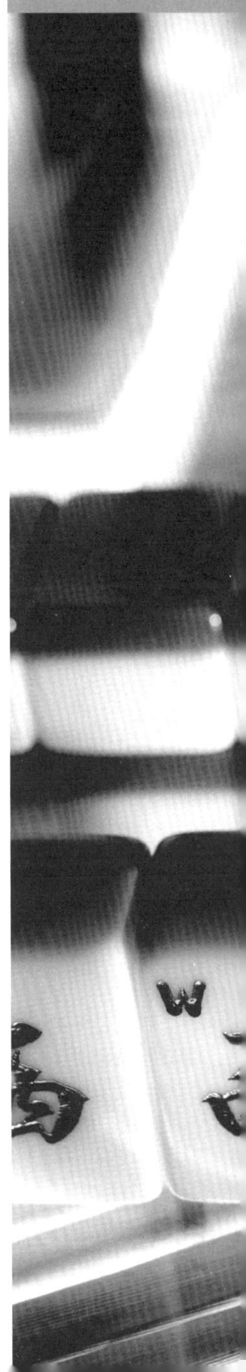

的，因为每个职能部门都囿于自我的作业活动之中，忽视了对其他部门的影响或仅将其放在次要位置。若加以适当发展运用，预算也可作为激励工具：业务经理们在知道他们的成功会对全公司的成功做出贡献时，就可以专注于细分目标并有助于完成预算目标。

标准成本（standard cost）是指某一产品或服务组成部分的单位预算，如材料、人工或制造费用。标准成本被用于以下制造业企业或服务性企业的规划和控制过程：产品生产或服务提供中存在重复操作。尽管标准成本概念通常与制造业企业联系在一起，但它正越来越频繁地用于金融企业和客户服务企业。

成本分类

总成本与作业量的关系

从计划的角度看，有必要回顾并理解成本是如何随计划作业量的变化而预期发生变化的。例如，原材料或直接人工的需求量取决于计划的产量水平。类似地，计划产量又取决于计划销售量。正如第 12 章所阐述的，原材料和直接人工属于**变动成本**（variable costs），其总量随作业量的变化而变化，但单位水平保持不变。很多归属制造费用及销售和管理费用的项目具有变动性质，其总量会随着成本动因作业量的变动而变动。图 14-1 重点标出了本章所讨论的内容。

财产税、管理人员薪资及厂房折旧等成本（在作业量的相关范围内）不会随着计划销量及相应产量需求的变动而变动，因为这些成本属于**固定成本**（fixed costs）。一项成本属于固定成本，并不一定意味着在预算中计划的金额每年都不会变化。需要强调的是，固定成本（在相关范围内）不会随着作业量的变动而变动，但会由于管理决策过程而发生变化，本章稍后的小节将对这一点进行阐述。

其他成本，如公用事业费、维修费及销售人员薪资（工资加提成），其部分金额预计不会随着作业量的变动而变动，但这些成本总体上会由于作业量的变化而发生变化。这种成本性态就是第 12 章所阐述的**混合成本**（mixed costs），第 12 章介绍的高低点法是分离混合成本中的变动部分和固定部分的一种简单方法。了解经营预算中每个项目的成本性态，是进行有效计划的必要前提。

本章的主要内容

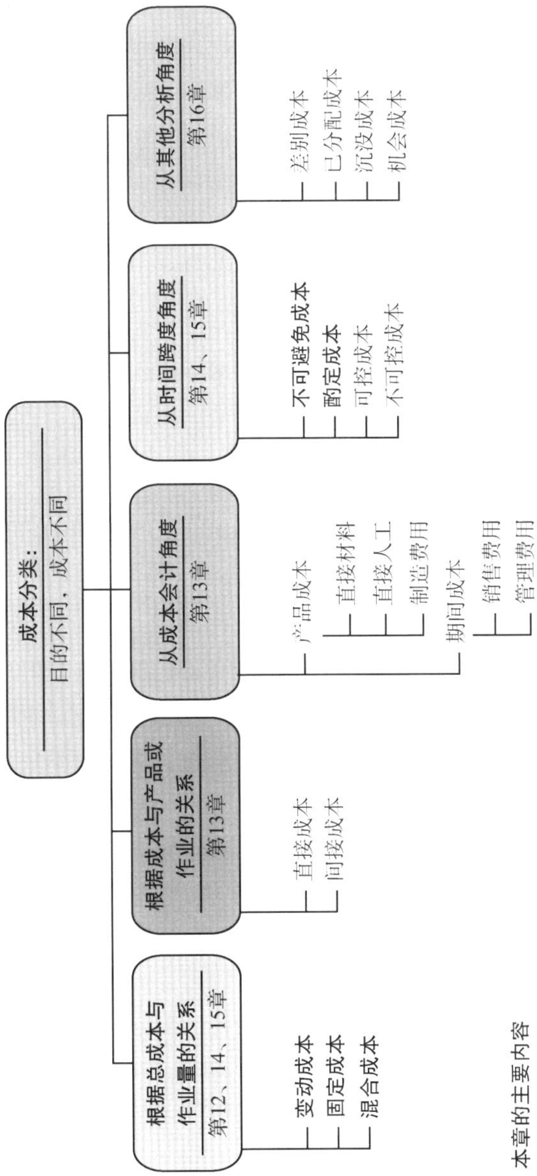

图 14-1 成本分类概览

从时间跨度角度进行的成本分类

对于只具有变动属性的成本项目来说，其计划完全取决于每一期间成本动因的预计作业量；而对于很多固定成本项目来说，其计划在很大程度上受时间跨度的影响。固定成本从时间跨度角度可划分为**不可避免成本**（committed costs）和**酌定成本**（discretionary costs）。不可避免成本是指为执行公司已做出“承诺”的长期决策而即将发生的成本。总的来说，这些不可避免成本投资为企业提供了开展围绕价值链的基本活动所需的经营能力资源，这些活动包括：研发、设计、生产、营销、分销及客户服务。酌定成本是指根据管理层对企业可用资源的评估及对年度预算需求先后顺序的决定，可以在短期（通常是一年）内调整的成本。举例如下：

不可避免成本	酌定成本
高层管理人员的薪水	公司垒球队
财产税	公关费用
广告（尤其是消费品企业）	慈善捐赠
质量控制	管理层发展项目
折旧	大学生实习
保险	复印机升级

对于不可避免成本，管理者在控制成本时应关心的是：发生的成本是否与由此产生的价值相适应；另一方面，管理者在开始使用或削减酌定成本时，短期内的确可以决定成本水平——从上述例子中可以看出，管理者在处理酌定成本时，也应对一些重要的非财务因素加以充分考虑。

预 算

预算过程概述

许多企业在预算过程中会投入大量的时间及精力：一份实用的预算不是在数天或数小时内完成的，通常需要数月的时间及许多人的全心投入。预算一经完成，不应将其束之高阁，而要使其成为协助经理们完成既定目标的一件有用的武器。

企业如何运用预算，取决于该企业高级管理层的管理哲学。在一个高度集权、独裁的组织中，预算被视为“铁律”，为避免因未达标而受到惩罚，经理们可能不择手段。比如，在销售目标已经达到的月份，销售人员可能会延迟记录该月的客户订单，以牺牲当月客户服务水平和销量来填补次月的份额；或者，一位经理可能会为了充分利用预算额度而向供应商承诺并不需要的资金支出，因为这么做会使下一期间的预算额度不至于降低。诸如此类的预算“游戏”既费时又费力。

预算在其制定时应被视为反映管理层最佳思路的指南。然而，如果实际形势较制定预算时发生了变化，就应相应改变原定计划；否则，管理层可能不得不预期实际数与预算数之间会发生巨大差异并接受这一差异。企业经营目标不应只是让实际业绩达到预算水平，而应该是获得经营利润，并以投资报酬率、利润增长、市场份额、服务水平和其他各种反映企业目的的指标来表示和衡量。

管理哲学反映在以下方面：制定预算是采用**自上而下预算法**（top-down budgeting）（指令式），还是底层管理人员也能献计献策的交互参与式方法。两种方法各有优势。**参与式预算法**（participative budgeting）使底层管理者与预算目标更紧密结合，但有时，当企业面临巨大生存压力时，指令式的预算法更为合适。

大多数预算的制定以当期实际业绩为起点。管理者首先确定近期的收入和成本状况，然后根据下一阶段预期出现的变化相应调整预算额。这种方法的缺点在于，现有经营中降低效率的因素会被带到将来。**零基预算法**（zero-based budgeting）是 20 世纪 70 年代流行起来的方法，这种方法需要确定和区分部门活动的优先次序，决定其相关成本，然后在将来仅对满足一定优先级限制的行为予以授权。有些公司和组织（尤其是政府机构和社会服务部门）一开始采用零基预算法，但由于该方法需要大量的管理工作和书面工作而没有继续施行；有些组织采用另一种形式的零基预算法，即通过列出所有费用明细来决定预算，而不只通过显示与当期预算或实际结果相比的增量来决定预算。

预算时间跨度

我们既可以为某一期间，也可以为某几个期间制定预算。一个财政年度的**单期预算**（single-period budget）可在该年度开始之前的几个月内制定，并在整年内使用；该方法的缺点是某些估算必须提前一年多做出。比如，按日历年度运营的公司会在 2008 年最后几个月制定 2009 年的预算，即在 2008 年 11、12 月实际经营结果出来之前就计划了 2009 年 11、12 月的经营活动。

表 14-1 预算时间跨度

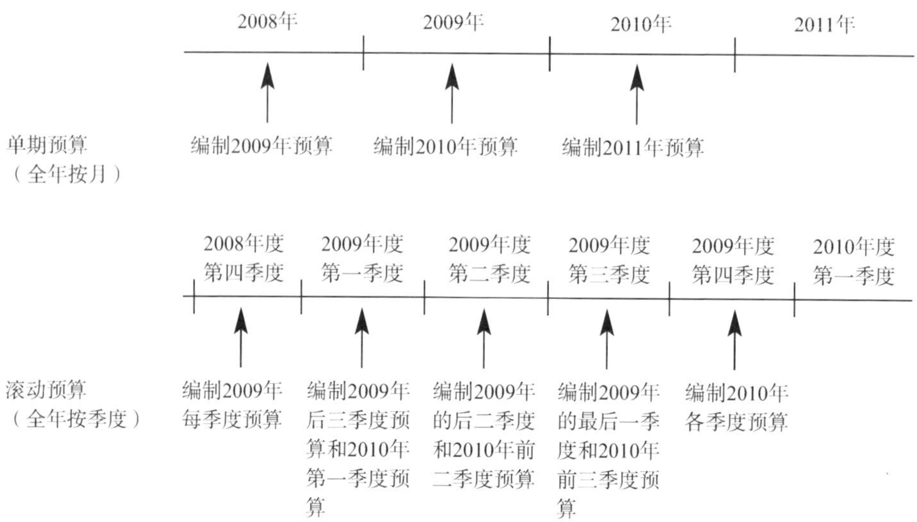

多期预算或**滚动预算**（rolling budget）是指在滚动基础上对一年做分段计划。例如，在三个月滚动一次、跨度为一年的滚动预算中，2009 年每季度的预算会在 2008 年末制定；在 2009 年第一季度制定接下来四个季度的预算；这对 2009 年后三个季度来说是第二次预算，而对 2010 年第一季度来说是第一次预算。这个过程在每个季度周而复始，如表 14-1 所示。

这种**连续预算**（continuous budget）的优点在于，任何一季度的最终预算会更为精确，因为它是在最近时期内编制的；该过程明显的缺点是，需要花费较多的时间、精力和财力。然而，在快速变化的环境中，对企业计划不断进行重估的预算所带来的好处，是大于为它所花费的代价的。多期预算可以按照任何频率进行编制，只要这个频率对企业和对预算的作业活动有意义。因此，完整的预算财务报表可能每 6 个月或一年编制一次，而现金收支明细预算则可能是每周或每月、甚至每天编制一次（比如，每天编制一份对以后几日的预算，每周编制一份接下来四周的周预算）。

预算过程

预算过程的第一步是对预算期的经济、行业和企业战略展开一系列的广泛假设，并进行沟通。这项工作通常由计划人员和经济专家完成，并由高级管理层批准。这些假设是制定预算期行动计划的基础。

经营预算（operating budget），有时称为**总预算**（master budget），是指用财务语言表述的经营计划，它由一系列详细预算构成，包括：

销售 / 收入预算（或预测）
采购 / 生产预算
经营费用预算
预算利润表
现金预算
预算资产负债表

每项预算的关键是对预算期间预期发生"作业活动"的预测，这通常是用销量商品或提供劳务的数量乘以预期销售价格而得出的销售或收入预测。商业企业可能会根据对各产品大类的预期收入做出其**销售预测**（sales forecast）；产品加工企业可能会根据预期的作业活动（如要加工的谷物量）做出预测，因为收入是基于产品价格加上一定的"加成"得出的，而产品价格的波动较大；服务性企业按预计服务的客户量和客户可能要求的服务量预测其作业活动，以这些作业活动量和每项服务的预计收入为基础，可以估算出总收入。

要编制精确的预算，销售预测可以说是最具挑战性的部分，因为企业对很多影响收入创造活动的因素几乎无法控制。这些因素包括经济状况、政策法规、季节性需求变化及竞争对手的行为等。目前，人们已可以在电脑中运用很多量化工具（如回归分析和预测模型），协助进行收入预测。管理者过去的经验可为预测提供有价值的参考，销售人员和市场调查提供的信息也十分重要；公司的定价政策、广告效应和生产能力也应列入考虑范围。但在最终分析中，销售预测只是通过大量努力而做出的合理猜测；虽然预算过程的其余部分由此展开，但管理者必须清楚：销售预测可能会产生差异——一个好的管理者将会有所准备，并对这些差异做出迅速反应。

一旦销售预测完成，就可以制定其他预算，因为这些预算项目是由销售（或类似的作业量指标）决定的。例如，采购或生产的产品数量取决于预计销量和所需存货水平。销售费用是销售的函数，而其他经营费用也由销售量和采购量（或产量）决定。在预测了收入和费用后，利润表的预算便完成了。有了预算经营结果和投资筹资计划，接着便可以制定现金预算（或预测现金流量表）。最后，在考虑所有期望

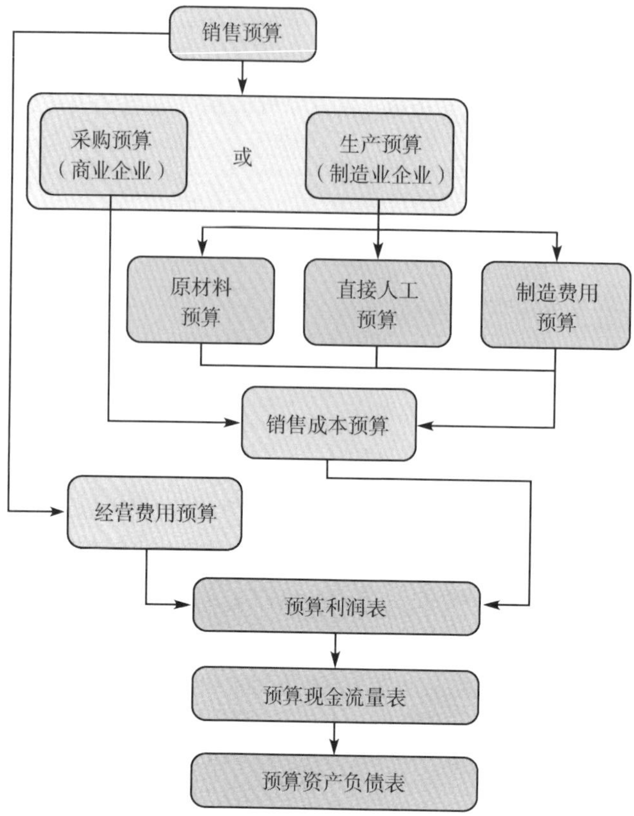

图 14–2
经营预算编制次序概览

目标的基础上，便可编制期末资产负债表。这种预算的层次性如图 14-2 和表 14-2 所示。图 14-2 是对整个经营预算的概览，反映了预算编制过程的先后依存次序。表 14-2 则通过对水平模型所产生影响的观察，反映了每项预算与资产负债表和利润表相联系的方式。我们要记住的是，整个预算过程的关键假设是销售预测。

采购/生产预算

前面曾经讲过，以下模型用于计算定期盘存制下的产品销售成本：

表 14–2　预算层次和财务报表的关系

预算（以编制先后为序）	资产负债表：资产	= 负债	+ 所有者权益	利润表：←净利润	= 收入	– 费用	
1. 销售预算	+ 现金 + 应收账款 – 存货				+ 收入（即销售收入）	– 销售成本	销售收入和销售成本的差额引起资产的增长。
2. 采购 / 生产预算	+ 存货	+ 应付账款					存货的采购 / 生产需要运用现金或产生负债。
3. 经营费用预算	– 现金 – 现金 – 累计折旧	 + 其他应计负债			————	 – 经营费用 – 折旧费用	如工资、公用事业费、房租、保险、广告及研发费用。
4. 预算利润表			+ 留存利润	←净利润	= 收入	– 费用	总结上述预算对利润表的影响。
5. 现金预算（经营）	+/– 现金 +/– 应收账款 +/– 存货	– 应付账款 – 其他应计负债					包括上述预算引起的影响（即现金销售及支付经营费用）和其他所有对现金的预计影响。按不同类别进行细分可以方便预算现金流量表的编制。
（投资）	– 现金 + 厂房和设备						
（筹资）	+/– 现金	+/– 长期负债	+ 股本 – 股利 – 库藏股票				
6. 预算资产负债表	资产	= 负债	+ 所有者权益				基于其他预算的结果，可编制详细的资产负债表。

期初存货…………	$
加：本期采购…………	______
可供销售产品…………	$
减：期末存货…………	(______)
销售成本…………	$______

如果把该模型中的金额换成实物量，同样可以用来确定需采购或生产的产品数量——对其中的描述略作变化，该模型可修改为：

期初存货…………	单位
加：本期采购（或生产）…………	______单位
可供销售产品…………	单位
减：期末存货…………	(______)单位
产品销售量…………	______单位

运用该模型，首先要根据公司存货管理政策填入期初和期末存货数量及销售预测中的产品销量。可供销售产品量从表格底部倒推计算（产品销售量加上期末存货量），得出的数量再减去期初存货量就是采购或生产量。当然，如果对该模型重新排列，就可得到采购或生产量的传统计算公式（采购或生产量 = 销售量 - 期初存货 + 期末存货）。

一个公司的存货管理政策应明确产成品或原材料入库或制造的平均提前期；同样，这些政策通常会考虑到预测中的错误。例如，产成品存货政策可能会设定期末存货为次月（或下一期间）预计销售量的 1.4 倍（记住，一个期间的期末存货是下一个期间的期初存货）。我们可用公司的存货政策或当期估计的期末存货量来预计第一个预算期的期初存货。

生产和采购预算模型的结果常常会进行调整，以反映生产效率或正确的订单数量。例如，如果生产预算要求几个月中每月产量大幅变化，管理者可能会安排平稳水平的生产计划而忽略期末存货政策，因为提高生产效率所带来的益处远大于持有存货的成本。同样，如果采购预算显示应购入 38 400 单位的原材料，但每个标准集装箱容量为 2 000 单位，则实际订购量将为 38 000 或 40 000 单位——预算与实际订单量的差异会被纳入存货。我们要记住的是，大多数情况下，预算会成为实际行动的指南，但它并非为所有费用订出一个必须达到的绝对金额。

要完成预算利润表，模型中的单位数量应转换为金额——这可以通过模型中将每个项目的预算量乘以单位成本得出。（在第 15 章将讨论的标准成本及计算机软件的应用，将使这项工作得以简化。）

知道了产量后，可运用同样的模型预测每种应投入原材料的采购量。当然，生产单位产品所需每种原材料的数量应代入该模型，如下所示：

期初存货……	单位
加：本期采购（或生产）……	______单位
可供使用原材料……	单位
减：期末存货……	(______)单位
生产中使用的原材料数量……	______单位

表 14–3 生产预算及原材料采购预算举例

Ⅰ. 假设

A. 每月销售预测：

1 月 10 000 单位

2 月 12 000 单位

3 月 15 000 单位

4 月 11 000 单位

B. 存货政策：

产成品期末存货应等于次月预测销量的 1.4 倍；原材料期末存货应等于次月预算原材料耗用量的 50%。

C. 每单位产成品需耗用 3 磅原材料。

Ⅱ. 生产预算的计算：

A. 要求达到的产成品期末存货：

	12 月	1 月	2 月	3 月
要求达到的期末产成品存货量（1.4× 次月预测销量）……	14 000	16 800	21 000	15 400

B. 根据销售成本模型得出的生产预算（假设 12 月 31 日的存货金额等于产成品存货政策所要求的存货金额）：

	1 月	2 月	3 月
期初存货（单位）……	14 000	16 800	21 000
加：生产量（单位）……	?	?	?
可供销售产品（单位）……	?	?	?
减：期末存货（单位）……	(16 800)	(21 000)	(15 400)
产品销售量……	10 000	12 000	15 000
自下而上计算，先求出可供销售产品量，再从中减去期初存货量，得出生产量……	12 800	16 200	9 400

表 14-3（续）

Ⅲ. 原材料采购预算的计算：

	1月	2月	3月
A. 生产预算产量需耗用的原材料（每单位产成品耗用 3 磅原材料）	38 400	48 600	28 200
B. 期末原材料存货需求量（等于次月生产耗用量的 50%）	24 300	14 100	*
C. 根据销售成本模型的已知数据计算采购预算（假设 12 月 31 日的存货符合原材料存货政策）			

	1月	2月
期初存货（磅）	19 200	24 300
加：本期采购____?	?	?
可供使用的原材料（磅）	?	?
减：期末存货（磅）	(24 300)	(14 100)
本期耗用材料（磅）	38 400	48 600
自下而上计算，先求出可用原材料数量，再从中减去期初存货，可得出本期采购量	43 500	38 400

注意，3 月的采购预算要在取得 5 月销售预测后才可编制，因为 3 月末的存货量是 4 月生产需求的函数。

* 要到 4 月生产预算制定后才能知道。

表 14-3 列示了一个制造业企业的生产预算及支持预算生产水平的原材料采购预算的编制。商品销售企业的采购预算和制造业企业的生产预算相类似，其中所涉及的计算并不复杂，但是计算量很大，因此计算机程序在预算过程中被广泛运用。

如果使用上述方法的成本大于收益而对数量预测数据不加要求，该方法可以很方便地调整为预测采购或生产金额的工具。我们可以用 1 减去预算毛利率，得出预算产品销售成本率，再把期初和期末存货表示为预算销售成本的函数，然后就能确定预算采购的金额。该过程如表 14-4 所示。

产品生产成本预算包括直接人工和制造费用的预算额，决定这些预算额时可能会频繁使用标准成本体系（本章稍后部分会予以阐述），其基础是对单位产品所需人工和费用的分析。

许多制造业企业运用制造成本的贡献毛益模型来提高生产成本和销售成本预测的准确性。（注意，在商品销售企业中，销售成本是一个变动费用。）确定了生产中的变动成本（原材料、直接人工、变动制造费用），就能计算出变动成本率（变动生产

表 14-4　用毛利率编制采购预算

Ⅰ．假设：

销售预测如下所示：

预算毛利率为 30%。

期末存货量计划为次月销量的 80%。

Ⅱ．要求：

计算 4、5、6 月的预算采购额。

Ⅲ．预算的计算：

	3 月	4 月	5 月	6 月	7 月
销售预测	\$75 000	\$55 000	\$70 000	\$80 000	\$90 000
销售成本					
[销售额 ×（1-0.3）]	52 500	38 500	49 000	56 000	63 000
期末存货	30 800	39 200	44 800	50 400	
期初存货		\$30 800	\$39 200	\$44 800	
加：本期采购		?	?	?	
可供销售产品		\$?	\$?	\$?	
减：期末存货		(39 200)	(44 800)	(50 400)	
产品销售成本		\$38 500	\$49 000	\$56 000	
自下而上计算，先求出可供销售产品金额，再从中减去期初存货，可得出本期采购额		\$46 900	\$54 600	\$61 600	

成本占销售价格的比重），该比率可代替表 14-4 中的销售成本率。固定生产成本不是产量或销 量的函数，因此它的预算应单独制定。

销售成本预算

根据销售预算、采购 / 生产预算及管理层确定的期末存货需求量，销售成本预算对商业企业的商品存货科目和制造业企业的产成品科目进行概括。对商业企业而言，可供销售商品成本等于期初商品存货加上采购预算中计划的采购量，然后从中减去期末存货需求量，就得出预算销售成本。这个过程同样适用于制造业企业，惟一的不同在于商业企业有采购成本，而制造业企业的完工产品成本是由生产预算中各项目（原材料预算、直接人工预算、制造费用预算）的预算成本决定的。

经营费用预算

确定了销售费用、管理费用和其他经营费用的成本性态后，就可以相应制定这些费用的预算。比如，销售佣金是预测销量或销售额的函数。管理层可能打算在某一预算期间改变战略，这会影响一些费用的历史模式。在参与式预算体系中，各部门或各成本责任中心的经营者会提交部门计划作业活动的概述及预期成本，并解释这些作业活动与过去的重大差异——经上层领导的审阅和协商后，就会确立最终的预算。表 14-5 说明了成本性态对经营费用预算的重要性。

业务经理们趋向于提交略高于实际期望发生费用的预算额，这种做法给经理们提供一些**预算松弛**（budget slack），以便应付未计划到的或有事项或成本增加；对企业整体来说，预算松弛可能导致严重的预算误导。尽管预算主管人员会要求甚至威胁各部门负责人消除这种虚增预算的做法，但事实上在所有的企业中还是可能存在这种现象——在编制预算的过程中，一些预算主管人员会适度减少各部门费用的总额。

预算利润表

管理会计人员利用销售预测、销售成本预算及经营费用预算数据制定预算利润表——这是一个复杂的过程，但如果要对预算期的整体经营结果进行有意义的评估，这又是一个必要的过程。

在许多情况下，如果预算利润表得出的结果令人不能接受，高层管理人员会要求业务部门重新检查预算提议，并做相应调整，以确保实现盈利目标。

现金预算

现金预算类似于预算现金流量表，但前者的报告期短一些。财务经理应该能预计企业的短期借款需求，因为在需要现金之前必须做好借款安排。银行在考虑一项贷款请求时，往往要求了解申请人到底需要多少资金、什么时候要、什么时候还——如果借款申请人因为没有准备好现金预算而不能回答这些问题，则一项原本合理的

表 14-5　经营费用预算

Ⅰ. 假设：

	1 月	2 月	3 月
销售量	10 000	12 000	15 000
销售收入	\$50 000	\$60 000	\$75 000

Ⅱ. 预算的计算：

	变动作业比率	1 月	2 月	3 月
销售费用：				
变动销售费用：				
销售佣金	销售收入的 5%	\$ 2 500	\$ 3 000	\$ 3 750
运输费用	\$0.25/ 单位	2 500	3 000	3 750
市场促销	\$0.50/ 单位	5 000	6 000	7 500
坏账费用	销售收入的 1%	500	600	750
变动费用总额		\$10 500	\$12 600	\$15 750
固定销售费用：				
销售人员工资		\$ 2 000	\$ 2 000	\$ 2 000
广告		3 000	3 000	3 000
折旧		960	960	960
其他固定费用		520	520	520
固定费用总额		\$ 6 480	\$ 6 480	\$ 6 480
销售费用总额		\$16 980	\$19 080	\$22 230
管理费用：				
管理人员工资		\$ 5 000	\$ 5 000	\$ 5 000
设施费用		8 000	8 000	8 000
折旧		1 680	1 680	1 680
财产税		300	300	300
其他固定费用		480	480	480
管理费用总额		\$15 460	\$15 460	\$15 460
预算经营费用		\$32 440	\$34 540	\$37 690

贷款可能被拒绝，或由于这些不确定因素可能带来的风险而使贷款利率更高。财务经理也应知道什么时候临时剩余现金可用于投资、什么时候需要这些现金，以便通过投资获取利息收益。

制定现金预算时，必须对现金收支的时间做多种假设，比如，应收账款在销售发生后多久可以收回？应收账款回收期的历史数据有助于回答这个问题。在这里，销售预测再次发挥了作用。比如，假设凭过去的经验，企业预期会有 25% 的赊销额在当月收回，60% 在次月收回，12% 在销售后第 2 个月收回。（最后 3% 将在以后几个月收回，但在预算过程将被忽略，因为其金额相对较小，且回收情况不定，甚至有些账款可能因无法收回最终作为坏账被冲销。）3 月、4 月的现金收入预算可能如下所示：

	1 月	2 月	3 月	4 月
销售预测	$50 000	$60 000	$75 000	$55 000
回收应收账款：				
当月销售额的 25%			$18 750	$13 750
上月销售额的 60%			36 000	45 000
前月销售额的 12%			6 000	7 200
回收应收账款总额			$60 750	$65 950

如果于 12 月末就未来四个月的现金收入进行预测，则 1 月之前的销售账款回收情况可能会以 12 月底对应收账款回收时间的估计为基础。这种方法作为现金收入预测分析的另一种格式，如下所示：

	1 月	2 月	3 月	4 月
销售预测	$50 000	$60 000	$75 000	$55 000
回收应收账款：				
12 月 31 日应收账款 $68 423				
（估计金额）	$38 000	$25 000	$ 3 000	$ 1 000
1 月销售的应收账款	12 500	30 000	6 000	
2 月销售的应收账款		15 000	36 000	7 200
3 月销售的应收账款			18 750	45 000
4 月销售的应收账款				13 750
回收应收账款总额	$50 500	$70 000	$63 750	$66 950

注意，上述两表中 3、4 月预计现金收入的区别在于，对 12 月底应收账款回收情况的预测。尽管后一种方法的估计应收账款跨期 3 个月以上，但对 12 月 31 日的应收账款来说，较长的预计回收期更为现实，而且企业也应意识到，不可能所有应收款都可以收回。

我们必须清楚一点，要编制精确的现金收入预算，关键是销售预测和应收账款估计回收比例的准确性——在实际运算中，电脑软件中的电子表格显然是一种理想的工具。

在现金支出方面，必须决定采购款的支付方式，如果供应商的收款条件是“2/10，n30”，则财务经理会假设 2/3 的采购款将于采购当月付清，1/3 将于次月付清。应付账款付款分析的格式与前述现金收入表格相似。与现金收入预测一样，现金支出预测的精确性也与销售预测及支付方式预计的准确性形成一定的函数关系。（记住，销售预测影响产成品预算及原材料采购预算，因此现金支出预算也会受销售预测影响。）

除了采购款的支付，我们还必须预计一些其他的现金支出。例如，企业支付员工工资的频率将和预期工资费用结合起来共同决定这项重要开支。在预测过程中，还应当考虑资本性支出计划和预期股利分配。当然，估计折旧和摊销费用在现金预算可忽略，因为这两项费用不需要现金的实际支出。

一旦对现金收支的时间做出了假设，现金预算的编制只是一个十分机械的过程：期初的现金余额加上预算现金收入，减去预算现金支出，便可初步得出现金余额。同时，企业还要确定需维持的最低现金余额——这笔“库存”现金与产品存货的目的一样，可以在现金预测出现错误时起到缓冲作用。如果现金余额预测低于期望的最低余额，临时性的投资就必须变现，或必须安排贷款计划，以使预算现金余额达到期望的水平；如果初步得出的现金余额高于最低营运需求额，多余的资金就可以用来偿还贷款或进行投资。现金预算至少应按月制定；许多企业会每天预测一至两周的现金流量，然后每周预测一至两个月的现金流量，以达到最佳的现金管理效果。表 14-6 列示了现金预算格式，并在表中说明了预算金额的来源。

预算资产负债表

在确定了所有其他预算对资产负债表的影响之后，就可以编制出预算资产负债表。图 14-2 和表 14-2 对这种预算层次进行了说明。比如，生产和采购预算要用到存货预算中的估计。经营费用预算是决定折旧和摊销对资产负债表影响的来源。预算利润表反映了净损益对留存利润的影响。根据应收账款回收、应付账款及其他负债的支付、设备采购、股利支付和其他融资活动的推测所做出的现金预算，是资产负债表中很多预算金额的来源；所有的流动资产（除了存货）及厂房资产、负债、实收资本、库藏股票和股利对留存利润的影响等预计金额，都可从现金预算中得到。预算资产负债表的编制，实际上就是把财务会计流程运用到计划交易金额中而得到的。企业通过分析该资产负债表来判定适当的财务比率是否在高级管理层所确定的

表14-6 现金预算的列示和假设

Cruisers 公司 现金预算 3月和4月			
预算编制日：2月25日			
作业活动	3月	4月	来源/评论
期初现金余额	\$19 425	\$ 8 842	3月：3月1日预测余额。 4月：3月31日的推算现金余额。
收金收入：			
以前期间销售资金回笼：	45 000	53 200	编制预算时的应收账款明细分析、对以后期间的销售预测和基于过去经验的账款回收估计。
当期销售资金回笼：	18 750	13 750	销售预测及基于过去经验的估计。
投资活动产生的现金流入：	1 000	—	资产出售计划。
筹资活动产生的现金流入：	5 000	—	新的借款计划或股份出售计划。
可使用现金小计	\$89 175	\$75 792	
现金支出：			
向供应商支付存货采购款：	\$44 333	\$45 033	已发生采购的应付账款明细分析、以后期间采购预算分析及根据供应商条款和过去付款情况所做的估计。
支付其他债权人和员工的经营费用和工资	20 000	24 000	已发生交易的应计负债明细分析、以后期间的生产预算和经营预算分析及对过去付款情况的了解。
投资活动产生的现金支出	8 000	17 000	厂房设备购买计划以及其他投资计划。
筹资活动产生的现金支出	3 000	—	股利支付、债务偿还或有价证券购买计划。
现金支出小计	\$75 333	\$ 86 033	
推算现金余额	\$13 842	\$(10 241)	
期望现金余额	5 000	5 000	基于财务经营需要及预期为错误提供的"缓冲"额度。
剩余（不足）	\$ 8 842	\$(15 241)	若现金剩余，可用于短期投资或偿还债务；若现金不足，说明需要将短期投资变现或安排融资。

范围之内，并分析产生差异的原因，考虑适当改变计划。这个过程很可能要求对其他预算做出调整，如果是这样，整个预算过程可能要重来一遍。虽然这看起来烦琐而且令人沮丧，但在计划阶段这么做总比在实际实施后重做要好，因为到那时劣势可能难以扭转，公司的财务状况也可能已经受到不利影响。

如果需要的话，可以根据预算利润表和预算资产负债表的数据编制预算现金流量表，其过程与第 9 章介绍的编制过程相同。许多企业每月编制现金预算，并且每年制定整体现金预算，以起到与现金流量表相同的作用。

预算过程中最具挑战性的工作就是销售预测，接下来是现金收支时间的推测及制定期末存货数量政策、最低期望现金余额和其他目标。由于运用了计算机电子表格模型，预算的计算对大多企业来说并不难——这些模型使计划人员能够改变各种假设，并迅速直观地看到其对预算的影响。

标准成本

使用标准成本

标准成本被运用于管理过程中的计划和控制阶段，同时也在财务会计中被用于制造业企业的存货计价。标准成本有两个要素：投入总量及单位投入量的成本。投入总量可以是原材料的重量或体积、人工工时、电力千瓦时、焊条的数量或任何其他有形投入的数量。标准成本系统一直都在制造业中被广泛运用，其在经济体服务部门中的运用也在迅速增长。

由于标准代表了每一单位的预算（即生产一单位产品或提供一单位服务所需资源的预期数量和成本），标准被广泛运用于预算编制过程。一旦制定了销售预测并用数量单位来表示，就可用标准计算出生产产品或提供服务所需的计划投入。

在预算执行过程中，实际的投入可以同实际产出所需的标准投入做比较——这种比较是第 15 章阐述的公司业绩报告的一部分，可以帮助管理人员将工作重点放在公司目标的实现上。

在许多情况下，控制往往着眼于标准成本的数量值，而不是标准成本的金额（等于单位成本乘以产量），因为我们更容易把具体负责的主管人员与数量而不是金额相联系。比如，负责原料使用的主管人员和负责订单处理的主管人员，可能更容易与每位员工所使用的原材料重量和加工订单的数量联系在一起，而不是与这一时期内的投入成本额相联系。

合理确立的标准成本（见以下的讨论）可以用于第 13 章描述的成本会计系统，由此得到的成本系统比基于实际成本的成本系统更容易使用，尤其是在存货计价中的运用；这是因为，标准成本先于会计期制定，而实际成本要到会计期结束后才能知晓。

标准的制定

标准是单位预算，因此在预算过程讨论中对管理哲学和个人行为的所有考虑因素，同样适用于标准。制定的标准分成三类：

理想标准或设计标准

可实现标准

经验标准

理想标准（ideal standard）是假设在理想的条件下运作即在任何时候都以最高效率提供材料和劳动力的情况下所需的标准。工业工程师所使用的工作测量技术之一，称为“动态和时间研究”，该技术用于实施一项具体任务时对各个活动进行非常具体的分析，其目标是设计出工作站的布局及操作者的具体动作，以使任务能够高效地被完成。工程师们知道，每个人的疲倦和其他因素将导致实际运作中有一段时间不会百分之百的高效，动态和时间研究中也对这种低效进行了定义。然而，在建立理想标准时，这些因素应当忽略不计。理想标准最主要的缺点就是：该标准几乎一定不会实现，其结果将是主管人员和下属员工不会将理想标准作为实际运作的目标。

可实现标准（attainable standard）是认识到在与理想条件相比会产生一些运作上的低效这一情况而确立的标准。在实际运作中，并不一定总会达到这种标准，但比起理想标准来，员工们往往更愿意努力实现这种标准，这是由于实现了合理的目标之后，会产生一种成就感。根据管理哲学和运作环境的不同，这种可实现标准的松紧程度会有所不同。比如，有些公司形成了高度竞争的工作环境，并建立了高要求的标准，需要大量的努力才能实现。可实现标准一经确立，并不是一成不变的。随着工人工作效率的变化或工作环境的变化，这些标准可能要做相应的调整。

经验标准（past experience standard）的缺点是：其包括了过去几年运作中的所有

低效因素。这种标准缺乏挑战性，而且运作状况难以在一段时期内得到改善。这种标准反映的是当前的运作状况，且不大可能促进当前状况的改善。

给一个从未制定过标准的组织建立运作标准，对管理人员来说是一个巨大的挑战；如果现在有人来测量和监督工人们的工作效率，工人们会感到不自在，这是非常自然的。只有当受到标准影响的人认识到，并习惯于主管和经理们使用由此（标准）而得到的业绩报告时，为了计划和控制目的而建立起来的标准才会越来越有用。由于标准成本系统的合理设计和认真实施，许多企业都实现了产量和利润的增长，而工人们的工作满意度及劳动报酬也会相应提高。

用标准成本来计算产品的成本

要确定某一产品的标准成本，需要把该产品各部分投入的单位标准成本汇总在一起——投入部分包括原材料、直接人工和制造费用。正如前一小节所讲的，一旦确定了标准用量，每单位投入的标准成本也随之形成，于是，每件产品的标准成本就可确定下来了。

在制定每单位投入的标准成本时，需估计预算期的成本。采购部会提供原材料成本的投入，人事部会参与确定标准人工成本率，而估计制造费用各项目成本所需的数据则由生产部、采购部和人事部共同提供。为了进行计划和控制必须认识成本性态，因此制造费用可分为变动和固定两种。变动制造费用通常以直接人工工时、机器工时或反映制造费用支出形成原因的其他物质量度来表示。从计划和控制角度而言，固定制造费用通常用每一会计期的总成本来表述；但若为了产品成本核算，则需要将此笔费用分配给每件产品。第 13 章曾经介绍过，这个分配过程是将总的固定制造费用预算量除以预计的总作业量（比如直接人工工时、机器工时或其他的作业量度），得出固定制造费用的分配率；但我们要记住，由于固定制造费用不是作用在每一件产品上的，这种方法对于固定制造费用的计划和控制并不适用——我们只是为了计算产品成本而将固定制造费用分配到单件产品。

这个过程的结果就是标准成本的计算过程。下面，我们以 Cruisers 公司为例，说明该公司制造 SeaCruiser 帆船船身所需成本的计算过程：

变动成本：	
原材料：	
218 码玻璃纤维布 ×$2.10/ 码	$ 457.80
55 加仑 EPOXY 树脂 ×$0.92 / 加仑	50.60
购入的 1 单位龙骨板 ×$132.16	132.16
原材料成本	$ 640.56
直接人工：	
26 小时建造人工 ×$12.80/ 小时	$ 332.80
8 小时完工人工 ×$19.30/ 小时	154.40
直接人工	$ 487.20
变动制造费用（以直接人工总工时为基础）	
34 小时 ×$3.20/ 小时	$ 108.80
每单位的标准变动成本	$1 236.56
固定成本：	
固定制造费用（$10.80 的费率是根据全年的固定制造费用预算总额除以全年预计直接人工总工时得出的）：	
34 小时 ×$10.80/ 小时	$ 367.20
每单位的总标准成本	$1 603.76

注：为了与表 13-4 的数据保持一致，变动制造费用和固定制造费用的总成本等于 $14/ 直接人工工时。这一费率是为了成本评估而预先确定的制造费用分配率。此分配率中的固定制造费用部分依据表 13-4 所示的过程确定；而变动制造费用部分则根据变动制造费用的组成元素（如电费和维修费）与所选择的作业基数之间的关系建立一定的标准，然后再确定。在此例中，选择的作业动因为直接人工工时，但也可以是与成本有因果关系的其他任何物质量度。

帆船每个组成部分的标准成本可以按类似的方式确定，SeaCruiser 帆船的总标准成本就等于每个组成部分的标准成本之和。所有其他产品的标准成本可以按同样的方式制定。在实施标准成本系统的过程中需花费大量的精力和成本，但由于该系统在计划、控制和产品成本计算中的作用，其效益大于其成本。许多公司由于经营和运作状况的变化，会在必要时修改所允许的标准量，并且每年修改每单位投入的标准成本。然而，一些生产多种产品、涉及成百种原材料和直接人工投入的大公司，往往会采用一种不同的策略：它们在预计到并接受因数量或价格变化而产生的差异时，可能会每两年或每三年回顾和修改一次标准，或者保持标准几年不变，并且预期和接受因数量和价格变动而引起的标准成本和实际成本之间的差异。对于任何使用标准成本的公司而言，管理人员必须权衡定期修改标准同保持标准不变的利弊。

标准的其他用途

除了在制造业中用于核算产品成本外，标准还用于生产型和服务性组织对期间成本和定性指标的计划和控制。比如，一间日托中心可以制定其提供给服务对象的食物标准，或某个年龄段一定数量的服务对象需配备工作人员的人数标准。

制造业企业和服务性组织都希望通过效率的提高来应对日益增长的竞争压力，其结果之一便是公司建立了对以下作业活动的目标，这些目标可以用标准来表示：

- 质量控制，包括全面质量管理制度和质量控制数据统计。
- 存货控制，包括即时存货管理系统和柔性制造系统。
- 设备使用，包括设备的闲置时间、预防性保养及临时性修理。
- 服务水准，包括回复客户的时间、缺货发生频率和交货时间。

这些标准很少以每单位产品的货币价格来表示，也就是说，我们不必为了有利于管理层计划和控制而以价格形式表示这些标准。

就制造业企业而言，标准的制定往往是为了体现建立在持续改进观念基础上的企业目标（如“零缺陷”或“百分之百准时交付”）。尽管在现实中很难达到十全十美，很多公司会使用此类标准，这并非只是为了满足标准，而是要强调取得并展现进步的重要性。为了监控这些目标的实现情况，必须在生产过程中对业绩进行实时衡量，从而不断得到反馈信息。如果在设备需要调整时就立即进行调整，工作流程需要变化时就马上进行改变，很多问题在车间便可以解决了。在这种方式下，管理层的反馈流程被大大地缩短了，企业便能提高生产过程的产能（即产出率或周转时间），减少机器的闲置时间。

对生产和客户服务“质量”的监控也可以采用类似方法。就生产质量而言，一个重要的衡量指标是每道工序的首次合格率，或每组被检查的产品中有缺陷产品的数量（或百分比）。首次合格率越高，返工和废品就越少，直接人工和材料成本就会相应减少。可能更为重要的是，糟糕的产品质量会导致顾客 / 客户的不满并失去销售机会。为了监控客户服务质量，必须建立相应的程序，以确保当管理层认为客户的投诉可以解决时有关部门会采取及时、适当的措施解决客户的投诉。失去一位宝贵客户的真实“成本”也许不得而知，但这个成本极有可能超过很多长期制定标准的可衡量成本。

为其他分析目的而进行的预算

虽然本章侧重于制造业企业的生产金额和数量预算，很多服务性企业也可以将预算方法用于其他重要的资源项目（如人力时间），或用于非财务性指标（如生产能力的利用）。我们来看下面的例子：

- 律师事务所和会计事务所常常会注重“时间”预算和专业人员产生“可收费小时”的能力。
- 商业企业，尤其是大型零售商，可能注重经营场地的“单位面积预计销售额”。
- 州政府和市政府必须确定税收和其他收入的最佳用途，并对这些资源做出预算，以提供服务或开展一定的社会项目——这些服务或项目用“人均”水平来衡量。

商 业 实 务

布林克公司的预算编制

安全因素只是布林克家庭保安公司（Brink's Home Security）决定替换其多年使用的预算系统时的众多的考虑因素之一，原有预算系统中大量链接的电子表格需要费力又费时的人工输入。布林克公司管理着其“全国服务中心”近 32 000 个收入、费用和统计账户。在原有系统下，报表从总账运行得出，然后需手工把数据复制或输入到 50 多张电子表格，最后再把结果倒回报表中去。准备这些预算表格需要好几天时间，而且其中的公式设置也不能让预算人员更新每月的实际数据以进行下期的预测。

布林克公司新近采用的预算系统使该公司的流程得到了改善。原来要对成百上千个项目进行费时费力的人工预算，而现在则采用由关键作业驱动的固定 / 变动预算，预算效率大为提高。这使得整个预算系统变得更加

卓越和有效。

在布林克公司过去的系统中，很难对 60 个分公司的信息进行合并。分公司的数据很少更新，而且非常复杂。新的预算系统运用预算映射为数据合并提供了一种简化的方法，从而改变了原有状况。预算映射能力可以使公司把下属的大量分支机构组合成一个预算个体。此外，在原有系统下，预算汇总要半天时间才能完成，而在新系统下，分支机构的数据合并变得非常方便，预算汇总只需不到 1 小时的时间。

资料来源：www.businessfinancemag.com，Sepcial Reports 2000，Beyond Budgeting and Forecasting. “Brink's Home Security Streamlines its Budgeting Process with SRC Software's Advisor.”

- 美式橄榄球职业联盟（NFL）球队必须对球员合约进行预算，以符合“球员工资上限”的要求。
- 大学可能会根据其估计学生会达到的预算“学时”而为各学术单位提供相应的资源。
- 由“联合之路”资助的非营利机构在寻求每年的活动资金时，可能会尽力展现其开展项目所辐射的范围。

在制造业企业中，也可以为满足其他职能和领域（比如研发、营销或客户服务部门）的需要而制定预算。同样，作业成本法的原则（第 13 章中讨论过）也可以延伸至预算过程。作业成本预算试图将完成每项作业（成本动因）的成本与对该作业的需求联系起来。每项作业的预计成本（如处理一个部件的成本，或检查一件产品的成本）都能与当期开展一定作业量所发生的实际成本相比较，并在必要的时候采取相应的调整措施。

原材料、直接人工和制造费用的标准成本及产品单位成本预算，为衡量实际业绩提供了基准，这个过程称为“*差异分析*”，我们将在第 15 章对此进行讨论。资本预算（将在第 16 章讨论）涉及长期战略性计划及在多个期间内对企业资源做出的重大承诺。经营预算反映的是企业为实现当期盈利而制定的战略计划，而资本预算则是为使公司实现长远的增长目标而绘制的整体蓝图。

第 15 章

为控制而进行的成本分析

业绩报告（performance reporting）是对实际结果与计划结果所进行的比较，其目的在于找出产生实际与计划间有利或不利差异的作业活动，从而采取恰当的措施——这些措施可能是调整现有业务活动方式，也可能是对相应的目标进行调整（参见计划和控制循环示意图中的阴影部分）。

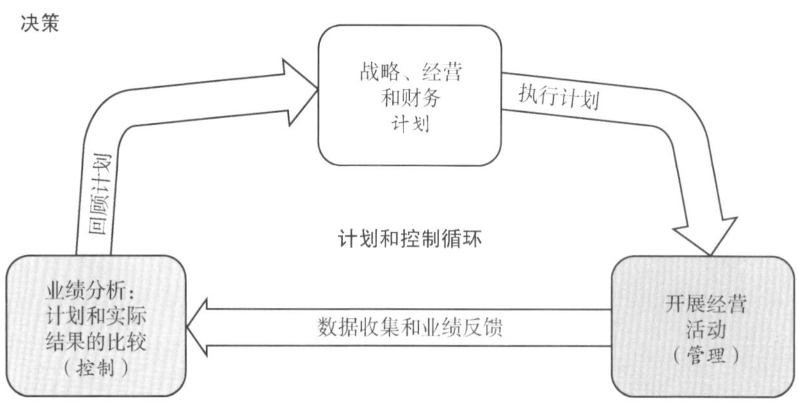

本章将阐述的业绩分析过程，是对第 13 章和第 14 章讨论的计划和管理活动的扩展；然后，本章将介绍如何分析各种**差异**（variances），以便主管和管理人员能确认差异产生的原因，并能针对这些差异采取适当行动。

学习本章内容时请记住，预算和标准成本应当与业绩报告系统一起使用。业绩报告系统旨在满足管理层的信息需求，并激励业绩评估对象实现在计划过程中确立的目标。若控制系统被适当地建立和实施，该系统可以确立业绩目标，并提供与实际结果相对照的基准。

成本分类

总成本与作业量的关系

图 15-1 重点标出了本章将讨论的成本分类。第 14 章强调了从计划角度理解成本如何随计划作业量变动而预期发生变动的必要性。从控制角度而言，理解固定和变动成本项目的性态同样非常重要。企业的实际经营结果很少甚至不可能与计划完全一致。在对业绩进行分析的过程中，对计划成本和实际成本之间的任何差异都应当进行评估。就实际达到的作业量而言，要根据每个成本项目的固定和变动成本性态将实际成本与预计成本进行比较。随着作业量在原来的计划水平上发生变动，变动成本的预计总额也会发生变动，其估计金额应等于变动成本率乘以达到的作业量，这与原有预算中变动成本总额的算法是一致的；而在实际和预计作业量不同的情况下，固定成本的总额不会发生变化——本章稍后部分将介绍的弹性预算就体现了这一点。

从时间跨度角度进行的成本分类

我们经常听到“不可控”成本这一提法，其意思是，管理人员在左右此项成本的金额方面几乎无能为力——这在短期内（比如在接下来的一个季度或年度内）可能是正确的，但就长期而言，对某些人而言企业发生的任何费用都是可以控制的。比如，企业管理者在短期内无法影响企业厂房和办公设施的房产税，因为估价和税率都是由税务机关决定的。但在管理者决定建造或购买设施时，他们决定了房产税的相对水平：如果他们选择黄金地段作为办公地点，并选择有足够大空间、用于今后扩充的时尚办公楼，则以后几年的房产税可能会较高。这里讨论的要点不是管理层是否选择了合适的设施，而是决策者们（高层管理人员或董事会）在做出决定时可以控制房产税的总体水平。如果认为某项成本在所有时间内都不可控，这种想法实际上是不合理的。

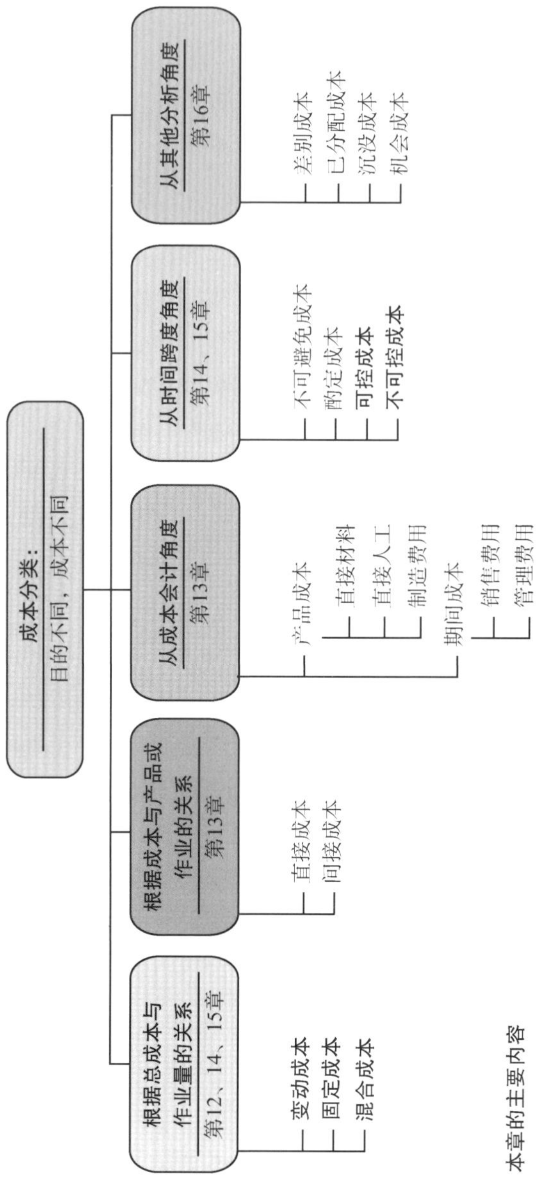

本章的主要内容

图 15-1 成本分类概览

业绩报告

业绩报告的特征

业绩报告是将实际结果和预算额相比较的报告。预计报告体系是控制过程中不可缺少的部分，因为报告中着重指出了那些与预期情况不同的业务活动，对目标的实现负有责任的管理者可从中获取值得关注的作业活动信息。

业绩报告的通常格式为：

作业活动	预算金额	实际金额	差异	说明

根据作业活动的性质及预算与实际金额的关系，差异通常可分为有利差异和不利差异两种。对于收入来说，**有利差异**（favorable variance）指实际收入超过预算额。但就费用而言，如果实际费用大于预算额，则会引起**不利差异**（unfavorable variance）。类似地，如果实际收入低于预算，会产生不利差异，而如果实际费用低于预算，就会产生有利差异。有时，差异究竟是有利差异还是不利差异，要根据一项差异相对于另一差异的关系来决定。例如，如果广告费的有利差异是由实际投放量未达到计划量造成的（从而使销售低于预算额），这样的差异对公司来说并非真正有利。

业绩报告的说明栏用于向上级管理人员简要解释造成明显差异的原因。由于高层管理者可能不想详知过多的细节，很多企业采用了**责任报告**（responsibility reporting）体系。责任报告需按层次进行连续不断的汇总，即每一层次的管理人员会收到与该层次直接相关的作业活动的详细业绩报告，并收到管理链中下一层次作业活动结果的汇总报告。

管理者最为关注的事情应当是：采取何种措施消除不利差异，取得有利差异。业绩报告不应用于找错或推卸责任——这样做往往会在制定预算金额或报告实际结果时导致降低企业效率行为的发生。

例外管理（management by exception）概念经常与业绩报告联系在一起，它可以使管理者们仅对未按计划开展的作业活动加以重点关注。这一概念假设管理者的时间是一项稀缺资源，如果已经完成了全面的计划工作，那么他的注意力应当只集中在与计划不符的环节。为了方便例外管理的运用，差异经常用预算的百分比来表示——只有那些超过预定百分比（如 10%）的差异才需要进一步调查。这一分析的目的是理解为什么会出现非正常差异，并在必要的情况下采取行动消除不利差异，取得有利差异。

要使业绩报告有效地影响未来活动，必须在作业活动发生期之后马上提供这些报告，否则将很难把结果与导致这些结果的行为联系起来——如果滞后时间太长，已发生的行为就会被遗忘或与以后发生的行为混淆起来。并非所有的业绩报告都要以同样的频率编制：生产主管可能收到每周的成本与产量报告，负责高价原材料使用的主管可能收到每天的用量报告，而广告经理收到的可能只是每月的支出报告。

业绩报告设计中的一个问题是，对于与管理者对作业活动短期控制程度相关的特定责任区域而言，产生成本的作业活动究竟在一个什么范围内？比如，生产线业绩报告是否应列示折旧费用、财产税、保险费和其他与生产线有关的“不可控”成本？抑或该业绩报告仅限于那些管理者真正具有短期控制权的费用？前一种报告格式的支持者认为，主管人员应明确所有的成本，即使短期内可能无法影响其中的某些成本；支持限制范围格式的人则认为，报告应着重于主管人员可以控制的成本，将其他成本包括进来会引起混淆，并可能使注意力错误地集中于某些成本（即那些在短期内无法控制的成本）。这个问题其实没有正确答案，一个折中的办法是：向主管人员定期提供所有的成本资料，但业绩报告着重显示短期内可以控制的成本。注意，该问题的核心是固定成本分配，前文已经提醒过，不要凭主观臆断分配固定成本，因为“固定成本的性态并非如此”。

Cruisers 公司编制的 2008 年 4 月制造 SeaCruiser 帆船的业绩报告如表 15-1 所示（表中的实际成本数据取自表 13-3）。注意，制造费用已按成本性态进行了分类——这样做是正确的，因为控制这些成本需花费的精力与其成本性态存在函数关系。表 15-1 中列示的业绩报告尽管很有意思，而且可能有助于高级管理层确定为什么预算目标没有达到，但是该报告对业务经理和主管的帮助并不大。针对该报告可能提出的问题包括：

1. 是否有重大但相互抵消的原材料差异？
2. 哪些工人没有效率？
3. 在新工人技术熟练前，是否向他们支付了低于预算的工资率？
4. 对新工人的培训方案有效吗？
5. 制造费用差异如何影响把制造费用分配到生产中去的制造费用预定分配率？

回答这些问题和其他问题的方法及编制有助于业务经理和主管进行成本控制的

表 15-1 业绩报告举例

Cruisers 公司 业绩报告——SeaCruiser 帆船 2008 年 4 月				
作业活动	预算金额	实际金额	差异*	说明
原材料	$370 300	$368 510	$ 1 790 F	总体差异不显著
直接人工	302 680	330 240	27 560 U	新工人效率低于计划水平
制造费用：				
变动费用	89 400	103 160	13 760 U	工人工作效率低下导致工时的增加
固定费用	193 200	185 800	7 400 F	收到厂房火灾保险金额
总计	$955 580	$987 710	$32 130 U	

* F：有利差异，U：不利差异。

业绩报告的方法，将在本章稍后部分讨论。

弹性预算

Cruisers 公司船身制造部 3 月的部分业绩报告如下：

作业活动	预算金额	实际成本	差异	说明
原材料	$ 64 056	$ 69 212	$ 5 156U	生产数量大于计划量
直接人工	48 720	54 992	6 272U	同上
变动制造费用	10 880	12 438	1 558U	同上
固定制造费用	36 720	37 320	600U	不显著
总　计	$160 376	$173 962	$13 586U	

假设你现在发现预算额是根据 3 月制造 100 个船身的预期计算出来的，但实际造了 110 个船身，那么怎样使业绩报告对管理者更有用呢？你首先想到的是把每项变动成本上浮 10%，重新计算预算额，从而确定对于实际产量来说应发生多少成本。（为什么固定费用预算不同步上浮 10% 呢？）调整原先的预算，使之反映实际活动的预算，称为弹性预算。

采用**弹性预算**（flexible budget）的业绩报告如下：

作业活动	预算金额	实际成本	差异	说明
原材料	\$ 70 462	\$ 69 212	\$1 250F	差异不显著
直接人工	53 592	54 992	1 400U	差异不显著
变动制造费用	11 968	12 438	470U	差异不显著
固定制造费用	36 720	37 320	600U	差异不显著
总　计	\$172 742	\$173 962	\$1 220U	

现在，差异变得相对较小，而且我们从该报告中也可得出正确的结论：生产经理遵循计划完成了实际产量。

当然，有这样一个问题，为什么最初预算产量是 100 个而实际制造了 110 个？这个问题的答案与实际产量的成本控制无关。

弹性预算不影响事先设定的、用于将制造费用分配到生产中去的制造费用分配率。实际生产水平与确定制造费用预定分配率时运用的估计作业量有一定的不同，因此固定制造费用一定程度上会被多分配或少分配。然而，这不是成本控制问题，而是会计问题，通常多分配或少分配的固定制造费用最终会转入产品销售成本。

弹性预算意味着变动成本的预算额度应当做出变动，以反映实际作业量水平应发生的成本，其方法是用每一个变动成本项目的单位变动成本（即直接材料、直接人工、变动制造费用）乘以实际作业量（如月产量），以此来决定预算额度，从而使实际成本能与这个预算额度进行有意义的比较。对于作业量的差异应当进行调查和解释，以改进对作业活动的预测，但这是独立于成本业绩评估的另一个问题。

标准成本差异分析

变动成本差异分析

为了实现第 13 章介绍的标准成本系统所具有的控制优势，必须把业绩报告提供给对产生成本负责的人员。任何一个成本组成部分的总差异叫做**预算差异**（budget variance），因为其代表了预算成本与实际成本之间的差别。预算差异产生的原因有两个：标准与实际投入数量之间的差异，标准与实际投入的单位成本之间的差别。即使同一个人既负责数量又负责价格，最理想的做法仍然是把预算差异分为**数量差异**

（quantity variance）和**单位投入成本差异**（cost per unit of input variance）。通常来说，总差异的各个组成部分由不同的管理者负责，所以把预算差异分成这两个部分尤为必要——这样做可以使每位管理者采取适当的行动，消除不利差异或争取有利差异。

正如许多管理和财务科目会采用不同的术语一样，不同的组织对这些差异也会采用不同的术语。在下面的讨论中，我们把数量差异称为*使用差异*或*效率差异*，单位投入成本差异称为*价格差异*、*费率差异*或*支出差异*。这些术语广为使用，但并非惟一的用语。另外，这里提到的差异又可分为*有利差异*和*不利差异*。在一些企业中，有利差异用正数来表示，而一些未标明的金额及不利差异用负数来表示。一种差异是有利差异还是不利差异，要针对具体的评估项目和组织目标来判定。比如，由于购买材料的质量低于规定质量而导致的原材料支出的减少，可能在金额上产生有利差异（实际成本少于标准成本），但这种差异实际上并不理想，因为其对于产品质量有负面影响。

前文已对 SeaCruiser 号船身的标准成本计算进行了概括。为了说明预算差异的两个组成部分，现在着重看一下该产品的建造人工。假设上个月制造了 100 个船身。下面的表格总结了实际和标准人工工时及建造人工投入的小时费率，同时标明了差异的性质（F 代表有利，U 代表不利）：

实际	2 540 小时	× $12.95/ 小时	$32 893
标准	2 600 小时	× $12.80/ 小时	33 280
预算差异	60 F	$ 0.15 U	$ 387 F

将预算差异分成数量差异和单位投入成本差异的分析为：

因工时数不同而产生的差异：	
60 小时 × $12.80（标准费率）	$76 8F
因费率不同而产生的差异：	
$0.15/ 小时 × 2 540 小时（实际工时）	$381 U
预算差异	$387 F

这里的数量差异（由于所允许的标准工时数和实际工时数的不同而产生）叫做**直接人工效率差异**（direct labor efficiency variance），因为此差异与所使用人工的效率有关。在本例中，效率差异是有利的，因为制造 100 个船身所用的建造工时比标准允许的少。注意，变动成本投入的标准量是建立在本章前面阐述的弹性预算概念基础之上的，所允许的标准量根据实际产量进行了调整。单位投入成本差异（由

于实际同标准的小时工资率不同而产生）叫做**直接人工费率差异**（direct labor rate variance）。在本例中，费率差异是不利的，因为付给工人的工资水平比标准允许的高。标准和实际工时之间及标准和实际的每小时费率之间都存在差异，所以有一部分预算差异实际上属于一种共同差异。然而，我们不会报告三项差异，而是把共同差异包括在费率差异中——这样做可保持效率差异的“纯洁”，因为通常来说，效率比工资更受管理的约束。

效率差异通常报告给对产品的直接人工投入负责的主管；费率差异通常汇报给对工资率负责的人事经理或其他相关人员。在管理中可以采用例外管理程序：当差异显著时，就应确定差异产生的原因，这样就可以采取适当的行动，消除不利差异并争取有利差异。

根据标准和实际之间的代数差异，可以把差异表示为有利和不利两种，但这种标注并不一定等同于“好”和“坏”，本例就表明在两者之间经常可进行权衡：虽然工人所得的工资率比标准水平高，但其工作效率更高，足以弥补并超过不利的费率差异；如果这是由于生产主管有意识的决定而产生的，则不妨在工作方式上做出永久性的改变，并相应地改变标准。反过来，如果因使用不熟练的工人而达到有利的费率差异，则该有利差异可能不足以抵消由此产生的不利效率差异。

正如上文所讨论的直接人工那样，原材料和变动制造费用的预算差异也可以分为两个组成部分来分析；因投入的不同，每个组成部分的名称也不相同，但计算方法基本类似。一般使用的名称有：**原材料使用差异**（raw materials usage variance）、**原材料价格差异**（raw materials price variance），**变动制造费用效率差异**（variable overhead efficiency variance）及**变动制造费用支出差异**（variable overhead spending variance）。这些差异可概括如下：

	因标准与实际不同而产生的差异	
投入	**数量**	**单位投入成本**
原材料	使用	价格
直接人工	效率	费率
变动制造费用	效率	支出

“使用”或“效率”是指投入的量；从直接人工的角度来讲，效率指的是相对于标准产量而言实际使用的工时；从变动制造费用的角度来讲，其数量差异可称为效率差异，这是因为，在大多数情况下人们认为变动制造费用与直接人工工时相关。

描述单位投入成本差异的术语同一般的成本术语相同：即价格差异针对原材料，费率差异针对员工工资。变动制造费用包括了各种成本，因此使用“支出”一词。虽然可计算出总的支出比率，但这个差异却简单地反映了这样一个事实：实际的制造费用区别于费率制定时的预期支出。

计算各个差异的一般模式为：

数量差异 =（所允许的标准量 – 实际使用量）× 每单位的标准成本

单位投入成本差异 =（每单位的标准成本 – 每单位的实际成本）× 实际使用量

这个模式也可以用下面的形式来表示：

实际使用量 × 每单位的实际成本	实际使用量 × 每单位的标准成本	所允许的标准量 × 每单位的标准成本
单位投入成本差异		成本差异

对于利用上面任何一种模式计算出来的差异而言，其数学符号标明了这些差异是有利的（+）还是不利的（–）。表 15-2 对 SeaCruiser 船身的一些成本差异的计算进行了说明。

尽管表 15-2 中计算出的有利预算差异总额为 \$234——很容易认为金额并不大，但有些个别差异却比较显著。这些差异大部分刚好相互抵消了。这个例子强调了分析每一项标准产生差异的必要性。尽管表 15-2 没有阐述，但我们应分别计算 SeaCruiser 船身的原材料、直接人工和变动制造费用等各个组成部分的差异。

如何利用表 15-2 中的信息呢？请记住，差异分析的目的是强调与计划结果的偏差，抓住有利差异，消除不利差异。对于原材料而言，\$1 125 的有利价格差异有可能是因购买了劣质的玻璃纤维而产生的，而购买劣质的玻璃纤维又导致了 \$1 470 的不利使用差异——作为业绩报告的结果，采购部门和原材料主管之间应该通过交流来解决这个问题。没有这项分析和交流，在没有意识到价格的节约会被高耗用率抵消的情况下，采购部门也许会继续购买低质材料。同样，\$768 的有利人工效率差异也许是由于本月使用了经验更丰富、工资更高的员工而产生的，这反过来又导致 \$381 的不利费用差异；分析和讨论后，直接人工主管、生产监督和人事部经理也许会决定让这种组合方式继续下去。差异分析信息应使信息使用者采取行动来保持或增加

表 15–2 标准成本差异的计算

Ⅰ. 假设：

下面的业绩报告总结了 Cruisers 公司一个月中各个项目的预算和实际使用情况及各项成本，这个月共制造了 100 个 SeaCruiser 船身。

	预算	实际	差异
原材料：	$45 780	$46 125	$345 U
玻璃纤维布……			
预算：每只船身 218 码 $2.10/ 码 ×100 个船身			
实际：22 500 码（单位价格：$2.05/ 码）			
直接人工：			
建造人工……	33 280	32 893	387 F
预算：每只船身 26 小时 $12.80/ 小时 ×100 个船身			
实际：2 540 小时（单位费率：$12.95/ 小时）			
变动制造费用：			
跟建造人工相关部分……	8 320	8 128	192 F
预算：每只船身 26 小时 $3.20/ 小时 ×100 个船身			
实际：2 540 小时（单位费率：$3.20/ 小时）			
总计……	$87 380	$87 146	$234 F

Ⅱ. 要求：

通过数量乘以单位投入成本差异的方式分析预算差异。

Ⅲ. 解答：

数量差异 =（标准使用量 – 实际使用量）× 单位标准成本

原材料使用差异 = [（218 码 ×100 个船身）– 22 500 码] ×$2.10 = $1 470 U

直接人工效率差异 = [（26 小时 ×100 个船身）– 2 540 小时] ×$12.80 = $768 F

变动制造费用效率差异 = [（26 小时 ×100 个船身）– 2 540 小时] ×$3.20 = $192 F

单位投入成本差异 = [每单位的标准成本 – 每单位的实际成本] × 实际使用数量

原材料价格差异 =（$2.10/ 码 -$2.05/ 码）×22 500 码 = $1 125 F

直接人工费率差异 =（$12.80/ 小时 – $12.95/ 小时）×2 540 小时 = $381 U

变动制造费用支出差异 =（$3.20/ 小时 – $3.20/ 小时）×2 540 小时 = 0

Ⅳ. 差异简述：

	使用 / 效率	价格 / 费率 / 支出	总计
原材料	$1 470 U	$1 125 F	$345 U
直接人工	768 F	381 U	387 F
变动制造费用	192 F	0	192 F
总计	$ 510 U	$ 744 F	$234 F

公司的盈利。如果计算差异获得的利益低于计算差异的成本，这种计算就没有什么意义了。

对于任何业绩报告而言，应当在作业活动后尽快将差异报告给责任人，只有这样，差异产生的原因才较易被记住，责任人才能采取适宜的行动。不是所有的差异都要求以同样的频率来汇报。在大多数组织中，原材料的使用和直接人工的效率受短期控制的约束，所以汇报这些差异的频率比汇报单位投入成本差异的频率更高些。在很多情况下，原材料使用差异和直接人工效率差异适合以数量形式报告，因为比起价格形式来，主管们更习惯于以磅、平方米和直接人工工时等指标来思考问题。比如，利用表 15-2 中的数据，消去模型中每单位的标准成本，数量差异的计算和表达方式如下：

数量差异 =（标准使用量 – 实际使用量）

原材料使用差异 =（218 码 × 100 个船身）– 22 500 码 = 700 码 U

直接人工效率差异 =（26 小时 × 100 个船身）– 2 540 小时 = 60 小时 F

一些企业在购买原材料而不是使用原材料时计算和报告原材料价格差异，这个差异被称为**原材料采购价格差异**（raw material purchase price variance）。当把原材料作为存货，而不是直接投入生产时，采用这种做法更为合适，因为这种做法在购买了原材料之后很快将任何价格差异汇报给采购经理，而不是等到使用原材料时才予以报告。比如，如果以 \$3.64/ 码的成本购买了 4 000 磅原材料 A，标准成本是 \$3.60/ 磅，则采购价格差异计算如下：

一般模式：

单位投入成本差异 =（每单位的标准成本 – 每单位的实际成本）× 实际使用数量

计算采购价格差异的调整模式为：

单位投入成本差异 =（每单位的标准成本 – 每单位的实际成本）× 实际采购数量

=（\$3.60 – \$3.64）× 4 000 磅

= \$160 U

固定制造费用差异分析

由于成本性态的不同，固定制造费用的分析方式与变动成本差异的分析方式有所区别。从控制的角度出发，固定制造费用的分析重点应当是：某一期间的预算金额与实际固定制造费用支出之间的差异，这个差异被称为预算差异（也用于确认变动成本的预算和实际金额之间的差异）。当实际的产量与计划产量不同时，也会产生差异，这个差异产生的原因是，固定制造费用在生产中采用的是根据计划产量预先确定的分配率（见表 13-3）。如果实际作业量跟计划并不相同，生产过程所分配的固定制造费用与计划分配金额会有所不同，这个差异叫做**产能差异**（volume variance）。

固定成本并非作用于单位产品之上，所以计算每单位固定制造费用差异是不恰当的。

为了说明固定制造费用差异的计算，仍以 Cruisers 公司制造帆船为例。在前面的标准成本计算举例中，固定制造费用预定分配率是 \$10.80/ 直接人工工时。让我们回忆一下第 13 章的内容，这个分配率的确定步骤如下：

本年估计（预算）固定制造费用总额……	\$3 240 000
本年估计（预算）直接人工工时总计	
（1 250 艘帆船 ×240 小时 / 艘）……	300 000 小时
固定制造费用预定分配率	
（\$3 240 000/300 000 小时）……	\$10.80/ 直接人工工时

现在假设本年固定制造费用总计为 \$3 327 500，实际生产水平为 1 288 艘帆船。今年实际允许的标准人工工时为 309 120 小时（1 288 艘帆船 × 每艘帆船所允许的标准工时 240 小时），固定制造费用账户将如下所示：

固定制造费用			
实际发生的成本	\$3 327 500	分配于生产中的固定制造费用（309 120 直接人工工时 ×\$10.80/ 直接人工工时）	3 338 496
		余额（多分配的制造费用）	\$10 996

多分配的制造费用由预算差异和产能差异组成，如下所示：

预算差异：		
预算固定制造费用		$3 240 000
实际固定制造费		3 327 500
预算差异		$　87 500 U
产能差异：		
本年度预算直接人工工时	300 000 小时	
本年度实际允许的标准直接人工工时	309 120 小时	
实际产量允许的标准工时超过预先估计的工时	9 120 小时	
固定制造费用预定分配率	× $10.80/ 小时	
产能差异		98 496 F
净差异（多分配的制造费用）		$　10 996 F

这又是一种净差异很小的情况，原因是较大的差异之间有抵消作用，而这种较大的差异也许值得进一步调查。一年中，实际发生的固定制造费用金额与分配到生产中的制造费用金额，可能由于很多原因而不同。固定制造费用的成本类别中包含了很多不同的成本项目（如主管人员工资、折旧、财产税、维修费用等），我们应当对每一个成本项目进行评估，以了解其对预算差异的个别影响。这种差异可能是由具体负责的经理在该年度多付或少付某一固定制造费用引起的；也可能像财产税的增长那样不在管理人员的控制之下。一项有利差异并不一定会对公司有利。比如，有利的维修费差异可能意味着管理人员为了试图提高其业绩而推迟或完全忽略原定的设备维修计划——这种当前的成本节约很可能会导致长期内更高的成本。

产能差异解释了从计划和控制角度与从产品成本核算角度对固定制造费用采用不同处理方法的影响。从计划角度，固定成本预计总额为 $3 240 000；而从产品成本核算角度，固定成本的利用时间超过了 300 000 小时的预计直接人工工时（$10.80/直接人工工时）——这些人工工时使每一单位产品吸收了固定成本总额的一部分。注意，只有当 Cruisers 公司的直接人工工时恰好为 300 000 小时的时候，其产品所吸收的固定成本才会正好等于预算总额 $3 240 000。如果该公司的直接人工工时大于或小于 300 000 小时，则分配到生产中的固定制造费用就会多于或少于预算金额。下图对这个概念进行了说明：

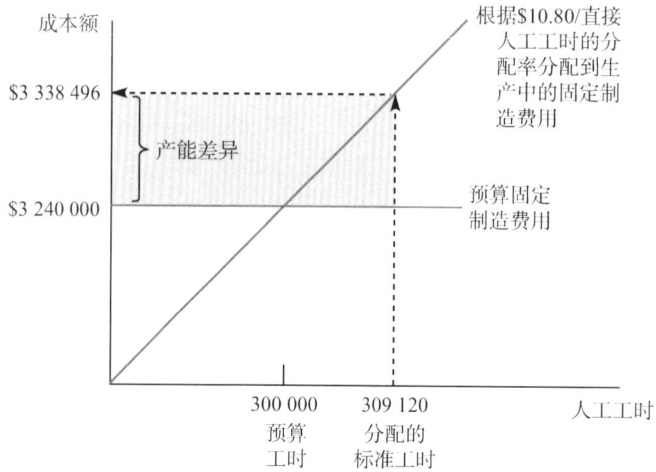

该图说明，如果 Cruisers 公司的直接人工工时大于 300 000 小时，当年分配的固定制造费用就会超过 $3 240 000 的预算。类似地，若该公司的直接人工工时小于 300 000 小时，则当年所分配的固定制造费用会低于 $3 240 000 的预计金额。由于实际的直接人工工时比计划多 9 120 小时，该公司在产品中多分配的固定制造费用为 $98 496（9 120 直接人工工时 ×$10.80/ 直接人工工时）。这个产能差异表明：由于实际人工工时高于估计水平，在产品和产成品存货及销售成本的金额被高估。

上面的例子采用了年度数据；在实际情况中，这种分析可能每月一次，或者按照能对固定制造费用进行最有效控制的分析频率进行。正如前文所阐述的，由于其本身的特性，固定制造费用很难从短期角度进行控制。然而，对很多公司来说，固定制造费用可能比所有变动成本总和都大得多，所以它受到了管理层的更多关注。

差异的会计处理

针对差异的会计处理，有一些比较有趣的问题。通常，如果有利和不利差异的净额与会计期间所有生产成本总额相比并不显著，则净差异将被包括在利润表的销售成本科目中。由于在会计期间采用标准成本进行存货计价，标准成本也被转入销售成本；因此将净差异与标准成本金额进行区分的结果，就是按照生产这些产品的实际成本报告销售成本。若净差异相对于总的生产成本具有显著性，则可以按存货和销售成本中的标准成本比例，将净差异分配到存货和销售成本中去。另一方面，

商 业 实 务

我的业绩究竟如何

业绩报告是计划和控制循环中一个至关重要的组成部分，它有助于管理者明确那些造成实际和计划结果差异的作业，并采取恰当的措施。这个过程可以是对生产流程中使用的某一项原材料进行评估，也可以是对整个经营预算进行分析，并提供将来进行比较的衡量标准；但是，要全面地了解一家公司的业绩状况，还必须注意相关的时间和行业范畴。

时间范畴是指企业当期业绩的评估结果要与以前期间的结果进行比较，以确定在本企业内的业绩趋势。从这个角度的分析为管理者提供了一个长期的内部视角，以考察其计划战略对于支持企业不断进步的有效性。行业范畴是指企业当期业绩的评估结果要与相似企业进行比较，以确定其在行业内的业绩趋势。从这个角度的分析为管理者提供了一个整体的外部视角，以考察其在整个市场上的业绩表现。

为了帮助进行此类评估，行业组织和商业协会提供了很多专门的信息来源。例如，美国印刷业公司（Printing Industries of America，Inc.，简称 PIA）和图形技术基金会（Graphic Arts Technical Foundation）推出了“图形艺术信息网”（Graphic Arts Information Network）——这个网络是该行业最大的信息资源互联网站点，网址是 www.gain.org。80 多年来，PIA 比率报告一直都是印刷业衡量公司业绩及与行业平均水平和行业内利润最高的公司（打印机利润率在整个行业的前 25%）进行业绩比较的首选工具。详情可参见：www.gain.org/servlet/gateway/publications/about_ratios.html。

网址为 www.ambcbenchmarking.org 的灵敏制造标准联盟（Agile Manufacturing Benchmarking ConsortiumTM）是一个由改善制造流程方面的专业人士组成的团体，旨在为成员企业整体经营中遇到的生产问题确定最佳的做法。该组织的目标是确定“最优”经营流程，这些流程一经实施，可以使成员企业取得出色业绩。

网址为 www.apqc.org 的美国生产率和质量中心（American Productivity & Quality Center，简称 APQC）为各个行业、各种规模的企业提供流程和业绩改善的相关信息。APQC 致力于提高各企业的生产率和质量，它提供了探索和实施最优做法的各种工具、信息和支持。

若标准成本代表目前可达到的目标，则一项不利的净差异可看作生产效率不高的成本，而此成本应被作为当前会计期间的成本。如果是这种情况，则不应将任何不利的净差异计入存货项，这是因为，此种做法会导致生产效率的不足被推迟到产品售出后才在利润表中反映出来。一项有利的净差异可能意味着标准过于宽松，因此将差异在存货和销售成本之间进行分配的做法是正确的。但无论怎样，财务报表与报表附注一般都不会提到标准成本体系或差异的会计处理方法，这是因为，对这些会计系统细节信息的披露，并不能增加报表整体的有效性。

对企业内各单位的分析

对企业的分部报告

企业的**分部**（segment）是指其分支机构、生产线、销售区域或其他组织单位。管理者经常会根据“各分部利润总和等于公司总利润”的规则，按分部报告公司的经营结果。例如，假设 Cruisers 公司有 3 个分部——帆船分部、摩托艇分部和修理备件分部，可编制以下利润表：

Cruisers 公司
分部利润表
截至 2008 年 7 月 31 日的季度

	全公司	帆船分部	摩托艇分部	修理备件分部
销售收入	\$560 000	\$320 000	\$160 000	\$80 000
变动费用	240 000	128 000	72 000	40 000
贡献毛益	\$320 000	\$192 000	\$ 88 000	\$40 000
固定费用	282 000	164 000	72 000	46 000
经营利润	\$ 38 000	\$ 28 000	\$ 16 000	\$ (6 000)

通过对该利润表的分析，管理者可能由于修理备件部门的亏损经营而取消该分部；实际上你可能会认为，如果该分部被取消，经营利润会增长 \$6 000。

现假设从对固定费用详细分析中可知，分配到每个部门的固定费用代表每个部门实际发生的固定费用（**直接固定费用**，direct fixed expenses）加上一部分分配的总公司固定费用（**共同固定费用**，common fixed expenses）——总公司固定费即使在某个分部关闭后仍会继续发生（请想像一下，当某个部门关闭时，公司总裁的工资作为一项共同固定费用会减少吗）。对固定费用的分析如下所示：

	全公司	帆船分部	摩托艇分部	修理备件分部
直接固定费用	\$170 000	\$100 000	\$40 000	\$30 000
按销售比例分配的共同固定费用	112 000	64 000	32 000	16 000
固定费用总额	\$282 000	\$164 000	\$72 000	\$46 000

即使关闭修理备件分部，共同固定费用也会继续发生，因此 Cruisers 公司如果取消该分部，会多损失 \$10 000。这是为什么呢？因为该部门对共同固定费用的贡献及取得的收益（称为分部毛利，segment margin）会随着分部的取消而被消除——下面更为合理的分部利润表清楚地说明了这一点：

Cruisers 公司
分部利润表
截至 2008 年 7 月 31 日的季度

	全公司	帆船分部	摩托艇分部	修理备件分部
销售收入	\$560 000	\$320 000	\$160 000	\$80 000
变动费用	240 000	128 000	72 000	40 000
贡献毛益	\$320 000	\$192 000	\$ 88 000	\$40 000
直接固定费用	170 000	100 000	40 000	30 000
分部毛利	\$150 000	\$ 92 000	\$ 48 000	\$10 000
共同固定费用	112 000			
经营利润	\$ 38 000			

修正后分部利润表的主要特点是：共同固定费用没有被人为分配至各部门，报表反映了每个部门对共同固定费用和公司利润的贡献。采用这种方法可以避免导致修理备件分部被关闭的类似分析错误的发生。

无论什么情况，只要同时存在直接固定费用和共同固定费用，就应当使用同样的报告格式，区分直接固定费用和共同固定费用。比如，如果要按销售区域细分帆船分部 \$92 000 的分部毛利，则应对该分部 \$100 000 的直接固定费用加以分析，将每个区域直接发生的固定费用从该区域的贡献毛益中扣减，可得出该区域的分部毛利。对销售区域而言，属于部门共有的固定费用不会被分配至各区域；它们将作为一个单独的金额从区域毛利的总额中扣减，从而得出该分部的毛利 \$92 000。

有时，企业的分部被称为责任中心、成本中心、利润中心或投资中心。**责任中心**（responsibility center）是企业中的一个单位，该中心的管理者被赋于一定权力，

表 15-3 评估责任中心（分部）的方法

分部	如何评估业绩
成本中心	发生的实际成本与预算成本相比较
利润中心	实际分部利润与预算分部利润相比较
投资中心	以分部利润和分部所控制的资产为基础，比较实际投资报酬率和预算投资报酬率

承担一定责任，且其业绩受到考评。**成本中心**（cost center）并不直接为企业创造收入。例如，工业工程部门是一个成本中心。负责产品销售的企业分部，如 Cruisers 公司的帆船分部，既可以是一个**利润中心**（profit center），也可以是一个**投资中心**（investment center）。表 15-3 对评估各中心（或分部）业绩的方法进行了概括。

人们更愿意从利润角度而不是成本角度对工作进行评估，因此，有时会制定一个**转移价格**（transfer price），将成本中心转化为利润中心或投资中心，使产品、配件或服务均按照转移价格从企业内部的一个单位"销售"至另一个单位。一个内部单位的收入会成为另一个内部单位的成本，因此很难建立对有关各方来说都公平的价格。这个问题，再加上记账成本的增加，意味着企业必须在行为角度和其他定量角度有重大的预期收益，惟此在成本中心层面制定转移价格才有意义。转移价格被普遍用于公司主要业务部门之间的内部交易以及作为独立法律实体的关联企业之间的交易。这些转移价格可影响奖金、供应来源决策及地方和国家所得税义务等——在这些情况下，确定合适的转移价格常常十分复杂。

投资中心分析

投资中心的管理者对组织中的决策具有比成本中心或利润中心的管理者更大的责任：投资中心的管理者不仅对成本的发生和收入的创造负责，还对用于开展该组织单位经营活动的资产拥有投资自主权。由于这种责任范畴的增加，恰当的业绩衡量指标对于在整个组织中评估投资中心经理是非常重要的。很多时候，业绩评估体系直接关系到管理者的报酬和其他奖金机会，这并不难理解；评估体系应当激励管理者达到最佳的个人业绩，而管理者个人业绩的最大化又应当推动整个组织的业绩最大化。

表 15-3 中指出，评估投资中心业绩的主要方法是：根据收益（分部毛利）和投资中心经理所控制的资产，对实际投资报酬率（ROI）和预算投资报酬率进行比

较。第 3 章所介绍的把 ROI 分为利润率和周转率的杜邦模型，是用于此项分析的一个非常有用的工具，因为该模型可以使管理者清楚地看到 ROI 模型的分子和分母中可能对整个比率产生影响的各个因素。为了说明这一业绩分析方法，下面列示了从 Cruisers 公司截至 2003 年 7 月 31 日的分部利润表中选取的相关信息及各分部经营性资产金额的信息：

	全公司	帆船分部	摩托艇分部	修理备件分部
销售收入	$ 560 000	$320 000	$160 000	$ 80 000
分部毛利	$ 150 000	$ 92 000	$ 48 000	$ 10 000
分部经营性资产	$1 200 000	$600 000	$500 000	$100 000
杜邦业绩分析：				
利润率（分部毛利 / 销售收入）	26.8%	28.8%	30.0%	12.5%
周转率（销售收入 / 经营性资产）	0.47 次	0.53 次	0.32 次	0.80 次
ROI（分部毛利 / 经营性资产）或				
（利润率 × 周转率）	12.5%	15.3%	9.6%	10.0%

根据杜邦分析得到的信息，分部经理可以将重点放在那些可以增加分部毛利、而又不会牺牲销售收入的作业上，如增加收入或降低费用，也可以在保持经营性资产金额不变的情况下增加销售，或者在保持销售额不变的情况下减少经营性资产。我们还应注意到，各分部经理的业绩排名，会由于杜邦模型提供的详细信息的不同而发生变化，此项信息能够使各分部经理了解自己在企业中的相对业绩：

	帆船分部	摩托艇分部	修理备件分部
杜邦业绩分析：			
利润率	28.8%	30.0%	12.5%
根据利润率进行的业绩排名	2	1	3
周转率	0.53 次	0.32 次	0.80 次
根据周转率进行的业绩排名	2	3	1
ROI	15.3%	9.6%	10.0%
根据 ROI 进行的业绩排名	1	3	2

如果不对业绩评估体系进行认真设计，会导致投资中心经理的低效行为；这些低效行为意味着某个管理者可能受到追求其自身最大利益的驱使，而不考虑其决策对整个企业的影响。例如，如果 Cruisers 公司帆船分部经理面临着一个投资新产品线的机会，该产品线可产生 13.5% 的投资报酬率，那么这位经理将会做出怎样的决策

呢？如果ROI是Cruisers公司用来评估该经理业绩的惟一指标，且其业绩与报酬挂钩，那么帆船分部的经理肯定会拒绝这个机会，因为对新产品线的投资会降低他目前的ROI水平。但这项决策（放弃对新产品线的投资）对Cruisers公司是否有利呢？答案是否定的，该公司目前的ROI为12.5%，而新产品线13.5%的投资报酬率将使其总体ROI得到提高。正因为会出现这种**局部优化**（suboptimization）情况，ROI不应作为评估投资中心业绩的惟一指标。

另一种对投资中心业绩进行评估同时消除了局部优化风险的方法称为**剩余利润**（residual income），该方法评估的是管理人员创造最低必要投资报酬率的能力，因此，投资中心经理的目标是在这个最低必要水平之上使利润金额最大化，而不是投资报酬率百分比最大化。剩余利润的计算如下所示：

剩余利润＝经营利润－必要投资报酬（经营性资产×必要投资报酬率）

我们仍以Cruisers公司截至2008年7月31日的分部利润表的相关信息为例进行说明。假设最低必要投资报酬率为10%。

	全公司	帆船分部	摩托艇分部	修理备件分部
分部经营性资产	\$1 200 000	\$600 000	\$500 000	\$100 000
剩余利润分析：				
分部毛利	\$ 150 000	\$ 92 000	\$ 48 000	\$ 10 000
必要投资报酬（经营性资产×10%）	120 000	60 000	50 000	10 000
剩余利润	\$ 30 000	\$ 32 000	\$ (2 000)	\$ 0
根据剩余利润进行的业绩排名		1	3	2

当投资中心获得的ROI高于最低必要ROI（如10%）时，剩余利润为正；如果剩余利润为负数，意味着该分部由于不能获得最低必要ROI而使企业价值不断减少，而这种未达标的情况可以引起有关人员对其影响程度的关注。我们注意到，在上面的例子中，根据剩余利润进行的业绩排名与采用ROI得到的排名一致，但采用剩余利润可使帆船分部的经理愿意投资新的产品线，因为ROI不低于10%的任何投资机会都能增加该经理的剩余利润。显然，任何单一的业绩指标，都无法满足企业信息分析的所有需求并提供行为激励，进而使管理者从公司整体的最大利益出发进行决策。

平衡计分卡

衡量和报告组织业绩的一种范畴更广的方法是使用平衡计分卡。**平衡计分卡**（balanced scorecard）是强调和传达企业战略目标和优先次序的、一系列紧密联系的财务和经营业绩指标，由哈佛教授罗伯特·卡普兰（Robert S. Kaplan）和戴维·诺顿（David P. Norton）创立的这一概念，促进了对相对不多的关键财务指标和非财务业绩指标的使用。业绩分析往往过于注重财务指标，如经营利润、分部毛利或投资报酬率，而使管理者“只见树木，不见森林”；平衡计分卡方法能够从总体视角出发提供一种分析框架，以支持企业整合的计划和业绩评估体系。

平衡计分卡框架通过四大角度进行整合，这四大角度是：财务角度，涉及财务业绩及其提高；顾客角度，涉及顾客满意度和企业及时满足顾客需求的能力；内部经营流程角度，涉及关键经营领域的改善，以实现更高的效率和生产率；学习和成长角度，涉及为员工提供学习新知识的资源。在每一个角度，企业都会定义一些关

表 15-4　Cruisers 公司的平衡计分卡

投资报酬率

企业投资

（为举例说明而假设的数据）	预算	实际
财务角度		
投资报酬率	12%	12.5%
每艘帆船的贡献毛益	$950	$925
收入增长率	10%	15%
顾客角度		
市场份额	40%	44%
顾客满意度指数	90	93
新顾客数量	25	22
内部经营流程角度		
系统自动化比例	65%	60%
及时发货比例	95%	88%
帆船制造时间（天）	5	5.5
学习和成长角度		
员工人均培训小时	30	33
参加项目组的员工比例	50%	45%
员工满意度指数	90	86

键目标及相关的业绩衡量指标，如表 15-4 所示。

表 15-4 中的企业投资流及投资报酬流说明了平衡计分卡这一衡量和报告概念的整合性。随着 Cruisers 公司投资于注重提高顾客满意度、经营流程和企业学习能力的项目和活动，其得到的回报不断提升，该公司的财务能力也得以加强。有能力且对企业满意的员工会致力于企业各项作业和经营活动的改善，而这些改善会增加产品或服务对顾客的价值，最终使企业获得更高的投资报酬。

第 16 章

为决策而进行的成本分析

决策过程包括整个计划和控制循环，并涉及企业的所有职能领域。有关产品市场和价格的长期竞争战略决策，是与满足企业战略目标所必需的有形生产能力资源的投资决策同时做出的。**资本预算**（capital budgeting）过程，就是对资本支出方案（如投资厂房、设备或新产品等）进行分析，确定这项投资是否在一定时间内会产生足够大的投资报酬率，从而促进企业达到整体的投资报酬率目标的过程。

决策

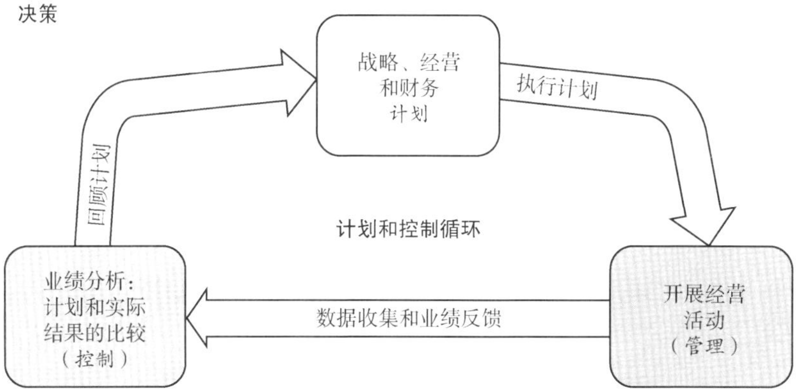

在计划过程中需做出的其他决策都具有短期的特点，包括第 14 章讨论的那些可避免成本项目的资源分配，如广告、慈善捐赠或管理发展项目。实施第 14 章讨论的经营和财务预算，需要由对执行预算规定活动负责的管理人员做出决策。一旦能够从第 15 章阐述的业绩报告体系中获得反馈信息，就需要通过决策来加强或更正经营计划。

本章将讨论一些短期决策和长期决策的例子，并确立一种与决策过程相联

系的成本思考方法。我们将按照随意的顺序介绍针对各种具体情况需要进行的不同分析，比如，当一家公司对其一次性销售的产品收到特别折扣报价时进行的分析，与增加工厂生产能力所需的分析会有很大的不同。

成本分类

从其他分析角度进行的成本分类

图 16-1 重点标出了最后一组成本分类，并列示了决策过程中使用的成本术语和概念。

在分析未来可能发生的作业时，我们需要关注**差别成本**（differential costs）。差别成本是指随着所选择的作业的不同而有所不同的成本。比如，如果企业正考虑对现有的某种产品进行调整，只有因此项调整而发生变化的那部分成本才应作为与产品调整预期增加的收入相关的成本——那些无论产品是否调整总会发生的成本，与此决策无关。

已分配成本（allocated costs）是指那些通过一定的运算过程，已被分配到产品或作业（成本中心）中去的成本。比如，根据制造费用分配率把制造费用分配到各生产批次，第 13 章介绍过制造费用分配率的计算。这里有必要就成本分配问题提醒你，很多成本分配方法带有主观任意性，其分配结果未必能反映成本发生的原因。（请回忆一下第 15 章对共同固定费用的讨论。）因此，对于包含已分配成本在内的分析所得出的结论，管理者必须十分谨慎。与固定成本单位化的规则一样，有必要记住这样一条通用规则：*不要任意地将成本分配到成本中心，因为被分配成本的成本性态未必与分配方法中假设的一致*。

沉没成本（sunk cost）是指已发生，并且不能因将来的行动而取消或不再发生的成本。比如，如果企业买进了一种对其他公司来说没有用的特殊用途资产，则该资产的成本就是一项沉没成本。如果该资产得到使用，则其成本将在使用期内作为折旧费逐步摊销；如果该资产被废弃，则其净账面价值将按损失入账。不管是哪种情况，该资产的成本会反映在利润表内。当把一辆新车开出经销商的仓库时，就会发生一笔沉没成本，这笔成本的金额等于由于该车已被“使用”而减少的价值。*沉没成本始终与未来行动方案的分析无关（即沉没成本永远不属于差别成本），因为沉没成本*

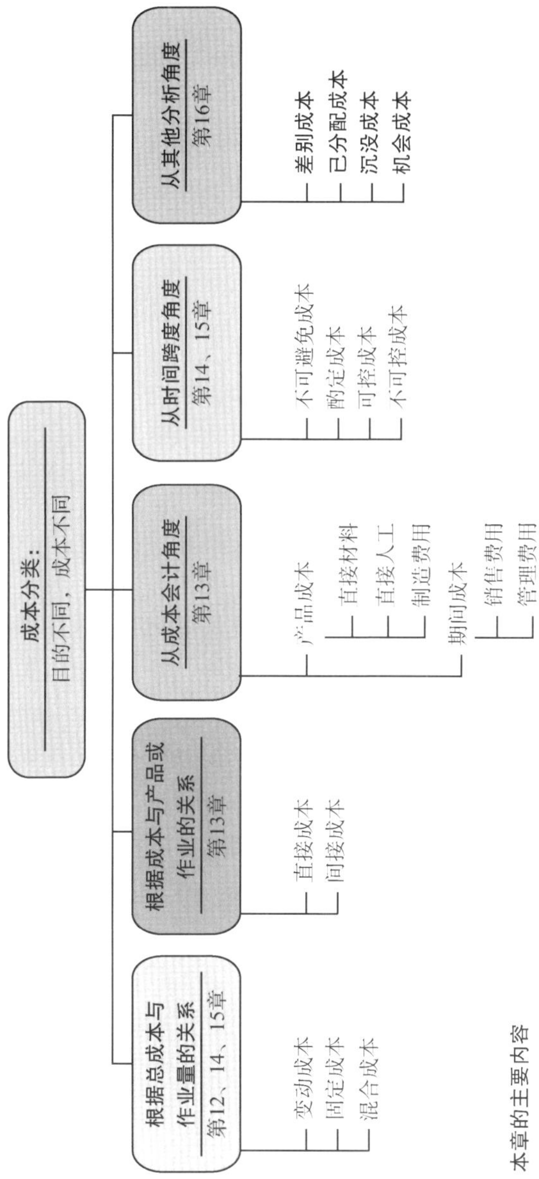

本章的主要内容

图 16-1 成本分类概览

是已发生且不能改变的成本。

机会成本（opportunity cost）是一个经济概念，这一概念在会计分析中经常被忽视。机会成本是指由于没有按照原本可获得的某个投资报酬率水平投资某项资产而被放弃的收入。比如，假设你的一个无息支票账户的最低余额为 \$200，该账户不管余额为多少，都不收取服务费。你的第二个选择是，将这 \$200 投入一个利率为 6% 的储蓄账户，则你做出决策的机会成本为 \$12（6% × \$200）。由于机会成本涉及的是没有发生的交易，财务会计流程中对此没有记录；正因如此，机会成本经常会被忽视。如果我们注意到机会成本，就会思考这样的问题：某项资产还有赚取回报的哪些其他方式？

短期决策分析

相关成本

在履行其管理企业经营活动的日常责任时，管理人员面临的决策可能只对接下来的几天、几星期或几个月有影响。这些短期决策可能涉及闲置资源的利用，或者通过外购生产中用到的某些部件以降低成本的机会。管理者也可能通过选择出售加工到某一环节的产品或继续加工以实现更高售价而提高利润。**相关成本**（relevant costs）是指那些代表不同决策方案之间差异的未来成本，这种成本是进行有效决策的关键。过去的交易成本因财务会计流程而被会计系统正确记录之后，代表的是不再相关的成本，因此管理人员在对决策成本进行正确分析时不应被其所迷惑。

在第 12~15 章对很多成本分类概念的讨论中，通过阐述如何为了计划和控制而从不同角度对成本进行考察，从而强调了“针对不同目的，存在着不同成本”的理念。同样，根据不同决策方案考虑问题的不同，这些成本可分为相关成本和非相关成本。变动成本或固定成本可能与某项决策相关，也可能不相关；这仅仅取决于它们是否代表不同方案之间的差异。下面举例说明这一点。假设 Air Comfort 公司生产空调系统，每台售价为 \$1 800，所需生产成本如下：

直接材料	\$600
直接人工	400
变动制造费用	200
固定制造费用	300

接下来，假定该公司的设计工程师开发出了一种更高效的空气净化系统，该系统可提高现有型号的运行效率。更高效型号产品成本结构的惟一改变，就是直接材料增加为 \$850。该公司负责市场营销的副总裁指出，高效系统的类似产品在市场上的售价可达 \$2 000。那么对于是销售现有型号还是生产更高效型号这项决策来说，应当考虑的相关成本是什么？

相关成本是现有型号和高效型号之间不同的成本：直接材料 \$250（新的材料成本 \$850- 目前材料成本 \$600）。注意，这项分析要求决策者独立思考列出的每一项成本；我们不能依靠前面从计划和控制角度阐述的一般成本分类来确定相关成本。本例中的成本可以划分为直接成本（材料和人工）和间接成本（制造费用），也可以划分为变动成本（材料、人工和变动制造费用）和固定成本（固定制造费用）。某些成本是直接成本而不是间接成本，或者是变动成本而不是固定成本，并不一定表明此项成本在决策中属于相关成本或非相关成本。对于本章从决策角度出发所讨论的成本，我们可以问一个基本的问题——“这项成本是否会造成差别？”——这是分析其决策相关性的正确思考方法。

那么，Air Comfort 公司究竟是应销售现有型号还是应生产更高效的型号呢？我们已确定生产更高效型号的相关成本是 \$250，但在做出最终决策前，必须把 \$250 的成本与高效型号带来的售价差异进行比较。下面的相关成本分析表明，在目前的市场条件下，生产和销售更高效的型号并非明智之举：

售价的差异（\$2 000 – \$1 800）……	\$ 200
材料成本的差异（\$850 – \$600）……	250
利润的差异……	\$ (50)

在 Air Comfort 公司的例子中，直接材料成本是一项差别成本，而更高效型号的销售价是一项机会成本——两者都属于相关成本。产品成本中的固定制造费用是一项已分配成本，而设计工程师的成本是一项沉没成本——两者都属于非相关成本。本章前面介绍的这些成本分类会用于各项决策分析：

相关成本	非相关成本
差别成本——随所考虑作业的不同而发生变化。	已分配成本——已人为分配到某一产品或作业中去的共同成本。
机会成本——选择某一方案、放弃另一方案而失去的收益。	沉没成本——已发生且无法改变的成本。

行动中的相关成本——特殊定价决策

虽然很多例子可以说明为短期决策而进行的相关成本分析，但特殊定价决策向我们提出了一些需要特别注意的问题。通常来说，产品或销售的定价决策是一项长期决策。就长期而言，产品或服务的价格必须足以补偿企业价值链（研发、设计、生产、营销、分销和客户服务）中确认的所有成本，并提供必要的投资报酬率。在很多情况下，产品或服务的价格是由市场及市场上的竞争对手决定的。如果一家企业想要参与竞争，关键要看它是否能在产品或服务的生命周期内对其价值链中的各项成本进行战略管理，以获得期望的投资报酬率。这一成本管理理念被称为**目标成本法**（target costing）。目标成本是指能够发生的最大成本，如果把这个成本加上期望的投资报酬金额，得到的应该是与市场售价相等的金额。

在某些情况下，公司可能收到以低于正常的售价购买其产品或服务的特殊订单。除了分析相关成本之外，特殊定价决策还要求决策者了解公司目前生产能力的利用状况。假设 MicroTech 公司（MTI）生产的一款手提电脑在市场上的正常售价为 \$2 400。另假设沃尔德大学（World University）想为该校的每位 MBA 学员配备一台手提电脑，使他们能够选修世界各地的教师讲授、并可由各地学员参加的网络课程。沃尔德估计 7 月需要为其 MBA 学员购买 500 台手提电脑，因此向 MTI 提出以每台 \$1 800 的价格购买 500 台电脑。

MTI 每月的生产能力为 5 000 台，并把该产量作为计算固定制造费用分配率的依据。在 7 月，其经营预算要求生产和销售 4 400 台电脑。除了销售每台电脑要支付的 5% 的标准佣金不需要向沃尔德大学支付外，标准的生产成本如下所示：

生产成本：	
直接材料	\$ 800
直接人工	450
变动制造费用	250
固定制造费用	500
单位成本总额	\$2 000

粗略看来，MTI 似乎不应该接受这份出价为 \$1 800 的订单，因为其每台电脑的成本要达到 \$2 120［\$2 000 的生产成本加上 \$120 的销售佣金（\$2 400 × 5%）］；但是，MTI 在对是否接受这份特殊报价进行决策的过程中，哪些成本属于相关成本呢？表 16-1 列示了对此项特殊定价决策的相关成本分析。注意，第 I 部分显示，MTI 在 7

月有 600 台的**闲置生产能力**（idle capacity）（总生产能力 5 000 台减去当期预算产量 4 400 台）。这些未计划的生产能力，可以让 MTI 考虑在不新增生产能力的前提下增加 500 台产量。还需注意的一点是，此项分析采用的是贡献毛益格式，强调了各项成本随作业量变化而呈现的成本性态。目前每台 $2 400 的售价会产生 $780 的单位贡献毛益，用以补偿总额为 $2 500 000 的固定成本并创造利润。

通过对单价为 $1 800 的 500 台电脑特殊订单的相关成本分析，我们可看出，直接材料、直接人工和变动制造费用这些变动成本项目属于相关成本，因为它们代表的是增产 500 台手提电脑额外所需的资源。但变动销售佣金并非此特殊订单的相关成本，因为这 500 台电脑无需支付佣金。在特殊定价决策中，可避免的变动成本绝对不属于相关成本。$1 800 的特别报价可产生 $300 的单位贡献毛益，而由于在闲置生产能力情况下不会发生额外的固定成本，因此这个正的贡献毛益将直接流入企业的盈亏底线，额外创造 $150 000 的经营利润。从会计角度看，按照每台 $500 的预定分配率进行分配的固定制造费用，并不属于此项特殊定价决策的相关成本，但它常常由于分析人员对相关成本概念的忽视而被错误地包括在分析之中。从表 16-1 中我们可以清楚地看到，任何报价只要高于 $1 500 的相关变动成本，就会产生正的贡献毛益，因此只要这 600 台闲置生产能力没有更高的获利机会就应当接受这些报价。MTI 在接受了沃尔德大学每台 $1 800 的报价后，其 7 月的经营利润可增加 16%。

如果企业处于**满负荷**（full capacity）运行状态，相关成本分析会发生什么变化呢？在表 16-1 的第Ⅱ和第Ⅲ部分，假设 MTI 在 7 月满负荷运转，生产和销售 5 000 台电脑。在不接受特殊订单的情况下，第Ⅱ部分确定了 MTI 以每台电脑 $2 400 的售价预计可获得的最大经营利润。在满负荷运行时，不应考虑接受任何低于正常售价的价格，除非所提供的方案能够使减少的成本多于相关的收入下降额。价格减变动成本所产生的贡献毛益低于 $780 的任何组合，都会降低经营利润总额。

表 16-1 的第Ⅲ部分说明了在满负荷运行状态下接受特殊报价对经营利润产生的影响。注意，由于这 500 台特价电脑的贡献毛益比满负荷销售所赚取的贡献毛益低 $480（每台），经营利润减少了 $240 000（$1 400 000 – $1 160 000）。这每台 $480 的贡献毛益差额是一个相关机会成本——选择接受而不是拒绝特殊报价所放弃的经营利润。正如第 12 章所讨论的，贡献毛益分析是一个强大的工具，在涉及销售价格、变动或固定成本、经营活动量等因素变动的决策中，管理者可运用这个工具确定决策对利润的影响。

概括而言，无论是否处于满负荷运行状态，MTI 都有机会使其经营利润最大化，

表 16-1 特殊定价决策中的相关成本分析

Ⅰ. 闲置生产能力 =600 台手提电脑，接受特殊订单

	目前销售 4 400 台		特殊订单 500 台		7 月总计 4 900 台
	单台	总额	单台	总额	总额
销售收入	$2 400	$10 560 000	$1 800	$900 000	$11 460 000
减：变动成本：					
直接材料	800	3 520 000	800	400 000	3 920 000
直接人工	450	1 980 000	450	225 000	2 205 000
变动制造费用	250	1 100 000	250	125 000	1 225 000
销售佣金	120	528 000	—	—	528 000
贡献毛益	$ 780	$ 3 432 000	$ 300	$150 000	$ 3 582 000
减：固定成本*		2 500 000		—	2 500 000
经营利润		$ 932 000		$150 000	$ 1 082 000
经营利润变动百分比			+16%		

Ⅱ. 满负荷，不接受特殊订单

	目前销售 5 000 台		7 月总计 5 000 台
	单台	总额	总额
销售收入	$2 400	$12 000 000	$12 000 000
减：变动成本：			
直接材料	800	4 000 000	4 000 000
直接人工	450	2 250 000	2 250 000
变动制造费用	250	1 250 000	1 250 000
销售佣金	120	600 000	600 000
贡献毛益	$ 780	$ 3 900 000	$ 3 900 000
减：固定成本*		2 500 000	2 500 000
经营利润		$ 1 400 000	$ 1 400 000

Ⅲ. 满负荷，接受特殊订单

	目前销售 4 500 台		特殊订单 500 台		7 月总计 5 000 台
	单台	总额	单台	总额	总额
销售收入	$2 400	$10 800 000	$1 800	$900 000	$11 700 000
减：变动成本：					
直接材料	800	3 600 000	800	400 000	4 000 000
直接人工	450	2 025 000	450	225 000	2 250 000
变动制造费用	250	1 125 000	250	125 000	1 250 000
销售佣金	120	540 000	—	—	540 000
贡献毛益	$ 780	$ 3 510 000	$ 300	$150 000	$ 3 660 000
减：固定成本*		2 500 000		—	2 500 000
经营利润		$ 1 010 000		$150 000	$ 1 160 000
经营利润变动百分比					-17%

* 本月固定成本总额（$500 × 5 000 台）。

而接受或拒绝沃尔德大学特殊报价的决策取决于对相关成本的正确理解。如果在有闲置生产能力的情况下接受 \$1 800 的特殊报价，MTI 将增加 16% 的利润，并把闲置资源调动起来；而在满负荷运行的情况下，如果正确地拒绝 \$1 800 的特殊报价，MTI 将避免利润发生 17% 的不必要下降。

相关成本分析为特殊定价提供了一种定量分析的框架。但是，任何经定量分析做出的决策还应当通过定性分析的框架，后者也可能否决原先做出的决策。例如，即使具有闲置生产能力且特殊定价高于增加的成本，企业仍可能拒绝接受特殊订单，因为正常的客户可能会知道这个特价并要求在其“正常”业务中也采用这个价格。再比如，产品销量在不久的将来可能会出现未预计到的增长；而低于正常价格的特价销售会吸收掉原本可用于新增正常销售的那部分生产能力。最后要强调的是，管理层必须确保特价不会违反相关法规，如美国的“罗宾森—帕特曼法案”就不允许以不同的价格销售同一产品，除非这些价格反映了相关的成本差别。要了解该法案的更多信息，可阅读本节的“互联网商业资讯”部分。

行动中的相关成本——自制或购买决策

另一种说明相关成本应用的决策情形是自制或购买决策。例如，管理者如何评估公司自己生产某产品的零部件和从外部采购这两种不同的方案呢？可能有很多理由表明外部采购方案具有更多的优势。对于不断寻求增加其产品或服务价值的企业来说，**外购**（outsourcing）是一个非常普遍的问题。企业的目标是在提高其产品和服务质量的同时降低成本。如果其他企业专门生产某个零部件且以此作为其核心能力，那么由企业自己生产该零部件可能成本更高；因为这些外部供应商可能由于拥有更新、更专门化的设备或具备特定技能的工人而更具有优势。另外，如果企业对于自制某零部件所需的生产能力有获利更高的机会，外购该零部件（以将腾出的生产能力用于其他获利途径）可能是一种不错的选择。企业的一些服务功能，如薪资、税收申报、信息技术或者员工咖啡馆的经营，也可能成为外购决策考虑的对象。

在自制或购买决策中，哪些成本属于相关成本呢？仍以 MicroTech 公司为例，假定该公司另外还生产上面的特殊定价决策中提到的手提电脑的主板，由此发生的生产成本如下：

生产成本：	
直接材料	\$120
直接人工	80
变动制造费用	50
固定制造费用	100
单位成本总额	\$350

电脑生产经理了解到，现在可以买到同等质量的主板——如果从联合技术公司（ITI）购买，每块主板的价格为 \$300 加上 \$5 的运输成本。粗略看来，这可能是一个简单的决策，但在进行相关成本分析之前，我们做出的决策很可能出现错误。

在自制或购买决策中，企业自己生产某个零部件或提供某项服务的相关成本，指的是那些如果从公司外部购买该资源或服务就可以避免的成本。因此，可避免成本是此项决策的相关成本。在评估每个成本项目时，要回答的一个重要问题是："如果从外部购买资源，这项成本是否仍会发生？"如果不论自制还是外购所需的资源成本都会发生，那么这项成本就与决策无关。让我们用 MTI 的数据来说明这个概念。假定已分配到每件产品的 20% 的固定制造费用金额代表的是主板生产经理的成本（体现为工资），如果 MTI 不生产主板，此项成本就不会继续发生，另外，现在用于生产主板的生产资源并无其他用途；那么，此项决策的可避免成本分析如下所示：

	自制方案的可避免成本	购买方案的成本
采购成本：		
主板成本		\$300
运输成本		5
生产成本：		
直接材料	\$120	
直接人工	80	
变动制造费用	50	
固定制造费用	20	
单位成本总额	\$270	\$305
自制方案的成本优势	\$ 35	

应该清楚的一点是，如果从外部采购主板，变动生产成本就不再是必须发生的成本。但我们还应注意到，相关成本分析中只包含了 20% 的固定制造费用，因为其余的固定成本都属于不可避免的沉没成本，没有其他用途。如果用于生产主板的产能资源还有其他的用途，上述分析将发生怎样的变化？假设 MTI 可以把目前用于主

板的产能资源用于扩大纯平显示器的生产，纯平显示器的单台贡献毛益为 $50——在这种情况下，又加入了一种机会成本，而我们必须记住，机会成本始终是决策的相关成本。因此，相关成本分析可调整如下：

	自制方案的可避免成本	购买方案的成本
采购成本：		
主板成本		$300
运输成本		5
生产成本：		
直接材料	$120	
直接人工	80	
变动制造费用	50	
固定制造费用	20	
单位成本总额	$270	
不把可使用的产能用于生产显示器的机会成本	$ 50	—
单位成本总额	$320	$305
购买方案的成本优势		$ 15

对于是否外购某一产品零部件或其他服务的最终决策，不应只依赖于定量分析而不考虑重要的定性分析因素：企业与供应商之间存在着重要的依存关系，供应商关系的管理对企业来说始终是不可忽视的；我们还应当考虑对购入零部件或服务质量的控制，并应确定相应的测试和计量体系，以确保必须达到的质量水平；另外，分多次运输，或在需要时才购买产品或服务，也会存在一定的风险。但另一方面，企业通过外购也可能得到质量更高的产品和服务，因为外部资源或服务供应商的专门知识和技术会被引入到企业中来。

对稀缺资源的短期配置

让我们来看相关成本如何用于决策的最后一个例子，即当产品需求超过现有生产能力时，生产资源可能被分配到某个产品组合的情形。本章稍后部分将阐述对新增生产能力的长期投资进行分析的决策方法，但就短期而言，产能限制可能迫使决策者不得不决定接下来应该生产哪一种（几种）产品——决策的目标是：在特定的需求和产能限制之下，实现贡献毛益的最大化。让我们以前面提到的联合技术公司

（ITI）为例。假定该公司采用相同的电路生产线生产下列产品，而只要是 ITI 通过其电路生产线加工的产品，就可以生产和销售出去，不受需求的影响。单位产品的销售价格、变动成本和贡献毛益列示如下：

	主板	视频电路板
销售价格	\$300	\$200
变动成本	150	100
单位贡献毛益	\$150	\$100

看起来主板的利润率较高，应当优先生产。但当存在产能限制时，从产能限制的角度考察每个产品的贡献毛益就十分重要。假如在电路生产线上生产一块视频电路板需要 1 小时，生产一块主板需要 2 小时——这种与受限制资源相关的信息，即每种产品的生产时间，是否会改变你对产品获利能力的看法？如果用电路生产线的小时数来表示每种产品的贡献毛益，可得到如下结果：

	主板	视频电路板
销售价格	\$300	\$200
变动成本	150	100
单位贡献毛益	\$150	\$100
所需的电路生产线小时数	2	1
每小时贡献毛益	\$ 75	\$100

稀缺资源的每小时贡献毛益表明，生产视频电路板将使利润最大化——如果 120 个可用生产小时全部用于生产视频电路板，所产生的贡献毛益可达 \$12 000（\$100 × 120 小时）。只有当某个时段不被用于生产视频电路板时，才应当生产主板。

长期投资分析

资本预算

资本预算过程，就是对资本支出方案（如投资厂房、设备或新产品等）进行分析，确定这项投资是否在一定时间内会产生足够大的投资报酬率，从而促进企业达到整体的投资报酬率目标的过程。

从所考虑的时间跨度来看，资本预算不同于经营预算。资本预算关注的投资及其回报要跨越若干年度，而经营预算所计划的期间通常不超过 1 年（即使是多年度经营预算，也总有机会对当年之后期间的预算进行调整）。因此，经营预算反映了公司实现当期利润率的战略计划，而资本预算则为公司实现其长期增长目标绘制了蓝图。

投资决策中的特殊考虑因素

投资决策涉及在当前做出财务资源承诺，以期望在一定期间内实现一定的投资报酬。这里所指的一定期间可能是好几年，由于复利 / 现值的因素，它会使是否进行投资的分析变得更加复杂。在大多数经营性支出决策中，货币的时间价值可以被忽略，因为支出带来的收益会在此项支出发生后很快实现，由此也可以确定一种简单的收益 / 成本关系。但资本性支出与此不同，它的收益将在几年内实现，而 5 年后收到的 100 美元和 1 年后收到的 100 美元是不同的。

大多数公司和其他组织的投资机会要多于可用于投资的资源。资本预算过程，尤其在运用了现值分析方法的情况下，有助于管理层判断哪些投资选择能为公司带来最多的未来收益。然而，与大多数运用定量分析方法的情况一样，量化的“答案”并不一定主宰管理层的决策。在决策过程中，定量结果会结合定性因素一起考虑。这些定性的因素包括：企业是否愿意承担拓展（或不拓展）新市场所产生的竞争风险；当企业必须出售更多股票筹集拓展资金时，要保持对董事会的控制；当然，还包括高级管理层对公司的个人目标。由于资本预算涉及对未来的预测，管理层对预测失误风险的态度，对投资决策有重大影响。

大多数公司的董事会会参与资本预算，这些公司往往要求董事会对超过最低限额的资本支出予以批准。根据不同的公司及其财务情况，这一限额可能是 5 000 美元，也可能是 100 万美元，甚至更高。由于资本支出意味着对公司资源的重大承诺，而且涉及多年时间，因此它需要得到高层的批准。

资本成本

营利性组织主要的财务目标是从所投资的资产中获取收益，以偿还所有的借款成本（利息），并为所有者提供投资报酬（ROE——净资产报酬率），从而公平地补偿其承担的财务风险。这些资金提供者的权益体现在资产负债表的右边；为满足他们的需求，必须对资产负债表左边的资产项目加以重视。因此，资产报酬率（ROI——投资报酬率）成为财务经理评价资本支出方案的一个首要考虑因素。

资本成本（cost of capital）是公司为了偿还利息负债、并向所有者提供预期回报而必须获取的资产报酬率。决定公司的资本成本是一个复杂的过程，不在本文讨论范围之内，这里只想指出，资本成本是借款成本、股东股利及收益增长率期望的组合。资本成本作为一个"关注点"（即它基本上反映了债权人及所有者期望的最低投资报酬率），对管理层非常有用。大多数公司在投资分析中设定的资本成本要略高于取得资金的"真实"经济成本，这样能为计算中的估计错误及投资分析本身运用数据的估计错误提供缓冲空间。用于分析资本支出方案的资本成本也受到被评价方案预期风险的影响。风险较大的项目（如新产品开发或新经营活动的开展）比风险较小的项目（如设备替换或现有经营活动的拓展）需要获得更高的报酬率；一定程度上，在不同的环境中经营的不确定性，要多于在已有环境中经营的不确定性，风险的差异就与这种不确定性有关。

资本成本是用来确定所分析投资项目现值的贴现率［即未来**现金流量**（cash flows）的贴现利率］。对于大多数公司来说，资本成本大致在 10%~20% 之间。在本章的资本预算例子中，资本成本是给定的；但你应该认识到，在实践中确定资本成本是一件复杂而且费时的事情。

资本预算方法

在四种被广泛认可的资本预算方法中，有两种方法运用了现值分析，另两种则未采用现值分析。由于货币具有时间价值，采用现值分析的两种方法显然（至少在理论上）优于忽略货币时间价值的方法。这四种方法是：

运用现值分析的方法：

净现值（NPV）法

内含报酬率（IRR）法

未运用现值分析的方法：

回收期法

会计收益率法

每种方法都要用到资本项目的投资金额。净现值法、内含报酬率法和回收期法用到的是每年投资产生的现金流量金额，会计收益率法则运用投资产生的应计会计净收入。对于大多数投资项目来说，每年产生的现金流量和应计的会计净收入的区别在于折旧费用，折旧是一个减少应计会计净收入的非现金项目。再次要说明的是，由于净现值法和内含报酬率法确认了货币的时间价值并关注现金流量，它们要比回收期法和会计收益率法更为合理。

净现值　**净现值法**（net present value method）把资本成本作为贴现率来计算项目预期现金流量的现值，并将现金流量总现值与需投资金额进行比较。

根据分析，可得出以下结论：

如果预期现金流量的现值：	那么→	净现值为：	则→	项目的预期回报率
大于所需投资额		正数		大于资本成本
小于所需投资额		负数		小于资本成本
等于所需投资额		零		等于资本成本

相应地，现值分析中所用的贴现率有时被称为最低报酬率，因为它代表了一项投资要取得正的净现值所需的最低回报率。净现值法如表 16-2 所示。

当考虑涉及不同投资金额的项目时，需要对净现值法做进一步扩展；此时不应根据净现值的绝对金额来排列项目的获利程度（因为其投资金额是不同的），而应当采用一个更为恰当的排列依据——现金流量的现值与投资额的比率，即**现值比率**（present value ratio）（或**获利指数**，profitability index）。例如，假设有以下项目数据：

项目	现金流量现值	投资额	净现值	现值比率
A	$22 800	$20 000	$2 800	1.14
B	34 000	30 000	4 000	1.13

虽然项目 B 的净现值较高，但从现值比率上可以清楚地看出：项目 A 的单位投资额能产生更高的现值，因此是较好的投资选择。运用净现值法进行投资分析时，应当采用后面的做法，即计算现值比率，尤其是必须从多个净现值为正的投资项目中做出选择时，更应该如此。

内含报酬率　净现值法和**内含报酬率法**［internal rate of return（IRR）method］的区别在于：净现值法中的贴现（利）率（即资本成本）是已知的，而内含报酬率法需

表 16-2　对投资方案的净现值分析

Ⅰ. 假设：

A. 一台价值为 $100 000 的新打包机估计使用年限为 5 年，5 年后估计残值为 $6 000。该机器将在 2003 年底购入。

B. 在公司的生产经营中，安装使用该机器在未来 5 年中节约的劳动力成本如下所示：

2004 年	$26 000
2005 年	27 000
2006 年	31 000
2007 年	35 000
2008 年	38 000

C. 公司的资本成本是 16%。

Ⅱ. 投资活动现金流量的时间线：

	12/31/08	2009 年	2010 年	2011 年	2012 年	2013 年
投资活动产生的现金流量：						
成本节约		$26 000	$27 000	$31 000	$35 000	$38 000
残值						6 000
总计		$26 000	$27 000	$31 000	$35 000	$44 000

Ⅲ. 按 16% 计算净现值：

现值系数（来自附表 6-4，16%）		0.8621	0.7432	0.6407	0.5523	0.4761
投资活动现金流量的现值		$22 415	$20 066	$19 862	$19 331	$20 948
投资活动现金流量的总现值	$102 622 ←					
投资额	(100 000)					
按 16% 计算的净现值	$ 2 622					

Ⅳ. 分析结论：

净现值为正数，因此项目的预计回报率大于 16% 的资本成本；按该量化分析，应当进行此项投资。

要计算投资方案获取的实际报酬率。这个报酬率就是使项目现金流量的现值等于投资额的贴现率（即使净现值等于零的贴现率）。因此，该方法需要运用不同的贴现率进行多次运算。一旦知道了项目的内含报酬率，将这一比率与资本成本进行比较，便可对此项投资是否适当得出结论。如果内含报酬率高于资本成本，则建议进行投资；反之则不建议投资。

对于表 16-2 中的投资方案来说，由于其净现值是正数，内含报酬率必然高于

16%。要确定实际的内含报酬率，必须运用一个更高的贴现率来计算另外一系列现值（在第 6 章的现值表中，18% 是比 16% 高且最接近的一个比率），然后运用**插值法**（interpolating）确定现金流量现值等于投资额时的实际贴现率。表 16-3 列示了内含报酬率法的计算过程。

净现值法在评价资本性支出方案方面具有一些理论上的优势，但很多管理者会同时使用净现值法和内含报酬率法，因为他们更愿意知道实际回报率。我们可利用

表 16–3 对投资方案的内含报酬率分析

Ⅰ. 假设：

同表 16-2。

投资方案以 16% 贴现率计算的净现值为 $2 622（见表 16-2）。

Ⅱ. 投资活动现金流量的时间线：

	12/31/08	2009 年	2010 年	2011 年	2012 年	2013 年
投资活动产生的现金流量：						
成本节约		$26 000	$27 000	$31 000	$35 000	$38 000
残值						6 000
总计		$26 000	$27 000	$31 000	$35 000	$44 000

Ⅲ. 按 18% 计算净现值：

	12/31/08	2009 年	2010 年	2011 年	2012 年	2013 年
现值系数（附表 6-4，18%）		0.8475	0.7182	0.6086	0.5158	0.4371
投资活动现金流量的现值		$22 035	$19 391	$18 867	$18 053	$19 232
投资活动现金流量的总现值	$97 578 ←					
投资额	(100 000)					
按 18% 计算的净现值	$ (2 422)					

Ⅳ. 插值法：

贴现率	16%	17%	18%
净现值	$2 622	$0	$(2 422)

净现值为零的贴现率接近于 17%。

Ⅴ. 分析结论：

该项目的内含报酬率为净现值等于零时的贴现率，因此就是 17%；预期的内含报酬率高于公司 16% 的资本成本，按照该量化分析，应当进行此项投资。

计算机程序使运算简化；在整个过程中，最具挑战性的工作其实是对与投资方案相关的未来现金流量的金额和发生时间进行估计。

分析中若干需考虑的因素

估计 现值计算的有效性与估计未来现金流量的精确程度密切相关，因此在做出估计时会耗费大量的精力。当项目涉及机器的替换时，对未来现金流量的估计（因费用节约而形成的现金流入，因保养性和定期性维修而产生的现金流出）相对较为容易；而当项目涉及投资新产品或较大规模的生产能力扩张时，收入就成了最重要、最难估计的数据。大多数公司会要求对项目进行**期后审计**（post-audit），以确定预期的收益是否真正实现——虽然要影响已完成的项目为时已晚，但在认识到过去的估计存在错误后，分析人员会改善将来的估计工作。通过改变估计值，可以知道不同的估计值对计算结果的影响，这个过程是敏感性分析的形式之一，它有助于分析人员确定一些最重要的估计。

未来现金流量 由于估计工作存在的难度，许多资本预算分析人员不会考虑预期 10 年后才可能出现的现金流量；他们认为，如果一个项目在最初 10 年的现金流量没有产生令人满意的投资回报，即使以后的现金流量会显示令人满意的回报率，这个项目还是风险太大而不能接受。例如，以 20% 的贴现率计算 11 年后收到的 $100 的现值为 $13.46，这就表明，过于长期的现金流量不会明显增加现金流量的现值总额。

一年内现金流量的发生时间 附表 6-4 和 6-5 中的现值系数假设每年的现金流量于年末发生——实际上，现金流量更有可能在全年之内平均发生。虽然可以根据这一假设来计算现值，但采用现金流量在年末发生的假设也是很正常的，因为这样计算出的现值金额会偏低，更保守一些。

一定期间内的投资 有关新产品、新厂房、生产能力扩张的资本性支出项目，通常需要在一段时期内完成支出过程。例如，在建筑工程中，每月会支付款项给建筑承包商，一些大型项目的建筑工程可能延续若干年。当这种情况发生时，现值分析中所用的投资额应被确定为预期项目开始投入使用这一时点的金额，这意味着我们必须考虑项目建造期间或经营之前的期间内现金支出的利息，以使投资金额包括该段期间投资额的时间价值。

项目所产生现金流量的所得税影响　一项资本性支出的现金流量应当包含所有相关的现金流入和流出，并包括所得税——其计算方法本质上与现金流量表中计算经营活动现金流量的方法一致。例如，一项新产品的资本性支出方案反映了产品第一年的经营利润、所得税和净利润的构成情况如下：

销售收入	$240 000
变动费用	100 000
贡献毛益	$140 000
直接固定费用：	
所需现金支出	85 000
设备折旧	20 000
经营利润	$ 35 000
所得税（税率为 40%）	14 000
净利润	$ 21 000

为计算该产品的现金流量，应当把折旧费用加回净利润中——你应该记得，折旧费用是一个税前列支项目，但并不是一项现金支出。因此，第一年新产品的现金流量为：

净利润	$21 000
加：折旧费用	20 000
产品现金流入	$41 000

此外，使用净现值法和内含报酬率法时，还应考虑应计收益和现金流量之间的所有其他差异。

营运资本投资　涉及新产品或生产能力扩张的资本性支出方案，通常需要营运资本的增加，因为应收账款和存货会有所增长。所需营运资本的增加应作为额外的投资（即这是一项在项目初始或以后发生的现金流出）。如果新产品或生产能力的扩张有一定的年限，营运资本的投资将在产品终止或扩张结束后被收回，则预期营运资本的收回应作为一项现金流入。

最低成本项目　并非所有的资本性支出都是为了降低成本或增加收入：有一些法律规定的支出（如环境控制）会增加营运成本（其“益处”可能是避免罚款），这种类型的支出项目也应用现值分析法来评价；但其目的并不是追求一个正的净现值或内

含报酬率，而是取得最低的负数结果。即使现值比率小于 1，最好的选择仍是具有最高现值比率的那一个方案。

回收期 用于评估资本性支出项目的**回收期法**（payback method）回答了这样一个问题：回收投资额要用多少年？把每年的现金流量（从第一年开始）累加，直到现金总额等于投资额，然后算一算需要多少年，就可以回答上述问题。比如，利用表 16-2 中的数据，对于一台价值 $100 000 的机器来说，预期每年的现金流量及累计现金流量为：

年度	现金流量	累计现金流量
2009 年（第 1 年）…………………………	$26 000	$26 000
2010 年（第 2 年）…………………………	27 000	53 000
2011 年（第 3 年）…………………………	31 000	84 000
2012 年（年 4 年）…………………………	35 000	119 000
2013 年（第 5 年）…………………………	44 000	163 000

当第 4 年的预期现金流量 $35 000 中流入 $16 000 时，投资得到回收；用小数表示，16/35 等于 0.46，因此项目的回收期为 3.46 年。

回收期法的明显优势是简洁明了。有些人可能不理解现值分析，但大家都能明白回收期的含义。但回收期法有两个主要缺点：首先，它不考虑货币的时间价值——这是一个根本性的缺点；其次，在传统运用中，回收期法并不考虑投资回收后继续发生的现金流量——因此，一个回收期为 3 年、但后来没有现金流入的项目，可能比一个回收期为 4 年、但后来持续 5 年有现金流入的项目看起来更好。

尽管存在这些缺点，回收期法仍被许多公司采用，尤其是在与设备替换有关的决策中更是如此。除了由于其含义清晰之外，该方法被广泛运用的另一个原因是：在技术迅速变化的环境中，投资回收速度至关重要。许多公司要求对新厂房和新设备的投资有一个较快的、显著的现金流入过程，因为这些公司在等待投资报酬时没有财务能力为其活动提供更多的资金。一些分析人员在报告净现值（或现值比率）和内含报酬率的同时也报告回收期，以回答“投资什么时候可以回收”这样一个问题。

会计收益率 **会计收益率法**（accounting rate of return method）着眼于投资项目对财务报表的影响。会计经营利润（或净利润）与投资对资产负债表的影响有关。这个比率是逐年计算的。表 16-4 引用表 16-2 的数据说明了 2009 年会计收益率的计算。

表 16-4　对投资方案的会计收益率分析

Ⅰ. 假设：

同表 16-2。

Ⅱ. 计算：

$$会计收益率 = 经营利润 / 平均投资额$$
$$= \frac{成本节约 - 折旧费用}{平均投资额}$$

2004 年：

$$= \frac{26\,000 - 18\,800^{*}}{(100\,000 + 81\,200^{+})/2}$$
$$= 7\,200/90\,600$$
$$= 7.9\%$$

* 直线法折旧费用：

（成本 – 残值）/ 估计使用年限

（100 000-6 000）/5 年 = 18 800

\+ 2004 年末账面净值：

原值 – 累计折旧

100 000 – 18 800 = 81 200

会计收益率法最主要的缺点是，没有考虑货币的时间价值。一些财务经理也会计算会计收益率，但其目的不是对投资进行评估，而是为了预计投资对资产负债表的影响。新生产线或新生产设施较高的初始成本，在一两年内可能会对报告结果产生负面影响。管理者必须意识到这一点，并提前告知股东，以使初始成本对公司普通股市场价格的影响降到最低。

投资决策

每一项管理决策都要同时考虑定量和定性的因素。在取得刚才列示的量化分析结果后，具有最高净现值或内含报酬率的项目不一定会被选中。起决定作用的定性因素可能包括：

- 对某个需要资本投资以取得或重获竞争力的业务部门进行资本投入的承诺，即使这一部门的投资报酬率不如其他部门高。

- 规定投资项目必须达到安全和环保等方面要求的法规。罚款、其他鼓励企业遵守法规的手段及管理者希望企业成为守法公民的目标，会使此类投资具有很高的优先级别。
- 行业内技术的发展可能要求企业在一定时期内以较低投资报酬率运用新设施，以便留住客户/顾客或维持市场份额。
- 企业可能将有限资金用于资本项目的投资，因此作为资金配额的结果，最终批准的可能是投资报酬率较低的项目，而不是投资报酬率高但难以筹取资金的大型项目。

除了考虑以上这些因素，管理层还会对资本预算模式中使用估计的精确程度做出判断，从而选择一些估计精确度更高的项目。

必须记住，虽然运用适当的量化模式能在很大程度上改善管理层的决策过程，

商业实务

林业公司的资本预算

近期的一项跟踪调查对20年前进行的有关资本预算的分析进行了重新审视，调查结果表明：76%的受访公司在评估与木材有关的投资时，把现金流量折现法作为首选方法，而仅有55%的公司使用该方法评估厂房和设备采购方案；此外，仅有15%的公司在评估与木材相关的决策时首选回收期法，而33%的公司采用该方法对厂房和设备采购方案进行评估。木材相关投资的长期性，使得货币的时间价值显得尤为重要，而回收期法作为一种短期的考察方法虽然也非常有用，但在分析木材采购方案时其有用性会降低。公司规模是主导企业是否采用现金流量折现法对厂房和设备采购方案进行评估的因素；而对于木材投资方案的评估，即使是小公司，也大多采用现金流量折现法。

此外，该调查发现，目前有更多的公司把内含报酬率法和净现值法等现金流量折现法作为首选评估方法；在原来的分析中，仅有44%的林业公司使用内含报酬率法和净现值法，一些小公司甚至说他们只采用主观判断进行资本预算决策。

此项调查还表明，由于木材投资的战略重要性（要持续经营，企业必须有持续的木材供应），侧重于保本点分析、盈利能力分析、决策树及关闭成本等管理会计概念的其他财务分析方法，正受到越来越多的关注。

资料来源：Jack Bailes, James Nielson, and Steven Lawton, "How Forest Product Companies Analyze Capital Budgets," *Management Accounting*, October 1998.

但是大多数决策明显受到高层管理者的价值观、经验等定性因素的影响。无论决策是否运用了货币时间价值的计算、成本性态信息、差异分析或我们所知的其他方法，所有的重要管理决策都具有不确定性，且需要运用判断。这就是高层管理者拿高薪的原因——如果做出错误决策，他们的职位就会岌岌可危！

资本预算与经营预算的结合

资本预算在若干方面与经营预算的编制密切相关：预期资本性支出项目所增加的贡献毛益和节约的成本，应列入费用和利润表预算；资本项目的现金支出必然包括在现金预算中；此外，还应考虑资本性支出对资产负债表的影响；最重要的是，你应当理解：资本预算的支出会影响公司未来年度的经营水平。企业需要投资新设备、新厂房设施及其他长期经营资产，以支持公司的成长目标。因此，资本预算的编制是整体预算和战略计划过程中不可或缺的一部分。上页的“商业实务——林业公司的资本预算”可使我们对林业公司如何进行资本预算有所了解。

结束篇

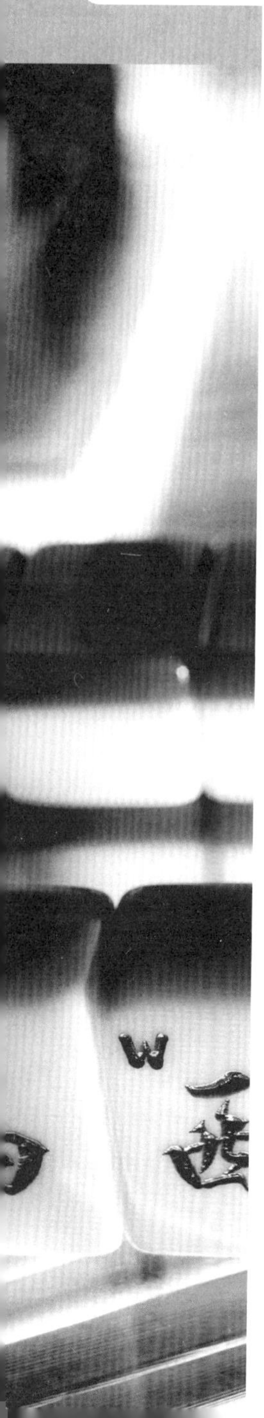

会计的未来

本篇将阐述七大主题——作者认为这七大主题有助于在会计的现在和未来之间架起桥梁。当你从头至尾阅读这部分材料时，不妨思索一下会计的过去和现状，然后再来看本篇对会计的未来阐述的观点。这些主题为：

1. 有效地运用技术。
2. 建立对未来的愿景。
3. 在全球化经济中竞争。
4. 具有洞察力和诚信。
5. 致力于不断的学习。
6. 成为经营伙伴。
7. 把愿景转变成现实。

会计和技术

会计电算化系统目前在全球处理着大量的会计事务，在今后也将如此。即使是极为便宜的会计系统，如 QuickBooks® 和 Peachtree®，也能提供相当成熟的交易处理功能，以满足小型企业基本的记账需求；而对另一部分企业而言，企业级的系统，如 SAP 和 PeopleSoft，能够向用户提供自动化的方案，以支持全球各大公司的业务流程。

在第 1 章中，会计被定义为“为了进行决策和做出有根据的判断而对一个组织的经济信息进行确定、衡量和传递的过程”；与此相类似，所谓系统，就是共同运作以实现一个共同目标的一组元素。从最简单的形式来看，会计信息系统以如下三个必要流程为特征：

会计已经演化成为一个复杂的信息系统——而计算机技术则提供了必要的速度、强大的功能、准确性、效率及更及时的组织信息。因此，这些系统的使用者能够拥有一个实时的窗口，通过这个窗口观察其所在企业的经营状况。

随着各大公司及更多公司利用各种技术和互联网把本公司的系统跟客户和供应商的系统相连接，系统输入的自动化程度不断得到提高。发票、采购订单、收货报告及汇款指令等有形单据，在过去一直是会计部门的源文件；随着有形原始文件被企业对企业（B-to-B）的电子交易流（即电脑对电脑的交流）所替代，这种文档工作变得越来越过时。现在，采购方可以在收到存货时进行条形码扫描，并在系统对采购订单予以确认后授权进行电子资金传输，完成对供应商的付款。与此相似，位于工厂战略性位置的数据采集终端，能够向系统提供耗用的材料、发生的劳动力成本及分配的制造费用等批次成本输入信息。在某些情况下，数据收集技术可以直接应用于运行设备，以记录速度、生产率、停工期及其他重要的生产变量。这些例子描述了技术在获取和记录经营事务中所起的作用，从而清楚地表明：会计人员在电算化交易处理系统的计划、分析、设计、实施、使用和控制过程中扮演着相当重要且不断变化的角色。

当系统获取了某项交易的信息时，这些信息被保存在一个数据库中——这个过程类似于交易从最初记录的分类账进行过账后，最终会停留在总账上。所谓数据库管理系统（database management system），就是指为了让用户通过在线查询或运行预先定义的报表实现与数据的交互过程而进行数据存储的一种应用软件。由于能够在数据库中对交易从各个角度进行切割和转换，数据库管理系统为经营分析人员和决策者提供了一个强大的工具，以满足各自的信息需求。数据仓库（data warehouse）是对企业的数据源重新加工形成的大型集合——这些超级数据库提供了优质、易获取的数据，因此能够使用户以创新的方式对数据进行处理和转换。数据挖掘技术（data mining technology）使企业能够对数据仓库进行搜索，找出数据之间的关系，这些关系可以提供对企业的新认识——如果没有数据挖掘技术，这项任务就无法完成。

将来，人们肯定会越来越重视开发对用户友好的技术工具，这些工具能让财务专业人员更容易地获取数据并加工成有意义的信息。结构化查询语言（Structured Query Language，SQL）是目前用来与数据库进行交互活动以生成预定义报表和提供临时性信息查询的界面语言。现在通过点击和拖放技术可以轻松完成的工作，在以前却要经过非常烦琐的取数过程，这些过程往往需要程序员编写详细的源代码，以进入数据库并生成所需的信息。运用目前的技术，任何一个了解数据库基本结构和关系的用户都可以有效地获取和使用信息。例如，微软 Excel 中的特别工具“获取外部数据（Get External Data）”以开放式数据库链接（open database connectivity，ODBC）驱动工具与兼容 ODBC 的数据库进行链接，并允许用户对多个数据库中的数据进行查询、获取和处理。

除了支持内部信息用户以外，数据库还为对外财务报告提供信息。在美国，大多数大型上市公司通过自己的网站进行一定类型的信息披露。但是，到目前为止，在互联网上列示的大部分财务信息都是相对静止的，大多只包括季报和年报，而且列示方式与打印出来的传递公司财务状况和经营成果的年报相类似。随着即将成为所有经营报告数字化语言的工具——可展开经营报告语言（Extensible Business Reporting Language，XBRL）的发展，基于互联网的财务报告将发生相当大的变化。XBRL 可以使（根据公认会计原则编制的）财务报告在形式上满足互联网上的传输要求，并让上市公司和私有公司、会计专业人员、投资者、研究人员、财务分析师、政府机构、银行及其他人员或部门通过网页浏览器阅读这些报表。XBRL 所提供的统一形式，可以使大量用户更方便地编制和分析电子化财务信息，比如打印出的财务报表、向监管机构报送的文件、银行要求的信用和贷款信息等，并使用户能从不同形式的财务报表中查询和获取详细的信息。

为了从概念上了解 XBRL 的运行方式，让我们举一个例子。假设在某个电子表格中列示了一张资产负债表，其中 2008 年 12 月 31 日的存货金额为 \$20 000。这个金额之所以有意义，是因为你可以看到其列标题为“2008 年 12 月 31 日”，行标题为“存货”，但如果你把 \$20 000 这个金额截取下来，移到另一张电子表格或报表中，情况会怎样呢？如果不同时把相应的列标题和行标题截取过来或重新输入，\$20 000 这个金额就无法传递独立的含义。通过 XBRL，\$20 000 这个金额会保留其所在财务报表的属性及其标题和日期，这样，数据可以传输到电子表格、数据库、报告打印文本、网页及其他更多的地方，而无需重新输入属性信息。XBRL 很可能被视为自电子表格之后财务报告领域发展成的最重要的一项技术，它会使经营信息的传递方式发生根本性变革。

会计职业

过去几年广受关注的财务报告和会计实务腐败和欺诈事件，使美国国会、证券交易委员会和其他监管机构以及大众有理由愤怒。极少数人的道德败坏、贪婪和傲慢自大，造成了公司的破产、高管犯罪以及安达信审计事务所的倒塌。不幸的是这些人的行为影响了成千上万的员工和投资者，同时也动摇了全球资本市场的信心，由此导致的国会听证会和立法、犯罪指控、有罪辩护及有罪宣判等一系列事件，使会计界成为关注的焦点。不管怎样，这种关注提高了并将继续提高对光明正大的、道德的和思维清晰的会计师、经理人和行政人员的需求。大家都很清楚，未来技术上的会计问题并不容易解决，而这些问题要想寻求解决就必须对道德诚信提出越来越高的要求。在接受和认可会计为一个职业时，良好的道德价值以及在经济、政治和社会活动中应用这些价值的能力将变的至关重要。

在强大的道德基础之上，为了在以客户为战略经营伙伴的技术驱动型全球商业经济体中得以生存，未来的专业会计人员需要具备更强的技能。一旦获得注册会计师证书，就代表了一种兼具技术才能和专业技能的良好形象，但注册会计师的品牌形象对未来会计专业人士的定义可能过于狭隘。MBA 学位可能使获得者具备前面所阐述的广泛技能，但 MBA 课程通常却缺乏作为会计专业人士所需要会计知识的深度。注册管理会计师（CMA）证书最接近美国公司对其专业会计和财务人士应具备的知识、技术和能力的测试要求。当然，未来专业会计人员身上会继续保留一个特点，那就是应当继续以独立的视角和高度的诚信提供服务。

1998 年，美国注册会计师协会（AICPA）出版了一份愿景项目报告，题为“关注将来：注册会计师愿景——2011 年以后”，该报告对很多会计专业人士来说有着积极的启示意义。愿景项目是一个正在整个会计界展开的项目，旨在了解、预见和推动会计职业在新的经济体中取得成功所需达到的要求，并让会计专业人员了解发生的变化。CPA 愿景可概括为下面几点：

核心目的：注册会计师……理解不断变化的世界。

愿景声明：注册会计师是受到信任的专业人士，能够创造个人和组织的将来。

注册会计师兼具洞察力和诚信，并通过以下方式创造价值：

- 清楚和客观地反映总体情况；
- 把复杂的信息转换成关键的有用信息；
- 预见和创造机会；
- 设计把愿景转化为现实的途径。

AICPA 的愿景项目明确了注册会计师在未来 10 年中生存必须具备的五项核心才能：交流和领导能力、战略性和批判性的思考能力、对顾客、客户和市场的关注、对汇集的信息进行解释及熟练运用各项技术。在 2001 年和 2002 年，一小部分人对重大的欺诈事件和随后的审计失败事件负有责任，造成了会计界的尴尬，这就进一步表明了会计界需要建立一个道德基础，而以上所有的能力都必须建立在这个道德基础之上。未来在某些方面似乎是相当确定的——注册会计师必须能够分析传统的历史数据，并提供可为他们的客户企业（及最终为这些企业的股东）创造价值的具有远见的看法。各企业需要的是能够承担领导角色并为企业提供指导和支持的专业财务人员。注册会计师将更多地从会计功能中转移出来，致力于企业经营的策略性和操作性层面。

当今的商业环境是一个真正全球化的环境：技术爆炸形成了一个全球化的交流网络，对于有效地缩小世界各国之间的距离起到了重要作用；跨国公司如今已比比皆是，而且，随着更多的公司为寻求战略机会而与其他公司合并成为经营伙伴，以充分利用各自的核心竞争力，将来会出现更多的跨国公司。但是，在全球化的市场环境中经营，对会计职业有什么启示呢？

虽然会计在世界各国都被作为商业语言，但到目前为止，并没有一种全球通用的会计规范：在一个国家适用的会计准则可能与另一个国家所用的准则有很大的差异；而且，对会计职业的规范仍然存在相当大的国别差异。试想，一个投资者试图比较通用、丰田和大众汽车公司的财务报表，如果没有清楚地了解美国、日本和德国允许采用的财务报告规范之间的差异，他将会遇到多大的挫折？我们也可以设想，如果一家跨国公司在 100 个国家经营，必须遵循每一个国家的会计准则，它的报告成本和所需的工作量将会如何惊人！幸运的是，统一全球会计规范的工作目前正在展开。

国际会计准则委员会（IASC）成立于 1973 年，是一个独立的民间性质的团体，旨在协调企业和其他组织在世界各国进行财务报告时所使用的会计原则。IASC 的目标在其章程中叙述如下：

1. 从公众的利益出发制定出一套高质量、可理解、可执行的全球会计准则，使财务报表和其他财务报告提供优质、透明和可比较（加重）的信息，从而帮助全球资本市场的参与者及其他使用者做出经济决策。
2. 推动这些准则的使用和严格遵循。
3. 为各国会计准则和国际会计准则的整合找出高质量的解决方案。

国际会计准则理事会（IASB）成立于2001年，以替代IASC并继续承担实现以上目标的职责。理事会由代表9个国家的14位成员组成，其资金来源是全球各会计师事务所、公司、财务机构及其他有关专业组织的捐赠。IASB与世界各国的准则制定组织合作，旨在对会计准则进行全球范围的整合；尤其要指出的是，由于IASB和美国财务会计准则委员会（FASB）对于需要制定统一、高质量的会计准则以提高财务报表的国际可比性有着一致的看法，因此，双方正在进行密切的合作。IASB和FASB之间的探讨，旨在消除美国的公认会计原则（GAAP）和国际会计准则之间的根本性差异。

IASB对全球会计准则的整合能力，最终将取决于这些准则在世界各国的证券监管机构和证券交易所得到的认可，如美国的证券和交易委员会（SEC）。SEC已经对IASC和IASB的工作表示支持，并明确了国际会计准则需要具备的三大要素。这些准则必须：

- 包括一套核心的会计公告，以形成一个综合、公认的会计基础。
- 高质量——它们必须带来可比性和透明度，而且必须完全披露。
- 有严格的解释和应用。

一个有待解决的重要问题是：这些遵循国际会计准则的财务报表，是否还要根据美国公认会计准则进行调整。大多数人的观点是，美国的会计规则比世界其他国家采用的规则复杂得多。显然，对全球会计准则进行整合是当务之急。IASB很可能采用复杂和详细程度低于FASB的准则；人们也希望四大会计事务所能够同意在他们对全球各公司的审计中实施这些更加概括的准则。

2001年和2002年广受关注的财务腐败事件，使公众投资者有理由愤怒。极少数人的道德败坏、贪婪和傲慢自大，造成了安然公司和世界通信公司（WorldCom）的破产及安达信事务所（Arthur Andersen）的倒闭等史无前例的事件。不幸的是，这些人的行为影响了成千上万的员工和投资者，同时也动摇了全球资本市场的信心，由此发生的国会听证会和立法、犯罪指控、有罪辩护及有罪宣判等一系列事件，使会计界成为了关注的焦点。不管怎样，这种关注提高了对德才兼备、冷静缜密的会计人员的需求。大家都很清楚，技术上的会计问题并不会变得更容易解决，而对道德诚信上必须提出越来越高的要求。

在强大的道德基础之上，为了在以客户为战略经营伙伴的技术驱动型全球商业经济体中得以生存，未来的专业会计人员需要具备更强的技能。一旦获得注册会计师证书，就代表了一种兼具技术才能和专业技能的良好形象，但注册会计师的品牌形象对未来会计专业人士的定义可能过于狭隘。MBA 学位可能使获得者具备前面所阐述的广泛技能，但 MBA 课程通常却缺乏作为会计专业人士所需会计知识的深度。注册管理会计师（CMA）证书最接近美国公司对其专业会计和财务人士应具备的知识、技术和能力的测试要求。当然，未来专业会计人员身上会继续保留一个特点，那就是应当继续以独立的视角和高度的诚信提供服务。

会计信息专业的学生

在当前迅速变化的经营环境中，工商和会计专业人员必须对信息技术及其在新经济体中的作用有一个广泛的了解。对我们而言，至关重要的是了解技术能够和不能够完成的工作；始终保持必要的技能，用技术来实现不断变化的经营目标；将所拥有的技术才能与领导才能相结合，使自己和公司员工获得竞争优势。如果不能做到以上几点，现在的工商和会计专业毕业生为在技术驱动型的信息时代充分发挥各自功能所做的准备将是不充分的。

现在的会计专业学生对自己的定位必须超越从财务角度对过去交易进行记录的传统会计角色。传统的与数字打交道的事务型工作及财务报表的编制，现在已经交给电脑来完成。雇佣会计专业人员的雇主需要认识到他们现在能起到的新作用，并通过邀请会计人员参与企业战略的制定过程来利用他们的知识和信息技能。会计人员的角色虽然在近年来发生了彻底的改变，但对会计人员认识的改变（尤其是在较低的管理层中）需要一定的时间，因为会计人员是簿记人员、“数豆者”、“经济警察”的传统认识中是根深蒂固的。作为经营伙伴，会计人员的工作将更加偏重分析性而不是事务性，更加以决策为导向，而不是以遵守规范为导向。简而言之，与过去相比，会计人员将更多地参与到企业的经营运作中。会计人员的新角色包括建立财务模型、战略规划、经营过程改善、内部咨询、财务分析、系统实施及组织培训。为了支持财务专业人员和会计信息用户的这些角色变化，在教育过程中需要更多地关注发展交流能力、分析能力、人际交往能力及技术能力，而不是对数字的处理（即借贷记账）能力。如果目前的商校毕业生跟处于新经济体中的企业需求相脱节，就会出现严重的问题。

会计人员在当今技术驱动型经济中的新角色，应当是一种战略经营伙伴，承担着开发信息需求，以支持企业各项价值链职能（曾在第 13 章中讨论过）的职责——这种新的角色可以表示如下：

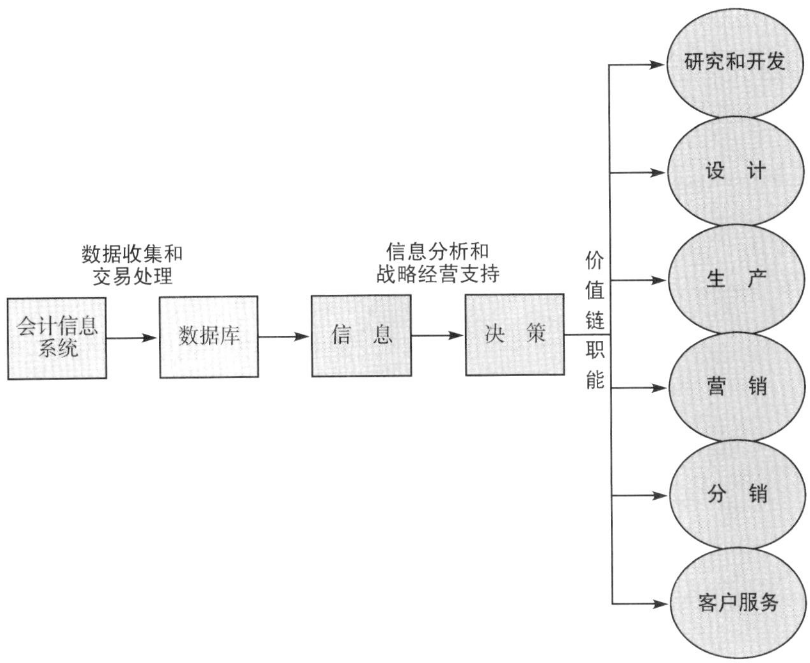

未来的会计人员将通过支持企业价值链中各个层次的管理人员、使其最有效地管理他们所控制的资源，在增强企业长期获利能力方面起到关键作用。为了发挥这种重要作用，更深入地了解企业的会计信息系统、信息和决策需求及受战略决策影响的各职能区域之间的相互作用，是至关重要的。

结　论

在很大程度上，我们所阐述的会计的将来其实已经存在——只是尚未完全进入操作层面或广泛应用。正如20世纪的技术决定了各工业化国家（如美国）的会计需求，21世纪的技术同样有助于确定全球化信息时代的信息需求。会计信息的用户将包括以团队工作形式对企业战略规划相关活动进行计划、执行和控制的管理人员。本书的目的是展现一种对财务报表的广阔视野，并阐述怎样凭借现有技术对会计信息进行有效的使用。结束篇使你对会计信息在将来的使用有所认识，从这一点上说，本文无疑有着更多的益处。

附 录

英特尔公司 2006 年年报摘录

intel® Leap ahead™

It's what's inside that counts.

2006 Annual Report

财务业绩

净收入
（单位：10亿美元）

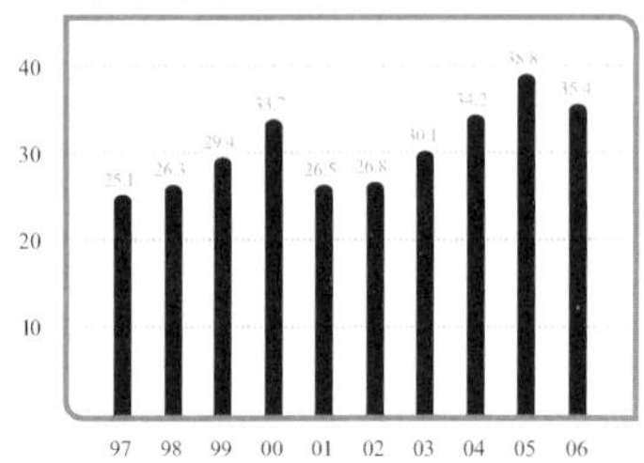

稀释每股收益
（单位：美元，已对股票分割进行调整）

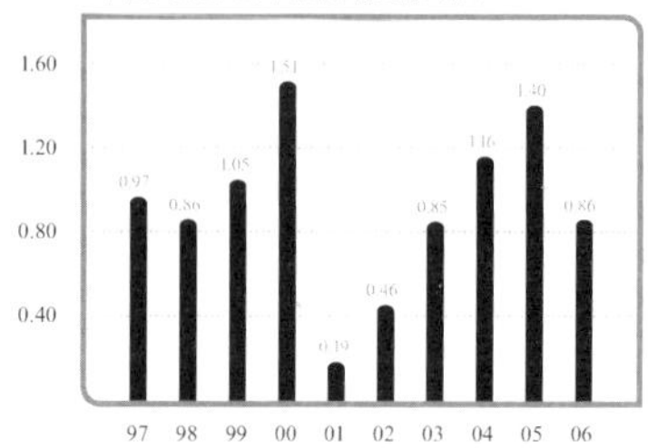

2006年收入的区域分布
（百分比）

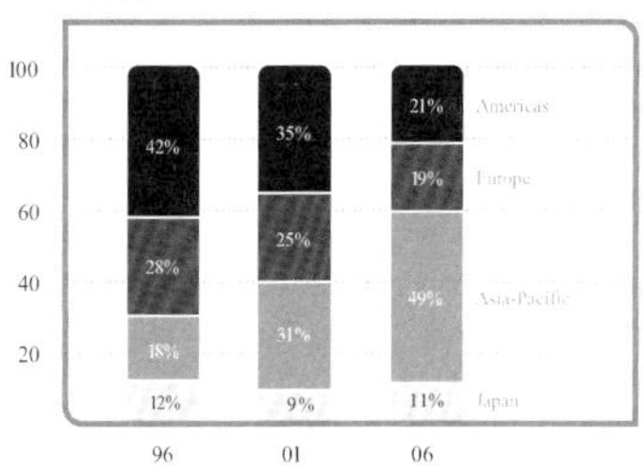

支付的每股红利
（单位：美元，已对股票分割进行调整）

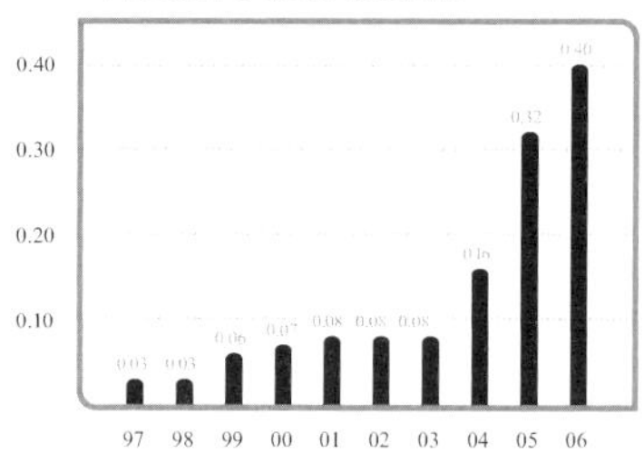

不动产、厂房和设备增资
（单位：百万美元）

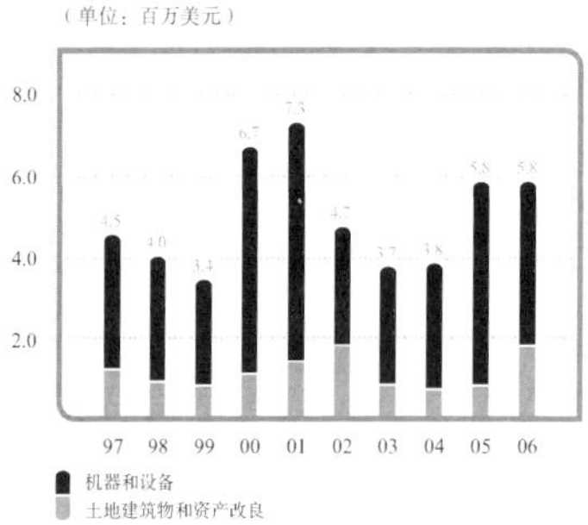

研发 **
（单位：10亿美元）

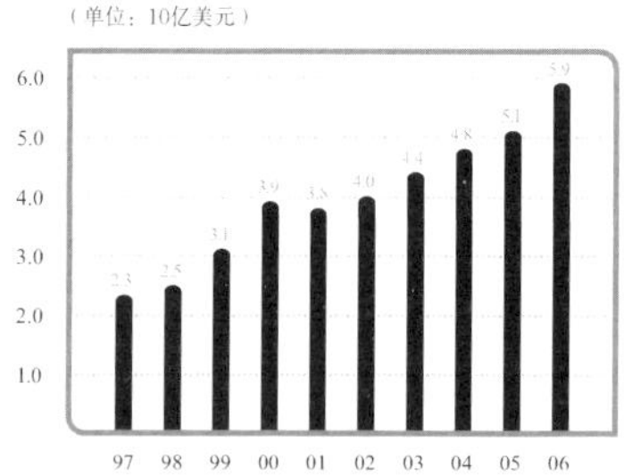

**不包括购入的未完成研发项目。

2006 年，英特尔成为更有竞争力的公司。我们重振了整个产品阵容，并取得了本行业的领导地位。同时，为了降低成本和提高经营效率，我们还进行了重组。结果是本公司以利润增长为核心，继续引领本行业的创新。

——保罗·奥特里尼
总裁及首席执行官

封面：英特尔于 2006 年推出了全球第一款四核微处理器，为满足大多数需求、媒体密集型个人电脑和服务器的应用，提供全新水平的性能打开了大门。

2006 年的财务业绩包括对股权激励报酬支付的影响。以后年度和 2001 年度的财务业绩包括商誉摊销的影响。
过去的业绩并不代表未来的业绩。本年报包括预测报表，它和实际业绩可能有很大的不同。
在“风险因素”部分列明了可能对实际业绩产生影响的风险因素，并贯穿于本年报所包含的 2006 年英特尔公司的 10-K 表。

2006年最精彩的部分

基于新一代英特尔®酷睿™微体系架构的产品，为台式机、笔记本和服务器产品线提供了高效节能的性能表现。

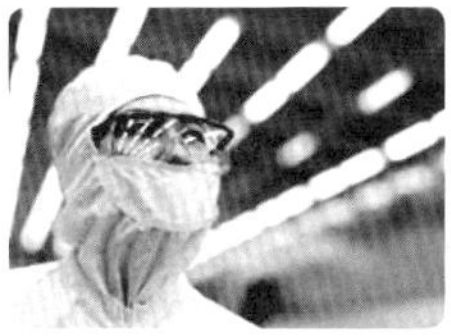

我们所生产的大部分英特尔处理器采用的是行业领先的65纳米级技术，因此我们的产品兼具成本和性能优势。

为了降低成本，使英特尔变得更加灵活、有竞争力，我们于2006年分析了公司的经营活动，并实施了大范围的重组计划。

英特尔的世界齐步走计划（World Ahead Program）通过技术教育提高了新兴市场国家人们的生活，他们能够买得起和连接得起个人电脑。

来自首席执行官的一封信

2006年英特尔在财务上是艰难的一年，但却是产品推出的好年度。我们面临着日益激烈的竞争，而且由于承受高于正常定价的压力，导致收入下滑。虽然我们今年以一个极好的财务附注收尾，并且报告了连续第20年的盈利情况，但我们2006年的收入为354亿美元，与2005年相比下滑了9%；经营利润为57亿美元，与2005年相比下滑了53%。今年我们通过推行全面的结构和效率检查，以及实施广泛的重组工作，旨在削减成本和打造一个更灵活的、以客户为导向的英特尔。同时，我们还加快了引进新产品，引领行业步入节能、多核运算的新纪元，并且以我们历史上最强大的产品阵容为今年画上圆满的句号。

长期采取的措施

我们的重组过程包括取消非必要的程序，以及提高组织的深度和广度。这些措施促成了2006年年中到年末全体员工人数下降了8 400人，我们预计到2007年年中员工人数还将下降2100人。

为了进一步强化我们专注于核心业务，也进行了几次资产剥离操作，包括剥离本公司通信和应用处理器业务的若干资产。这些措施已经对在科罗拉多州推出发售的Fab23的未来使用产生影响。

我们还公开了在微处理器领域持续保持技术领先地位的创新计划进程表，其中，我们计划约每两年推出新一代的微体系架构，以及在最近几年提升下一代硅加工工艺，它给我们提供了不断改进主要产品线的线路图。

我们预计这些措施的并举将在未来十年显著提高我们的竞争力，并将在2007年为英特尔节约约20亿美元的支出，并从2008年起每年节约约30亿美元。

破纪录的处理器

今年下半年，我们推出了40多个新一代微处理器，包括基于微体系架构的英特尔®酷睿™微处理器。

这种新型的微体系架构提升了双核和四核台式机、笔记本和服务器产品的能效表现。与单核处理器相比，这些双核或多核处理器旨在提供更强大的系统处理能力，以及在平衡功耗要求的同时管理多个任务。

今年6月，我们推出了第一款以英特尔酷睿微架构为基础的产品——英特尔®至强®处理器5100系列，该处理器一般用于高容量的处理器和工作站。在英特尔®酷睿™2双核品牌下，我们很快又于7月份推出了10款台式机和笔记本电脑的双核处理器。根据多个独立审查机构（例如AnandTech.com）的观点，这些新型处理器突破了之前的性能记录，并超越了同类竞争产品，同时在众多行业标准基准测试中显示本产品的功耗更低。市场对该产品的反应非常迅速，截至2006年底，我们已经售出超过200万台英特尔®至强®处理器5100系列，以及超过1700万台英特尔®酷睿™2双核处理器。

我们还专门为世界最先进的高端计算平台推出了双核英特尔®安腾®2处理器9000系列下的5个产品。英特尔®安腾®架构继续在市场保持着增长势头，2006年年报显示安腾处理器的销售收入达到了一个新高度。

今年年底我们推出了本行业第一款为台式机、主流服务器和工作站而设计的四核处理器。这些处理器有四个运算"大脑"，专为那些同时对性能和能效有很高要求的数字媒体、高端游戏和其他应用程序制造。

扩展我们在生产领域的领先地位

大批量制造世界一流产品，对于我们不断保持制造突破性产品的能力仍然至关重要。我们的大部分微处理器产品都来自于3个65纳米级晶片生产基地。事实上，我们在2006年销售了超过7亿个65纳米级处理器，产量上升速度超过了行业其他厂商1年以上。

由于每一代新工艺技术，使我们能够制造成本更低、性能和效能都得到更好提升并且拥有更多功能的产品。我们已经完成下一代45纳米级技术的研发，并将于2007年下半年开始投入生产。我们已经向各主要细分市场展示了5种不同的45纳米级微处理器，并运行5个行业标准操作系统。

解决实际需求的平台

我们将继续致力于为客户提供综合性平台，它结合了英特尔处理器技术和其他技术，例如配套芯片组和通信芯片，这些技术都以最优化的方式一起工作。我们的平台旨在满足消费者、企业所有者和IT专业人士的不同需求。

2006年我们推出了以下三个主要平台：

- 相比前几代的英特尔®迅驰®移动计算技术，英特尔®迅驰®双核移动计算技术平台，其设计目的是提供更好的、更高效节能的性能。
- 英特尔®博锐™技术平台，这是专为企业和IT客户服务的第一个个人电脑优化平台，它提供了更高的安全性、可管理性、性能以及能效。
- 英特尔®欢跃™技术平台，它提高了消费者对数字家庭的娱乐体验，包括使用者更容易在电视、个人电脑、手持式产品或其他设备上下载、管理和共享数字节目。

展 望

我们为那些仍然继续拥有巨大增长潜力的细分市场设计了我们的平台和处理器，这些细分市场包括：手机市场、数据企业市场、数字家庭市场和医疗保健市场。我们还投资于帮助新兴市场建立计算生态系统的项目。例如，英特尔于2006年5月推出的世界齐步走计划的目的就在于通过引进定制的、负担得起的个人电脑而提高新兴市场的接入技术，以满足不同地域人们的需求；同时，扩展了无线宽带互联网接入，甚至通过应用WiMAX无线技术，使偏远的农村地区也能使用无线网络；最后，我们还向教师和学生开展技术教育课程。

以下几种趋势对我们的未来发展是个好兆头：要求更高性能的超便携式设备的日益普及、完全侵入互联网、能耗显著降低以及外形尺寸更小等。此外，新的操作系统、更逼真的游戏以及在线高清视频都促使人们对处理器的处理能力提出更高的要求。

我想对我们的员工在风风雨雨的2006年还能继续默默奉献而表示衷心的感谢。他们的决心和取得的成就是卓越非凡的。

保罗·奥特里尼
总裁及首席执行官

来自主席的一封信

去年的经历再次证明了我们这个行业的基本生存法则：当我们取得技术和制造的领先地位时，我们提供的产品就在市场上取得了成功。今年伊始，我们并没有在我们的主要产品线上取得明显的领先地位，但是正如保罗·奥特里尼在他的信中提到的，通过一年时间推出一个新的微架构体系处理器产品，情况得到了显著改善。我们重新树立了英特尔在几乎所有计算领域的性能领导者地位，并提升了我们在市场中的竞争力。为保持和增强我们的技术领导者地位，我们还采取了相应行动。

公司的董事会知道，英特尔的股东将股东价值的增加作为衡量我们努力的标准。在英特尔，我们知道将高管薪酬和公司绩效相挂钩最能代表股东的利益。因此，英特尔的现金薪酬系统有一个很大的可变构成：当公司业绩良好时，支付的高管薪酬将高于市场平均水平；当公司业绩落后时，支付的高管薪酬将低于市场平均水平。拥有最高职责和权力的英特尔员工拥有最大变动性的现金和股票报酬。由于2006年的财务业绩比2005年要差，因此我们2006年的高管薪酬要低于去年的水平。2007年，董事会批准并向股东们提交了重新设计高管人员的现金奖励计划，以取代现有计划。重新设计的计划进一步明确了高管薪酬与以下事项相联系：公司绝对财务业绩、与标杆企业相比的相对业绩、经营目标的完成以及高管的个人表现。

董事会也明白，自己的业绩最终还须由股东来评分，2006通过采用多数投票标准进行无争议的董事选举，改善了该评分任务的方式。根据这一标准，董事候选人可能得到赞成票和反对票，并且可能在无人反对的情况下落选。这种多数投票标准使股东以另一种方式让董事对董事会和公司的业绩负责。

同时，董事会还根据英特尔持续产生现金流的能力以及对公司未来业绩的信心，授权将每季度的现金股利提高到每股0.1125美元。

最后，我想介绍一下一个已经离职的资深董事会成员和一个新来的成员。英国石油公司（BP）的集团行政总裁约翰·布朗先生，他为英特尔公司服务了近10年，最终从董事会退休。布朗勋爵为英特尔的董事会审议工作带来了丰富的国际业务经验，我们将永远铭记他的贡献。董事会新成员是雅虎的执行副总裁、首席执行官、兼财务及行政总监苏珊·德克尔女士，她现在已经正式加入我公司董事会并将为公司互联网产业的经营方向提供专业指导。让我们热烈欢迎苏珊并祝约翰今后的事业更上一层楼。

克雷格·巴雷特主席

美国证券交易委员会

华盛顿 20549

10–K 表

（选择其中一个）

☒ 2006 年度的年报根据 1934 年的证券交易法第 13 节或第 15（d）节编制。

☐ 过渡期报告根据 1934 年的证券交易法第 13 节或第 15（d）节编制。

其中，过渡期从 _____ 到 _____。

委员会档案编号 000–06217

英特尔公司

（在其章程中规定注册的确切名称）

特拉华州（在州或其他管辖区的公司或组织）

94-1672743（I.R.S. 雇主身份证号码）

美国加利福尼亚州圣克拉拉，米申学院大道 2200（公司总部地址）

95054-1549（邮编）

包括区号在内的注册者电话号码：（**408**）**765-8080**

根据该法第 12（b）节注册登记的证券

每一类的称号	每个登记注册的外汇名称
普通股，每股面值 0.001 美元	纳斯达克全球精选市场*

根据该法第 12（g）节注册登记的证券

无

注册者是否为“证券法”第 405 条法规所界定的众所周知的资深发行人，请标明：是☒　否☐

根据证券法第 13 节或第 15（d）节，注册者是否不需要呈交公司报告，请标明：是☐　否☒

注册者是否:（1）已经在过去的 12 个月内提交了 1934 年证券法第 13 节和第 15（d）节规定的所有报告（或者注册者在更短期限内需要提交的此类报告）;（2）已经在过去的 90 天完成了此项申报要求。请标明：是☒　否☐

根据条例 S-K 的第 405 项（本章 §229.405），是否在此处不包含对拖延申请者的披露，同时，根据本 10-K 表的第三部分或者 10-K 的任何修订版的参考信息，注册者以后也将不再将其包含于正式的委托声明或者信息报表中，请标明。

注册者是否属于大型加速编报公司、加速编报公司或者非加速编报公司。“加速编报公司和大型加速编报公司”详见证券交易法第 12b-2 条。请标明：（请选择一个）

大型加速编报公司☒　加速编报公司☐　非加速编报公司☐

注册者是否是一个壳公司（根据该法案第 12b-2 条的定义），请标明：是☐　否☒

截至 2006 年 6 月 30 日，根据纳斯达克全球精选市场发布的该日普通股收盘价，由非关联公司持有的有投票权和无投票权的普通股总市值约为：

1060 亿美元，截至 2007 年 2 月 16 日，发行在外的普通股股数为 57.67 亿股

因引用而并入的文件

将在第三部分提交与 2007 年股东大会有关的部分注册人的委托声明。

英特尔公司2006年12月30日10-K表索引

第一部分

第1项 企业

第1A项 风险因素

第1B项 未解决的工作人员的意见

第2项 财产

第3项 法律诉讼

第4项 证券持有人表决事项的申报

第二部分

第5项 注册者的普通股市场、相关股东事宜及发行人购买权益类证券

第6项 财务概要

第7项 管理层对财务状况及经营业绩的讨论与分析

第7A项 市场风险的定量和定性披露

第8项 财务报表和补充数据

第9项 会计师对于会计及财务披露变化的分歧

第9A项 控制及程序

第9B项 其他信息

第三部分

第10项 董事、高级管理人员及公司治理

第11项 高管薪酬

第12项 某些福利受益者和管理层的证券所有权及相关股东事宜

第13项 若干关系及关联交易，以及董事的独立性

第14项 主要会计费用和服务

第四部分

第15项 列报及财务报表附表

第 6 项. 财务概要

5 年期，截至 2006 年 12 月 30 号

(单位：百万美元)	净利润	毛利润	研发费用	经营利润	净利润
2006 年	35 382	18 218	5 873	5 652	5 044
2005 年	38 826	23 049	5 145	12 090	8 664
2004 年	34 209	19 746	4 778	10 130	7 516
2003 年	30 141	17 094	4 360	7 533	5 641
2002 年	26 764	13 318	4 034	4 382	2 117

(单位：百万美元，每股数据除外)	基本的每股收益	稀释的每股收益	发行在外的稀释股份加权平均数	宣告每股股利	支付每股股利	股权激励薪酬[1]
2006 年	0.87	0.86	5 880	0.40	0.40	1 375
2005 年	1.42	1.40	6 178	0.32	0.32	——
2004 年	1.17	1.16	6 494	0.16	0.16	——
2003 年	0.86	0.85	6 621	0.08	0.08	——
2002 年	0.47	0.46	6 759	0.08	0.08	——

(单位：百万美元，员工人数除外)	不动产、厂房和设备投资净值	总资产	长期负债	股东权益	不动产、厂房和设备增加值	年末员工数(千)
2006 年	17 602	48 368	1 848	36 752	5 779	94.1
2005 年	17 111	48 314	2 106	36 182	5 818	99.9
2004 年	15 768	48 143	703	38 579	3 843	85.0
2003 年	16 661	47 143	936	37 846	3 656	79.7
2002 年	17 847	44 224	929	35 468	4 703	78.7

1 本公司在 2006 年会计年度开始应用 SFAS 第 123（R）号准则。详见本 10-K 表第二部分第 8 项的“附注 2：会计政策”和“附注 3：员工股权激励计划”。

截至 2006 年 12 月 30 日，5 年内每年的固定费用和收入的比率，如下所示：

2006	2005	2004	2003	2002
50x	169x	107x	72x	32x

其中，固定费用包括：利息支出、租赁费用中估计的利息部分和资本化利息

第 8 项. 财务报表和补充数据

合并财务报表索引

英特尔公司的合并利润表

3 年期，截至 2006 年 12 月 30 日

（单位：百万，每股数据除外）	2006 年[1]	2005 年	2004 年
净收入	**$35 382**	**$38 826**	**$34 209**
销售成本	17 164	15 777	14 463
毛利润	**18 218**	**23 049**	**19 746**
研究与开发费用	5 873	5 145	4 778
营销与管理费用	6 096	5 688	4 659
重组和资产减值损失	555	—	—
与并购相关的无形资产和成本的摊销	42	126	179
经营费用	**12 566**	**10 959**	**9 616**
经营利润	**5 652**	**12 090**	**10 130**
权益类证券收益（损失）净值	214	(45)	(2)
利息和其他损益净值	1 202	565	289
税前利润	**7 068**	**12 610**	**10 417**
所得税	2 024	3 946	2 901
净利润	**$ 5 044**	**$ 8 664**	**$ 7 516**
普通股基本每股收益	**$ 0.87**	**$ 1.42**	**$ 1.17**
普通股稀释每股收益	**$ 0.86**	**$ 1.40**	**$ 1.16**
发行在外普通股加权平均股数	**5 797**	**6 106**	**6 400**
假设稀释后发行在外普通股加权平均股数	**588**	**6 178**	**6 494**

1 截至 2006 年 12 月 30 日，销售成本和经营费用包括股权激励薪酬。详见“附注 2：会计政策”和“附注 3：员工股权激励计划”。

见报表附注。

英特尔公司合并资产负债表

2006 年 12 月 30 日和 2005 年 12 月 31 日 （单位：百万，面值数据除外）	2006 年	2005 年
资产		
流动资产：		
现金和现金等价物	$ 6 598	$ 7 324
短期投资	2 270	3 990
交易型资产	1 134	1 458
应收账款，减备抵坏账 $32（2005 年 $64）	2 709	3 914
存货	4 314	3 126
递延所得税资产	997	1 149
其他流动资产	258	233
流动资产总计	**18 280**	**21 194**
不动产、厂房和设备净值	**17 602**	**17 111**
战略性权益类有价证券	**398**	**537**
其他长期投资	**4 023**	**4 135**
商誉	**3 861**	**3 873**
其他长期资产	**4 204**	**1 464**
资产总额	**$48 368**	**$48 314**
负债和股东权益		
流动负债：		
短期负债	$ 180	$ 313
应付账款	2 256	2 249
应付薪酬和福利	1 644	2 110
应付广告费	846	1 160
递延收入	599	632
其他应计负债	1 192	810
应交所得税	1 797	1 960
流动负债总计	**8 514**	**9 234**
长期负债	**1 848**	**2 106**
递延所得税负债	**265**	**703**
其他长期负债	**989**	**89**
承诺和或有事项（报表附注 18 和 19）		
股东权益：		
优先股，每股面值 $0.001，核准股份 50；尚未发行	—	—
普通股，每股面值 $0.001，核准股份 10000；		
发行在外股份 5766 股（2005 年为 5919 股），以及资本公积	7 825	6 245
累计其他综合收益	(57)	127
留存利润	28 984	29 810
股东权益总计	**36 752**	**36 182**
负债和股东权益总额	$48 368	$48 314

见报表附注。

50

合并现金流量表

3 年期，截至 2006 年 12 月 30 日

（单位：百万）	2006 年	2005 年	2004 年
年初现金和现金等价物	**$7 324**	**$ 8 407**	**$ 7 971**
经营活动产生（使用）的现金流量：			
净利润	5 044	8 664	7 516
将净利润调整为经营活动产生（使用）的净现金流量：			
折旧费用	4 654	4 345	4 590
股权激励薪酬	1 375	—	—
重组损失、资产减值损失和资产报废净损失	635	74	91
股权激励报酬计划的超额税收优惠	(123)	—	—
无形资产和其他与收购相关的成本摊销	258	250	299
权益类证券净收益（损失）	(214)	45	2
资产剥离收益	(612)	—	—
递延所得税	(325)	(413)	(207)
员工股权激励计划带来的税收优惠	—	351	344
资产和负债的变动			
交易型资产	324	1 606	(468)
应收账款	1 217	(914)	(39)
存货	(1 116)	(500)	(101)
应付账款	7	303	283
应交所得税	(60)	797	378
其他资产和负债	(444)	215	431
调整总额	5 576	6 159	5 603
经营活动产生的现金净流量	**10 620**	**14 823**	**13 119**
投资活动产生的现金流量：			
不动产、厂房和设备的增加	(5 779)	(5 818)	(3 843)
并购活动的现金净流出	—	(191)	(53)
购买可供出售资产	(5 272)	(8 475)	(16 618)
到期日出售可供出售资产	7 147	8 433	15 633
购买和投资非交易的权益类证券	(1 722)	(193)	(137)
资产剥离所得款项净额	752	—	—
其他投资活动	(33)	(118)	(14)
投资活动使用的现金净流量	**(4 907)**	**(6 362)**	**(5 032)**
筹资活动产生（使用）的现金流量：			
短期负债增加净值	(114)	126	24

股权激励报酬计划的超额税收优惠	123	—	—
长期负债的增加	—	1 742	—
负债的偿付	—	(19)	(31)
应付票据的偿付	(581)	—	—
通过员工股权激励计划出售股份的所得款项	1 046	1 202	894
普通股回购和注销	(4 593)	(10 637)	(7 516)
向股东支付股利	(2 320)	(1 958)	(1 022)
筹资活动使用的现金净流量	**(6 439)**	**(9 544)**	**(7 651)**
现金和现金等价物的净增加（减少）额	**(726)**	**(1 083)**	**436**
年末现金和现金等价物	**\$ 6 598**	**\$ 7 324**	**\$ 8 407**
现金流量信息的补充披露			
本年度支付的现金：			
利息，减 2006 年的净资本化金额为 \$60	\$ 25	\$ 27	\$ 52
所得税，减退税	\$ 2 432	\$ 3 218	\$ 2 392

见报表附注。

合并股东权益表

3 年期，截至 2006 年 12 月 30 日 （单位：百万，每股数据除外）	普通股股本及资本公积 股票	 金额	与收购相关的未获股票报酬 金额	累计其他综合 收益	留存 利润	 合计
2003 年 12 月 27 日的余额	**6 487**	**$6 754**	**$(20)**	**$ 96**	**$31 016**	**$37 846**
综合收益的组成，减税收：						
净利润	—	—	—	—	7 516	7 516
其他综合收益	—	—	—	56	—	56
综合收益总计						7 572
通过员工股权激励计划出售股份的所得款项，$789 的税收优惠（包括与以前年度有关的 $445 重分类金额），及其他	67	1 683	—	—	—	1 683
与并购相关的未赚取股票报酬摊销的净调整额	—	—	16	—	—	16
回购及注销股票	(301)	(2 294)	—	—	(5 222)	(7 516)
已宣告的现金股利（每股 $0.16）	—	—	—	—	(1 022)	(1 022)
2004 年 12 月 25 日的余额	**6 253**	**6 143**	**(4)**	**152**	**32 288**	**38 579**
综合收益的组成，减税收：						
净利润	—	—	—	—	8 664	8 664
其他综合收益	—	—	—	(25)	—	(25)
综合收益总计						8 639
通过员工股权激励计划出售股份的所得款项，$351 的税收优惠及其他	84	1 553	—	—	—	1 553
与并购相关的股票期权以及与并购相关的未赚取股票报酬摊销的净调整额	—	2	4	—	—	6
回购及注销股票	(418)	(1 453)	—	—	(9 184)	(10 637)
已宣告的现金股利（每股 $0.32）	—	—	—	—	(1 958)	(1 958)
2005 年 12 月 31 日的余额	**5 919**	**6 245**	**—**	**127**	**29 810**	**36 182**
综合收益的组成，减税收：						
净利润	—	—	—	—	5 044	5 044
其他综合收益	—	—	—	26	—	26
综合收益总计						5 070

首次遵循SFAS NO.158产生的税收净调整	—	—	—	(210)	—	(210)
通过员工股权激励计划出售股份的所得款项，税收优惠，及其他	73	1 248	—	—	—	1 248
股权激励	—	1 375	—	—	—	1 375
回购及注销股票	(226)	(1 043)	—	—	(3 550)	(4 593)
已宣告的现金股利（每股$0.4）	—	—	—	—	(2 320)	(2 320)
2006年12月30日的余额	**$ 5 766**	**$ 7 825**	**$ —**	**$ (57)**	**$28 984**	**$36 752**

见报表附注。

合并财务报表附注

附注 1：呈报基准

英特尔公司的会计年度结束于每年 12 月最后一周的周六，一个会计年度总共有 52~53 周。2006 会计年度共有 52 周，于 2006 年 12 月 30 日结束；2005 会计年度共有 53 周，于 2005 年 12 月 31 日结束；2004 会计年度共有 52 周，于 2004 年 12 月 25 日结束。下一个为期 53 周的会计年度将于 2011 年 12 月 31 日结束。

本合并财务报表包括了英特尔公司及其全资子公司的所有会计科目。内部往来和交易已予以抵消。对被投资单位拥有普通股或其他相似利益（详见紧集问题工作组发布的 02-14 号准则，“投资者是否应该对普通股投资以外的其他投资使用权益法？”）以及存在重大影响（但不能控制）的股权投资采用权益法核算。

由于美元是英特尔及其重要子公司的功能货币，因此，不存在由累计其他综合收益（损失）记录导致的货币换算调整。以非美元计价的货币资金账户，例如现金、对供应商的应付款项等，也都已经重新换算为美元。

附注 2：会计政策

会计估计

为了使财务报表的编制符合美国的一般公认会计原则，管理层必须进行估计和判断，这些估计和判断会影响到财务报表及其附注中所报告的金额。需要管理层进行重大估计和判断的会计估计，包括权益类非流通证券的估值、当期及递延所得税资产和负债的确认和计量、长期资产可收回性的评估、存货计价、股权激励薪酬的估值和确认。实际结果可能和管理层的估计存在重大差异。为了符合当前呈报，已经对以前期间报告的若干金额进行了重分类。

现金和现金等价物

英特尔将具有非重大利率风险以及自购买日起约三个月及三个月内到期的所有高流动性债务类证券视为现金及现金等价物。

交易型资产

交易型资产投资以公允价值计价，因公允价值变动而产生的损益在当前确认。英特尔的交易型资产包括：

- 可流通债务类证券，也即，在初期，利率或汇率风险由相关衍生产品进行套期保值。因利率和货币市场波动引起公允价值变化而导致这类投资的损益，在冲减相关衍生产品损益后计入“利息和其他损益净值”。
- 用于抵消递延报酬的权益类证券，这类投资旨在抵消与某些递延报酬计划的权益和其他市场风险相关的债务变动。因公允价值变动而产生的损益在冲减相关负债的损益之后，计入“利息和其他损益净值”。

- 可流通的权益类证券，也即，当公司在初始分类时，认为这类投资在本质上不属于战略性投资，并有能力和意图通过出售或使用衍生工具来降低股权市场的风险。对于权益类证券而言，因公允价值变动而产生的损益主要是在冲减相关衍生工具损益之后，计入“权益类证券收益（损失）净值”。

债务工具投资

原始期限超过3个月、且剩余期限不到一年的债务类工具，归为短期投资。剩余期限超过一年的债务类工具归为其他长期投资。

可供出售型投资

可供出售型投资以公允价值列报，未实现损益的税后净值归入累计其他综合收益（损失）。出售证券的成本按照个别认定法予以确认。英特尔的可供出售型投资包括：

- 可流通的债务类证券，也即，利率或汇率风险没有在投资初期由相关衍生工具进行套期保值，持有这些债券的目的的是为获取与伦敦银行同业拆放利率相符的回报。出售债务类证券的已实现损益计入“利息及其他损益净值”。
- 可流通的权益类证券，这类投资在初始分类时，在本质上被认为是战略性投资。公司为了促进业务发展及战略目标，会购买这些权益类投资。某种程度上，这些投资会持续具有战略价值，公司一般不会通过套期保值活动降低或消除其内在的市场风险。出售或交换权益类证券的已实现损益计入“权益类证券收益（损失）净值”。

非流通投资

权益类非流通证券以历史成本计价，或者公司对被投资对象有重大影响但不能对其控制时，使用权益法核算。英特尔公司按投资比例在投资损益中所享有的份额用权益法进行核算。其他权益法调整以及因出售或交换此类投资的损益计入利息和其他损益净值。没有使用权益法核算的权益类非流通证券出售或交换的损益计入“权益类证券收益（损失）净值”。权益类非流通证券归入“其他长期资产”。某些非流通投资，例如以成本为基础的参与贷款票据，按分摊成本核算并将其归入“短期投资”或者“其他长期投资”。

其他非暂时性减值

公司的所有可供出售投资、权益类非流通证券以及其他投资都必须进行定期的减值审查，当公允价值的降低被认为是非暂时性的，此时，该投资就被认为已经发生了减值。例如，以下投资：

- 可流通的权益类证券，此时公允价值显著低于该证券的成本并（或者）已经持续了很长一段时间。英特尔用以确定一项权益类有价证券是否发生减值的评估标准是，基于当时评估的具体事实和环境，包括对一般市场条件的考虑、减值持续的时间、公允价值低于成本的程度，以及为了收回投资该公司在足够长的时间内持有这类投资的意图和能力。同时，英特尔公司也考虑了与被投资单位的财务状况和经营前景相关的具体不利条件，包括行业和部门绩效、技术革新、经营和融资现金流因素，以及被投资单位的信用评级变化等。

- 非流通投资，此时所确定的事件或者情况将很可能对投资的公允价值产生重大不利影响。英特尔公司用以确定这些事件和情况的指标包括：(1) 被投资者的收入和盈利趋势与预期的阶段性目标和总体经营前景的相关性；(2) 被投资者产品和技术的技术可行性；(3) 被投资者所在行业或地理区域的一般市场条件，包括不利的政府监管或经济上的变化；(4) 与被投资者持续经营能力相关的因素，例如被投资者的流动性、负债比率及其现金流周转率；(5) 被投资者以一个较低的估价获取额外的融资。如果被投资者以低于英特尔公司账面金额，或者新一轮股权融资需要用于经营，并且新一轮股权融资并不急迫，则对被投资者的投资属于暂时性减值，除非具体事实和情况不属于上述情况。
- 可流通的债务类证券，此时发行方的信用质量出现显著下降，很可能对该投资的公允价值产生重大不利影响。

将投资确定为减值的判断指标还有赖于进一步的分析，以确定该投资的减值是否不仅仅是暂时性的，在这种情况下，应该认为该投资发生减值并且应重新确定一个新的成本基础。权益类非流通证券投资减值判断被认为在财务上和技术上是不可预测的，原因是这种投资自身没有公允价值，而估计的公允价值又只是有名无实。对于股权类投资的减值损失计入“权益类证券收益（损失）净值”，对于债务类证券投资的减值损失计入“利息和其他损益净值”。

金融工具的公允价值

由于现金和现金等价物的期限很短，因此，其公允价值比较接近其账面价值。短期投资、交易型资产、长期资产、可流通的战略性权益类证券、某些非流通投资、短期负债、长期负债、互换、货币远期合约、货币期权、权益类期权以及认股权的公允价值是按照市价或者基于现行市场数据的计价模型得出的。债务类证券通常采用收益曲线模型中按 LIBOR 利率计算的贴现现金流进行计价。权益类期权和认股权采用期权定价模型进行定价。除了以成本为基础的参与贷款票据及债务外，英特尔的金融工具以公允价值或者以近似公允价值的金额记录。估计的公允价值是由管理层估计得出的，然而，当不存在现成的市场数据时，估计的公允价值也不一定能代表当前交易可能实现的金额，并且这些估计的公允价值可能会发生重大变动。

对于某些非流通投资，例如权益类非流通证券，管理层认为在 2006 年 12 月 30 日和 2005 年 12 月 31 日，这些证券投资组合的账面价值是非常接近其公允价值的。对于本公司以成本为基础的参与贷款票据，在 2006 年 12 月 30 日，其公允价值超过账面价值约 5500 万美元。而在 2005 年 12 月 31 日，公司管理层认为，以成本为基础的参与贷款票据的账面价值几乎和其公允价值是相同的。这些公允价值的估计考虑了股权和风险资本市场的变动、利率环境的变化，以及其他经济变量。

本公司长期债务的账面价值为 180 亿美元。管理层认为，在 2006 年 12 月 30 日，这些长期负债的公允价值约为 17 亿美元；而在 2005 年 12 月 31 日，其账面价值和公允价值很相近。这些公允价值的估计考虑了信用评级的变化、股票价格的变动、利率变动以及其他经济变量。

金融衍生工具

本公司持有金融衍生工具的主要目的是管理货币、利率和某些权益市场的风险。本公司的金融衍生工具采用公允价值记录，并计入“其他流动资产”、“其他长期资产”、“其他应计负债”或“其他长期负债”科目。2006 年 12 月 30 日，作为资产的金融衍生工具的价值共计达 1.17 亿美元（2005 年 12 月 31 日，其价值为 8 700 万美元）；而在 2006 年 12 月 30 日，作为负债的金融衍生工具的价值共计达 6 200 万美元（2005 年 12 月 31 日，其价值为 6 500 万美元）。根据这些金融衍生工具是否满足现金流套期保值和公允价值套期保值的标准，本公司对这些金融工具采用不同的会计政策。对某项资产、负债或预计交易的现金流量的变动风险进行的套期保值，称为现金流量套期保值；对某项资产、负债、未确认的确定承诺的公允价值变动风险进行的套期保值，则称为公允价值套期保值。公司将金融衍生工具指定为套期保值工具的标准包括：该金融工具在降低风险上的有效性评估、金融衍生工具与其基础交易的匹配性，以及基础交易发生的概率。未指定为套期保值工具的衍生产品公允价值变动所产生的损益，从会计角度，应该在合并利润表中作为基础项目计入同一行项目上，并且通常与相关资产或负债的价值变动相冲抵。

作为战略性投资项目的一部分，本公司还会购买某些不用于套期保值的权益类衍生工具，如认股权和与债务相关的股权转化权。这些权益类衍生工具因公允价值变动而产生的损益，在“权益类证券收益（损失）净值”中予以确认。

通过使用金融衍生工具，本公司可以管理以下风险：

货币风险

公司在交易中除了使用美元外还会用到多种外币。为了避免汇率变化引起公允价值变动和未来现金流的波动，公司建立了资产负债表和预计交易风险管理计划。预计交易风险管理计划包括预计交易，例如经营成本和资本购买。这些计划可以减少汇率变动的影响，但并不能完全消除这种影响。该公司的货币风险管理计划包括：

- 指定为现金流套期保值的货币衍生工具，它利用货币远期合约和货币期权来套期保值预计的以非美元计价的美元等价物的现金流变动风险。这些金融工具的期限通常不超过 12 个月。对于这些衍生工具，套期保值的税后损益的有效部分作为股东权益中“累计其他综合收益（损失）”的一部分予以列示，并在同一期间或在套期保值交易影响收益的期间重新计入收益。同时，在合并利润表中作为套期保值交易的影响结果计入同一行项目上。
- 指定为公允价值套期保值的货币衍生工具，它利用货币远期合约和货币期权对冲以外币计价的资产或负债或先前未确认的确定承诺的公允价值风险头寸。对于公允价值的套期保值，其损益确认为收入，以抵消套期保值交易中的公允价值变动。2006 年 12 月 30 日和 2005 年 12 月 31 日，公司没有任何衍生工具被指定为外币公允价值套期保值。
- 未指定套期保值的货币衍生工具，它利用货币远期合约或利率互换来最经济的对冲已确认的金融资产的功能货币的等值现金流，包括以非美元计价的债务性证券和已确认的货币资产和负债。除了与某些长期权益类投资相关的衍生工具（其到期日通常小于 5 年）外，这些衍生工具的到期日通常小于 12 个月。基础资产和负债的美元等值现金流量的变动，通常与相关衍生工具公允价值的变动相冲抵。其净损益计入合并利润表中那些与经济状况最密切相关的同一行项目上，除了与股权相关的损益计入“权益类证券收益（损失）净值”外，其他损益主要计入“利息和其他损益净值”

利率风险

公司持有债务类证券的主要目的是：在收回本金的同时，获得最大收益。对于投资时间超过三个月的固定利率债务类证券的投资回报，通常调换为3个月的基于LIBOR利率的美元回报。本公司的利率风险管理计划包括：

- 指定为现金流量套期保值的利率衍生工具，它利用利率互换协议来修改公司某些投资的利率特征。对于这些衍生工具，套期保值的有效部分产生的税后损益计入“累计其他综合收益（损失）”，并且重分类为相同期间的收益，或者套期保值交易影响收益期间的收益，同时，在合并利润表中作为套期保值交易的影响结果计入同一行项目上。
- 指定为公允价值套期保值的利率衍生工具，它利用利率互换协议来对债务工具的公允价值进行套期保值。这类工具公允价值变动引起的损益，以及对套期保值的长期债务公允价值变动的抵消值，都计入利息费用。在2006年12月30日和2005年12月31日，公司没指定任何的利率衍生工具为公允价值套期保值。
- 未指定套期保值的利率衍生工具，它在经济的套期交易中，利用利率互换和货币利率互换，包括对以非美元计价的债务类证券（归入交易型资产）进行套期保值。公司必须在每月、每季度或者每半年对互换的浮动利率进行重置。重分类为交易型资产的债务类证券公允价值的变动，在抵消相关衍生工具的公允价值变动后，得出的金额通常很小，将其计入“利息及其他损益净值”。

股权市场风险

本公司可能会选择使用以下股权市场风险管理计划，以减少股票风险：

- 指定为套期保值的股权衍生工具，一旦权益类证券投资被认为不再具有战略价值，就利用股票期权、互换或者远期合约对冲权益类证券的权益市场风险。这些衍生工具通常被指定为公允价值套期保值。这些权益类衍生工具公允价值变动产生的损益，以及对套期保值的权益类证券公允价值变动的冲抵值，都计入“权益类证券收益（损失）净值”。截至2006年12月30日，本公司不存在任何被指定为公允价值套期保值的权益类衍生工具。
- 未指定为套期保值的权益类衍生工具，它利用权益类衍生工具，例如认股权、期权或者其他权益类衍生工具。这类衍生工具的公允价值变动计入“权益类证券收益（损失）净值”。公司持有某些属于交易型资产组合的权益类证券的目的是为了获得回报，这些回报能够抵消与某些递延补偿计划的权益市场风险有关的债务变动，并且其产生的损益计入“利息及其他损益净值”。

对有效性的计量

- 远期合约的有效性，一般通过比较套期保值合约的累计公允价值变动和套期保值项目的预计未来现金流量现值的累计变动来衡量。对于货币远期合约，使用与长期资本购置有关的现金流套期保值策略，其不包含远期利率，并且使用即期利率评估套期保值合同和套期保值项目，来衡量套期保值的有效性。
- 指定为套期保值的货币期权和权益期权的有效性，一般通过比较套期保值合同的累计公允价值变动和期权工具的累计公允价值变动（这项期权工具代表的是现金流套期保值的被套期保值项目的套期保值风险）来衡量。对于公允价值套期保值，其不包含时间价值并且使用即期利率来衡量套期保值有效性，以评估套期保值合同和被套期保值项目。
- 利率互换的有效性，一般通过比较套期保值项目的公允价值变动和利率互换的公允价值变动来衡量。

套期保值的所有非有效部分，以及在评估有效性时不予考虑的金额，计入“利息及其他损益净值”。

对于现金流量套期保值而言，如果其原始套期保值交易不可能按预期发生，则应予以中止，相关衍生工具的未实现损益重新归入利润表。相关衍生工具后续发生的损益，将在到期时、重新被指定为合格的套期保值工具或出售前的各个期间在利润表中予以确认。对于所有期间的列报，套期保值工具的损益部分不包含对有效性的评估，同时，套期保值的非有效部分，均没有对现金流量套期保值和公允价值套期保值的损益产生重大影响。

证券出借

很多时候，为了便于套期保值和某些投资交易的顺利进行，公司会和一些金融机构签订证券出借协议。被选定的证券可以借出，并以现金或者证券形式进行抵押担保。出借的证券继续作为投资资产在合并资产负债表上进行列示。现金抵押品借记一项资产的同时贷记一项负债。出借协议由证券作为抵押品，除非抵押品进行了再抵押，否则这些证券不计入资产或者负债。

存 货

存货成本按当期经调整的标准成本（大致等于根据当期平均或先进先出法得到的实际成本）进行计算。进行存货计价时，要求公司估计出陈旧过时的或者库存过多的存货，以及质量达不到销售要求的存货。公司通过估计未来市场对该产品的需求量来衡量存货是否陈旧过时或者库存过多。超过可销售数量的存货不予计价，而剩余存货则按照成本与市价孰低计价。在 2006 年第二季度，本公司完成了需求预测的准确性分析。因此，与往年相比，现在的需求期间不仅包括某些产品需求预计期内的额外几周，还包括特定产品的实际情况的审查时间。然而，这些变化并没有对 2006 年的毛利率产生显著影响。各会计年度末的存货金额如下：

（单位：百万）	2006 年	2005 年
原材料	$ 608	$ 409
在产品	2 044	1 662
产成品	1 662	1 055
总计	**$4 314**	**$3 126**

不动产、厂房和设备

各会计年度末的不动产、厂房和设备净值如下：

（单位：百万）	2006 年	2005 年
土地和建筑物	$14 544	$13 938
机器和设备	29 829	27 297
在建工程	2 711	2 897
	47 084	**44 132**
减去：累计折旧	(29 482)	(27 021)
总计	**$17 602**	**$17 111**

不动产、厂房和设备按成本计价。财务报告目的的折旧主要采用直线法进行计算，估计使用年限为：机器和设备 2~4 年；建筑物 4~40 年。公司会定期对这些资产进行审核，以确定是否有事实或者现象表明有效使用年限低于原先的估计，或者资产的账面价值无法得到完全补偿。公司评估持有资产价值是否可得到补偿的方法是：把相关资产或者资产组在剩余使用年限内的预计未贴现现金净流量分别与其相应的账面价值进行比较，如果账面价值超过这些资产的公允价值，则发生了减值。如果资产确定可以收回，但使用年限比原先估计的要短，则资产的账面净值采用新确定的剩余使用年限进行累计折旧。“附注 11：重组和资产减值损失”对 2006 年的资产减值损失进行了深入探讨。

当不动产、厂房和设备符合财务会计准则（SFAS）第 144 号准则“长期资产减值或处置的会计处理”中持有待售的标准时，这些资产就被确认为持有待售资产。对于归为持有待售的资产公司不再计提折旧。

公司将处在在建工程期间的借款利息进行资本化处理，并将其计入预计达到可使用状态的资产成本，并在该资产的预计可使用年限内进行摊销。

商 誉

当某收购价格超过收购确认的净有形资产和无形资产的公允价值时，就要记录商誉。公司使用公允价值为每个呈报单位（呈报单位可能是作为一个整体的营运部门，还可能是营运部门下作为一个组成部分的经营分支机构）进行减值测试。在确定某个呈报单位的账面价值时，必须分配公司的制造、装配和测试资产，这是因为公司的制造、装配和测试能力具有互换属性。这种分配是基于每个呈报单位对制造、装配和测试资产的使用比例。对商誉的进一步讨论，见“附注 15：商誉”。

无形资产的确认

知识产权资产，主要指拥有技术许可证的权利，并且通常在 2 到 17 年内按直线法进行摊销。与收购相关的无形资产主要是已开发的技术，此类无形资产在 4 至 6 年的期限内按直线法进行摊销。其他无形资产包括：与收购相关的客户名单、现有劳动力和客户的供应协议，前两种无形资产按直线法摊销，第三种无形资产按产量进行摊销。其他无形资产的摊销年限一般为 2 到 6 年。所有已确认的无形资产都被归为“其他长期资产”，在合并资产负债表进行列示。在本季度期间确认的无形资产需要进行完全摊销，完全摊销的余额从总资产和累计摊销余额中扣除。对无形资产确认的进一步探讨，详见“附注 16：无形资产的确认”。

公司对已确认的无形资产进行季度性审查，如果实际情况的变化表明，该资产的可使用寿命小于原先估计的使用寿命，或者该资产的账面价值很可能无法收回，此时，公司将通过比较与其相关的资产或者资产组在剩余使用期限内的未贴现现金流量净值，和各自的账面价值，以评估该无形资产收回的可能性。这些资产的账面价值超过其公允价值的金额确认为减值损失额。

产品质保

公司通常在销售产品的同时附有有限的产品保修期，以及客户举报侵犯与本公司产品相关的知识产权的有限奖励。如果已知的产品保修和奖励支出可能发生并可以合理估计，则将其确认为一项应计费用，同时，本公司将根据历史活动对已发生但未确认的事件计入应计事项。在呈报期间，这些已知事件的应计事项和相关费用并不重要。由于产品测试以及产品装运和故障检测和校正之间的时间很短，同时，考虑到奖励的历史支付率，对于估计已发生但未确认事件的应计事项和相关费用，在呈报期间的影响并不大。

收入确认

本公司确认净利润的时点是收入赚取过程已经完成，并且能以与客户签订的协议、所有权的转移和接受、固定价格及收款可能性作为佐证。价格津贴包括基于与客户签订的合同中规定的折扣，当本公司确认收入时，这些折扣作为应收账款和收入的减少予以确认。由于本行业降价频繁并且存在快速的技术淘汰，因此，本公司与分销商签订有有关价格保护的协议和递延确认收入的权利，这部分销售收入递延到分销商售出商品后再予以确认。净利润中包括向客户收取的运费，并且在销售成本中包含了相关运费。

广告费用

合作广告计划因公司某些产品的营销活动补偿客户但要受限于已有标准。合作广告债务作为应计事项进行确认，并在同一时间确认费用和相关收入。在某种程度上，若从收入中独立出来的广告收益可以进行确认，并且广告所支付的现金没有超出所获得广告收益的公允价值的话，则合作广告费用应作为营销费用和管理费用予以确认。若广告的现金支出超过广告收益的公允价值，则将超出部分确认为收入的减少。所有其他的广告费用都在发生时确认为营销费用和管理费用。2006 年公司的广告费用为 23 亿美元（2005 年为 26 亿美元，2004 年为 21 亿美元）。

员工股权激励计划

公司有股权激励计划，这部分内容将在“附注 3：员工股权激励计划”中进行详细说明。公司的员工股权激励计划从 2006 年 1 月 1 日起生效，采用 SFAS 第 123 号准则（2004 年修订）“股权支付”。根据 SFAS 第 123 号准则（R）的要求，对员工的股权奖励应采用公允价值核算。因此，员工的股权激励报酬必须在授予日，按授予股份的公允价值计量。2006 年 1 月 1 日之前，公司股权激励计划下的股票奖励使用内在价值法进行核算，该方法依据的是会计原则委员会（APB）第 25 号准则意见“发给员工股票的会计处理”及其相关解释，同时，还参照了修正的 SFAS 第 123 号准则“股权激励报酬之会计处理”所描述的预算披露要求。在股票授予日，期权的执行价格等于英特尔公司普通股的市场价格（该市场价格定义为纳斯达克全球精选市场所披露的该股票的最高成交价和最低成交价的平均值）。此外，根据 APB 第 25 号准则，股票购买计划被视为是非补偿性的。因此，在 2006 年之前，除了非重大的与并购相关的补偿金额，那些非股权激励报酬，都计入了合并资产负债表。

根据 SFAS 第 123 号准则（R）中的修正推延法，本公司 2006 年开始确认的报酬成本包括：(1) 在 2006 年之前（不包括 2006 年 1 月 1 日）授予的所有股权激励奖励的报酬成本，授予日估计的公允价值与 SFAS 第 123 号准则的原规定一致；(2) 2006 年 1 月 1 日以后授予的所有股权激励的报酬成本，授予日估计的公允价值与 SFAS 第 123 号准则（R）的规定一致。在实施股权激励的服务期间，本公司采用直线归因法确认股权激励报酬成本。在股票期权行使、注销、收回或者到期后，或者在授予或者收回限制性股票后，对于股票期权和拥有多个授予日的限制性股票产生的递延所得税资产，按先进先出的基准，在每个授予日予以抵消，这就类似于每个授予日期都是一个独立的期权激励。自采用股权激励计划之日起，为了抵消未来的税收短缺以计算可用的超额税收优惠，本公司遵循财务会计准则委员会（FASB）的员工职位第 123（R）-3 号准则中的替代性方法。

最近公布的会计政策

2006年9月，FASB颁布了SFAS第157号准则"公允价值计量"，该准则的目的是对公允价值进行定义，建立一个计量公允价值的框架，并增强公允价值计量的披露。这些计量和披露要求在2008年会计年度的第一季度开始生效。公司目前正在评估SFAS第157号准则对合并财务报表产生的影响。

2007年2月，FASB颁布了SFAS第159号准则"金融资产和金融负债公允价值选择权"，该准则允许企业选择若干金融工具和某些其他事项按公允价值计量。准则要求已选为公允价值计量的事项其未实现损益应当计入收益。SFAS第159号准则于2008年会计年度的第一季度开始生效，尽管允许本公司提早采用该准则。公司目前正在评估SFAS第159号准则将对合并财务报表产生的影响。

2006年6月，FASB发布了FASB解释公告第48号准则"不确定所得税的会计处理——对FASB第109号准则公告的解释（FIN48）"。根据SFAS第109号准则"所得税的会计处理"，该解释公告确认和计量不确定所得税情况的会计处理包括两个步骤：（1）如果现有证据显示已有的税收状况在审计上没有问题，包括有关的上诉或诉讼程序的决议也没有问题（如果有的话），则可以根据判断评估税收确认状况；（2）根据最终的结算，衡量那些很可能有大于50%的概率能够实现的最大税收优惠。公司仍在评估采纳FIN48对本公司产生的影响。根据初步分析，管理层认为采用FIN48将导致2007年第一季度的留存收益增加约1.5亿~3亿美元。然而，最终的分析结果要在2007年第一季度才知道。

美国财务会计准则委员会和美国新问题工作小组于2006年6月达成共识，批准EITF发布06-2号准则"公休假及其他类似福利的会计处理——基于FASB第43号"（EITF第06-2号准则）。EITF第06-2号准则要求企业将这种带薪休假超过必要服务时间的差额计入成本。目前，公司将所有满足7年服务年限的合格员工的带薪休假计划计入成本。公司在2007年会计年度初开始运用EITF第06-2号准则。该准则允许对以前期间的事项进行追溯调整，或者通过累计效应调整留存收益。公司打算采用EITF第06-2号准则的累计效应调整方法，并估计采用这种方法将导致公司在2007年第一季度的负债额外增加约2.75亿美元，留存收益减少约1.75亿美元。

附注3：员工股权激励计划

2006年5月的股东大会批准实施了员工股权激励计划（2006年计划）。根据这一计划，在2008年6月，将有1.75亿股普通股被当做股权奖励授予本公司的员工和非员工董事，这些被授予的股票中有最多8000万股为非既定股票（限制性股票）或者非既定股票单位（限制性股票单位）。2006年的员工股权激励计划允许基于时间、绩效或市价来授予股权激励奖励。在股东大会通过2006年计划后，2004年的员工股权激励计划（2003年计划）也相应终止。虽然在2004年计划下先前授予的股票期权仍然发行在外，但是2004年计划中批准发行的股票不再用于未来的股票授予。截至2006年12月30日，在2006年计划下，还有1.62亿股股票可用于未来的股票授予。英特尔公司可能假定将对某些并购公司实施股权激励计划和普通股奖励，若真是这样，公司并不授予这些计划额外的股票。

公司开始在2006年的第二季度发行限制性股票单位，并在限制性股票单位授予的当天就发行股票。大多数已发行的股票是英特尔代其员工缴纳法定代扣要求后的股票净值。由此可知，已发行股票的实际数量将少于所授予限制性股票的数量。在行权前，限制性股票单位没有和其他股票一样的同等分红权，也没有投票权，并且公司也不考虑对这种基于限制性股票单位的股票进行对外发行和流通。

根据公司的员工股权激励计划，2006年授予员工的股票期权一般要超过4年，并从授予日起满7年才可行权。对于授予关键管理人员、高级员工和核心员工的股票期权奖励，可能已经推迟至从授予日起3到6年，以及届满7到10年才可行权。

2006年5月，股东大会批准了2006年的“职工购股计划”，该计划允许符合条件的员工在特定的预定日期，以市场价的85%购买英特尔公司的普通股。根据2006年的职工购股计划，从2006年起至2011年8月，总共有2.4亿股普通股可用于该计划的股票发行。截至2006年8月“1976股票参与计划”终止时，可用于发行的该计划及其所有剩余的股票不再继续使用。

股权激励报酬

正如“附注2：会计政策”所述，2006年1月1日起，公司开始采用SFAS第123号（R）准则。下表总结了应用SFAS第123号（R）准则对“股权激励报酬”的影响：

（单位：百万，每股数据除外）	2006年	2005年	2004年
销售成本	$ 349	$ —	$ —
研究与开发费用	487	—	—
营销和管理费用	539	—	—
股权激励报酬对税前收入的影响	**1 375**	—	—
所得税	(388)	—	—
股权激励报酬净值对净收益的影响	**$ 987**	**$ —**	**$ —**
股权激励报酬对基本每股收益的影响	**$ 0.17**	**$ —**	**$ —**
股权激励报酬对稀释每股收益的影响	**$ 0.17**	**$ —**	**$ —**
股权激励报酬对经营活动产生的现金流量的影响	**$ (123)**	**$ —**	**$ —**
股权激励报酬对筹资活动产生的现金流量的影响	**$ 123**	**$ —**	**$ —**

根据SFAS第123号（R）准则，公司通过审查最近没收股票期权的活动和预计未来员工的流动率，按季度调整由于预期股票奖励的回收造成股权激励薪酬的变动。2006年1月1日以后，所有费用摊销的收回率调整的影响计入收回估计发生变动的期间。2006年收回调整的影响不大。

2006年12月30日，资本化为存货的股权报酬成本是7 200万美元。假如公司于2005年12月31日追溯应用了SFAS第123号（R）准则，那么该年资本化为存货的股权激励成本是6 600万美元。根据SFAS第123号（R）准则，这6600万美元应计入“实收资本”和“资本公积”科目。在2006年期间，从执行期权和其他奖励中获得的税收减免的收益为1.39亿美元。

就像公司将SFAS第123号准则——公允价值确认应用到本公司股权激励计划授予的股票期权和职工通过购股计划获得股票的权利一样，根据SFAS第123号（R）准则的要求，2006年会计年度之前的预估信息如下所示：

（单位：百万，每股数据除外）	2005 年	2004 年
净利润（报表所示）	\$8 664	\$7 516
减：根据公允价值方法对所有股权奖励得出的总股权激励费用的税后净额	1 262	1 271
预计净利润	\$7 402	\$6 245
报告的基本每股收益	\$ 1.42	\$ 1.17
预计的基本每股收益	\$ 1.21	\$ 0.98
报告的稀释每股收益	\$ 1.40	\$ 1.16
预计的稀释每股收益	\$ 1.20	\$ 0.97

由于采用 SFAS 第 123 号（R）准则，因此 2006 年确认的股权激励费用，以及在运用 SFAS 第 123 号（R）准则之前的预估披露，使用布莱克—斯科尔斯期权定价模型估计本公司股权激励计划授予的股票期权和职工优先购股计划的购股权利的公允价值。2006 年、2005 年和 2004 年，股权激励计划授予的员工股票期权和职工优先购股计划的购股权利的加权平均估计值，以及用以计算其价值的其他加权平均假设值，在授予日的估计值如下所示：

	股票期权			购股计划		
	2006 年	2005 年[1]	2004 年[1]	2006 年	2005 年[1]	2004 年[1]
估计值	\$ 5.21	\$ 6.02	\$10.79	\$ 4.56	\$ 5.78	\$ 6.38
到期期限（年）	4.9	4.7	4.2	0.5	0.5	0.5
无风险利率	4.9%	3.9%	3.0%	5.0%	3.2%	1.4%
股票价格的波动率	27%	26%	50%	29%	23%	30%
股利收益	2.0%	1.4%	0.6%	2.1%	1.3%	0.6%

1 采用 SFAS 第 123 号（R）准则之前，用以计算公允价值的估计和其他假设值。

在 2005 年，公司重新评估了用以估计股权激励计划授予的股票期权和职工优先购股计划的购股权利的其他假设值。从 2005 年开始，公司在隐含波动率的基础上得出了预期波动率，这是因为管理层认为隐含波动率和历史波动率相比，其更能反映市场环境，是预期波动率的更好指标。此外，由于当期授予的期权和之前授予的期权相比，它们的授权条款和合约期限都有所变化。因此，从 2005 年开始，公司根据简化计算得出股票期权的到期期限，这在美国证券交易委员会的员工会计公告第 107 号中有所描述。然而，公司没有对 2004 年计算期权价值的假设值进行调整。

公司根据授予日的普通股市价计算与限制性股票单位奖励相关的期权激励费用，在此基础上，减去预计将支付给普通股的股利现值（普通股股利先于限制性股票单位的授权）。所授予的限制性股票单位的加权平均估计价值，以及用以计算公允价值的其他加权平均假设值，在授予日的估计值如下所示：

	2006 年
估计价值	\$18.70
无风险利率	4.9%
股利收益	2.0%

股票期权奖励

2006年12月30日，公司已经授予和预计授予的股票期权如下所示：

	股票数量（百万）	加权平均执行价格	加权平均剩余合同期限（年）	内在价值合计（百万）[1]
已经授予的股票期权	567.6	$ 28.66	4.0	$ 272
预计授予的股票期权	248.4	$ 23.50	5.9	90
合计	**816.0**	**$ 27.09**	**4.5**	**$ 362**

1 这些数额表示执行价格和（2006年12月29日《纳斯达克全球精选市场》报告的所有价内期权）英特尔公司股票20.25美元收盘价的不同。

根据SFAS第123号（R）准则，预计授予的股票期权是预计未来期权收回的净值。在2006年，授予期权的公允价值总计达18亿美元。截至2006年12月30日，根据公司股权激励计划授予的股票期权，未确认的股票期权费用有11亿美元。这些未确认的期权费用预计将在1.1年的加权平均年限中被确认。

关于股权激励计划的其他信息，如下所示：

（单位：百万，每股数据除外）	股票数量	加权平均执行价格	内在价值合计[1]
2003年12月27日	**850.1**	**$ 25.54**	
授予数	114.7	$ 26.23	
执行数	(48.4)	$ 10.89	
取消或没收数	(32.5)	$ 30.00	
2004年12月25日	**883.9**	**$ 26.26**	
授予数	118.9	$ 23.36	
执行数	(64.5)	$ 12.65	
取消或没收数	(38.4)	$ 29.80	
2005年12月31日	**899.9**	**$ 26.71**	
授予数	52.3	$ 20.04	
执行数	(47.3)	$ 12.83	$ 364
取消或没收数	(65.4)	$ 28.07	
2006年12月30日	**839.5**	**$ 26.98**	
在以下日期可执行的期权数			
2004年12月25日	397.5	$ 23.83	
2005年12月31日	469.2	$ 29.16	
2006年12月30日	567.6	$ 28.66	

1 表示的是执行价格和在执行时英特尔公司股票价值的不同。

下表总结了2006年12月30日公司流通在外的股票期权信息

执行价格的区间	流通在外的的期权 股票数量（百万）	加权平均剩余合同期限（年）	加权平均执行价格	可行使的期权 股票数量（百万）	加权平均执行价格
$0.05~$15.00	1.9	6.8	$ 7.96	1.8	$ 7.90
$15.01~$20.00	191.1	4.1	$ 18.45	130.3	$ 18.35
$20.01~$25.00	334.0	5.0	$ 22.57	191.1	$ 22.12
$25.01~$30.00	146.5	5.8	$ 27.22	89.9	$ 26.92
$30.01~$35.00	62.4	3.5	$ 31.38	51.1	$ 31.29
$35.01~$40.00	25.5	3.4	$ 38.42	25.3	$ 38.42
$40.01~$87.90	78.1	3.1	$ 59.46	78.1	$ 59.46
总计	839.5	**4.6**	**$ 26.98**	567.6	**$ 28.66**

这些期权如果到2015年2月之前的某个具体日期还没有执行，则宣布过期。截至2006年12月30日，三年的期权执行价格区间从0.01美元到33.6美元不等。

限制性股票单位奖励

2006年12月31日，关于限制性股票单位的信息如下所示：

（单位：百万，每股数据除外）	股票数量	授予日的加权平均公允价值	公允价值合计[1]
2005年12月31日发行在外的限制性股票单位	—	$ —	
授予的限制性股票单位	30.0	$ 18.70	
既得的限制性股票单位	—	$ —	$ —
没收的限制性股票单位	(2.6)	$ 18.58	
2006年12月30日发行在外的限制性股票单位	**27.4**	**$ 18.71**	

1 代表限制性股票单位授予日当天英特尔的股票价值。

截至2006年12月30日，根据公司股权激励计划授予的限制性股票单位，与其有关的未确认的股权激励费用为3.8亿美元。未确认的期权费用预计将在1.8年的加权平均年限中进行确认。

职工优先购股计划

截至2006年12月30日，总共有大约75%的公司员工参与了职工优先购股计划。根据已经过期的“1976年股票参与计划”，2006年职工购买的股票数为2600万股（2005年为1960万股，2004年为1840万股），总计价值为4.36亿美元（2005年为3.87亿美元，2004年为3.67亿美元）。根据2006年的职工优先购股计划，职工第一次购买股票将在2007年的第一季度。截至2006年12月30日，根据公司职工优先购股计划的购股权利，与其有关的未确认期权费用总共有1900万美元。这些未确认的期权费用将在1个月的加权平均期限内进行确认。

附注 4：每股收益

公司股票的基本每股收益和稀释每股收益计算如下：

（单位：百万，每股数据除外）	2006 年	2005 年	2004 年
净利润	**$5 044**	**$8 664**	**$7 516**
发行在外普通股加权平均股数	**5 797**	**6 106**	**6 400**
员工股权激励计划的稀释性影响	32	70	94
可转换债券的稀释性影响	51	2	—
假设稀释后发行在外普通股加权平均股数	**5 880**	**6 178**	**6 494**
基本每股收益	**$ 0.87**	**$ 1.42**	**$ 1.17**
稀释每股收益	**$ 0.86**	**$ 1.40**	**$ 1.16**

基本每股收益的计算使用的是净利润和期间发行在外的普通股加权平均股数。稀释每股收益的计算使用的是净利润和假设稀释后发行在外的普通股加权平均股数。假设稀释后发行在外的普通股加权平均股数包括期间潜在的发行在外的稀释后普通股。潜在的稀释后普通股包括假设执行股票期权、假设授予员工限制性股票单位、假设根据职工优先购股计划使用库存股发行股票，以及假设可转换债券使用假设转换法（转换为普通股）的情况。

2006 年，在计算普通股稀释每股收益时，没有计算 6.93 亿股发行在外的股票期权（2005 年是 3.72 亿股，2004 年是 3.57 亿股），这是因为这些股票期权的执行价格高于或者等于普通股的平均市价。如果未来普通股的平均市价有所上涨，并且超过这些股票期权的执行价格，那么在计算稀释每股收益时就要考虑这些期权。

附注 5：普通股回购计划

公司于 2005 年 11 月修订了一个持续的授权事项，即由董事会在公开市场或者通过议价交易回购 250 亿美元的英特尔公司普通股。在 2006 年期间，公司共以 46 亿美元的价格回购了 2.26 亿股普通股（2005 年以 106 亿美元的价格回购了 4.18 亿股普通股，2004 年以 75 亿美元的价格回购了 3.01 亿股普通股）。自 1990 年开始实施该计划以来，公司共回购并注销了 28 亿股股票，回购成本为 570 亿美元。截至 2006 年 12 月 30 日，根据授权的回购额度，还可回购 173 亿股股票。

附注 6：借款

短期负债

截至 2006 年 12 月 30 日，短期负债包括 1.78 亿美元的不附息应付票据和 200 万美元的长期负债的流动性部分（截至 2005 年 12 月 31 日，不附息应付票据和长期负债的流动性部分分别为 2.95 亿美元和 1800 万美元）。根据公司的商业票据计划（拥有最高 30 亿美元的预授权借款额度），公司还有能力继续借款。在 2006 年期间，在本公司商业票据计划下并无借款，而 2005 年的最大借款额达 1.5 亿美元。截至 2006 年 12 月 30 日和 2005 年 12 月 31 日，公司均没有发行在外的商业票据。2006 年 12 月 30 日，公司的商业票据计划被标准普尔公司评为 A-1+ 级，被穆迪公司评为 P-1 级。

长期负债

各会计年度末的长期负债如下所示：

（单位：百万）	2006 年	2005 年
利率为 2.95%，到期日为 2035 年的初级次级可转换债券	\$1 586	\$1 585
利率为 7%~11%，到期日为 2007~2018 年的欧元负债	103	378
利率为 4.375%，2010 年可调整、2035 年到期的亚利桑那州债券	160	160
其他长期负债	1	1
	1 850	2 124
减：长期负债的流动性部分	(2)	(18)
总计	\$1 848	\$2 106

公司于 2005 年发行了金额为 16 亿美元，利率为 2.95%，到期日为 2035 年的初级次级可转换债券。在一定条件下，这种债券在初始时可转换为公司的普通股，转换率为每 1000 美元的该债券账面面额可转换为 31.7162 股普通股，也即初始的有效转换价格大约为每股普通股 31.53 美元。该债券持有人可能在任何时点将其转换为普通股。在对债券进行监管的过程中，若发生合同中所列的某些事件，则需要调整转换率，但不调整应计利息。此外，若债券持有人选择的债转股与下列情况有关：某些股票交易、兼并或者与英特尔公司有关的合并，则其转换率就会有所增加，这些在债券合同中会列明。对于每半年支付固定利率的债券，拥有不确定利息部分，即持有者将基于某些阈值及合同所示的始于 2010 年 12 月 15 日的某些事件而要求公司支付额外利息。然而，每年的不确定利率最高不得超过 0.4%。2006 年 12 月 30 日和 2005 年 12 月 31 日，嵌入式衍生工具的公允价值不具有重大影响。

公司可能设置任何转换，或用现金或者股票期权回购所发行的债券。在 2012 年 12 月 15 日及其之后，如果公司普通股的收盘价至少是转化价格的 1.3 倍，并且先于公司发出赎回通知的日期，这个价格在任何连续的 30 个交易日期间内对 20 个交易日都有影响，那么在这种情况下，公司可能赎回全部或者部分债券的本金加上所有应计未付利息。如果未来发生了某些特定事件，债券合同规定，在预定的期间内每个持有者有权要求公司以本金和所有应计未付利息回购持有人的债券。债券的支付权限要低于公司现在和将来的高级债务，以及子公司的其他债务。根据 SFAS 第 133 号准则“衍生工具和套期保值活动的会计处理”，公司认为可转换债券不是传统意义上的可转换债务工具，而嵌入式股票转换期权则符合衍生工具的定义。此外，根据 EITF 第 00-19 号准则“金融衍生工具指标、潜在结算和公司自身股票的会计处理”，公司认为如果嵌入式换股权可作为一个独立的工具，则应将其归为股东权益。因此，嵌入式换股权不能单独作为一种衍生工具。

公司的欧元借款是为了对爱尔兰的生产设施进行融资。公司已将所得款项投资到到期日相近，且以欧元表示的金融工具，以规避货币和利率风险。在 2006 年，公司通过同步结算投资于贷款参与票据的同等金额，在到期日之前，注销了约 3 亿美元的欧洲借款（2005 年约为 2.8 亿美元）。

由于亚利桑那州钱德勒市工业发展管理局发行的债券（亚利桑那州债券）是公司的一项无担保一般义务，因此公司已经承诺对该债券还本付息。该债券的本金总额包括 1.6 亿美元的债券溢价（2005 年发行，到期日为 2035 年），及其至 2010 年之前的 4.375% 的债券票面利率。该债券必须在 2010 年 11 月 30 日进行强制要约，届时可以被重新转换为一个指定期间内的固定利率债券，或者直到2035年12月1日到期日前一直作为浮动利率债券。

2006年12月30，所有负债的到期情况如下：2007年，200万美元；2008年，200万美元；2009年，200万美元；2010年，1.6亿美元；2011年200万美元；以后年度，16.82亿美元。

附注7：投资

交易型资产

各会计年度仍在有效期内的交易型资产如下所示：

	2006年		2005年	
（单位：百万）	未实现净收益（损失）	估计公允价值	未实现净收益（损失）	估计公允价值
可流通的债务类证券	$ 40	$ 684	$ (1)	$ 1 095
与递延报酬冲抵的权益类证券	138	450	93	363
交易型资产合计	**$ 178**	**$ 1 134**	**$ 92**	**$ 1 458**

在2006年的报告日，作为交易型资产而持有的债务类证券的净收益为3 100万美元（2005年的损失为4 700万美元，2004年的收益为8 000万美元）。2006年，相关衍生工具的净亏损是2 200万美元（2005年的收益为5 200万美元，2004年的损失为7 700万美元）。公司持有交易型资产投资组合中的某些权益类证券，是为了获得收益以抵消某些递延报酬计划相关负债的变动。2006年，这些递延报酬负债为4.16亿美元（2005年为3.16亿美元），并在合并资产负债表的"其他应计负债"中予以列示。在2006年的报告日，公司仍然持有的与递延报酬冲抵的权益类证券的净收益为4 500万美元（2005年的收益为1 500万美元，2004年的收益为2 900万美元）。

待售型投资

2006年12月30日和2005年12月31日的待售型投资如下所示：

	2006年				2005年			
（单位：百万）	调整后的成本	未实现收益总额	未实现损失总额	估计公允价值	调整后的成本	未实现收益总额	未实现损失总额	估计公允价值
商业票据	$ 4 956	$ 4	$ —	$ 4 960	$ 4 898	$ —	$ (1)	$ 4 897
浮动利率票据	3 508	4	—	3 512	5 428	1	(1)	5 428
资产担保证券	1 633	3	—	1 636	1 143	1	—	1 144
银行定期存款	1 029	1	—	1 030	1 264	—	—	1 264
公司债券	563	1	(1)	563	464	1	—	465
回购协议	450	—	—	450	585	—	—	585
战略性权益类证券	233	165	—	398	376	161	—	537

货币市场基金存款	157	—	—	157	58	—	—	58
外国政府债券	149	—	—	149	459	—	—	459
国内政府债券	116	—	—	116	553	—	(3)	550
待售型投资总额	$12 794	$178	$ (1)	$12 971	$15 228	$ 164	$ (5)	$15 387

(单位：百万)	2006 年账面价值	2005 年账面价值
待售型投资	$ 12 971	$ 15,387
贷款参与票据投资（以成本为基础）	103	373
库存现金	215	226
总计	**$ 13 289**	**$ 15 986**

报表所示（单位：百万）	2006 年	2005 年
现金及现金等价物	$ 6 598	$ 7 324
短期投资	2 270	3 990
战略性权益类证券	398	537
其他长期投资	4 023	4 135
总计	**$ 13 289**	**$ 15 986**

1 银行定期存款主要是由美国国内有关机构于 2005 年发行以及国外机构于 2006 年发行的。

截至 2006 年 12 月 30 日和 2005 年 12 月 31 日，发行时间大于或等于 12 个月的单个未实现投资损失总额不具有重大影响。同时，截至 2006 年 12 月 30 日和 2005 年 12 月 31 日，根据已有证据的评估结果，管理层不认为所有的未实现损失都是其他非暂时性减值损失。

公司在 2006 年出售了大约 20 亿美元的待售型证券，实现的收益总额为 1.35 亿美元，这些收益包括 1.03 亿美元的投资收益和公司出售对镁光科技公司的部分投资所得到的 2.75 亿美元收益。公司在 2006 年对第三方合并交易所得的已实现收益为 7 900 万美元。2006 年，待售型资产已确认的减值损失及其销售产生的损失总额不具有重大影响。

2005 年和 2004 年，公司出售的待售型证券分别为 17 亿美元和 11 亿美元，实现的收益总额分别为 9 600 万美元和 5 200 万美元。2005 年和 2004 年，公司已确认的待售型证券减值损失分别为 1.05 亿美元和 200 万美元。2005 年的减值损失表示的是对镁光科技公司的投资计提 1.05 亿美元减值准备，这反映了该投资的成本和镁光公司在 2005 年第二季度末股票价格的不同。2005 年和 2004 年，无论是出售待售型证券的已实现损失，还是第三方的合并交易收益，对公司财务报表均没有重大影响。

2006 年 12 月 30 日，对于债务类的贷款参与投资和待售型证券，它们的摊销成本和估计公允价值按合同到期日列示如下：

（单位：百万）	成本	估计公允价值
到期日在 1 年或 1 年以下	$ 8 134	$ 8 149
到期日在 1~2 年	1 744	1 756
到期日在 2~5 年	900	926
到期日在 5 年之后	96	107
不只有一个到期日的证券	1 790	1 793
总计	**$ 12 664**	**$ 12 731**

存在多个到期日的证券包括资产支持证券和货币市场基金存款。

非流通权益类证券

非流通权益类证券包括采用权益法和成本法核算的投资。2006 年 12 月 30 日，以权益法和成本法核算的投资的账面价值分别为 20 亿美元和 7.33 亿美元。在 2006 年，公司的非流通权益类证券主要包括对 IM Flash 技术公司的投资和 Clearwire 公司的投资，并都采用权益法核算。2005 年 12 月 31 日，以权益法和成本法核算的投资的账面价值分别为 5 900 万美元和 5.02 亿美元。2006 年，公司对非流通权益类证券确认的减值损失为 7 900 万美元（2005 年 1.03 万美元，2004 年为 1.15 万美元）。

英特尔公司和镁光公司于 2006 年成立了 IMFT 公司，该公司的主要业务是生产 NAND 闪存芯片，投资金额为 13 亿美元。详见“附注 17：风险投资”。

2006 年，公司支付 6 亿美元现金对 Clearwire 公司进行投资。Clearwire 公司的主营业务是构建和生产下一代无线宽带网络。截至 2006 年 12 月 30 日，若加上以前年度的投资，英特尔公司对 Clearwire 公司的投资已经高达 6.13 亿美元。这项投资是英特尔支持 WiMAX 网络开发和应用的一部分。Intel 公司将对 Clearwire 公司的投资在合并资产负债表上归为“其他长期资产”，对该公司持有的股份约为 27%，使用权益法核算，并且其承担的亏损比例将继续计入合并利润表一季度延期的“利息及其他损益净值”科目。在收购日，公司投资于 Clearwire 公司的账面价值超过享有该公司资产账面价值份额的金额是 2.61 亿美元（该差额分为以权益法计算的商誉和公允价值超过账面价值的部分），其中，有 5200 万美元在约 19 年的加权平均剩余期限内进行摊销。剩余的差额表示以权益法计算的商誉和公司享有 Clearwire 公司使用寿命不确定的资产公允价值超过账面价值的份额。根据 SFAS 第 142 号准则“商誉及其他无形资产”以及 APB 第 18 号意见“普通股投资的会计权益法”（APB No. 18），该权益法下的商誉没有进行摊销。根据 APB 第 18 号意见，公司将定期对该项投资进行减值测试。2006 年，没有减值迹象表明对 Clearwire 公司的投资发生了减值。

信用风险的集中程度

可能使公司信用风险集中的金融工具，主要是债务类证券投资、金融衍生工具和应收账款。

英特尔投资的都是信用级别高的对象，而且在政策上公司根据对被投资对象的信用状况分析，限制交易方的信用风险投资金额。到期日在 6 个月以上的债务类证券投资，主要由 A 级、A2 级或更高等级的金融工具和交易方组成；到期日不超过 6 个月的投资，主要由 A-1 级、P-1 级或更高等级的金融工具和交易方组成。对国外子公司的方案采用外国政府法规，或者在某些国家由于缺少 A 级和 A2 级的交易方，因此造成了少数例外情况，这些例外情况每年由董事会财务委员会进行审批。金融衍生工具的相关信用风险金额，通常限制在本公司对被投资对象的负债不超过对方负债金额的范围内。在 2006 年 12 月 30 日，任何单个被投资对象的总信用风险不超过 3.5 亿美元。根据公司的一贯做法，公司会在任何必要的情况下从交易方获取对负债的担保，包括证券贷款业务。

公司应收账款的绝大部分来自对电脑系统、手持设备、网络和通信设备的初始设备制造商以及初始设计制造商的产品销售。公司与两家最大客户的交易额约占 2006 年、2005 年和 2004 年净收入的 35%。2006 年 12 月 30 日，这两家客户的应收账款约占应收账款净额的 52%（2005 年 12 月 31 日为 42%）。根据对这些最大客户的预计未来现金流和资产负债表的分析以及过去的收款经验，公司管理层认为这些应收账款余额不存在重大信用风险。

公司采用信用政策和标准，以适应行业的增长和内在风险。公司管理层相信，信用风险会因公司最终客户和销售区域的多元化带来的财务稳定性而得到缓和。为了评估交易方的信用风险，公司同时使用了定量分析和定性分析，通过这种分析方法，我们建立了信用限额以及通过对方是否有信用支持而做出交易决定，例如，对于所有或者部分应收账款余额有必要获得以下担保：某种形式的第三方担保或者信用备用证，或者取得信贷保险。

附注 9：利息和其他损益净值

利息及其他损益净值的组成如下所示：

（单位：百万）	2006 年	2005 年	2004 年
利息收入	$ 636	$ 577	$ 301
利息费用	(24)	(19)	(50)
其他损益净值	590	7	38
总计	**$1 202**	**$ 565**	**$ 289**

2006 年，公司共完成三项资产剥离业务，总收益为 6.12 亿美元，并将该收益计入上表的“其他损益净值”。详见“附注 14：收购和资产剥离”。

2004 年，由于终止了在爱尔兰的生产设施和设备的融资计划（见“附注 6：借款），公司确认了 6000 万美元的“其他损益净值”。2006 年和 2005 年确认终止了类似的融资计划的收益不具有重大影响。

附注 10：综合收益

综合收益的构成及相关所得税影响如下所示：

（单位：百万）	2006 年	2005 年	2004 年
净利润	$5 044	$8 664	$7 516
未实现投资净收益的变动，扣除所得税影响：2006 年、2005 年和 2004 年分别为 $(33)、$(60) 和 $(17)	61	101	31
减：对计入净利润的已实现净损益的调整，扣除所得税影响：2006 年、2005 年和 2004 年分别为 $27、$22 和 $15	(48)	(38)	(29)
金融衍生工具未实现净损益的变动，扣除所得税影响：2006 年、2005 年和 2004 年分别为 $(22)、$25 和 $(34)	37	(42)	63
减：计入净利润的金融衍生工具净损益摊销调整，扣除所得税影响：2006 年、2005 年和 2004 年分别为 $(3)、$22 和 $4	6	(38)	(8)
最小养老金负债，扣除所得税影响：2006 年和 2005 年分别为 $6 和 $5	(30)	(8)	(1)
综合收益合计	**$5 070**	**$8 639**	**$7 572**

累计其他综合收益（损失），扣除所得税影响的构成如下所示：

（单位：百万）	2006 年	2005 年
待售型投资累计未实现净收益	$ 113	$ 100
金融衍生工具累计未实现净收益	80	37
累计最小养老金负债	—	(10)
累计净前期服务成本	(16)	—
累计净精算损失	(232)	—
累计过渡性负债	(2)	—
累计其他综合收益（损失）总计	**$ (57)**	**$ 127**

首次应用 SFAS 第 158 号准则“雇主对既定福利养老金和其他退休后计划的会计处理”——对 FASB 第 87 号、88 号、106 号和 132(R) 号准则修订（SFAS No. 158）的调整值，扣除所得税影响后计入“其他综合收益（损失）”，截至 2006 年 12 月 30 日，该调整值为 2.1 亿美元。详见“附注 13：退休福利计划”。

公司对于既定福利计划估计的净前期服务成本、精算损失以及过渡性负债将从“累计其他综合收益（损失）”科目摊销为期间费用，2007 会计年度，这三者的摊销值分别为：400 万美元、1 600 万美元和 0。

2006 年，金融衍生工具净递延损失为 600 万美元（2005 年的收益为 3 800 万美元，2004 年的收益为 800 万美元），且把“累计其他综合收益（损失）”科目重新归类为与公司非美元货币资本购买和经营成本套期保值计划相关的“销售成本和经营费用”科目。公司估计计入“累计其他综合收益（损失）”的少于 3 500 万美元的金融衍生工具净收益，该事项将在未来 12 个月被重新分类为“利润”。在所有时期，除了对套期保值的有效和无效部分进行评估外，套期保值工具的损益部分无论是对现金流套期还是公允价值套期，其对盈利的影响都不重大。此外，在所有时期，作为没有发生的预期交易结果，折现现金流套期对经营成果没有重大影响。

附注 11：重组和资产减值费用

英特尔公司正在进行一项重组计划，旨在提高经营效率和财务业绩。在 2006 年第三季度，管理层批准了公司组织架构和效率任务小组建议的与该计划有关的几个活动。这些活动的一部分涉及节约成本或者其他不会产生重组费用的行动，例如，更好的利用资产、减少开支以及提高机构效率等。该效率计划包括公司内部各组的员工人数指标，我们期望这些目标能够通过持续的员工遣散、资产剥离和员工离职来实现。详情如下：

2006 年，英特尔公司向约 4800 名员工支付了与员工遣散费和福利安排有关的重组费用。这些被遣散的员工大部分来自营销、制造、信息技术以及人力资源等部门。此外，在 2006 年，英特尔在执行效率计划的同时，完成了三项资产剥离业务。详见“附注 14：收购和资产剥离”。与通信和应用处理器业务的若干资产剥离相联系，公司将相关制造工具的账面价值减记至其公允价值，并在减去资产处置成本后计入减值费用的金额为 1.03 亿美元。公司使用基于市场的估值技术确定公允价值。此外，根据该资产剥离业务和英特尔全球制造能力后续评估的结果，管理层决定出售公司在科罗拉多州科罗拉多泉（Colorado Springs）的制造工厂。由于这项计划而将主要用于支持通信和应用处理器业务的土地、建筑物和机器设备的资产组合账面价值减记至公允价值，因此产生的减值损失费用为 2.14 亿美元。公司采用多种方法确定资产组的公允价值。

下表总结了 2006 年公司重组和资产减值活动的情况：

（单位：百万）	员工遣散费和福利	资产减值损失	总计
截至 2005 年 12 月 31 日，应计的重组余额	$ —	$ —	$ —
其他应计项目	238	317	555
调整额	—	—	—
支付的现金	(190)	—	(190)
非现金结算	—	(317)	(317)
截至 2006 年 12 月 30 日，应计的重组余额	**$ 48**	**$ —**	**$ 48**

上表所述的重组和资产减值费用已经单独在合并利润表反映为“重组和资产减值费用”。所有金额都已计入分部报告的“所有其他”科目，因为部门经理不必对重组费用进行会计处理，并且英特尔公司预算和计划过程内分部层面的评估不包括重组费用。截至 2006 年 12 月 30 日，与员工遣散福利相关的剩余应计项目预计将在未来 12 月内支付完毕。因此，按照权责发生制，重组费用应计入合并资产负债表上“应计薪酬和福利”的流动负债。此外，根据本次员工遣散费和福利安排，以及相关设施和出口业务的重组活动，英特尔在未来可能还会发生相关费用。

附注 12：所得税

税前利润和所得税项目的构成如下所示：

（单位：百万）	2006 年	2005 年	2004 年
税前利润：			
美国	$4 532	$10 397	$ 7 422
国外	2 536	2 213	2 995
税前利润总额	**$7 068**	**$12 610**	**$10 417**
所得税：			
当前所得税：			
联邦	$1 997	$ 3 546	$ 2 787
州	15	289	(69)
国外	337	524	390
	2 349	4 359	3 108
递延所得税：			
联邦	(305)	(360)	(128)
其他	(20)	(53)	(79)
	(325)	(413)	(207)
所得税总额	**$2 024**	**$ 3 946**	**$ 2 901**
实际所得税税率	**28.6%**	**31.3%**	**27.8%**

法定联邦所得税率和实际所得税税率的差异如下所示：

（单位：百分比）	2006 年	2005 年	2004 年
法定联邦所得税税率	35.0%	35.0%	35.0%
税率增加（减少）的原因：			
州所得税，减去联邦税收收益后的净额	0.8	1.3	(0.4)
国外按不同税率计算的所得税	(4.3)	(2.0)	(2.5)
出口税收收益	(2.1)	(2.8)	(4.8)
以前年度计提所得税的冲销	—	1.8	—
以股份为基础的报酬	0.7	—	—
其他	(1.5)	(2.0)	0.5
所得税税率	**28.6%**	**31.3%**	**27.8%**

2006 年，从执行期权和其他奖励获得的税收减免收益总计为 1.39 亿美元；2005 年和 2004 年，从员工股权激励计划获得的税收收益分别为 3.51 亿美元和 3.44 亿美元。

2004 年颁布的《美国工作机会创造法案》（TheAmerican Jobs Creation Act of2004，以下简称“工作法”）规定对于从受控的国外公司分派的某些股息可以获得 85% 的税收减免，这曾在短期内促使美国公司从海外输回大量的累积利润。2005 年，公司的 CEO 和董事会批准了国内再投资计划，即依照工作法，公司从国外公司输回 62 亿美元的利润。2005 年公司记录的与该项决策有关的其他税收费用约为 2.65 亿美元（假设稀释情况下，约合每股 0.04 美元）。

2004 年，对于准备和提交的联邦纳税申报和州纳税申报，公司被减免了 1.95 亿美元的所得税，这主要是由于出口销售带来的税收优惠和资产剥离带来的州税收优惠，该优惠金额超过了原先按 2003 年税法估计的金额。另外，在 2004 年，随着州所得税纳税申报审计的结束，公司对以前年度计提的所得税进行了冲减，使得 2004 年的所得税减少了 6 200 万美元。

对于在纳税申报表所反映的，作为从 1999 年到 2005 年出口销售的税收优惠，美国国内税收署（IRS）已经对其正式评估并进行了某些调整。详见“附注 19：或有事项”。

递延所得税项目反映了财务报告中资产和负债的账面价值与所得税计算中使用金额之间的暂时性差异产生的所得税净影响。公司各会计年度末的递延所得税资产和负债的主要组成部分如下：

（单位：百万）	2006 年	2005 年
递延所得税资产：		
应计报酬和其他福利	$ 284	$ 212
应计广告费	—	170
递延收入	217	241
股权激励报酬	385	—
存货计价	268	251
权益类投资的减值损失	89	93
国家信贷和经营净亏损	115	107
公司间存货的内部交易利润	133	105
国外子公司的汇缴盈利	54	161
其他净值	272	273
	1 817	1 613
估价备抵	(87)	(86)
递延所得税资产总计	**$ 1 730**	**$ 1 527**
递延所得税负债：		
折旧	$ (530)	$ (806)
应计广告费	(66)	—
未实现投资收益	(149)	(123)
其他净值	(111)	(117)
递延所得税负债总计	**$ (856)**	**$(1 046)**
递延所得税资产（负债）净额	**$ 874**	**$ 481**
报表所示：		
当期递延所得税资产	$ 997	$ 1 149
当期递延所得税负债[1]	(8)	—
不属于当期的递延所得税资产[2]	150	35
不属于当期的递延所得税负债	(265)	(703)
递延所得税净值	**$ 874**	**$ 481**

1 包括列示于合并资产负债表上的其他应计负债。

2 包括列示于合并资产负债表上的其他长期资产。

2006年12月30日,公司享有1.38亿美元的州税收抵免优惠,该优惠将在2009年至2020年期间到期。2006年12月30日，递延所得税资产的估价备抵为8 700万美元，这与2005年12月31日的8 600万美元基本持平。估价备抵是基于管理层的评估，即某些递延所得税资产在可预见的未来很可能不会实现。估价备抵包括结转的未实现国有资本损失和未实现国家信贷共计7 900万美元，以及国外子公司的经营损失800万美元。

2004年，公司将4.25亿美元的递延所得税负债重分类为普通股和资本公积（超过面值）。资产负债表上的重分类表示的是，可归属于之前年度的国外员工执行股票期权产生的税收收益，其对现金流量表没有影响。

截至2006年12月30日，美国所得税法尚未对某些国外子公司大约49亿美元的累计未分配利润应该如何处理做出规定。将与这些国外子公司投资相关的暂时性差异计入未确认递延所得税负债时，由于这些未确认所得税负债金额的存在时间基本上是永久性的，因此，这种做法不切可行。目前，公司打算将这些收益再投资于国外业务。

附注13：退休福利计划

利润分享计划

公司对美国及其他一些国家符合条件的员工、前雇员以及退休员工，提供了具有税收优惠的“利润分享退休计划”（tax-qualified profitsharing retirement plans，简称“优惠计划”）。该计划旨在按照税收递延的方式向员工提供一笔累计退休基金,并且每年为信托基金注入一笔由公司自行决定的金额作为雇主投入。根据美国的利润分享计划条款,用于该计划的金额由公司的董事会授权CEO决定。截至2006年12月30日，利润分享计划中有约80%的资产被分配到国内和国际股票指数基金中，剩下的20%被分配至固定收益基金。该计划的所有资产均由外部投资经理管理，并与该计划的投资政策相一致。

为了符合条件的员工利益，公司为某些需要高额补偿的员工提供了一项不具有税收优惠的补充性递延补偿计划（non-tax-qualified supplemental deferred compensation plan，简称“无优惠计划”）。该计划旨在提取由公司自行决定的金额作为雇主投入，并在一定的税收限额和递延奖金额之外再提取一部分员工递延报酬。目前该计划并没有资金来源。

公司在2006年为“优惠计划”和“无优惠计划”记录的费用为3.13亿美元（2005年为3.55亿美元，2004年为3.23亿美元）。公司预计需提供3.03亿美元资金作为2006年对“优惠计划”的投入，并向“无优惠计划”分配1 100万美元。

本公司对退休计划投入资金的授权使用，是根据员工的服务年限进行的：授权自3年服务期满开始，每年增加20%，直至7年后达到100%授权，或者在员工到60岁时，期限可以相应缩短。

养老金计划和退休后福利

从2006年开始，公司采用SFAS第158号准则（SFAS No. 158）。该准则要求养老金固定收益计划（defined-benefit postretirement plans）的资金状况必须计入公司的资产负债表，并且在“综合收益”科目中反映资金状况的变动。SFAS第158号准则还要求该计划资金状况的计量日期必须与公司会计年度末的最后一天相同。虽然要到2008年才能采用计量日期的规定，但本公司在2006年就采用这一规定了。对于国外公司所有计划的计量日期都是公司的会计年度末，而国内公司计划的计量日期是 11 月。因此，计量日期的变动对预计给付义务和累计其他综合收益（损失）没有显著影响。截至 2006 年 12 月 30 日，应用 SFAS 第 158 号准则对合并资产负债表单个行项目的增量影响如下：

（单位：百万）	应用 SFAS No. 158 之前	调整额	应用 SFAS No. 158 之后
递延所得税资产	$ 933	$ 64	$ 997
其他长期资产	$ 4 213	$ (9)	$ 4 204
应计薪酬和福利	$ 1 950	$ (306)	$ 1 644
其他长期负债	$ 418	$ 571	$ 989
累计其他综合收益（损失）	$ 153	$ (210)	$ (57)

养老金福利计划 公司为符合条件的员工和退休人员提供具有税收优惠的、固定收益的养老金计划。根据参加者的服务年限和最后平均报酬的金额（考虑参加者的社会保障工资基数），再减去参与者在利润分享计划中的余额后，决定向参加者提供最低养老金福利金额。如果养老金福利超过了参加者在“利润分享计划”中的余额，参加者将得到与养老金福利额相等的养老金和利润分享计划的组合金额。然而，如果参加者的该组合金额大于养老金福利的价值，参加者只能从利润分享计划获得福利。如果公司对利润分享计划没有继续投入或者投入显著减少了，那么固定收益的养老金计划的预期福利义务将会显著增加。公司已经对以前年度固定收益的养老金计划的预期福利义务进行调整，以消除对未来利润分享计划的估计投入和投资收益的影响。虽然这些变化没有对经营业绩产生显著影响，但是，2005 年的初始给付福利义务被调整了 8 000 万美元。

2005 年，公司收到一封来自国内收入署的重大利好信函，即国内收入署批准了 2004 年提交的固定收益养老金计划的修正案。截至 2005 年年底，根据国内税收法典 415 节，对于高薪酬雇员，该修正案允许补充性递延补偿计划负债的一部分计入固定收益养老金计划。该修正案大约增加了 1.99 亿美元的预计福利义务和累计福利义务。2005 年，本公司根据可应用的基金法律，对与该修正案相关的固定收益计划进行了注资。

国外的养老金福利 公司还在其他一些国家提供固定收益的养老金计划。为了符合各国的法律要求，公司将其中某些计划的存款基金存入保险公司、第三方信托公司和政府管理的账户，并将该义务的未注资部分计入应计项目。用以计算国外养老金计划义务的假设条件依赖于不同国家的经济环境。

退休后医疗福利 在退休时，公司会根据员工的服务年限向符合条件的员工发放一定的信用额度，这些信用额度可以用来支付公司资助的医疗计划所需的部分或全部成本。如果可用的信用额度不能支付全部医疗费用，那么剩余的那部分费用需由退休员工自己支付。

注资政策 公司对各种养老金计划进行注资的主要做法是所投入金额至少要满足美国联邦法律或者当地法律法规的最低要求。各项计划的资产分别投资于公司股票、公司债券、政府证券以及其他机构。根据计划的设计情况和当地适用的法律选择投资组合。根据计划的设计情况、当地习俗以及市场环境，计划的负债金额可能超过限定的计划资产金额。公司将这些负债全部计入应计项目。

福利义务和计划资产

（单位：百万）	美国养老金福利 2006 年	美国养老金福利 2005 年	国外养老金福利 2006 年	国外养老金福利 2005 年	退休后医疗福利 2006 年	退休后医疗福利 2005 年
预计福利义务的变动：						
初始福利义务	\$317	\$122	\$473	\$327	\$193	\$177
服务成本	4	2	50	31	12	10
利息费用	13	2	27	18	10	10
计划参加者的投入	—	—	9	7	3	3
精算损失（收益）	13	(7)	115	146	(8)	(2)
汇率变动	—	—	43	(44)	—	—
计划修正案	—	199	—	—	—	—
支付给参与者的福利	(2)	(1)	(31)	(12)	(6)	(5)
期末预计福利义务	**\$345**	**\$317**	**\$686**	**\$473**	**\$204**	**\$193**

（单位：百万）	美国养老金福利 2006 年	美国养老金福利 2005 年	国外养老金福利 2006 年	国外养老金福利 2005 年	退休后医疗福利 2006 年	退休后医疗福利 2005 年
计划资产的变动						
计划资产的期初公允价值	\$226	\$39	\$340	\$240	\$ 2	\$ 4
计划资产的实际回报	12	1	41	41	(1)	—
雇员的投入	9	187	60	96	3	1
计划参加者的投入	—	—	9	7	3	2
汇率变动	—	—	28	(32)	—	—
支付给参加者的福利	(2)	(1)	(31)	(12)	(6)	(5)
计划资产的期末公允价值	**\$245**	**\$226**	**\$447**	**\$340**	**\$ 1**	**\$ 2**

下表总结了截至 2006 年 12 月 30 日合并资产负债表上确认的金额：

（单位：百万）	美国养老金福利	国外养老金福利	退休后医疗福利
其他长期资产	\$ —	\$ 44	\$ —
应计薪酬和福利	—	(6)	(9)
其他长期负债	(100)	(277)	(194)
累计其他综合损失	91	208	21
确认的净额	**\$ (9)**	**\$(31)**	**\$(182)**

下表总结了截至200年12月30日，公司的累计税前其他综合收益（损失）的金额情况：

（单位：百万）	美国养老金福利	国外养老金福利	退休后医疗福利
前期服务成本净值	$ —	$ —	$ (25)
应计收益（损失）净值	(91)	(206)	4
过渡期义务的重分类调整额	—	(2)	—
确定福利计划净额	**$ (91)**	**$ (208)**	**$ (21)**

下表总结了截至2006年12月30日的筹资状况：

（单位：百万）	美国养老金福利	国外养老金福利	退休后医疗福利
期末筹资额	$ (91)	$ (133)	$ (191)
未确认过渡期义务	—	2	—
未确认精算损失净值	78	112	4
未确认前期服务成本	—	—	29
确认的净额	**$ (13)**	**$ (19)**	**$ (158)**

下表总结了截至2005年12月31日，在合并资产负债表上确认的金额情况：

（单位：百万）	美国养老金福利	国外养老金福利	退休后医疗福利
其他长期资产	$ —	$ 58	$ —
应计薪酬和福利	(13)	(93)	(158)
累计其他综合损失	—	16	—
确认的净额	**$ (13)**	**$ (19)**	**$ (158)**

下表总结了截至2005年12月31日的累计福利义务：

（单位：百万）	美国养老金福利	国外养老金福利	退休后医疗福利
累计福利义务	$ 226	$ 310	$ 193

下表的汇总数据金额适用于公司累计福利义务超过计划资产的养老金计划，以及预计福利义务超过计划资产的养老金计划。与这些计划有关的金额如下所示：

	美国养老金福利		国外养老金福利	
（单位：百万）	2006年	2005年	2006年	2005年
累计福利义务超过计划资产的养老金计划：				
累计福利义务	$ —	$ —	$ 330	$ 98
计划资产	$ —	$ —	$ 211	$ 13
预计福利义务超过计划资产的养老金计划：				
预计福利义务	$ 345	$ 317	$ 494	$ 323
计划资产	$ 245	$ 226	$ 211	$ 146

假 设

用以计算该计划福利义务的加权平均精算假设如下所示：

（单位：百万）	美国养老金福利 2006 年	美国养老金福利 2005 年	国外养老金福利 2006 年	国外养老金福利 2005 年	退休后医疗福利 2006 年	退休后医疗福利 2005 年
折现率	5.5%	5.4%	5.3%	5.4%	5.5%	5.6%
报酬增长率	5.0%	5.0%	4.6%	4.0%	—	—

对于退休后的医疗福利计划，承担的医疗费用每年增加 1 个百分点不会对福利义务产生重大影响，这是因为该计划提供了确定的信用额度，使退休员工能够用以支付全部或部分医疗费用。

用来计算该计划成本的加权平均精算假设如下所示：

（单位：百万）	美国养老金福利 2006 年	美国养老金福利 2005 年	国外养老金福利 2006 年	国外养老金福利 2005 年	退休后医疗福利 2006 年	退休后医疗福利 2005 年
折现率	5.4%	5.6%	5.4%	5.9%	5.6%	5.6%
计划资产的预计收益	5.6%	8.0%	6.0%	6.3%	—	—
报酬增长率	5.0%	5.0%	4.2%	3.5%	—	—

对于美国养老金计划，在福利即将到期时，通过按年计算福利支付流来确定折现率。然后，按年将福利支付流和美国国债的零息债券相匹配，以确定预计福利支付的时间和金额。公司通过历史信贷风险息差对零息率进行了调整，并将其折现至计量日，最终确定适当的贴现率。对于国外养老金计划，公司通过分析长期债券利率以及将债券到期日和养老金负债的平均期限进行匹配，最终得到折现率。在假设美国和国外计划的资产收益时，还考虑了其他因素。公司分析每一个计划实施国家的回报率和适用于该计划的投资、预期的未来收益、当地的精算预测，以及投资经理的预期回报率等。国外计划资产的预计长期回报率经过加权处理，以反映各个国家计划资产的相对比重。

净期间福利成本

该计划的期间福利成本净额包括以下组成部分：

（单位：百万）	美国养老金福利 2006	美国养老金福利 2005	美国养老金福利 2004	国外养老金福利 2006	国外养老金福利 2005	国外养老金福利 2004	退休后医疗福利 2006	退休后医疗福利 2005	退休后医疗福利 2004
服务成本	$ 4	$ 4	$ 4	$ 51	$31	$ 29	$ 12	$ 11	$ 15
利息费用	13	2	2	27	18	16	10	10	11
计划资产的预期回报	(12)	(3)	(2)	(15)	(18)	(14)	—	—	—
前期服务成本的摊销额	—	—	1	—	—	—	4	4	4
已确认的精算损失净额	—	—	—	—	—	—	—	—	1
期间福利成本净额	**$ 5**	**$ 3**	**$ 5**	**$63**	**$31**	**$31**	**$26**	**$25**	**$31**

美国计划资产

一般情况下，美国计划资产的投资策略旨在确保在福利计划到期时，养老金资产可用来支付福利和尽量减少市场风险。公司认为在适当的时候，基金的一部分可能投资于远期合约，作为特定权益类证券投资的暂时替代品。然而，该基金并不参与投机性期货交易。美国计划资产的预期长期回报率是 5.6%。

2006 和 2005 财年末分配给本公司美国养老金计划的资产，以及 2007 年的分配率指标，按资产类别如下所示：

	资产科目分配指标	计划资产的百分率	
		2006 年	2005 年
权益类证券	10%~20%	14.0%	15.0%
负债类证券	80%~90%	86.0%	85.0%

国外计划资产

国外计划的投资由保险公司、第三方信托机构或者养老基金管理，并与这些资产投资国家的法规和市场惯例相一致。投资经理在英特尔或者当地法规的指导下进行投资决策。通过比较实际回报率和其他类似资产的回报率评价投资绩效。根据当地法规设定的标准合同，由符合条件的保险公司或养老基金管理投资，英特尔公司并不积极参与投资决策。通常情况下，随后的投资计划旨在市场、资产类别和单个证券中积累多样化投资组合，以减少市场风险并且确保在养老金福利到期时，养老金资产可用于支付这些福利。国外计划资产的预期长期回报率是 6%。

2006 年和 2005 年会计年度末，公司国外计划中除了由符合条件的保险公司管理的资产外，所进行的资产分配以及 2007 年的分配率指标，按资产类别如下所示：

	资产科目分配指标	计划资产的百分率	
		2006 年	2005 年
权益类证券	68.0%	68.0%	67.0%
负债类证券	8.0%	8.0%	21.0%
其他资产	24.0%	24.0%	12.0%

由符合条件的保险公司管理的投资资产作为保险公司普通基金的一部分。英特尔公司不控制这些投资的分配指标。2006 年这些投资由 31% 的国外计划资产组成（2005 年是 30%）。

预期注资

根据美国养老金计划适用的法律，2007 年无须投入资金，但本公司打算做自愿性资金投入，这样，年末计划资产就不少于累计福利义务。2007 年国外计划的预期注资约为 5 800 万美元。2007 年，公司对于退休后医疗福利计划的预期注资为 1 000 万美元。

估计的未来福利给付

公司预计从今年开始到 2016 年的任何一年，美国和国外养老金计划以及其他退休后福利计划将支付的总福利，合计不会超过 9 000 万美元。

附注 14：收购和资产剥离

企业合并

符合企业合并的收购对价包括支付的现金和承担的期权价值减去从被收购方获得的现金，但不包括或有应付员工现金报酬及承担的负债。2006 年，公司并无任何符合企业合并的收购。2005 年，公司完成了三项符合企业合并的收购，交易金额为 1.77 亿美元的现金总支付，加上一定的负债。对于分部报告，支付的大部分金额计入“商誉”或者与合并业务有关的“其他”科目。2004 年，公司完成了一项符合企业合并的收购，交易金额约为 3 300 万美元的现金净额，加上一定的负债。自收购之日起的经营业绩计入已完成收购部门。

发展阶段的经营收购

根据 SFAS 第 141 号准则“企业合并”，发展阶段的经营收购不符合企业合并，这种收购的购买金额不计入“商誉”。与发展阶段的经营收购相关的在职劳动力确认为“无形资产”。

2006 年和 2004 年，公司没有任何发展阶段的经营收购。2005 年公司完成了一项发展阶段的经营收购，交易金额为 1 900 万美元的现金净额，这些金额主要分配至在职劳动力。本次收购自收购之日起的经营业绩计入分部报告中的“已完成收购的分部”科目

资产剥离

2006 年公司完成了以下三项资产剥离业务：

2006 年 9 月，公司完成了属于数字企业组运营部的媒体和信号业务及相关资产的剥离业务。公司收到了 75 万美元的支付对价，同时，和对方还签署了一个过渡期服务协议，该协议规定英特尔在一定的时间内向收购方提供业务支持和产品。自完成过渡期服务协议起，约有 375 名英特尔媒体和信号业务的员工预计成为收购公司的员工。本次资产剥离的结果是：“商誉”减少 400 万美元；“利息及其他收益净值”增加 5 200 万美元。

2006 年 9 月，公司完成了属于数字企业组运营部的某些产品线及其光纤网络部件业务的相关资产剥离业务。公司收到 1.15 亿美元的支付对价，包括 8 600 万美元的现金，以及估计价值 2 900 万美元的收购公司的股票。在过渡期服务协议生效期间，约有 55 名英特尔光纤网络部件业务的员工成为收购公司的员工。本次资产剥离的结果是：“商誉”减少 600 万美元；“利息及其他损益净值”增加 7 700 万美元。

2006 年 11 月，公司完成了通信和应用处理器业务某些资产的剥离，收购方是迈威尔科技集团，收到的支付对价为 6 亿美元现金，加上对方承担本公司一定的负债。与本次资产剥离业务有关的经营业绩计入移动组运营部。英特尔和迈威尔也签订了过渡期服务协议，协议规定英特尔须在过渡期内向迈威尔提供生产和过渡服务。约有 1 300 名英特尔通信和应用处理器业务（包括工程、产品测试和检验、运营以及营销等多个部门）的员工成为迈威尔的员工。本次资产剥离业务的结果是：“商誉”减少 200 万美元；“利息及其他损益净值”增加 4.83 亿美元。

附注 15：商誉

截至 2006 年 12 月 30 日和 2005 年 12 月 31 日，归于运营部的商誉如下所示：

（单位：百万）	英特尔通信组	英特尔架构业务	数字企业组	移动组	其他	总计
2004 年 12 月 25 日	**\$ 3 186**	**\$ 533**	\$ —	\$ —	\$ —	**\$ 3 719**
转移	(3 186)	(533)	3 403	258	58	—
新增	—	—	—	—	165	165
其他	—	—	(3)	(8)	—	(11)
2005 年 12 月 31 日	\$ —	\$ —	**\$ 3 400**	**\$ 250**	**\$ 223**	**\$ 3 873**
资产剥离	—	—	(10)	(2)	—	(12)
2006 年 12 月 30 日	**\$ —**	**\$ —**	**\$ 3 390**	**\$ 248**	**\$ 223**	**\$ 3 861**

2006 年，公司完成了三项资产剥离业务，这导致商誉减少了 1200 万美元，详见“附注 14：收购和资产剥离”。

2005 年，公司完成了三个收购，支付的总收购对价为 1.77 亿美元的现金净值和承担一定负债，这导致商誉增加 1.65 亿美元。自收购之日起被收购公司的经营业绩计入“所有其他”科目。

在 2005 年第一季度，为了所有主要产品组与公司战略（设计和交付技术平台）相一致，公司对业务部门进行了重组。在 2005 年第 1 季度由于公司的业务重组，根据每个业务部门的原始报告单位中的估计公允价值和新报告单位中的估计公允价值的相对关系，公司将商誉分配至新的报告单位。在 2005 年第 4 季度，公司新增加了一个闪存芯片组（Flash Memory Group, FMG）。由于闪存产品组作为移动组的一个独立报告单位没有分配商誉，因此，将其转移至闪存芯片组并不会对该运营部的商誉产生影响。大多数“所有其他”科目的商誉均计入作为独立报告单位的数字家庭组运营部。

在 2006 年、2005 年和 2004 年，本公司均认为商誉不会发生减值。

附注 16：无形资产

无形资产在合并资产负债表上归入“其他长期资产”，截至 2006 年 12 月 30 日，其构成如下：

（单位：百万）	资产总计	累计摊销	资产净值
知识产权资产	\$ 1 143	\$ (434)	\$ 709
与收购有关的技术成果	4	(2)	2
其他无形资产	349	(73)	276
无形资产总计	**\$ 1 496**	**\$ (509)**	**\$ 987**

2006 年，公司获得的知识产权资产为 2.93 亿美元，加权平均期限为 7 年。此外，公司于 2006 年增加了 3 亿美元的其他无形资产，其加权平均期限为 4 年。

截至 2005 年 12 月 31 日，无形资产的构成如下：

（单位：百万）	资产总计	累计摊销	资产净值
知识产权资产	$ 976	$ (382)	$ 594
与收购有关的技术成果	300	(275)	25
其他无形资产	112	(77)	35
无形资产总计	**$ 1 388**	**$ (734)**	**$ 654**

2005 年，公司获得的知识产权资产为 2.09 亿美元，加权平均年限为 9 年。获得的大部分知识产权资产代表的是和 MicroUnity 公司签订清算协议而获得的无形资产资本化后的价值。根据协议，英特尔同意向 MicroUnity 公司支付总计 3 亿美元的价款，其中 1.4 亿美元作为交换对方技术许可的销售成本。2005 年第三季度，与部分许可证相关的销售成本可归于某些产品的销售。其余的 1.6 亿美元表示知识产权资产资本化后的价值，并在该资产的剩余使用年限内进行摊销。

公司的所有无形资产都要进行摊销。2006 年，知识产权资产的摊销额为 1.78 亿美元（2005 年为 1.23 亿美元，2004 年为 1.2 亿美元）。知识产权资产的摊销额通常计入合并利润表的“销售成本”科目。2006 年，与收购有关的技术成果的摊销额为 2 000 万美元（2005 年为 8 600 万美元，2004 年为 1.22 亿美元），并将其计入合并利润表的“与收购有关的无形资产和成本的摊销”科目。2006 年，其他无形资产的摊销额为 5 900 万美元（2005 年为 3 200 万美元，2004 年为 2 800 万美元），并将其计入合并利润表的“与收购有关的无形资产和成本的摊销”科目，或者作为收入的减少。

根据 2006 年 12 月 30 日记录的无形资产，并假设不存在后续相关的资产减值，则预计以后每年的摊销费用如下所示：

（单位：百万）	2007 年	2008 年	2009 年	2010 年	2011 年
知识产权资产	$152	$142	$115	$103	$ 52
与收购相关的技术成果	$ 1	$ 1	$ —	$ —	$ —
其他无形资产	$ 80	$ 85	$111	$ —	$ —

附注 17：风险投资

2006 年 1 月，镁光科技和英特尔共同成立了 IMFT 公司，主要为镁光科技和英特尔生产 NAND 闪存芯片。该公司从 2006 年年初开始投入生产。

英特尔支付 6.15 亿美元的现金和发行 5.81 亿美元的无息票据，作为 IMFT 公司的部分启动资本。根据这些资本投入，英特尔公司拥有 IMFT 公司 49% 的股权。2006 年，英特尔支付了 5.81 亿美元无息票据的全部余额，并在合并现金流量表上反映为融资活动。在 IMFT 公司成立伊始，镁光公司投入 9.95 亿美元的资产和 2.5 亿美元的现金，以换取 51% 的股权。英特尔目前正致力于购买 IMFT 公司 49% 的产出和与生产相关的服务。2006 年，从 IMFT 公司购买的产品和服务大约为 3 亿美元，并且，截至 2006 年 12 月 30 日，与其相关的支付额并不重大。

IMFT 公司由理事管理，最初理事由英特尔和镁光科技委任同等数量的经理人组成。每个公司委任的经理人数取决于该公司在 IMFT 公司所享有的股权。IMFT 公司会一直运营到 2015 年，但根据某些合同条款和条件，可提前终止。

在某种条件下，英特尔和镁光科技均同意三年后向IMFT公司再追加14亿美元，截至2006年12月30日，英特尔已经投入1.28亿美元。2007年1月，英特尔又向IMFT公司追加投入2.58亿美元。

根据FASB解释公告第46号（R）“权益变动实体的合并（2003年修订）——对ARB第51号的解释”（FIN 46(R)），IMFT公司属于权益变动实体，这是因为，传递给英特尔和镁光科技的IMFT公司成本结构的所有正负差异，都要通过与IMFT公司的购买协议实现。根据FIN 46(R)的条款，镁光和英特尔被视为关联方，并且，英特尔认为它不是IMFT公司的主要受益者。英特尔采用权益法计量对IMFT公司所享有的权益。英特尔享有IMFT公司收益或损失的相应份额计入“利息及其他损益净值”。截至2006年12月30日，英特尔在IMFT公司可能遭受的最大损失是13亿美元，也即对IMFT的全部投资。公司对IMFT公司的投资在资产负债表上归为“其他长期资产”。

在成立IMFT公司的同时，英特尔支付2.7亿美元给镁光科技，用于镁光的产品设计开发，以及某些其他知识产权。与此同时，英特尔拥有镁光科技的所有产品设计及其使用许可权。镁光科技向英特尔支付4 000万美元，用于许可这些初始产品设计，并将对新产品设计支付额外的专利税。英特尔将这项技术的净投资2.3亿美元作为一项无形资产，计入“知识产权资产”。该项无形资产将在预计5年的寿命内摊销成“销售成本”。英特尔和镁光科技发生的用于IMFT公司产品和工艺开发的成本，通常被平均地分配至英特尔和镁光科技，并将其计入各公司利润表的“研究与开发费用”

英特尔与苹果公司签订了一个长期供货协议，即英特尔在2010年12月21日之前从IMFT购买的NAND闪存芯片中必须有一部分供给苹果公司。2006年1月，苹果公司向英特尔预先支付了可返还现金2.5亿美元，用于2008年初苹果公司购买NAND闪存芯片。英特尔将这2.5亿美元计入资产负债表的“其他长期负债”

附注18：承诺事项

公司通过经营租赁的方式租用了一部分资本设备和某些设施，这些租赁关系将在2021年的不同时间到期。此外，公司还租用了一部分土地，租赁关系将于2062年的不同时点到期。2006年的租赁费用为1.6亿美元（2005年为1.5亿美元，2004年为1.36亿美元）。根据所有原始期限超过1年的不可取消租约，公司应付的最低租赁承诺金额如下：2007年，1.14亿美元；2008年，8 000万美元；2009年，5 800万美元；2010年3 300万美元；2011年，2 400万美元；2012年及以后年度，7 500万美元。对于建造和购买不动产、厂房和设备的承诺金额由2005年12月31日的27亿美元上升至2006年12月30日的33亿美元，这主要是由于公司购买与下一代45纳米级工艺技术有关的资本设备产生的。截至2006年12月30日，其他购买义务和承诺总共为18亿美元，包括购买原材料或其他货物，以及对各类许可证的支付款项和非或有出资义务。出资义务包括，例如，和其他公司一起资助各种项目的协议。此外，公司还与镁光科技签订了与IMFT公司有关的各种合同承诺（详见“附注17：风险投资”）。

附注19：或有事项

税收事项

与1999年到2005年对英特尔税收返还的定期检查一样，在2005年和2006年，美国国内收入署正式估定了英特尔反映的关于出口销售税收返还收益的某些调整。公司不同意这些调整，并且已经提出上诉，要求重新评估。如果国内收入署胜诉，英特尔从1999年到2005年上交的联邦所得税加上利息将增加约22亿美元。此外，美国国内收入署很可能对2006年的税收也要求类似的索赔，并且如果其胜诉的话，2006年的所得税加上利息将增加至2亿美元。

虽然还没有确定税收调整的最终解决方案，但根据目前掌握的信息，管理层认为最终的结果将不会对公司财务状况、现金流量和经营业绩的整体趋势产生重大不利影响。如果该事项的处理结果是不利的，或者在此期间，可以合理估计该事项的不利结果，那么，在最终解决该事项期间，可能对经营业绩产生重大不利影响。

法律诉讼

目前，英特尔面临包括下文所述的多项法律诉讼。从管理层的意见来看，这些案件的最终结果从单个和整体角度均不会对公司的财务状况、现金流量和经营成果的总体趋势造成实质性的不利影响。但法律诉讼有着内在不确定性并且可能发生不利的判决。不利判决包括金钱赔偿，或者在对方要求强制救济的案件中，将强制禁止英特尔销售一种或多种产品。一项不利判决的发生，在判决生效的未来期间，可能对企业或经营业绩产生重大不利影响。

2005年6月，美国超微半导体公司（Advanced Micro Devices，以下简称“AMD”）向美国特拉华州地区法院提起诉讼，声称英特尔及英特尔的日本子公司从事违反“谢尔曼法案”和“加利福尼亚州商业和职业条件”（California Business and Professions Code）的各种行动，包括提供秘密和歧视性的折扣和回扣，并故意破坏AMD未来的商业优势。AMD公司要求未详细说明的三倍损害赔偿、惩罚性赔偿、禁制令、律师费和诉讼费用。随后，AMD的日本子公司也对英特尔的日本子公司向东京高等法院和东京地区法院提出诉讼，声称英特尔的日本子公司违法了日本的反垄断法，加上各种成本和费用，该行为对其造成约5 500万美元的损失。因此，由于这一诉讼，导致至少78个独立的集体诉讼，重复AMD的指控并声称消费者受到各种伤害，包括已经在北加州地区法院、南加州地区法院、特拉华州地区法院、堪萨斯州地区法院以及田纳西州地区法院提交的各种诉讼，均声称这些不同州的消费者由于支付高额的英特尔微处理器的价格而受到损害。所有的联邦集体诉讼都已经合并至特拉华州的跨地区诉讼委员会；所有加利福尼亚州的集体诉讼都已经合并到圣克拉拉郡的高级法院。英特尔对AMD的索赔和集体诉讼索赔提出异议，并且积极捍卫自己的正当权益。

英特尔也受到某些反垄断调查。2001年，欧盟委员会针对AMD宣称英特尔使用不正当商业行为来说服客户购买英特尔微处理器一事展开调查。2005年6月，英特尔受到韩国公平贸易委员会的调查，要求英特尔的韩国子公司出具英特尔与韩国PC制造商签订的与营销和退税计划的相关文件。英特尔积极配合这些机构的调查，预计这些问题的结果在可接受范围之内。

2002年6月，各原告向伊利诺伊州麦迪逊郡第三巡回法院提起诉讼，指控英特尔、捷成、惠普、HPDirect公司的广告和陈述涉嫌通过隐瞒重大事实而误导公众，即装有英特尔奔腾4处理器的系统比装有英特尔奔腾3处理器和竞争对手处理器的系统更弱、更慢。2004年7月，法院证实英特尔是唯一一家在伊利诺伊州向某些最终购买者出售某些奔腾4处理器或者装有该微处理器计算机的公司。2005年1月，巡回法院批准了由原告和英特尔共同提出的一项议案，即在原判法庭维持诉讼程序，待酌情上诉审查巡回法院的集体诉讼顺序。2006年7月，伊利诺伊州第五区受理上诉的法院撤销了巡回法院的集体诉讼顺序，并将此案件发回巡回法院重审，同时，向巡回法院发出指示，让其重新考虑该案件的集体诉讼裁决。2006年8月，伊利诺伊州高级法院同意审查上诉法院的决定，这一审查还在等待中。原告要求公司赔偿其未详细说明的赔偿、律师费和诉讼费。公司对原告的索赔持有异议，并在审判过程中进行积极抗辩。

从2005年5月开始，英特尔和AmberWave系统公司互相提出了一系列法律诉讼，这些诉讼均合并至美国特拉华州地区法院统一审理。AmberWave系统公司声称英特尔的某些半导体工艺侵犯了其与半导体制造相关的6项专利权。AmberWave系统公司要求英特尔对涉嫌故意侵权做出3倍的损害赔偿、实行禁制令和赔偿律师费。公司对AmberWave的指控持有异议，并在审判过程中进行积极抗辩。2007年，英特尔和AmberWave系统公司签订了一项授权许可协议，根据该协议英特尔同意向AmberWave系统公司支付一定数额的款项，而AmberWave系统公司也同意授权其专利组合给英特尔。双方同意共同终止上诉和侵权行为。

2006年10月，全美达公司（Transmeta）向美国特拉华州地区法院提起上诉，声称英特尔的P6、奔腾4、奔腾M、英特尔酷睿和酷睿2处理器侵犯了全美达的10项专利权，包括计算机体系架构和电源效率技术。2006年12月，全美达又提出一项修改后的诉讼，指控英特尔的处理器侵犯了全美达的11项专利权。对此，英特尔提起反诉，指控全美达的Crusoe、Efficeon和Efficeon2系列微处理器侵犯了英特尔的7项专利权。全美达要求英特尔做出3倍的损害赔偿、实行禁制令和赔偿律师费。公司对全美达的指控持有异议，并在审判过程中进行积极抗辩。

附注20：运营部和区域信息

截至2006年12月30日，公司的运营部门包括：数据企业组、移动组、闪存芯片组、数字家庭组、数字医疗保健组和渠道平台组。为了反映重组后的财务状况，已经对以前期间的款项进行追溯调整。

根据SFAS第133号“企业运营部和相关信息的披露”的定义，公司的首席运营决策者（The Chief Operating Decision Maker, CODM）就是总裁和首席执行官。CODM负责对资源进行分配，并根据各运营部门的收入和息税前利润评估运营部业绩。

公司报告以下运营部门的财务业绩：

- 数据企业组。包括微处理器、相关芯片集、为台式机设计的主板以及企业计算细分市场；通信基础设施组件，例如网络处理器、通信板卡和嵌入式处理器；有线连接设备；以及网络和服务器储存产品。
- 移动组。包括微处理器、为笔记本计算设计的芯片集细分市场；无线连接产品。与通信和应用处理器业务的剥离资产出售相关的经营业绩，从剥离之日起计入移动组运营部。
- 闪存芯片组。包括为手机和嵌入式产品而设计的NOR闪存芯片产品，以及由IMFT公司生产的，为存储卡、数码音频播放器和手机而设计的NADA闪存芯片。

闪存芯片组、数字家庭组、数字医疗保健组和渠道平台组运营部门不满足SFAS第131号定义的可报告运营部的量化门槛。但是，闪存芯片组进行单独报告，因为管理层认为该部门的信息对于财务报告阅读者是非常有用的。数字家庭组、数字医疗保健组和渠道平台组运营部门全部计入“所有其他”科目。

公司还设有销售、制造、财务及行政管理部门。这些部门的费用会分摊到各运营部，并包括在下面列示的经营成果中。“所有其他”科目的收入主要由数字家庭组销售微处理器和芯片集产生的。除了数字家庭组、数字医疗保健组和渠道平台组等运营部门的经营业绩外，“所有其他”科目还包括以下内容：某些公司层面的经营费用，包括部分依赖利润的奖金和未分配给运营部的其他费用；支持公司创新的种子业务的经营业绩；与收购相关的成本（包括与收购相关的无形资产和商誉的摊销和减值）；用于购买正处于研发阶段的成果的费用；股权激励的费用；以及在合并利润表上计入重组和资产减值费用的金额。

公司并不按运营部对资产进行确认或分摊（除商誉外），CODM 也不用单个的资产信息对运营部进行评估。各运营部不记录跨部门的收入，因此无须对此进行报告。另外，公司对利息收入和其他收入、利息费用或税收也不按运营部门进行分摊。虽然 CODM 使用经营收入评价运营部，但计入一个运营部的成本可能对其他运营部门是有利的。除上所述，部门报告的会计政策与公司整体报告中的会计政策相同。

截至 2006 年 12 月 30 日，公司各运营部门 3 年期的利润（产损）和净收入如下所示：

（单位：百万）	2006 年	2005 年	2004 年
净收入			
数字企业组			
微处理器收入	$14 606	$19 412	$19 426
芯片集、主板和其他收入	5 270	5 725	5 352
	19 876	**25 137**	**24 778**
移动组			
微处理器收入	9 212	8 704	5 667
芯片集和其他收入	3 097	2 427	1 314
	12 309	**11 131**	**6 981**
闪存芯片组	**2 163**	**2 278**	**2 285**
所有其他	**1 034**	**280**	**165**
总收入净值	**$35 382**	**$38 826**	**$34 209**
经营利润（亏损）			
数字企业组	$ 4 267	$ 9 020	$ 8 856
移动组	4 993	5 334	2 832
闪存芯片组	(555)	(154)	(149)
所有其他	(3 053)	(2 110)	(1 409)
经营利润总额	**$ 5 652**	**$12 090**	**$10 130**

在 2006 年、2005 年和 2004 年，来自一家客户的收入占到公司净收入的 19%，而来自另一家客户的收入占净收入的 16%。来自于这些客户的大部分收入是由数字企业组和移动组运营部销售微处理器、芯片集和其他组件产生的。

截至 2006 年 12 月 30 日的 3 年期地区收入信息，是根据客户的地理位置划分的。不动产、厂房和设备信息是根据各会计年度末资产的实际位置划分的。各个地区对非关联客户的销售收入如下所示：

(单位：百万)	2006年	2005年	2004年
亚太地区			
中国台湾	$ 7 200	$ 7 225	$ 5 391
中国大陆	4 969	5 347	4 651
其他亚太地区	5 308	6 758	5 338
	17 477	**19 330**	**15 380**
美洲地区			
美国	5 486	5 662	6 563
其他美洲地区	2 026	1 912	1 402
	7 512	**7 574**	**7 965**
欧洲	**6 587**	**8 210**	**7 755**
日本	**3 806**	**3 712**	**3 109**
总收入	**$35 382**	**$38 826**	**$34 209**

2006年，从国外各个非关联客户取得的收入总额为298.96亿美元（2005年为331.64亿美元，2004年为276.46亿美元）。

各国家和地区的不动产、厂房和设备净值如下所示：

(单位：百万)	2006年	2005年	2004年
美国	$11 558	$11 211	$11 265
爱尔兰	2 860	3 192	2 365
其他国家	3 184	2 708	2 138
不动产、厂房和设备净值总额	**$17 602**	**$17 111**	**$15 768**

2006年，国外的不动产、厂房和设备净值总额为60.44亿美元（2005年为59亿美元，2004年45.03亿美元）

安永会计师事务所独立审计师报告

英特尔公司董事会和股东：

我们已对报告所附的英特尔公司2006年12月30日和2005年12月31日的合并资产负债表及截至2006年12月30日的3年期合并利润表、股东权益表和现金流量表进行了审计。公司管理层对这些财务报表负责。我们的责任是根据我们的审计对这些财务报表发表意见。

我们的审计是依据美国上市公司会计监督委员会（PCAOB）的准则进行的。这些标准要求我们制定计划并实施审计，以获得财务报表是否存在虚假内容的合理保证。审计内容包括用测试方式，对支持财务报表内数据和信息披露的证据进行调查，还包括评估公司使用的会计准则、管理层做出的重大估计，及整个财务报表的列示。我们相信，我们的审计结果为我们的意见提供了合理依据。

我们的意见是：上述合并财务报表在所有重大方面均公允地列示了英特尔公司2006年12月30日和2005年12月31日这两天的合并财务状况，以及截至2006年12月30日的3年内每年的合并经营状况和现金流量，符合美国的一般公认会计原则。在把相关财务报表附表和基本财务报表作为一个整体考虑时，相关财务报表附表在所有重大方面均公允地列示了当中所载的信息。

我们也按照美国上市公司会计监督委员会的标准，根据全美反舞弊财务报告委员会发起组织（The Committee of Sponsoring Organizations of the Treadway Commission，简称COSO）发布的内部控制——整合框架制定的标准，审计了英特尔截至2006年12月30日的财务报告内部控制的有效性，并于2007年2月20日发表了无保留意见。

正如合并财务报表的附注2和附注13所述，2006年1月1日，英特尔采用了新发布的财务会计准则第123号（2004年修订）“股权激励支付”。同时，2006年英特尔采用了财务会计准则第158号“雇主对既定福利养老金和其他退休后计划的会计处理——对FASB第87号、88号、106号和132(R)号准则的修订”。

安永会计师事务所

加利福尼亚州圣何塞

2007年2月20日

安永会计师事务所独立审计师报告

英特尔公司董事会和股东：

我们已经对管理层的评估进行了审计，包括所附的财务报告关于内部控制的管理层报告。截至2006年12月30日，根据COSO发布的内部控制——整合框架制定的标准（COSO标准），英特尔保持着有效的财务报告内部控制。公司管理层对维持财务报告内部控制的有效性以及评估财务报告内部控制的有效性负责。我们的责任是根据我们的审计对管理层的评估和财务报告内部控制的有效性发表意见。

我们的审计是依据美国上市公司会计监督委员会（PCAOB）的标准进行的。这些标准要求我们制定计划并实施审计，以获得财务报表内部控制在所有重大方面都保持有效性的合理保证。审计内容包括理解财务报告内部控制、评价管理层的评估、测试和评价内部控制设计和操作的有效性，以及在我们认为有必要的情况下实施这些审计程序。我们相信，我们的审计结果为我们的意见提供了合理依据。

一家公司的财务报告内部控制旨在为财务报告的可靠性和根据通用会计原则编制的对外财务报表提供合理保证。它包括以下政策和程序：（1）对于记录的维护，要详细得当，并要准确和公允的反映公司资产的交易和资产处置；（2）对必要时允许交易记录按照一般公认会计原则编制财务报表提供合理保证，对公司的收入和支出只有在管理层和董事会授权的情况下才能进行提供合理证据；（3）对预防或及时发现可能对公司财务报表产生重大影响的擅自收购、使用或处置公司资产的行为提供合理保证。

由于自身的局限性，财务报告内部控制不能完全阻止或发现错误陈述。此外，由于条件的变化，或者说，对政策或程序的遵守程度可能恶化，因此，对任何未来期间的有效性评估进行预测，都可能受不能完全控制的风险影响。

我们的意见是：根据COSO内部控制标准，截至2006年12月30日，英特尔公司保持着有效的财务报告内部控制，并在所有重大方面进行了公允陈述。此外，我们还认为，根据COSO内部控制标准，截至2006年12月30日，英特尔公司在所有重大方面均保持着有效的财务报告内部控制。

根据美国上市公司会计监督委员会（PCAOB）的标准，我们还审计了英特尔公司2006年的合并财务报表，并在2007年2月发表了无保留意见。

安永会计师事务所
加利福尼亚州圣何塞
2007年2月20日

因特尔公司季度财务信息（未经审计）

2006 年各季度末[1] （单位：百万，每股数据除外）	12 月 30 日	9 月 30 日	7 月 1 日	4 月 1 日
净收入	$ 9 694	$ 8 739	$ 8 009	$ 8 940
毛利润	$ 4 810	$ 4 294	$ 4 171	$ 4 943
净利润	$ 1 501	$ 1 301	$ 885	$ 1 357
基本每股收益	$ 0.26	$ 0.23	$ 0.15	$ 0.23
稀释每股收益	$ 0.26	$ 0.22	$ 0.15	$ 0.23
每股股利				
宣告	$ —	$ 0.20	$ —	$ 0.20
支付	$ 0.10	$ 0.10	$ 0.10	$ 0.10
普通股市价范围[2]				
最高	$ 22.33	$ 20.77	$ 20.11	$ 26.47
最低	$ 20.08	$ 17.10	$ 16.86	$ 19.46

2005 年各季度末 （单位：百万，每股数据除外）	12 月 31 日	10 月 1 日	7 月 2 日	4 月 2 日
净收入	$10 201	$ 9 960	$ 9 231	$ 9 434
毛利润	$ 6 300	$ 5 948	$ 5 203	$ 5 598
净利润	$ 2 453	$ 1 995	$ 2 038	$ 2 178
基本每股收益	$ 0.41	$ 0.33	$ 0.33	$ 0.35
稀释每股收益	$ 0.40	$ 0.32	$ 0.33	$ 0.35
每股股利				
宣告	$ —	$ 0.16	$ —	$ 0.16
支付	$ 0.08	$ 0.08	$ 0.08	$ 0.08
普通股市价范围[2]				
最高	$ 27.43	$ 28.71	$ 27.70	$ 25.11
最低	$ 22.65	$ 23.83	$ 22.12	$ 21.99

1 公司于 2006 年会计年度采用 SFAS 第 123 号（R）。2005 年的业绩不包括股权激励报酬的影响。详见合并财务报表附注的“附注 2：会计政策”和“附注 3：员工股权激励计划”。

2 英特尔的普通股（代码为 INTC）在纳斯达克全球精选市场上市交易，《华尔街日报》和其他报纸上刊有其交易价格；英特尔的普通股还在瑞士证券交易所上市交易。在 2006 年 12 月 30 日，约有 195 000 位登记普通股股东。所有股价均为纳斯达克全球精选市场的收盘价。

第 9 项：会计师对于会计及财务披露变化的分歧

还未应用

项目 9A：控制和程序

本 10-K 表后面的随附文件是英特尔公司执行总裁和首席财务官根据修订的 1934 年证券交易法案第 13a-14 条出具的证明。该“控制和程序”一节包括证明中提到的与信息有关的控制和控制评价。第二部分的第 8 项列示了由安永会计师事务所（独立的注册会计师事务所）出具的报告，就其审计英特尔财务报告内部控制和管理层对财务报告内部控制的评价在本节进行列示。为了更好的理解所呈列的主体，读者在阅读本部分时应与证明以及安永事务所出具的报告相结合。

对披露控制和程序的评价

截至本 10-K 表涵盖的最后期间，我们对设计和操作“披露控制和程序”（信息披露控制）的有效性进行了评价。控制的评价是在管理层监督和管理层（包括首席执行官和首席财务官）参与下进行的。信息披露控制是设计控制和程序来合理保证根据交易法提交的报告（例如 10-K 表），其所披露的信息能够根据 SEC 的要求和格式在指定的期间内进行记录、处理和总结。同时，信息披露控制还旨在合理保证这些信息能够累积和传递给公司的管理层，包括首席执行官和首席财务官，以便根据所披露的信息及时做出决策。公司信息披露控制的季度评估包括对财务报告内部控制的某些部分进行评价，同时，为了提供以下列示的管理层报告，财务报告内部控制在每个年度也进行单独的评价。

对信息披露控制的评价包括检查控制的目标和设计、公司实施控制的情况以及使用本 10-K 表产生的信息影响。在控制评价过程中，我们检查了可识别的数据错误、控制存在的问题以及欺诈行为，并准备采取适当的纠正措施，包括控制过程的改进等。由于这种类型的评价是以季度为基础，因此包括首席执行官和首席财务官在内的管理层对于信息披露控制的有效性得出的结论，可以在我们的定期报告 10-Q 表和 10-K 表中进行报告。同时，本公司信息披露控制的众多组成部分也由公司内部审计部门、财务和企业服务部门的其他人员进行持续的评价。这些不同评价活动的总体目标是监督本公司的信息披露控制，并根据需要进行修改。我们的目的是使信息披露控制成为一个随条件不同而变的动态系统。

通过控制评价，公司的首席执行官和首席财务官均认为，截至本 10-K 表涵盖的最后期间，公司的信息披露控制能够为根据交易法提交的报告所披露的信息，在 SEC 规定的期间内进行记录、处理和总结提供合理保证，并且合理保证管理层了解那些与英特尔及其合并子公司相关的重大信息，特别是在公司编制定期报告时。

英特尔财务报告内部控制的管理层报告

公司的管理层负责建立和维持充分的财务报告内部控制以提供合理保证，保证公司的财务报告和对外财务报告的编制符合美国的一般公认会计原则。财务报告内部控制包括以下政策和程序：（1）记录要合理的详细、准确，能公允反映公司资产的交易和处置；（2）保证必须记录的交易反映在根据美国一般公认会计原则编制的财务报表中，同时，保证公司的收支只在管理层和董事的授权下进行；（3）就防止或及时发现那些对财务报表有重大影响的擅自收购、使用或处置公司资产的行为提供合理保证。

截至2006年12月30日，也即本会计年度末，管理层对财务报告的内部控制进行了评估。管理层根据COSO委员会发布的内部控制——整合框架的评估标准进行评价。管理层的评价包括评价一些要素，例如，重要财务报告控制设计和操作的有效性、过程凭证、会计政策以及公司的整体控制环境。本次评估受公司内部审计部门、财务和企业服务部门的测试和监督的支持。

根据我们的评估，管理层认为截至本会计年度末，公司的财务报告内部控制是有效的，这为财务报告的可靠性以及根据美国一般公认会计原则编制的对外财务报表提供了合理保证。我们和董事会下的审计委员会检查了管理层的评估结果。此外，在每个季度，我们对财务报告内部控制的任何变动进行了评估，以确定其是否发生重大变化。

我们的独立审计——安永注册会计师事务所，不仅审计了管理层的评估结果，还独立评估了公司财务报告内部控制的有效性。安永会计师事务所已经出具报告认同管理层的评估结果，这些在本10-K表第二部分末的第8项进行了阐述。

控制有效性的固有局限性

公司管理层，包括首席执行官和首席财务官，并不期望公司的信息披露控制或者财务报告内部控制能够防止或发现所有错误和舞弊。一个控制系统，不管设计和运作得多好，都只能为保证控制系统的目标得到满足提供合理的保证，而不是绝对的保证。控制系统的设计必须反映一个实际情况，即资源是有限的，同时，在考虑控制得到的收益时还要考虑其有关成本。此外，由于所有的控制系统都存在固有局限性，因此控制评价不能对由于错误或舞弊而导致的错报提供绝对的保证，同时也不能保证发现公司内部的所有欺诈行为。这些固有局限包括决策过程中的判断可能会出错，以及由于简单的误差或错误而导致故障。控制还可能被以下情况所规避：某些人员的个人行为，两个或两个以上人员的互相勾结，或者管理层的越权控制。任何控制系统的设计在某种程度上都是基于对未来事件发生的可能性的若干假设进行的，不能保证任何设计在所有可能的未来环境下都能够完成既定目标。对未来期间的控制有效性评价进行预测都是有风险的。随着时间的推移，由于环境的变化或者对政策或程序的遵守程度变差，都可能使控制可能变得不充分。

第9B项　其他信息

无

第 10 项 董事、高级管理人员及公司治理

2007 年的委托声明中标题为“建议 1：董事选举”和“其他事项—第 16（a）条实益拥有权报告的合规性”，涉及董事、高管的信息以引用方式并入本节。本 10-K 表中第一部分的第 1 项中，以“注册公司的高管人员”为标题的信息也以引用方式并入本节。此外，2007 年委托声明中以“公司治理”为标题的信息也以引用方式并入本节。

多年以来，英特尔就所有员工与英特尔有关的行为，有一套将道德规范应用于所有员工（包括高管以及没有雇佣关系的独立董事）的公司商业原则。公司商业原则包括旨在制止犯罪，促进诚信和道德行为，并遵守适用的法律法规等指导方针。它们也包括了我们的员工期望，这使我们在向 SEC 及其他公共机构提交报告时能够提供准确、及时的披露信息。此外，它们还包括与某些主题相关的英特尔方针，例如遵守适用的法律、法规和规章；报告违反道德规范的行为；同时，坚持对遵循道德规范实行问责制。

公司商业原则的全文刊登于公司的投资者关系网站 www.intc.com。我们打算披露未来对公司商业原则某些条款的修改或者豁免授权高管和董事的有关条款，网站上我们在四个营业日内进行披露。

第 11 项 高管薪酬

2007 年的委托声明中标题为“董事薪酬”、“薪酬委员会报告”、“薪酬讨论和分析”以及“高管薪酬”等信息以引用方式并入本节。

第 12 项 某些实益拥有人和管理层所拥有的证券及相关股东事宜

2007 年的委托声明中标题为“某些实益拥有人和管理层所拥有的证券”以引用方式并入本节。

在公司 2007 年的委任声明中，根据由股东大会批准的或不是由股东大会批准的股权激励计划而授权发行的股份，标题为“建议 3：批准修订或延长 2006 年股权激励计划”的信息以引用方式并入本节。

第 13 项 若干关系及关联交易，董事的独立性

在公司 2007 年的委任声明中标题为“若干关系及关联交易”和“公司治理”等信息以引用方式并入本节。

第 14 项 主要会计费用和服务

在公司 2007 年的委任声明中标题为“审计委员会的报告”和“建议 2：批准选择独立的注册会计师事务所”以引用方式并入本节。